Zu diesem Buch

Der Euro kommt – zum Jahreswechsel auch in Münzen und Scheinen. Dann ist die Einführung der Gemeinschaftswährung abgeschlossen, aber das Vertrauen der Deutschen – und vieler anderer Europäer – genießt er auch im dritten Jahr seiner Existenz nicht.

Zu Recht, wie Wilhelm Hankel, Wilhelm Nölling, Karl Albrecht Schachtschneider und Joachim Starbatty, die 1998 mit ihrer «Euro-Klage» Furore machten, in diesem Buch erklären. Keine der falschen Weichenstellungen, die den Euro – wie von den vier Professoren vorausgesagt – zur Weichwährung werden ließen, ist bislang von der Politik korrigiert worden. Und schon rollt der Europa-Zug weiter: Die Gemeinschaft schickt sich an, den Kreis ihrer Mitglieder und Euro-Anwärter auf 28 Länder zu erweitern, ohne sich selbst stabilisiert zu haben.

Es ist eine Illusion zu glauben, dass die Europäische Integration, die Einheit des Alten Kontinents, auf diese Weise vorankommt, erklären die vier renommierten Kritiker. Sie stehe im Gegenteil vor dem fürchterlichsten Rückschlag ihrer Geschichte. Weder werde die EU die politische Union erreichen, noch bemühe sie sich um die soziale: Der regionale Gegensatz von Arm und Reich werde sich vertiefen, die bestehenden Errungenschaften der sozialen Sicherung und des Ausgleichs zwischen Arbeit und Kapital seien von der Zerstörung bedroht. Die Stabilitätsgemeinschaft, gesetzliche Grundlage des deutschen Euro-Beitritts, sei unerreichbar.

In eingehenden Analysen warnen die vier Autoren vor den wirtschaftlich-monetären, politischen, sozialen und verfassungsrechtlichen Folgen des Beharrens auf einem unfertigen Europa-Konzept und fordern Korrekturen, solange es noch geht.

Hinweise zu den Autoren finden sich am Ende des Bandes.

Wilhelm Hankel / Wilhelm Nölling /
Karl Albrecht Schachtschneider /
Joachim Starbatty

Die Euro-Illusion

Ist Europa noch zu retten?

Rowohlt Taschenbuch Verlag

rororo aktuell
Herausgegeben von Frank Strickstrock

Originalausgabe
Veröffentlicht im Rowohlt Taschenbuch Verlag GmbH,
Reinbek bei Hamburg, Mai 2001
Copyright © 2001 by Rowohlt Taschenbuch Verlag GmbH,
Reinbek bei Hamburg
Alle Rechte vorbehalten
Umschlaggestaltung Susanne Heeder/Philipp Starke
(Foto: argus)
Satz aus der Sabon PostScript (PageOne)
Gesamtherstellung Clausen & Bosse, Leck
Printed in Germany
ISBN 3 499 23085 2

Die Schreibweise entspricht den Regeln
der neuen Rechtschreibung.

Inhalt

Vorwort 11

**1. Kapitel
Euro – Gefahr für Europa – Seite** 13

**2. Kapitel
Euro – der Rechtsbruch – Seite** 25
Karl Albrecht Schachtschneider

I. Rechtsbruch mangels gesamtwirtschaftlicher Konvergenz 27
   1. Das Stabilitätsversprechen 27
   2. Die große Konvergenz als notwendige Voraussetzung des Euro 29
   3. Nichterfüllung der vier Kriterien der minimalen Konvergenz 34

II. Entstaatlichung Deutschlands und Entrechtlichung Europas 39
   1. Integrationistischer Opportunismus der deutschen Währungspolitik 39
   2. Demokratisches Defizit der Integration zur politischen Union als existentiellem Staat 40
   3. Nationalisierung Europas ohne Verfassungsreferenden der Völker 43
   4. Ohne Sozialunion keine erfolgreiche Währungsunion 47
   5. Staatsdiener sollen dienen, nicht herrschen 49

III. Nizza – das Ende der Integration 49

3. Kapitel
Euro – Der Stabilitätsbruch – Seite 53
Joachim Starbatty

I. Die gemeinsame Geldpolitik – im Zwielicht 54
   1. War die Politik der EZB im Inneren erfolgreich? 55
   2. Die Zwei-Säulen-Strategie 58

II. Entwicklung nach Maßgabe der Konvergenzkriterien 81
   1. Sinn der Konvergenzkriterien 81
   2. Der Geldmantel passt nicht allen 82
   3. Niedrige Zinsen und gute Konjunktur entlasten die Haushalte – die strukturellen Reformen bleiben aus 91
   4. Ausbleibende Integration der Arbeitsmärkte 98

III. Sonderprobleme des Einheitsgeldes 102
   1. Die Zentralbank als Garant von Banken- und Einlegersicherheit 102
   2. Gesparte Transaktionskosten? 103
   3. Fälschungssicherer Euro? 104

4. Kapitel
Euro – der Sozialstaatsbruch – Seite 107
Wilhelm Nölling

I. Warum die sozialen Dimensionen der Währungsunion erst noch ausgeleuchtet werden müssen 109
   1. Einige Fragen zur Bedeutung des Themas 109
   2. Die Wirkungskette des Euro im Modell 111
   3. Drei strategische Essentiale 112
   4. Reaktionen 113
   5. Große Ziele oder Die Hoffnung auf ein «goldenes Zeitalter» für Europa! 116

II. Rahmenbedingungen oder der wirtschaftliche und soziale Hintergrund von Reformnotwendigkeiten, -chancen und -schwierigkeiten 118
   1. Gestalt der Wirtschafts- und Sozialordnung – Europa ein «optimaler Währungsraum»? 118

2. Die Dynamik der weltwirtschaftlichen Arbeitsteilung unter dem Einfluss der EWU 125
3. Die Vergötzung des Wettbewerbsprinzips und Wandlungen der Wirtschaftsgesinnung 126
4. Das Gerechtigkeitsprofil Deutschlands 130

III. **Die EWU und die Arbeitsbedingungen der Zukunft 138**
1. Schwerpunkte der Veränderungen der Arbeitswelt und ein Blick in die Zukunft 138
2. Die wunden Punkte auf der Angebotsseite – die Trias an Schutzgesetzen 141
3. Angebotsveränderungen und Mobilität der Arbeitskräfte – Ausgleichsmechanismen für den Spannungsfall in der EWU? 156
4. Intensivierung von Ausgleichsbewegungen auf den Arbeitsmärkten durch Modernisierung der Arbeitsvermittlung 159
5. Die Bedeutung von Humankapital und Demokratie in der Wirtschaft für den «Überlebenskampf» der EWU 161
6. Eine Art Zusammenfassung: Schwache Mobilität und Ausgleiche für den Ausfall des Wechselkurs-Instruments durch Rückgriffe auf nationale Ersatzmechanismen 166

IV. **Die EWU und ein soziales Europa – aber wie? 170**
1. Europäische Sozialpolitik im Schraubstock zwischen Selbstbehauptung der Nationen einerseits, Maastricht und weltoffenen Märkten andererseits 170
2. Die Unfähigkeit europäischer Politik, ein reibungsloses Funktionieren des gemeinschaftlichen Arbeitsmarktes zu bewirken 173
3. Die Verpflichtung Deutschlands zu Reformen und sozialpolitischer Wachsamkeit 178

V. **Die EWU und ein Europa im sozialen Gleichgewicht – Chance oder Unmöglichkeit? 188**

5. Kapitel
Euro – der Integrationsbruch – Seite 191
Wilhelm Hankel

I. Die EWU ist kein «optimaler Währungsraum» – Lehren aus dem Vorbild USA 197
   1. Währungsunionen ohne Staat (über)leben niemals lange 197
   2. Beispiel USA 199
   3. Gefahren monetärer Zentralisation 201
   4. Der Strukturausgleich ist ein öffentlicher Auftrag ... 202
   5. Abgehackte öffentliche Kapitalmarkthände 205

II. Äußere und innere Schwäche des Euro: Welche erklärt welche? 206
   1. Wechselkurse reflektieren politische Risiken 207
   2. Wie ein Währungsraum «optimal» wird 208
   3. Europas fataler «Größenwahn» 211
   4. Wechselkurse überzeugen mehr als Kaufkraftindizes 213
   5. Der Euro schafft sozialen Unfrieden – und dieser macht dem Euro zu schaffen 214

III. EU- und EWU-Erweiterung lassen sich nicht trennen – die monetären Konsequenzen 215
   1. Europäisierung der Währungsrisiken («Irlandisierung») 217
   2. Monetärer Lastenausgleich 218

IV. Kein Ende der Euro-Schwäche in Sicht 220
   1. Verhängnisvoller Kapitalabfluss 221
   2. Fehlende Vermögensqualität des Euro 222
   3. Europa verspielt Wachstumschancen 224

V. Vom EWS zur EWU: Die Abschaffung des Wechselkursventils. Der Tragödie erster Teil 225
   1. Währung als «Krönung» der Integration – und nicht als Motor 225
   2. Falsche Schlüsse aus der deutschen Vereinigung 228
   3. Verhängnisvolle Abkehr vom EWS 230

VI. Von Maastricht nach Nizza: Die Erweiterung. Der Tragödie zweiter Teil 231
  1. Strukturelle Abgründe – doch kein(e) Mittel, sie zu überbrücken 231
  2. Ein monetäres Wartezimmer 232
  3. Ein «schwarzer Euro»? 235

VII. Noch ist Europa nicht verloren: Ein «paralleler», aber «harter» Euro 236
  1. Ohne «politische Union» keine dauerhafte EWU 236
  2. Deutschlands Mitschuld 237
  3. Für eine EWU-Korrektur ist es nicht zu spät 238
  4. Vorschläge für einen «parallelen» und «stabilen» Euro 238

6. Kapitel
Nizza: Es wird keine politische Union geben – Seite 241
Wilhelm Hankel / Joachim Starbatty

I. Die USA als Modell: Politische und wirtschaftliche Integration bilden eine Einheit 242
  1. Die EU ist keine Demokratie «von unten» 243
  2. Staats- und Währungsraum zur Deckung bringen! 245

II. Triebkräfte für die Währungsunion 247

III. Fehlender Wille zur politischen Union 252

IV. Wie das Kollektivgut «Währungsunion» sichern? 258
  1. Währungsunion als Kollektivgut 258
  2. Theoretische und empirische Erkenntnisse über das Verhalten von Regierungen 260
  3. Abnehmende Homogenität bei steigender Kompliziertheit 264
  4. Die Kluft zwischen «Entscheidenkönnen und Verantwortenmüssen» 266

V. Gesucht – ein politischer Herakles 268

7. Kapitel
Verweigerung des Rechtsschutzes in der Euro-Politik und Wiederherstellung des Rechts durch Austritt aus der Währungsunion – Seite 271

Karl Albrecht Schachtschneider

I. Die Rechtsverweigerung im Euro-Beschluss des Bundesverfassungsgerichts 274
   1. Kurzer Prozeß 274
   2. Verweigerte Bürgerrechte 280
   3. Währungsintegration ohne Rechtsschutz 299

II. Das Recht und die Pflicht zum Ausstieg aus der Währungsunion 314
   1. Wirtschaftliche Stabilität als Rechtsprinzip 314
   2. Ausstiegsrecht, Ausstiegspflicht und Ausstiegsverfahren 320

> Ich schwöre, dass ich meine Kraft dem Wohle des
> deutschen Volkes widmen, seinen Nutzen mehren,
> Schaden von ihm wenden, das Grundgesetz und die
> Gesetze des Bundes wahren und verteidigen werde.
> **Amtseid des Bundespräsidenten (Art. 56 Grundgesetz)**

Vorwort

Wir vier Eurokläger aus dem Jahre 1998 haben uns entschlossen, die zentralen Fragen an die Währungsunion noch einmal zu stellen und sie im Lichte der Erfahrung aus den drei ersten Euro-Jahren erneut zu beantworten.

Wir tun dies diesmal vor der Öffentlichkeit und nicht vor dem höchsten deutschen Gericht, das unsere Euro-Klage verworfen hat. Das Gericht, das die Pflicht hätte, die Grundrechte der Bürger zu schützen, hat – statt Recht vor Politik zu stellen – Politik vor Recht gesetzt.

Die Währung ist nicht Sache einer Regierung, sondern des Volkes. In ihr wird seine Arbeit entlohnt, und in ihr legt es seine Ersparnisse an. Deswegen hat es auch ein Recht zu erfahren, was aus seinem Geld wird – besonders dann, wenn es gegen ein anderes ausgewechselt werden soll. Man darf das Volk nicht mit nichts sagenden, dafür aber kostspieligen Werbesprüchen abspeisen.

Wir wenden uns daher mit dieser Schrift an die Bürger unseres Landes, aber auch an die Medien und die Politiker, von denen wir wissen, dass viele von ihnen die Entwicklung nicht anders als wir mit großer Sorge betrachten. Wir wollen ihnen Mut machen, zu ihrer Meinung zu stehen, und ihnen Argumente an die Hand geben.

Vielleicht können wir gemeinsam den Zug noch anhalten, bevor er aus den Gleisen springt. Wenn dagegen der Countdown läuft, obwohl Frühwarnsysteme Konstruktionsfehler melden, dann sind Deutschland und Europa in Gefahr. Innere Spannungen, die nicht mehr über Wechselkursventile entweichen und über nationale Geldpolitiken austariert werden können, drohen die Währungsunion und damit auch das europäische Aufbauwerk zu sprengen.

Als Bürger unseres Landes haben wir für unsere Schrift nur einen Beweggrund. Es steht im Motto und ist dem Amtseid des ersten Bürgers der Nation entliehen: Schaden vom deutschen Volke, aber auch von den anderen Völkern Europas, die dem Währungsabenteuer ausgesetzt sind, abzuwenden.

Wir vier Autoren widmen uns als Wissenschaftler unserem gemeinsamen Anliegen unter verschiedenem Blickwinkel und unabhängig voneinander. Deswegen zeichnet auch jeder von uns für seinen Beitrag zu dem gemeinsamen Werk allein verantwortlich. Eine kurze Zusammenfassung der jeweiligen Positionen findet der Leser im ersten Kapitel.

Wir danken allen, die uns bei der Vorbereitung dieses Buches geholfen haben, nicht nur für die Mitarbeit, sondern auch für die große Geduld mit uns Autoren. Vor allem nennen wir unsere Sekretärinnen, Katrin Hidding und Else Hirschmann. Wir danken Barbara Hackländer und Frank Strickstrock vom Rowohlt Verlag für die verlagstechnische Betreuung dieses Buches. Vor allem aber danken wir den vielen tausend Bürgern, die uns seit unserer abgelehnten Klage in Gesprächen, Veranstaltungen, mit Briefen und Telefonaten ermuntert und bestärkt haben, unseren begründeten Widerstand nicht aufzugeben.

Frankfurt/M., Hamburg, Nürnberg, Tübingen
März 2001

Wilhelm Hankel   Wilhelm Nölling
Karl Albrecht Schachtschneider   Joachim Starbatty

1. Kapitel:

Euro – Gefahr für Europa

Kann eine gemeinsame Währung für zwölf und morgen möglicherweise 28 europäische Staaten unterschiedlicher Sprache, Kultur, politischer Verfassung und wirtschaftlicher Entwicklung überhaupt funktionieren?

Seit Europas Währungen über feste Umrechnungskurse zu einer Währungsunion mit zunächst noch verschiedenen Geldzeichen verschweißt wurden (Mai 1998), sind drei Jahre vergangen. Die Alarmsignale aus dieser Zeit sind beunruhigend. Inflationsniveau und -gefälle unter den zwölf Mitgliedstaaten haben zugenommen; die «Wirtschaftswunder» an der europäischen Peripherie haben es kräftig verstärkt. Die – inzwischen zu Ende gegangene – Binnenstabilität des Euro war mehr ererbt als das Verdienst der neuen Europäischen Zentralbank (EZB). Seit es den Euro gibt, «schwächelt» er an den globalen Finanzmärkten. Er ist weder zur Konkurrenz oder gar zur Alternative für den US-Dollar geworden, noch hat er international die Stellung der DM eingenommen. Seine Vorschusslorbeeren – reichlich gespendet von Spitzenpolitikern, Topmanagern der Wirtschaft und führenden Bankexperten – sind längst verwelkt. Selten hat sich eine politische und wirtschaftliche Elite mehr blamiert als die deutsche mit ihren Prognosen in Sachen Euro.

Mit dem sich abzeichnenden Fehlschlag der Gemeinschaftswährung droht den beteiligten Völkern in ihrer Integrationspolitik einer der schwersten Rückschläge der letzten 50 Jahre. Nicht nur die Währungsstabilität ist in Gefahr, auch der innere soziale Frieden in ihren Gesellschaften und zwischen ihnen. Sozialstaat und gemeinsame Währung passen nicht zusammen. Der «Wettbewerb der Systeme», den sich viele von der Trennung des Staates von seiner eigenen Währungsverfassung versprechen, ist nur eine Umschreibung dafür, dass mit dem Euro der national geschützte und gestützte Sozialstaat erodiert, weil er, Wettbewerb und Wanderungsbewegungen ausgesetzt, den bisher gewohnten Sozialschutz weder bieten noch finanzieren kann.

Die mit dem Euro verbundenen Folgen und Kosten – bis hin zu den ungezählten Milliarden, die allein die Umstellung der Wirtschaft und privaten Haushalte auf 50 Milliarden neuer Münzen und 14 Milliarden neuer Geldscheine verschlingen wird und die privat bezahlt und verkraftet werden müssen – haben die Verantwortlichen ihren Bürgern verschwiegen. Daran gemessen sind die später wegfallenden Umtauschkosten ein Klacks, zumal sie in den letzten Jahrzehnten der geregelten Wechselkurse in Europa ohnehin keine große Rolle mehr gespielt haben. Kann es bezweifelt werden, dass eine rechtzeitige Unterrichtung der Bürger über die weder volkswirtschaftlich noch privat verantwortbaren Kosten dieses teuerste Regierungsprojekt seit dem Zweiten Weltkrieg schon im Stadium eines Planspieles gekippt hätte?

Wussten Europas Politiker überhaupt, was sie mit ihrem Währungsabenteuer Völkern und Bürgern zumuten? Wie konnte eine deutsche – vom Volke gewählte – Regierung der Abschaffung der D-Mark, des besten und stabilsten Geldes deutscher Geschichte, zustimmen, ohne ihr Volk und ihre Wähler zu befragen? Und wie konnte die Hüterin dieser Währung – die Deutsche Bundesbank – die Hand dazu reichen, sich selbst und die von ihr über Jahrzehnte behütete Währung überflüssig zu machen?

Wir Deutsche wissen aus leidvoller Erfahrung, dass die Einführung einer neuen Währung zwingend und unvermeidlich sein kann, nämlich immer dann, wenn sie sich total entwertet hat. Die Deutschen mussten dies im letzten Jahrhundert zwei Mal hinnehmen. Zwei verlorene und zu Währungs- und Staatsbankrott führende Kriege erzwangen solche Währungsreformen: 1923 und 1948. Beide Katastrophen fügten Millionen von Menschen unsägliche Vermögensverluste zu. Erfahrungen dieser Art prägen sich tief ein und erhalten sich noch nach Jahrzehnten im öffentlichen Bewusstsein.

Nach der Währungsreform von 1948 erhielten die West-Deutschen mit der D-Mark eine Geld- und Währungsordnung, auf die sie stolz sein konnten. Nach der Wiedervereinigung kamen auch die Ost-Deutschen in den Besitz und Genuss dieses Geldes. «Kommt die D-Mark nicht nach hier, gehen wir zu ihr», skandierten die Sprechchöre der Leipziger Montags-Demonstrationen, die das frühere DDR-Regime zur Abdankung zwangen.

Ist der jetzt bevorstehende Abschied von der DM allen Deutschen in West wie Ost überzeugend begründet worden? Von einer guten und wertvollen Währung trennt man sich nicht – nur von einer schlechten, wertlos gewordenen und abgewirtschafteten. Weder die frühere noch die jetzige Bundesregierung haben die Bürger wirklich aufgeklärt. Letztere hat zwar das Problem geerbt, lässt aber die Dinge mehr oder weniger laufen, ohne die spürbar gewachsenen Sorgen der Bevölkerung vor den Folgen des bevorstehenden Währungswechsels ernst zu nehmen.

Die frühere Bundesregierung hat schwere Schuld auf sich geladen, als sie unverzichtbare Stabilitätspfänder für die neue Währung ohne Begründung aus der Hand gab: wie die ursprünglich vorgesehene Einbettung des Euro in eine europäische Verfassung («Politische Union»). Nur so ließe sich ein innereuropäischer Finanz- und Strukturausgleich zwischen den starken und schwachen Mitgliedsländern organisieren. Zudem hätte er den Verzicht dieser Länder auf eine eigene schuldenfinanzierte Beschäftigungspolitik erleichtert und viele Widerstände gegen die zentrale Stabilitätspolitik der EZB ausgeräumt. Der Vorwurf trifft auch auf ihr opportunistisches Ja zu Mitgliedstaaten zu, die offen die vertraglich vorgesehenen Aufnahmekriterien verletzten oder statistisch «schönten», also für Länder wie Belgien und Italien, aber auch für Frankreich und nicht zuletzt Deutschland selbst – oder neuerdings Griechenland. Die Währungsunion im Zeichen des Euro startete mit offenen Rechtsbrüchen und Verstößen gegen die gemeinsam und feierlich beschworenen Prinzipien. Wie sollen wir glauben können, dass dies in Zukunft besser wird?

Die jetzige Bundesregierung muss sich fragen lassen, warum sie nichts unternimmt, um die nach drei Jahren EWU- und EZB-Praxis längst erkennbaren Schwachstellen im Gesamt-Konzept auszuräumen. Neben der überfälligen politischen Fundamentierung der

Währungsunion muss vornehmlich das Statut der EZB im Hinblick auf die Erweiterung und die Sonderprobleme der neuen Mitglieder, die sie in die Entscheidungsgremien der Bank hereintragen werden, überdacht und angepasst werden. Dazu gehören die «enge und strikte» Auslegung der Konvergenzkriterien sowie die Heranziehung des Kriteriums der realen Konvergenz für die neuen Beitrittskandidaten. Sie können zwar möglicherweise – wie viele der alten strukturschwächeren Mitgliedsländer – die EWU-Aufnahmekriterien auf dem Papier erfüllen, aber nicht in einem «realen» Sinne. Das lassen ihr Entwicklungsstand sowie ihr inneres Beschäftigungs- und Produktivitätsniveau auf absehbare Zeit nicht zu.

Schließlich geht es auch entscheidend darum, rechtzeitig und einvernehmlich Vorkehrungen gegen eine Überforderung der «westlichen» Arbeitsmärkte und Sozialsysteme durch die zu erwartende Zuwanderung billiger Arbeitskräfte aus Ost- und Südosteuropa zu treffen. Die Forderung des Bundeskanzlers nach einer siebenjährigen Sperrfrist zielt in diese Richtung. Eine volle Freizügigkeit im europäischen Binnenmarkt ist in einem Europa der «nationalen Sozialkulturen» nicht auf Anhieb zu verkraften. Die EU-Erweiterung wäre mit dem Verlust des sozialen Friedens in der größeren Gemeinschaft zu teuer (und auf Dauer gar nicht hinnehmbar!) erkauft.

Vor einer Illusion kann nicht nachdrücklich genug gewarnt werden – derjenigen nämlich, dass sich alle diese Probleme von selbst lösen würden. Die neue Währung ist nicht das Wundermittel, dessen bloße Verschreibung ausreicht, um alles, was krank ist in dieser Welt, zu heilen und gesund zu machen. Der rein technische Schritt, aus einem bislang abstrakten Rechen-, Buch- und Börsengeld ein für den Bürger anfassbares und in allen EWU-Ländern sichtbar umlaufendes, «gesetzliches» Zahlungsmittel zu machen, löst kein Problem; er wird im Gegenteil das Verlorengegangene erst recht bewusst machen. Der Euro im Portemonnaie, auf dem Kassenzettel oder auf dem Kontoauszug nimmt dem Bürger nicht die Sorge um dessen künftige Stabilität. Dessen Status als alleiniges gesetzliches Zahlungsmittel für ein Dutzend und mehr

Staaten in Europa überzeugt und verpflichtet niemanden, sein Geld in Euro anzulegen. Man kann bzw. muss seine Schulden in Euro bezahlen und die Tagesgeschäfte abwickeln – das ist auch alles.

Als Währung ist der Euro bereits seit Mitte 1998 «da», auch wenn er für viele erst demnächst «kommt». Seitdem kann sich jedermann selbst sein Urteil bilden, was der Euro zu leisten vermag und was nicht. Sein Kursverfall belegt, wie wenig ihm die Menschen zutrauen und deswegen auch nicht vertrauen. Sie legen ihr Vermögen lieber in weltweit sicheren und bewährten Währungen an (wie US-Dollar, Schweizer Franken, Pfund Sterling) als in dem «staatenlosen» Neuling. Europa verliert wegen dieser Kapitalabflüsse wertvolles Wachstumspotential; es finanziert Investitionen und Arbeitsplätze in anderen Teilen der Welt – nur nicht zu Hause. Und es muss wegen der Euro-Schwäche mit künftig eher zu- als abnehmenden Inflationssorgen leben und mit demnächst wieder steigenden Zinsen.

Was die Politik nicht sieht oder sehen will: Bislang hat die gemeinsame Währung Europas Dynamik mehr begrenzt als beflügelt. Die Aufschwünge an der europäischen Peripherie wurden dort mit einem inflatorischen Auftrieb erkauft. Europa gewinnt durch seine Währungsunion unter zunehmend ungleicheren («inhomogenen») Partnern weder an politischer Kohäsion noch an äußerem Profil, auch nicht an wirtschaftlicher Stärke oder monetärer und sozialer Stabilität. Die Streitigkeiten unter den Partnern werden härter werden, je größer der Kreis der auf eine Linie zu bringenden Staaten wird. Und zu streiten gibt es genug: über Orientierung und Härte der Geldpolitik, über die Beitrittskriterien der neu zur Aufnahme in den erweiterten Euroclub anstehenden Partner, über das Ausmaß der einzelstaatlichen Schulden- und Defizitpolitik, über Marktöffnung und soziale Standards usw.

Der Euro wirkt, wie geradezu erfunden, um Europas sozial friedlichstes Zeitalter zu beenden und in eines des sozialen Rückschritts zu verwandeln – und trotzdem bekennen sich aktive Linke und Gewerkschaftler zu diesem Europa des großen Geldes und der Mega-

Fusionen. Sie sehen auch nicht die damit zusammenhängende Bedrohung eines ausbildungs- und beschäftigungsfreundlichen Mittelstandes. Dass Europa mit dem Euro vor großen und unvermeidlichen Erschütterungen steht, ist die gemeinsame Meinung (und Diagnose) aller vier Autoren. Hierzu setzt jeder «seinen» Akzent und beantwortet die Fragen, die ihm am nächsten liegen und die ihn am meisten beschäftigen.

Karl Albrecht Schachtschneider kritisiert in Kapitel 2 die Euro-Politik quasi als Staatsstreich von oben und sieht darin den vorläufigen Höhepunkt des Verfalls des Rechts im europäischen Integrationsprozess. Wer die Währungsunion will, muss den Staat Europa erzwingen, obwohl dieser weder demokratisch noch gar sozial sein kann und obwohl die Völker Europas ihn nicht wollen. Ohne die tatsächlich und rechtlich unerreichbare politische Union Europas bleibt allerdings die Währungsunion zum Scheitern verurteilt.

Im 3. Kapitel nimmt Joachim Starbatty die Europäische Zentralbank (EZB) ins Visier. Sie vermittelt kein überzeugendes Bild. Selbst wohlwollende Beobachter gewannen nach fast dreijähriger Praxis nicht den Eindruck, dass sie sich eindeutig und kompromisslos ihrem Auftrag, der Inflationsbekämpfung, gewidmet habe. Sie hat nicht nur ein sich ausbreitendes Inflationsgefälle in ihrem Währungsgebiet zugelassen, sondern sich permanent von ihren eigenen Zielvorgaben bei der Geldmengensteuerung entfernt. Die EZB hat sich anders als die Deutsche Bundesbank mit ihrer Zwei-Säulen-Strategie (Orientierung an Geldmenge und Inflationsziel) ein Alibi verschafft: Abweichungen vom Ziel der Geldmengensteuerung, das als Frühindikator drohende inflatorische Gefahren meldet, werden verharmlost, weil die aktuelle Inflationsrate noch toleriert werden könnte; sie sind dann kein Grund für längst fällige Korrekturen. So kommen zum Geburtsfehler des Euro, ein Geldanzug passt nicht für alle, die Kunstfehler der EZB hinzu.

Die EZB lässt es auch zu, dass Länder für Fehler angeprangert werden (durch «blaue Briefe»), die im System liegen und nicht bei ihnen. Wenn es trotz allem und trotz der anhaltenden Euroschwäche auf den internationalen Finanzmärkten noch zu keiner deutlichen Stabilitätskrise im Eurosystem gekommen ist, verdankt sich das wesentlich externen Faktoren: der guten Konjunktur, zurückhaltender Lohnpolitik und der relativen Ruhe an der internationalen Preis- und Inflationsfront. Die Mitgliedstaaten der Währungsunion ernteten die Früchte einer gesamtwirtschaftlichen Entwicklung, die es erlaubte, Beschäftigung und Haushaltseinnahmen zu steigern, ohne indessen Arbeitsmärkte und Fiskalsysteme nachhaltig zu sanieren. Ihre entscheidende Bewährungsprobe haben Euro und EZB noch vor sich. Bislang sind beide den Beweis noch schuldig, dass es gelingen wird.

Wilhelm Nölling stellt anhand einer Fülle von Tatsachen und Argumenten im 4. Kapitel dar, dass die Einführung der Gemeinschaftswährung das Einfallstor für eine schleichende Erosion des ausgeprägtesten aller Sozialstaaten – nämlich des deutschen – bilden wird. Die, die das nicht sehen oder sehen wollen, warnt er vor Illusionen:
– zu glauben, die mit Sicherheit eintretenden Spannungen in der EU ließen sich durch mehr Mobilität des Faktors Arbeit verhindern oder abschwächen;
– davon auszugehen, dass es in der EWU zu «sozialer Gerechtigkeit» und Humanisierung von Arbeitsbedingungen kommen werde; er befürchtet das Gegenteil;
– darauf zu vertrauen, dass für Gewerkschaften eine bedeutsame Rolle im monetär geeinten Europa verbleibe; es sei denn als Instrument, um dauerhaft Lohnmäßigung zu organisieren;
– zu erwarten, dass in Europa eine gemeinsame Sozialpolitik entwickelt werden könne, um die soziale Verkümmerung auf nationaler Ebene auszugleichen;
– anzunehmen, die mit der EWU intensivierte Vergötzung des Wettbewerbs auf allen Stufen und die Überhöhung des monetären Einflusses würden die geistig-sittlichen Erosionsprozesse Europas unbeeinflusst lassen; sie werden sie weiter verstärken;
– er meint, dass es sich als illusionär herausstellen wird, über Deregulierung i. S. von Verringerung des Sozialschutzes und Intensivierung des Wettbewerbs um Arbeitsplätze zu mehr Ar-

beitsplätzen und zur Aufrechterhaltung des sozialen Friedens zu gelangen;
- wer darauf vertraue, dass die Zuwanderung aus den Beitrittsländern entweder gering bleibe oder das deutsche Arbeitsmarkt- und Sozialsystem nicht schwersten Belastungen aussetze, würde sich einer der schlimmsten Illusionen schuldig machen;
- schwerwiegend sei auch die Illusion, die EU ließe sich angesichts der zu erwartenden Verschärfung von Strukturunterschieden und einer Zunahme vor allem der peripheren Arbeitslosigkeit ohne Finanzausgleich zur Glättung solcher Störungen betreiben.

Die gefährlichste Illusion von allen aber bestehe darin, Freiheit, Wohlstand und Gerechtigkeit durch Nachahmung anderer Länder, europäische Gleichmacherei, Missachtung der Demokratie sowie der geistigen Grundlagen des «alten» Kontinents erreichen und bewahren zu können.

Wilhelm Hankel befürchtet im 5. Kapitel, dass der monetäre «Größenwahn» der Währungsunion, die Ausdehnung des gemeinsamen Währungsraumes auf bis zu 28 heterogene und unterschiedlich entwickelte Volkswirtschaften, in der Gemeinschaft wie in den Mitgliedstaaten selbst Sprengkräfte freisetze, denen Politik und Gesellschaft nicht gewachsen sind. Man verwechsle Dynamik mit Dynamit. Je ausgedehnter, zerklüfteter (inhomogener) und damit «suboptimaler» der europäische Währungsraum werde, desto größer würden auch die von den Peripherien ausgehenden Gefahren, da deren politischer Einfluss in den Gremien von EU und EWU – einschließlich EZB – dann unvermeidlicherweise zunehme. Aus den boomenden Ländern der westlichen Peripherie drohe schon jetzt der strukturelle Inflationsimport, zumal die EZB mit ihren Währungs-, Refinanzierungs- und Zinsgarantien diesen Ländern zu einem inflatorisch finanzierten Über-Wachstum verhelfe. Der Euro schwäche das Währungsrisiko dieser Länder ab («Irlandisierung»). Aus den demnächst dazukommenden Beitrittsländern der östlichen Peripherie drohe zusätzlicher Rezessions- und Beschäftigungsdruck; denn diese Länder würden bei voller Öffnung ihrer Märkte die

Wettbewerbsüberlegenheit ihrer neuen Partner bei sich zu Hause verspüren – wie einstmals die frühere DDR. Das werde die neuen Beitrittsländer verstärkt dazu zwingen, «überschüssige» Arbeitskräfte zu exportieren. Aus dieser Situation, für die beispielhaft die Aufnahme Polens in EU und EWU stehe («Polonisierung»), erwachse den westlichen und zentralen Ländern der Gemeinschaft ein zusätzlicher Druck auf Arbeitsmarkt, Lohnsysteme und Sozialstaat.

Dies stellt die EZB vor praktisch unlösbare Probleme. Sie muss entweder aus Beschäftigungsgründen das sich verschärfende Inflationsniveau und -gefälle hinnehmen und bagatellisieren. Oder sie holt zum zinspolitischen Gegenschlag aus und verschärft damit die inneren sozialen Spannungen und Konflikte in der Gemeinschaft. Früher oder später dämmert allen die Erkenntnis, dass eine einheitliche Geldpolitik unter inhomogenen und für ihre eigene innere Entwicklung verantwortlichen Staaten nur dann möglich ist, wenn es für ihren Innendruck ausgleichende Ventile gibt: Wechselkurse oder einen zwischenstaatlichen und föderativen Finanzausgleich (Transferunion). Ansonsten bestätigt sich die alte Erfahrung, dass sich mit Geld weder ökonomische Entwicklungsunterschiede noch sozial unterschiedliche Systeme «homogenisieren» lassen. Die Währungsunion überfordert ihre Mitglieder, weil sie Probleme aufreißt oder verschärft, die sie allein gar nicht hätten und die sich mit ihr nicht lösen lassen. Deswegen wird diese Union – wie alle Vorgängerinnen dieses Typs – scheitern. Der auf Dauer schwache Euro – eine Art Währungsbankrott auf Raten – ist der Vorbote dieses Endes, weshalb unter keinen Umständen alle DM-Bestände vernichtet werden dürfen.

Im 6. Kapitel ziehen Wilhelm Hankel und Joachim Starbatty eine ernüchternde Bilanz des EU-Gipfels von Nizza; er habe keinen erkennbaren Fortschritt im Hinblick auf die notwendige «Vertiefung» der EU und die dafür erforderlichen institutionellen Reformen – u. a. bei der EZB – gebracht. In zweierlei Hinsicht habe der Gipfel Klarheit geschaffen, wenn auch eine bestürzende:
– Europa will keine «Politische Union» mit demokratischen Strukturen und solidarischem Interessen- und Finanzausgleich;

der dafür im Maastricht-Vertrag (1992) erteilte Auftrag wurde stillschweigend ad acta gelegt;
- damit sind auch die eigentlichen Motive für die Währungsunion klar und deutlich geworden; sie versteht sich nicht als Vorstufe und Motor in Richtung einer europäischen Föderation, wie immer gesagt wurde; ihr Zweck war einzig und allein, die Vorherrschaft der DM und der Deutschen Bundesbank im Europäischen Währungssystem zu brechen.

In Nizza haben die Mitgliedstaaten nicht am Europäischen Haus gebaut, sondern unverhüllt um nationale Vorteile gefeilscht. Sie haben zur Klimaverschlechterung beigetragen und das Fundament unterminiert, das für die langfristige Existenz einer stabilitätsorientierten Währungsunion unabdingbar ist. Europa steht, wie Herakles, am Scheideweg: Geht es den bequemen Weg des Laufenlassens, steht am Ende das Scheitern der Währungsunion und des europäischen Integrationsprozesses. Geht es den steinigen Weg, das Europäische Haus zu fundamentieren, erhält die Währungsunion eine Chance, dauerhaft zu funktionieren. In Luftschlössern kann niemand leben.

Im ersten Teil von Kapitel 7 kritisiert Karl Albrecht Schachtschneider sodann den politisch motivierten Beschluss des Bundesverfassungsgerichts, unsere Euro-Klage von 1998 abzuweisen. Diese Verfassungsbeschwerde hatte ihre Begründung in den Erkenntnissen des Maastricht-Urteils desselben Senats von 1993, wonach Deutschland nur an einer Stabilitätsgemeinschaft mitwirken dürfe. Die Stabilitätserwartung hatte das Gericht seinerzeit bewogen, den Maastricht-Vertrag zu akzeptieren, aber es hatte ein Recht und eine Pflicht Deutschlands festgestellt, die Währungsunion dann zu verlassen (ultima ratio), wenn diese Stabilitätserwartung nicht gewährleistet werden könne. Das Gericht hat, um die offen zu Tage liegende Vertrags- und Rechtswidrigkeit des Schrittes in die dritte Stufe der Währungsunion nicht feststellen und der früheren Bundesregierung nicht in den Rücken fallen zu müssen, den Grundrechtsschutz der Bürger entgegen seiner 40-jährigen Praxis so weit herabgestuft, dass die Bürger Deutschlands wieder als Untertanen der Obrigkeit dastehen.

Im Teil II dieses Kapitels werden sodann die Möglichkeiten beleuchtet, die Währungsunion zu verlassen: erstens die Auflösung des grundgesetzlichen Integrationsprinzips, welche Zweidrittelmehrheiten im Bundestag und im Bundesrat voraussetzt, zweitens das Ausscheiden aus der Europäischen Union, wenn diese der Struktursicherungsklausel des Grundgesetzes, dem Sozialprinzip (es schließt das Stabilitätsprinzip ein), nicht genügt; und drittens als schonendsten und darum gebotenen Schritt den bloßen Austritt aus der Währungsunion. Für diese Maßnahme genügt ein einfaches Bundesgesetz, am besten eine Volksabstimmung, welche die politische Klasse den Bürgern Deutschlands nicht länger vorenthalten dürfte.[1]

Die Europäische Währungsunion schneidet tief in das Leben der Menschen und die künftige Verfassung ihrer Staaten hinein. Die aus der Gemeinschaftswährung resultierenden Gefahren für Europa und seine Zukunft gehen weit über das Währungstechnische hinaus. Wir haben sie aus den verschiedenen Blickwinkeln gewissenhaft aufgezeigt. Wer nach Lösungen sucht, sei auf die Einzelkapitel verwiesen. Die Kapitel 2 und 7 zeigen die rechtlichen Aspekte einer Abänderung und Auflösung der in Maastricht und Amsterdam geschlossenen Verträge auf. In den Kapiteln 5 und 6 werden nicht nur die politischen und ökonomischen Konsequenzen der Gemeinschaftswährung diskutiert, sondern auch Lösungsvorschläge aufgezeigt, für die es noch immer nicht zu spät ist. Jetzt ist die Politik am Zug. Wir Fachleute können nicht mehr tun, als Schwachstellen, Defekte und Gefahren aufzuzeigen. Jetzt gilt, was Cicero, römischer Politiker und Historiker, dem Volk und den Verantwortlichen in einer Situation existenzieller Gefährdung des römischen Gemeinwesens zugerufen hat: «Videant consules ... Nun mögen die Konsuln Acht geben!»

---

1 Die dänische Volksabstimmung vom 28. September 2000 hat gezeigt, wie urteilsfähig ein freies Volk in Existenzfragen ist.

2. Kapitel

Euro – der Rechtsbruch

Karl Albrecht Schachtschneider

Zusammenfassung

Der Euro wird den Deutschen gegen den Willen der großen Mehrheit oktroyiert. Die notwendigen Voraussetzungen für die dritte Stufe der Währungsunion sind von keinem Verfassungsorgan Deutschlands ernsthaft geprüft worden. Vor allem die vier Kriterien der Konvergenz waren augenscheinlich nicht erfüllt, geschweige denn, dass die Einführung des Euro zweckmäßig gewesen wäre. Das Konvergenzzertifikat war ein Akt des Integrationswillens. Die politische Klasse betreibt mit der Euro-Politik die Nivellierung Deutschlands. Das Bundesverfassungsgericht aber hat sich diesem Verfassungsbruch weder im Maastricht-Urteil noch gar im Euro-Beschluss in den Weg gestellt. Immerhin hatte das Maastricht-Urteil einen strengen Stabilitätsmaßstab für die Währungsintegration aufgezeigt. Die Politik hat die rechtlichen Grenzen der Währungsintegration ignoriert, und das Bundesverfassungsgericht hat das Recht, das es selbst formuliert hatte, nicht verteidigt. Es hat vielmehr die Integration über die freiheitliche demokratische Grundordnung Deutschlands, ja über den Bestand der Bundesrepublik Deutschland, sowohl über das Demokratieprinzip als auch über das Sozialprinzip, vor allem aber über das Rechtsprinzip, gestellt.

Der Euro ist ein Rechtsbruch. Bei seiner Einführung ist das Recht beiseite geschoben worden. Der Rechtsbruch kann nur dadurch geheilt werden, dass Deutschland die Währungsunion verlässt. Der Euro vermag die verfassungsgebotene Stabilität nicht zu erreichen, weil das die politische Union voraussetzt. Diese wäre aber weder mit dem demokratischen Prinzip noch mit dem sozialen Prinzip zu vereinbaren. Die politische Union würde Deutschland entstaatlichen und Europa weiter entrechtlichen. Die Konferenz von Nizza hat gezeigt, dass die politische Union nicht nur dem Willen, sondern auch der Heterogenität der Schicksale und Interessen der Völker Europas widerspricht.

Die Rechtlichkeit, in der die Freiheit, Gleichheit und Brüderlichkeit Wirklichkeit finden, ist die Kultur Europas. Dem entspricht die europäische Republik der Republiken. Der Verfall des Rechts aber ist das Kennzeichen der derzeitigen europäischen Integration.

Einleitung

Die Währungsunion soll der große Schritt zur Politischen Union, letztlich zur existentiellen Staatlichkeit der Europäischen Union[1], sein. Damit bezweckt sie, den «Bestand der Bundesrepublik Deutschland», nämlich die existentielle Staatlichkeit Deutschlands, aufzulösen. Sie gefährdet aber auch die «freiheitliche demokratische Grundordnung»; denn ein Großstaat Europa kann nicht demokratisch und damit auch nicht freiheitlich sein. Keinesfalls beschreitet die Integration zur Politischen Union den Weg des Rechts. Dieser würde den Willen der Völker Europas voraussetzen, die eigene existentielle Staatlichkeit aufzugeben und einen existentiellen Staat Europas zu begründen.

Das Bundesverfassungsgericht hat dennoch im Maastricht-Urteil vom 12. Oktober 1993 (BVerfGE 89, 155 ff.) die Währungsunion passieren lassen, freilich nur, wenn sie eine Stabilitätsgemeinschaft zu sein gewährleistet (BVerfGE 89, 155 [200 ff.]).

---

1 *K. A. Schachtschneider*, Die existentielle Staatlichkeit der Völker Europas und die staatliche Integration der Europäischen Union. Ein Beitrag zur Lehre vom Staat nach dem Urteil des Bundesverfassungsgerichts zum Vertrag über die Europäische Union von Maastricht, in: W. Blomeyer/K. A. Schachtschneider (Hrsg.), Die Europäische Union als Rechtsgemeinschaft, 1995, S. 75 ff., 87 ff.; *ders.*, Die Republik der Völker Europas, ARSP-Beiheft 71 (1997), S. 161 ff.

Das gelingt ihr nicht und kann ihr nicht gelingen. Dem Schritt in die dritte Stufe der Währungsunion hat sich das Gericht trotzdem nicht in den Weg gestellt. Es hat diesen Schritt nicht an Vertrag und Recht geprüft, sondern die Verantwortung für die Rechtlichkeit der Einführung des Euro in die «Verantwortung von Regierung und Parlament» gelegt.[2] Schmerzlich hat es den Bürgern, die eine dem Recht gemäße Vertretung durch das Parlament und eine dem Recht gemäße Währungspolitik beanspruchen können, den grundrechtlichen Rechtsschutz verweigert – der große Rechtsbruch, um der Integrationspolitik nicht im Wege zu stehen. Der Euro ist aber schon deswegen rechtswidrig, weil er entgegen den «notwendigen Voraussetzungen» einer gemeinsamen Währung (Art. 109j EGV, jetzt Art. 121 EGV) durchgesetzt worden ist. Dieser Mangel ist nicht geheilt. Die Währungsunion und die mit ihr verbundenen Zwänge der Wirtschafts- und Sozialpolitik entstaatlichen Deutschland, ohne zu einem europäischen Staat der Freiheit und des Rechts zu finden. Der Verfall des Rechts ist das Charakteristikum der europäischen Integration. Die Konferenz von Nizza hat die Öffentlichkeit desillusioniert.

I. Rechtsbruch mangels gesamtwirtschaftlicher Konvergenz

1. Das Stabilitätsversprechen

Wegen des sozialen Rechtsprinzips der Stabilität darf Deutschland allenfalls an einer Währungsunion mitwirken, welche Stabilität erwarten lässt (Euro-Klage, S. 192 ff.).[3] Die Erwartung muss hinreichend gesichert sein. Gewissheit darf nicht durch Hoff-

---

2 Dazu 7. Kapitel, I, 3 in diesem Buch.
3 So in der Sache das Maastricht-Urteil, BVerfGE 89, 155 (199 ff., insb. S. 205); bestätigt im Euro-Beschluss BVerfGE 97, 350 (372 ff.); dazu genauer im 7. Kapitel, II, 1 in diesem Buch.

nung ersetzt werden, hat Kurt Biedenkopf gemahnt.[4] Der Deutsche Bundestag und der Bundesrat hatten durch ihre Entschließungen vom 2. bzw. 18. Dezember 1992 ein großes Versprechen an das deutsche Volk gerichtet, das Versprechen nämlich, dass «die Stabilität der Währung unter allen Umständen gewährleistet sein» müsse.[5] Darum haben die Gesetzgebenden Häuser (u. a.) erklärt:

> «Dabei werden beim Übergang zur dritten Stufe der Wirtschafts- und Währungsunion die Stabilitätskriterien eng und strikt auszulegen sein. Die Entscheidung für den Übergang zur dritten Stufe kann nur auf der Grundlage erwiesener Stabilität, des Gleichlaufs bei den wirtschaftlichen Grunddaten und erwiesener dauerhafter haushalts- und finanzpolitischer Solidität der teilnehmenden Mitgliedstaaten getroffen werden. Sie darf sich nicht an Opportunitätsgesichtspunkten, sondern muss sich an den realen ökonomischen Gegebenheiten orientieren. Die Natur der Kriterien bedingt es, dass ihre Erfüllung nicht nur statistisch gesichert werden kann. Ihre dauerhafte Erfüllung muss vielmehr auch aus dem Verlauf des Konvergenzprozesses glaubhaft sein. Die künftige europäische Währung muss so stabil sein und bleiben wie die Deutsche Mark.»

Die Vertreter des deutschen Volkes hatten weiter versprochen:

> «Der Deutsche Bundestag (bzw.: Der Bundesrat ...) wird sich jedem Versuch widersetzen, die Stabilitätskriterien aufzuweichen, die in Maastricht vereinbart worden sind. Er wird darüber wachen, dass der Übergang zur dritten Stufe der Wirtschafts- und Währungsunion sich streng an diesen Kriterien orientiert».

Nicht nur dieses große Versprechen haben der Bundestag und der Bundesrat gebrochen, sondern auch das Verfassungsprinzip der Stabilität. Versprechen zu halten ist ein Grundprinzip der Ethik,

---

4 Das Euro-Experiment – Vollendung der Integration oder Überforderung der Union?, in: H.-U. Jörges (Hrsg.), Der Kampf um den Euro, 1998, S. 48.
5 BTDrucks 12/3906, BRDrucks 819/92; vgl. die Euro-Klage, S. 192 f.

das wir die Kinder durch das schöne Märchen vom Froschkönig lehren, und die Verfassung sollte einem Volk als Grundlage der Freiheit, des Rechts und des Staates heilig sein, auch und vor allem den Vertretern des Volkes.

2. Die große Konvergenz als notwendige Voraussetzung des Euro

Notwendige Voraussetzung des Schritts in die dritte Stufe der Währungsunion und der Teilnahme daran nach Art. 109 j (jetzt Art. 121) Abs. 2 bis 4 EGV und damit nach dem Zustimmungsgesetz Deutschlands, welches den Vertrag von Maastricht in Deutschland erst verbindlich gemacht hat[6], war nicht nur die minimale Konvergenz des Art. 109 j Abs. 1 EGV mit den vier Kriterien Preisstabilität, tragbare Finanzlage der öffentlichen Hand, Wechselkursstabilität und Zinskonvergenz, sondern darüber hinaus eine optimale, jedenfalls hinreichende Konvergenz der Volkswirtschaften, welche es zweckmäßig erscheinen ließ (Art. 109 j Abs. 3 EGV), dass die Gemeinschaft in die dritte Stufe der Währungsunion eintritt, der tragfähige Währungsraum also (Euro-Klage, S. 126 ff.). Diese große Konvergenz ist nach der Integration der Märkte, dem Stand der Entwicklung der Leistungsbilanzen, der Entwicklung bei den Lohnstückkosten und anderer Preisindizes zu beurteilen (Art. 109 j [jetzt Art. 121] Abs. 1 EGV).

Die große Konvergenz war von dem sozialen Rechtsprinzip der Stabilität gefordert (Euro-Klage, S. 192 ff.). Das Sozialprinzip gebietet dem Staat eine Politik des gesamtwirtschaftlichen Gleichgewichts (vgl. Art. 104 a Abs. 4, Art. 109 Abs. 2, Art. 115 Abs. 1 GG), welches neben der Preisstabilität auch die hohe Beschäftigung, das außenwirtschaftliche Gleichgewicht und stetiges Wachstum zu wahren und zu fördern gebietet. Diese Verfassungspflicht betrifft nicht nur die staatliche Haushalts- und Finanzwirtschaft, sondern die gesamte staatliche Politik, weil anders die sozialen Verhältnisse entweder nicht geschaffen werden können oder geschä-

---

6 BVerfGE 89, 155 (190).

digt werden würden (Euro-Klage, S. 203).[7] Das Sozialprinzip ist auch und wesentlich ein Prinzip der Wirtschaftsverfassung (Euro-Klage, S. 192 ff.)[8], welches die Verantwortung des Gemeinwesens für die Wohlfahrt begründet. Diese Wohlfahrt ist nicht abschließend, aber doch wesentlich durch den Begriff des gesamtwirtschaftlichen Gleichgewichts erfasst, welcher im § 1 des Stabilitäts- und Wachstumsgesetzes seine Materialisierung in den genannten vier Zielen erfahren hat.[9]

Die Stabilitätselemente müssen als Einheit verwirklicht, jedenfalls bestmöglich angestrebt werden, um dem sozialen Prinzip des gesamtwirtschaftlichen Gleichgewichts zu genügen. Unveränderte Kaufkraft einer Währungseinheit etwa ist noch keine Preisstabilität im Rechtssinne; denn diese kann auch durch administrative Preisstopps verfügt werden. Vielmehr müssen alle Ziele mit aller Kraft angestrebt werden, damit jedes einzelne Ziel im Rechtssinne als erfüllt angesehen werden kann (Euro-Klage, S. 206 ff.). Zu Recht spricht man vom magischen Viereck, weil die Zielverwirklichung ineinander verschränkt ist.[10] Die Erreichung eines Zieles ist auch zulasten der anderen Ziele möglich. Das aber würde das gesamtwirtschaftliche Gleichgewicht beeinträchtigen.

Insbesondere gibt es im Rechtssinne keine Preisstabilität, wenn das Beschäftigungsziel vernachlässigt wird.[11] Fraglos ist

---

7 I. d. S. BVerfGE 8, 274 (328 f.); vgl. auch BVerfGE 29, 402 (410); 84, 239 (282); *K. A. Schachtschneider*, Imperative Lohnleitlinien unter dem Grundgesetz, Der Staat 16 (1977), S. 493 ff. (507, 514 f.); *M. Schmidt-Preuß*, Verfassungsrechtliche Zentralfragen staatlicher Lohn- und Preisdirigismen, 1977, S. 108 ff.

8 *K. A. Schachtschneider*, Grenzen der Kapitalverkehrsfreiheit, in: ders. (Hrsg.), Rechtsfragen der Weltwirtschaft, i. E., S. 42 ff.

9 Vgl. *K.-H. Hansmeyer*, in: K. Stern/P. Münch/ders., Gesetz zur Förderung der Stabilität und des Wachstums der Wirtschaft – Kommentar, 2. Aufl. 1972, § 1, S. 117 ff.

10 Dazu *H.-M. Hänsch*, Gesamtwirtschaftliche Stabilität als Verfassungsprinzip, i. E., S. 166 ff.

11 Dazu *H.-M. Hänsch*, Gesamtwirtschaftliche Stabilität als Verfassungsprinzip, S. 156 ff.

eine Geldpolitik möglich, welche das Beschäftigungsziel oder auch das Wachstumsziel fördert oder vernachlässigt (Euro-Klage, S. 211).[12] Gegenwärtig sind die Preise (relativ) stabil, aber die Arbeitslosigkeit ist außerordentlich hoch (etwa 10 %), sodass die Vernachlässigung der Beschäftigungspolitik bei der Einführung des Euro als verfassungswidrig einzustufen ist. Als das Stabilitäts- und Wachstumsgesetz geschaffen wurde, wurde eine Arbeitslosigkeit von mehr als 0,8 % der berufstätigen Bevölkerung als ein (verfassungswidriger) Verstoß gegen das gesamtwirtschaftliche Gleichgewicht eingestuft (Euro-Klage, S. 210).[13] Auch die monetaristisch orientierte Geldmengenpolitik kann Wachstum und Beschäftigung fördern oder behindern. Geldpolitik ist keineswegs beschäftigungspolitisch neutral. Im Übrigen ist es Sache des Staates, die Beschäftigung zu fördern, wenn die Arbeitslosigkeit hoch ist.[14]

Im Interesse der vom Maastricht-Vertrag als Voraussetzung für die Währungsunion geforderten Finanzlage hat der Staat aber beschäftigungshinderliche Maßnahmen getroffen, d. h. seine Ausgaben auch wesentlich zulasten der Beschäftigung gekürzt. Die Arbeitslosen sind auch Opfer der integrationistischen Währungspolitik, wenn auch technisch bedingte Strukturveränderungen der Wirtschaft und die Internationalisierung und Globalisierung vieler Unternehmen die Beschäftigungslage nicht unwesentlich beeinträchtigen.[15] Für die Währungspolitik ist bedeutsam, dass der verfassungsrechtliche Stabilitätsbegriff keinesfalls auf die Preisstabilität reduziert werden kann, weil das das Sozialprinzip verletzen würde (Euro-Klage, S. 200 ff., insb. S. 206 ff.). Die Währungsintegration darf das Sozialprinzip, wel-

12 Dazu *A. Woll*, Das Ende der Stabilitätspolitik, 1983, S. 20 ff.
13 Vgl. *K. Stern*, in: ders./P. Münch/K.-H. Hansmeyer, Gesetz zur Förderung der Stabilität und des Wachstums der Wirtschaft, § 1, S. 128.
14 Dazu *K. A. Schachtschneider*, Recht auf Arbeit – Pflicht zur Arbeit, in: ders., u. a. (Hrsg.), Transport – Wirtschaft – Recht, GS Johann Georg Helm, 2001, S. 825 ff.
15 Dazu *K. A. Schachtschneider*, Grenzen der Kapitalverkehrsfreiheit, S. 60 ff.

ches nicht zur Disposition der Integrationspolitik steht[16], nicht beeinträchtigen. Es wird aber um der Währungsunion willen verdrängt.

Jedenfalls war und ist der Schritt in die Währungsunion nicht zweckmäßig, wenn die Arbeitslosigkeit in den beteiligten Mitgliedstaaten hoch ist, weil die Wirtschaftslage nicht stabil, sondern instabil, wenn auch weitgehend übereinstimmend instabil ist. Der Maastricht-Vertrag hat die Beschäftigungslage nicht zu einem Kriterium der Minimalkonvergenz erklärt, dieses Kriterium damit aber nicht aus den notwendigen Voraussetzungen für die Einführung des Euro ausgeklammert (Euro-Klage, S. 214 ff.), sondern den verantwortlichen Zweckmäßigkeitserwägungen übertragen, schon weil die Arbeitslosigkeit sozialer Sprengstoff für eine einheitliche Währungspolitik ist. Das Wagnis einer einheitlichen Währung einzugehen, solange das gesamtwirtschaftliche Gleichgewicht in den Mitgliedstaaten schwer gestört ist, verletzt die Stabilitätsverantwortung der Mitgliedstaaten, weil nichts dafür spricht, dass die gemeinschaftliche Währungspolitik die Beschäftigungsfrage besser lösen kann. Im Gegenteil droht die Unvollkommenheit des Staates, dessen Politikfähigkeit durch die Währungsunion weiter geschwächt wird, die beschäftigungs-, aber auch die sozialpolitischen Möglichkeiten der Mitgliedstaaten zu ruinieren. Die Beschäftigungslage wird sich zudem in Deutschland durch die Osterweiterung der Europäischen Union dramatisch verschlechtern.

Ein Staat aber, welcher an einer Wirtschafts- und Sozialpolitik mittels der selbst erwirtschafteten Ressourcen gehindert ist, weil die in eine Union integrierte Währungspolitik seiner Haushalts- und Finanzpolitik enge Grenzen zieht, kann seinen sozialen Verpflichtungen nicht mehr genügen. Die Wirtschafts-, Sozial- und Währungspolitik müssen einheitlich verantwortet werden, wenn nicht ein unvollkommener Staat entstehen soll, der nicht mehr hinreichend handlungsfähig ist (Euro-Klage, S. 256 ff.). Die soziale Frage kann nur national, nämlich demokratisch, gelöst werden

---

16 Dazu 7. Kapitel, I, 1 in diesem Buch.

(vgl. Euro-Klage, S. 252 ff., 256 ff.).[17] Das schließt eine Währungsunion ohne politische Union aus. Die Geschichte des Dollars beweist das, wie Wilhelm Hankel darlegt.

Zurzeit verletzt die einheitliche Währung in Europa das soziale Rechtsprinzip der Stabilität. Die Politik darf im Übrigen nicht ein Projekt mit immensen Schadensmöglichkeiten versuchen, dessen Erfolg mehr als zweifelhaft ist. Hinzu kommt, dass das Bürgerrecht aus der Eigentumsgewährleistung des Art. 14 Abs. 1 GG verletzt ist, wenn der Staat Inflationspolitik betreibt oder sich auch nur der Gefahr der Inflation aussetzt (Euro-Verfassungsbeschwerde, S. 42 ff.). Eine Währungsunion ohne Konvergenz der Volkswirtschaften, ohne tragfähigen Währungsraum, ist schon von Rechts wegen Inflationspolitik, weil im Maastricht-Vertrag, wie das Maastricht-Urteil von 1993 betont hat (BVerfGE 89, 155 [200 ff.]), das Minimum der Stabilitätserwartung von der Erfüllung der Konvergenzkriterien abhängt. Insbesondere dürfen die Verfassungsorgane die Verantwortung für die Währungspolitik nicht aus der Hand geben.[18] Sie begeben sich dadurch der Möglichkeit, das Sozialprinzip zu verwirklichen. Währungspolitik ist Sozialpolitik. Die wirkliche Supranationalität der Währungspolitik entstaatlicht die Republik (Euro-Klage, S. 256 ff.) und schafft neue politische Verantwortlichkeiten, die rechtens nur die Gründung eines existentiellen Staates Europa begründen kann, der aber nicht nur der Lage Europas, sondern vor allem dem Willen der Völker Europas nicht entspricht.[19]

---

17 K. A. *Schachtschneider*, Grenzen der Kapitalverkehrsfreiheit, S. 42 ff., 63 ff.; vgl. auch *ders.*, Res publica res populi, Grundlegung einer Allgemeinen Republiklehre. Ein Beitrag zur Freiheits-, Rechts- und Staatslehre, 1994, S. 234 ff.
18 K. A. *Schachtschneider*, Die existentielle Staatlichkeit der Völker Europas, S. 129 ff.
19 Dazu K. A. *Schachtschneider*, Die existentielle Staatlichkeit der Völker Europas, S. 111 ff., 129 ff.; *ders.*, Die Republik der Völker Europas, S. 170 ff.

3. Nichterfüllung der vier Kriterien der minimalen Konvergenz

Keines der vier indikativen Kriterien der minimalen Konvergenz (nach Art. 109j, jetzt Art. 121, Abs. 1 EGV) war erfüllt (Euro-Klage, S. 221 ff., auch S. 63 ff.), als die dritte Stufe der Währungsunion beschlossen wurde.

a) Hoher Grad an Preisstabilität

Der hohe Grad an Preisstabilität als das erste Konvergenzkriterium setzte zunächst einmal das gesamtwirtschaftliche Gleichgewicht voraus. Die hohe Arbeitslosigkeit schloss es aus, von einem gesamtwirtschaftlichen Gleichgewicht und folglich im Rechtssinne von einem hohen Grad an Preisstabilität zu sprechen (Euro-Klage, S. 206 ff.). Es gibt keine aus dem gesamtwirtschaftlichen Gleichgewicht gelöste Preisstabilität, weil eine solche ohne indikativen Wert wäre (Euro-Klage, S. 222 ff.). Sie könnte (und ist auch) zulasten der Beschäftigung und/oder des Wachstums, aber auch zulasten des außenwirtschaftlichen Gleichgewichts erwirkt sein und wäre dann ohne Aussagekraft für die Stabilität der Wirtschaft, die den Schritt in eine Währungsunion, welche um des Sozialprinzips und der Eigentumsgewährleistung willen eine Stabilitätsgemeinschaft sein muss, tragen könnte.

b) Haushaltslage ohne übermäßiges Defizit

Das zweite Kriterium, die Haushaltsdisziplin gemäß Art. 104c EGV (jetzt Art. 104) erlaubt es nicht, dass das Haushaltsdefizit die Grenze von 3,0 % des Bruttoinlandsprodukts zu Marktpreisen und dass die Staatsschulden die Grenze von 60,0 % dieses BIP überschreiten. Der Referenzwert des Haushaltsdefizits konnte in den meisten der elf Mitgliedstaaten, welche sich nach den Brüsseler Beschlüssen vom 2. Mai 1998 an der Währungsunion beteiligen können sollten und beteiligt haben, nur durch kreative Buchführung oder andere Manipulationen erreicht werden, insbesondere in Deutschland. Diese Art der Vertragserfüllung war sittenwidrig und dadurch vertrags- und rechtswidrig. Etwa die Schulden der Träger der Krankenanstalten aus dem relevanten Defizit herauszurechnen, obwohl die Schuldner staatliche Einrichtungen sind, nur weil die Krankenanstalten privatistisch geführt werden, war haushaltsrechtlich nicht hinnehmbar.

Das Staatsschuldenkriterium hatten nur wenige der an der Währungsunion beteiligten Mitgliedstaaten erfüllt. Auch Deutschland hatte es mit 61,3 % oder 61,8 %, 62,4 % des öffentlichen Schuldenstandes im Verhältnis zum Bruttoinlandsprodukt zu Marktpreisen verfehlt (Euro-Klage, S. 81, 234).[20] Weit entfernt von dem Referenzkriterium von 60 % des BIP waren (und sind) Belgien und Italien, welche den Referenzwert um mehr als 100 % überschritten haben und noch überschreiten.[21] Es kann keine Rede davon sein, dass diese Mitgliedstaaten einen Schuldenstand hatten (und haben), dessen Verhältnis zum BIP hinreichend rückläufig war (und ist), und sich rasch genug dem Referenzwert nähert, wie das Art. 104c Abs. 2 lit. b EGV zuließ und Art. 104 EGV in der Amsterdamer Fassung weiterhin zulässt. Wichtige Politiker Italiens haben sich über die vor allem in Deutschland geäußerten Erwartungen, dass Italien innerhalb von zehn Jahren den öffentlichen Schuldenstand mit dem Referenzwert des Vertrages in Übereinstimmung bringen solle[22], mokiert und klar gemacht, dass derartige Erwartungen unseriös seien. Nicht einmal die Planung des zukünftigen italienischen Haushaltes, der vorsieht, das Haushaltsdefizit zu senken, gibt einer Senkung der Staatsschulden eine Chance. Italien müsste über lange Zeit Haushaltsüberschüsse erwirtschaften, um den öffentlichen Schuldenstand zu senken. Derartige Erwartungen sind abwegig, obwohl Italien durch die Währungsunion außerordentlichen Gewinn zieht, weil die Zinsen, die für den italienischen

---

20 Stellungnahme des Zentralbankrates zur Konvergenzlage in der Europäischen Union im Hinblick auf die dritte Stufe der Wirtschafts- und Währungsunion, Monatsbericht der Deutschen Bundesbank April 1998, S. 17 ff., Übersicht zur Konvergenzlage der EU-Staaten, dort S. 23.
21 Bei dem Übergang zur dritten Stufe der Währungsunion Italien 121,6 %; Belgien 122,2 %; Deutsche Bundesbank, ebd.
22 Deutsche Bundesbank, Monatsbericht April 1998, S. 37 ff.

Haushalt durch den hohen Schuldenstand besonders zu Buche schlagen, nicht mehr wegen einer Abwertungserwartung gegenüber den Währungen der anderen Mitgliedstaaten, insbesondere der Deutschen Mark, deutlich über den Zinsen etwa Deutschlands liegen. In der Währungsunion kann es nur noch eine einheitliche Zinspolitik der Europäischen Zentralbank und damit nur einen einheitlichen Leitzins derselben geben (Euro-Klage, S. 51 u. ö.). Die Zinsen in Italien sind durch die Währungsunion halbiert. Dadurch erspart der italienische Haushalt jährlich etwa 200 Milliarden DM.

Auch der öffentliche Schuldenstand in Deutschland hat sich nicht dem Referenzwert genähert, sondern sich von diesem entfernt. Als der Vertrag von Maastricht geschlossen wurde, betrug der Schuldenstand Deutschlands etwa 41 % des BIP. Insgesamt hatten sich die Staatsschulden in den (so genannten) Euro-Ländern seit dem Vertragsschluss um etwa 18 Prozentpunkte verschlechtert. Die Konvergenzlage hatte sich dramatisch von den Referenzwerten entfernt (Euro-Klage, S. 64 ff., 221 ff.). Sie hat sich seit dem Frühjahr 1998 unter Rechtsgesichtspunkten nicht wesentlich gebessert.[23]

c) Normale Bandbreite des Wechselkursmechanismus

Vor allem war das dritte Konvergenzkriterium, welches vorschreibt, dass die Mitgliedstaaten, welche an einer einheitlichen Währung teilnehmen wollen, ihre Währung zwei Jahre lang nicht gegenüber der Währung anderer Mitgliedstaaten im Rahmen der normalen Bandbreiten des Wechselkursmechanismus des Europäischen Währungssystems abgewertet haben dürfen, nicht erfüllt, ja nicht einmal erfüllbar (Euro-Klage, S. 103 ff., 239 ff.). Dieses Kriterium war der härteste Konvergenztest.

Die Währungsturbulenzen in den Jahren 1992 und 1993 hatten gezeigt, dass es chancenlos ist, diesen Konvergenztest zu bestehen.

---

23 Staatsschulden 1999: Belgien 114,4 %, Deutschland 61,1 %, Spanien 63,5 %, Frankreich 58,6 %, Irland 52,4 %, Italien 114, 9 %, Luxemburg 6,2 %, Niederlande 63, 8 %, Österreich 64,9 %, Portugal 56,8 %, Finnland 47,1 %, Euroraum 72,2 % (1997: 74,6 %, 1998: 73 %).

Im August 1993, nach dem weitgehenden Zusammenbruch des Europäischen Währungssystems, sind die Bandbreiten von jeweils 2,25 %, welche die faktischen Wechselkurse von den administrativ festgelegten Wechselkursen abweichen durften, auf jeweils 15 % erweitert worden. Danach floateten die Währungen der Sache nach. Das ist ökonomisch ein substantieller Unterschied zur Wahrung enger Bandbreiten mittels Interventionen der verbundenen Zentralbanken, weil diese Technik mittels sehr hohen Einsatzes geradezu sichere Spekulationsgewinne ermöglicht (Euro-Klage, S. 103 ff., 239 ff.). Es war richtig, diese Spekulationsmöglichkeiten zu beseitigen.

Die Weiterentwicklung der Währungsunion hätte danach rechtens eine Vertragsänderung erfordert. Die faktische Einhaltung der engen Bandbreiten ersetzt die normativen Bandbreiten nicht (Euro-Klage, S. 105 f., 240 f.). Wenn schon nicht der Gemeinschaftsvertrag den neuen Bandbreiten angepasst wurde, hätten die normalen, also die engen, Bandbreiten des Wechselkursmechanismus wieder eingeführt und danach der vom Vertrag vorgesehene zweijährige Konvergenztest durchgeführt werden müssen. Diese Rechtslage hatte Paul Kirchhof, der Berichterstatter sowohl des Maastricht- als auch des Euro-Prozesses, nicht anders gesehen.[24] Seine Zustimmung zu der neuen funktions- und rechtsschutzminimierenden Dogmatik des Zweiten Senats des Bundesverfassungsgerichts[25] hat jedoch den offenen Widerspruch seiner Politik als Verfassungsrichter zu seinen Äußerungen als Verfassungsrechtler vermieden.

---

24 Die Mitwirkung Deutschlands an der Wirtschafts- und Währungsunion, in: FS F. Klein, 1994, S. 83: «Inwieweit die nächsten Schritte der Währungsunion eingeleitet und vollzogen werden, wird ... vom Erfolg des EWS und einer baldigen Rückkehr zur normalen Bandbreite von 2,25 v. H. sowie vom fortdauernden Willen der Mitgliedstaaten zu einer Europäischen Gemeinschaft der stabilen Währung abhängen»; ebenso *ders.*, Das ‹Maastricht›-Urteil des Bundesverfassungsgerichts in der Entwicklung der europäischen Integration, in: Th. Waigel (Hrsg.), Unsere Zukunft heißt Europa. Der Weg zur Wirtschafts- und Währungsunion, 1996, S. 132.
25 Dazu 7. Kapitel, I, 2 und 3 in diesem Buch.

d) Niveau der langfristigen Zinssätze

Auch das vierte Konvergenzkriterium, das Niveau der langfristigen Zinssätze, war allenfalls scheinbar erfüllt (Euro-Klage, S. 102 f., 244 f.). Zum einen gaben die Zinssätze nichts oder wenig für die Konvergenz der Volkswirtschaften der Euro-Länder her, weil sie durch rezessive, wenn nicht partiell deflationäre Entwicklungen bestimmt gewesen sein dürften. Jedenfalls setzte dieser Indikator die dauerhafte Teilnahme der jeweiligen Mitgliedstaaten am Wechselkursmechanismus des Europäischen Währungssystems und die Dauerhaftigkeit der von diesen Mitgliedstaaten erreichten Konvergenz (im Allgemeinen) voraus. Davon konnte keine Rede sein. Auch dieser Indikator ließ sich nicht auf die rechenhaften Daten reduzieren, welche im 6. Protokoll über die Konvergenzkriterien in Art. 4 aufgeführt sind (Euro-Klage, S. 244 f.). Diese waren erfüllt. Eine sachgerechte Anpassung dieses Kriteriums hätte berücksichtigen müssen, warum die Zinssätze ein bestimmtes Niveau haben, und auch bedenken müssen, dass die erwartete Teilnahme an der Währungsunion auf die Zinssätze eines Landes einwirkt.

Politisch ist die Konvergenzfrage auf das Haushaltsdefizit, also nur auf ein halbes Konvergenzkriterium, begrenzt worden. Es sind manche Mühen aufgewandt worden, dieses Kriterium zu erfüllen. Sie waren weitgehend rechtswidrig. Keinesfalls war dadurch die Minimalkonvergenz gewährleistet, geschweige denn die große (optimale) Konvergenz, von der die Stabilitätserwartung der Währungsunion abhängt. Die Währungsunion war und ist nicht nur zum Scheitern verurteilt, weil die volkswirtschaftlichen Voraussetzungen fehlen. Sie ist und bleibt auch rechtswidrig, weil sie die rechtlich verbindlich formulierte Stabilitätserwartung nicht gewährleistet, nämlich die doppelte Konvergenz, nicht einmal die minimale Konvergenz.

II. Entstaatlichung Deutschlands und Entrechtlichung Europas

1. Integrationistischer Opportunismus der deutschen Währungspolitik

Währungspolitik ist Vertrauenssache. Es ist viel Geld aufgewandt worden, Vertrauen durch Propaganda zu erschleichen. Diese Täuschungsversuche waren erfolglos. Manipulation und Propaganda können kein Vertrauen begründen. Das Bundesverfassungsgericht hätte ein Minimum an Vertrauen in die Rechtlichkeit der Politik wieder herstellen können. Es hat diese Chance nicht wahrgenommen, weil daran das Projekt Währungsunion gescheitert wäre. Obwohl eine reale Konvergenz den mitgliedstaatlichen Volkswirtschaften den Weg zum Euro nicht geebnet hatte, genügte der Wille der Führer Europas und der Opportunismus der Verfassungsorgane, jedenfalls in Deutschland, um der Währungsunion den Weg zu ebnen.

Das erweist, dass es den Parteiführern in den staatlichen Organen nicht auf die Stabilität der Währung ankam und ankommt, sondern auf ein anderes Ziel, nämlich den (existentiellen) Staat Europa, welches, wenn die Völker gefragt würden, nicht zu erreichen zu sein dürfte. Darum ist der Hebel der Währungsunion, welcher die weitere Integration Europas erzwingen soll, angesetzt worden. Es geht darum, Deutschland, das gar keinen Sonderweg in Europa gehen will und auch nicht gehen kann, institutionell einzubinden, koste es, was es wolle. Entgegen dem Amtseid, seine «Kraft dem Wohle des deutschen Volkes zu widmen, dessen Nutzen zu mehren, Schaden von diesem zu wenden», hat der damalige Bundeskanzler Kohl nicht nur seine Hand zu dieser Politik gereicht, sondern sich zum eifrigsten Aktivisten der gegen die deutschen (und auch die europäischen) Interessen gerichteten Maastricht-Politik gemacht. Der jetzige Bundeskanzler Schröder hat damals nicht opponiert und setzt heute die Politik seines Vorgängers fort. Die Pflichten aller anderen Organwalter sind keine anderen als die des Bundeskanzlers nach Art. 56 i. V. m. Art. 64 Abs. 2 GG. Auch sie haben das Grundgesetz und die Gesetze des Bundes zu wahren und zu verteidigen, ihre Pflichten gewissenhaft zu erfüllen und Gerechtigkeit gegen jedermann zu üben. Die Erwartung, dass diese Organwalter diese ihre Verpflichtung erfüllen würden, haben die meisten von ihnen gründlich enttäuscht.

2. Demokratisches Defizit der Integration zur politischen Union als existentiellem Staat

Die grundlegende Voraussetzung für einen Erfolg einer Währungsunion, die politische Union, fehlt nach wie vor (Euro-Klage, S. 25 ff., 247 ff.) und ist unerreichbar. Dass eine Währungsunion ohne politische Union «abwegig» sei, wusste Bundeskanzler Kohl, solange er noch Hoffnung hegte, Letztere zu erreichen.[26] Mittels der Währungsunion hat er den umgekehrten Weg zu dem Ziel, Deutschland als Staat aufzulösen, zu gehen versucht, nämlich die politische Union, d. h. letztlich den existentiellen Staat Europa, zu ertrotzen.

Nach allen staatswissenschaftlichen Einsichten muss eine einheitliche Währungspolitik mit einer einheitlichen Wirtschafts- und Sozialpolitik verbunden sein. Kurt Biedenkopf hat das deutlich vor Augen geführt.[27] Bisher fehlt es für eine Wirtschafts- und Sozialunion an den hinreichenden Befugnissen der Gemeinschaft.[28] Wenn sie begründet würden, wäre die demokratische Legitimation der Politik derart minimiert, dass sie mit dem fundamentalen Prinzip der Republik: «Alle Staatsgewalt geht vom Volke aus», das Art. 20 Abs. 2 S. 1 GG unverrückbar verankert und welches mit der mit dem Menschen geborenen Verfassung der Freiheit untrennbar verbunden ist[29], schlechterdings nicht mehr vereinbar

26 Vgl. *K. Biedenkopf*, Das Euro-Experiment, S. 35 f.
27 Das Euro-Experiment, S. 35 ff.
28 Vgl. *J. C. K. Ringler*, Die europäische Sozialunion, 1997; vgl. auch *K. A. Schachtschneider*, Grenzen der Kapitalverkehrsfreiheit, S. 42 ff.
29 *K. A. Schachtschneider*, Res publica res populi, S. 14 ff.; *ders.*, Die existentielle Staatlichkeit der Völker Europas, S. 75 ff.; *ders.*, Die Republik der Völker Europas, S. 154 ff.

wäre.³⁰ Die Befugnisse des Deutschen Bundestages als des Verfassungsorgans, das den allgemeinen Willen der Deutschen in stellvertretender Sittlichkeit (praktischer Vernünftigkeit) zu erkennen und zu beschließen hat³¹, wären über das Maß ausgehöhlt, welches das demokratische Prinzip zulässt. Die Politik für Deutschland wäre nicht mehr vom deutschen Volk legitimiert.

Das Bundesverfassungsgericht hat im Maastricht-Urteil das Grundrecht aus Art. 38 Abs. 1 GG akzeptiert, dass der Deutsche Bundestag als die Vertretung des deutschen Volkes gesetzgeberische Befugnisse von Substanz bewahren müsse, solange die Europäische Union ein Staatenverbund sei (BVerfGE 89, 155 [186 f.]). Es ist zwar nach der Enttäuschung des Euro-Beschlusses nicht zu erwarten, dass das Bundesverfassungsgericht diese Erkenntnis in einem neuerlichen Prozess um die Grenzen der Übertragung der Hoheitsgewalt aufrechterhalten würde. Das ändert aber nichts an der Rechtslage. Bereits der Maastricht-Vertrag hat die deutsche Staatlichkeit in einer Weise minimiert, die mit Art. 20 GG unvereinbar ist.³² Jedenfalls ging die Vereinbarung der Währungsunion, welche gegen den Willen der meisten Deutschen vollzogen worden ist und zum Jahreswechsel (2001/2002) durch den Umtausch der Geldzeichen vollendet werden soll, über die Grenze hinaus, welche das Verfassungsprinzip der existentiellen Staatlichkeit zieht (Euro-Klage, S. 249 ff., 258 f.).³³ Der Zweite Senat hat schon im Maas-

---

30 Dazu *K. A. Schachtschneider*, Demokratiedefizite in der Europäischen Union, in: W. Nölling/K. A. Schachtschneider/J. Starbatty (Hrsg.), Währungsunion und Weltwirtschaft, FS für Wilhelm Hankel, 1999, S. 119 ff.
31 *K. A. Schachtschneider*, Res publica res populi, S. 637 ff., insb. S. 707 ff.
32 *K. A. Schachtschneider*, Verfassungsbeschwerde gegen das Zustimmungsgesetz zum Vertrag über die Europäische Union vom 7. Februar 1992, vom 18. Dezember 1992 (Maastricht-Verfassungsbeschwerde), in: I. Winkelmann (Hrsg.), Das Maastricht-Urteil des Bundesverfassungsgerichts vom 12. Oktober 1993. Dokumentation des Verfahrens mit Einführung, 1994, S. 129 ff., 386 ff., 438 ff.
33 *K. A. Schachtschneider/A. Emmerich-Fritsche/Th. C. W. Beyer*, Der Vertrag über die Europäische Union und das Grundgesetz, JZ 1993,

tricht-Prozess diese Bedenken nicht geteilt und insbesondere nicht das Rechtsprinzip erkannt, dass der Währungsunion um ihres Erfolgs willen eine politische Union vorausgehen müsse (BVerfGE 89, 155 [206 f.]). Er hat darin nur eine Zweckmäßigkeitserwägung gesehen.

Die politische Union beendet nicht nur die existentielle Staatlichkeit der Völker der Union, sondern die politische Existenz der Völker selbst.[34] Die Vertreter eines Volkes haben nur die Befugnisse, welche ihnen das Verfassungsgesetz einräumt. Sie sind nicht befugt, den Staat als die Organisation des Volkes für die Verwirklichung des guten Lebens aller in allgemeiner Freiheit aufzulösen und in eine neue Gemeinschaft, und sei dies auch eine Rechtsgemeinschaft, zu überführen.[35] Die existentielle Staatlichkeit Deutschlands jedenfalls ist in Art. 20 GG verankert. Art. 20 GG aufzuheben oder auch nur zu «berühren», verbietet Art. 79 Abs. 3 GG, der so genannte Unabänderlichkeitsgrundsatz.[36] Nach Art. 21 Abs. 2 GG sind Parteien, die den «Bestand der Bundesrepublik Deutschland gefährden», verfassungswidrig. Der «Bestand der Bundesrepublik Deutschland» ist auch die existentielle Staatlichkeit.[37] Im Übrigen beeinträchtigt die Verletzung der existentiellen Staatlichkeit Deutschlands auch die «freiheitliche demokratische

---

751 f.; *K. A. Schachtschneider*, Die existentielle Staatlichkeit der Völker Europas, S. 111 ff., 129 ff.; *ders.*, Die Republik der Völker Europas, S. 170 ff.

34 *K. A. Schachtschneider*, Die existentielle Staatlichkeit der Völker Europas, S. 111 ff.; *ders.*, Die Republik der Völker Europas, S. 170 ff.

35 *K. A. Schachtschneider*, Eine Charta der Grundrechte für die Europäische Union, Recht und Politik 2001, S. 193 ff.

36 I. d. S. BVerfGE 89, 155 (188 ff.); *K. A. Schachtschneider*, Maastricht-Verfassungsbeschwerde, S. 125 ff., insb. S. 129 ff.; *ders.*, Die existentielle Staatlichkeit der Völker Europas, S. 114 ff.; *P. Kirchhof*, Die Identität der Verfassung in ihren unabänderlichen Inhalten, HStR, Bd. I, 1987, § 19, Rdn. 51 ff.; *U. Penski*, Bestand nationaler Staatlichkeit als Bestandteil der Änderungsgrenzen in Art. 79 Abs. III GG, ZRP 1994, 194, 195.

37 *W. Henke*, Bonner Kommentar, GG, Drittbearbeitung, 1991, Art. 21, Rdn. 354; *Ph. Kunig*, Parteien, HStR, Bd. II, 1987, § 33, Rdn. 42.

Grundordnung», weil ein existentieller Staat Europa nicht demokratisch und schon gar nicht freiheitlich im Sinne des Freiheitsbegriffes des Grundgesetzes sein kann.[38]

Schon jetzt leidet die Europäische Union unter einem demokratischen Defizit[39], das es verbietet, Deutschland noch als Rechtsstaat zu bezeichnen. Ohne Demokratie gibt es keinen Rechtsstaat, sondern nur Obrigkeit und Untertanen.[40] Wahlen allein schaffen noch keine Demokratie, wenn sie auch für die Demokratie unverzichtbar sind, schon gar nicht ein gleichheitswidriges Wahlsystem, wie derzeit in Europa.[41] Demokratie setzt die kleine Einheit voraus.[42] Die europäische Integration strebt aber den (notdürftig föderalisierten) Großstaat an.

3. Nationalisierung Europas ohne Verfassungsreferenden der Völker

Um einen existentiellen Staat Europa zu begründen, müssen die Völker einzeln und gemeinsam durch Verfassungsakte beschlossen haben, ihre Staaten in den gemeinsamen Staat zu überführen. Solange die Deutschen nicht einmal gefragt worden sind, ob sie ihren

---

38 K. A. *Schachtschneider*, Demokratiedefizite in der Europäischen Union, FS W. Hankel, S. 119 ff.; vgl. *ders.*, Die Republik der Völker Europas, S. 172 ff.; zum Parteienverbotskriterium «freiheitliche demokratische Grundbedingung» i. d. S. *W. Henke*, Bonner Kommentar, GG, Art. 21, Rdn. 351 f.; *Ph. Kunig*, Parteien, HStR, Bd. II, § 33, Rdn. 41.
39 K. A. *Schachtschneider*, Demokratiedefizite in der Europäischen Union, FS W. Hankel, S. 119 ff.
40 *J. Habermas*, Faktizität und Geltung. Beiträge zur Diskurstheorie des Rechts und des demokratischen Rechtsstaates, 1992, S. 154 f.; *ders.*, Die Einbeziehung des Anderen, 1996, S. 177 ff.; *K. A. Schachtschneider*, Res publica res populi, S. 14 ff., 685 ff., 735 ff.; *ders.*, Prinzipien des Rechtsstaates, Lehrstuhlpapier, Manuskript 2001, Teil I, I 1.
41 Dazu K. A. *Schachtschneider*, Die existentielle Staatlichkeit der Völker Europas, S. 116 f.; *ders.*, Demokratiedefizite in der Europäischen Union, FS W. Hankel, S. 139 ff., 141 f.
42 *J.-J. Rousseau*, Vom Gesellschaftsvertrag, Drittes Buch, 4. Kapitel; K. A. *Schachtschneider*, Die Republik der Völker Europas, S. 173.

Staat, der vom Grundgesetz verfasst ist, aufgeben wollen, um in einem europäischen Staat aufzugehen, ist eine Politik der kleinen Schritte, welche schließlich den europäischen Staat (im existentiellen Sinne) unausweichlich machen, verfassungswidrig (Euro-Klage, S. 249 ff.). Die Währungsunion ist erklärtermaßen ein solcher Schritt, ein großer sogar. Sie soll die Wirtschafts- und Sozialunion, ja insgesamt die politische Union, nach sich ziehen, ohne welche die Währungsunion auch zum Scheitern verurteilt ist (Euro-Klage, S. 27 ff., 247 ff.). Der letzte Schritt war die Proklamation der Charta der Grundrechte der Europäischen Union, welche bereits als Baustein des Verfassungsstaates Europa dienen soll, obwohl sie vorerst keine vertragliche Verbindlichkeit hat.[43] Dem soll in der Regierungskonferenz 2003 in Laken/Brüssel bereits ein umfassender Verfassungstext, in welcher Form auch immer, folgen. Die Integrationisten haben den Verfassungsverbund der Europäischen Union längst ausgemacht.[44] Der Europäische Gerichtshof hat in den Gemeinschaftsverträgen die Verfassung der Europäischen Gemeinschaft(en) zu erkennen gemeint.[45] Das Bundesverfassungsgericht war dem in einer früheren Entscheidung gefolgt[46], hat aber diese Position nicht wiederholt.

Für den europäischen Verfassungsstaat fehlt freilich nur der existentielle Staat. Auf den meint man neuerdings verzichten zu können[47], weil die Substantialität dieses Staates für das Recht und

---

43 Dazu *K. A. Schachtschneider*, Eine Charta für die Grundrechte der Europäischen Union, Aus Politik und Zeitgeschichte, B 51–53, 2000, S. 13 ff.; *ders.*, Eine Charta für die Grundrechte der Europäischen Union, Recht und Politik, 2001, S. 193 ff.
44 Etwa *I. Pernice*, Europäisches und nationales Verfassungsrecht, VVDStRL 60 (2000), i. E.
45 EuGH – Gutachten 1/91 v. 14. 12. 1991, Slg. 1991, I-6089 (6102); EuGH – Rs. 294/82 (Les Verts/Parlament), Slg. 1986, 1339 (1365).
46 BVerfGE 22, 293 (296).
47 Etwa *E. Denninger*, Vom Ende nationalstaatlicher Souveränität in Europa, JZ 2000, 1126; kritisch dazu *J. Isensee*, Die alte Frage nach der Rechtfertigung des Staates. Stationen in einem laufenden Prozess, JZ 1999, S. 265 ff.; *P. Kirchhof*, Der Staat als Organisationsform politi-

des Rechtes für die Freiheit nicht mehr begriffen wird.[48] Der Vater des Gedankens dürfte die Schwierigkeit sein, die Integration Europas ohne Verstoß gegen die (existentielle) Staatlichkeit der Völker zur existentiellen Staatlichkeit Europas voranzutreiben und überhaupt mit der Internationalität der Lebensverhältnisse fertig zu werden.

In Gefahr gerät durch die Entstaatlichung vor allem die Demokratie. Der Staatsbegriff ist durch die Bürgerlichkeit der Bürger bedingt, die ein Recht auf Recht, ein Recht auf einen Staat haben, weil sie frei sind.[49] Nur eine Rechtsgemeinschaft, welche die allgemeine Freiheit substantiell zu verwirklichen vermag, kann ein Staat des Rechts und damit ein Staat im existentiellen Sinne sein.[50] Europa kann schon wegen seiner Größe und wegen der Vielfalt der Völker ein solcher Staat nicht sein.[51]

Eine Nationalisierung Europas, die einen existentiellen europäi-

---

scher Herrschaft und rechtlicher Bindung – Kontinuität und Erneuerung des deutschen Verfassungsstaates in Freiheitlichkeit, Weltoffenheit und demokratischer Solidarität, DVBl. 1999, 637 ff.; *P. Pernthaler*, Die Herrschaft der Richter im Recht ohne Staat. Ursprung und Legitimation der rechtsgestaltenden Funktionen des Europäischen Gerichtshofes, Juristische Blätter Österreich 2000, 691 ff.

48 Dazu *K. A. Schachtschneider*, Die existentielle Staatlichkeit der Völker Europas, S. 75 ff.; *ders.*, Die Republik der Völker Europas, S. 154 ff.; *ders.*, Prinzipien des Rechtsstaates, Teil C, D und E.

49 *K. A. Schachtschneider,* Res publica res populi, S. 14 ff., 519 ff.; *ders.*, Freiheit in der Republik, S. 21 ff.; 95 ff.; *ders. (O. Gast),* Sozialistische Schulden nach der Revolution. Kritik der Altschuldenpolitik, Ein Beitrag zur Lehre von Recht und Unrecht, 1996, S. 27 ff., S. 50 ff.; *ders.*, Prinzipien des Rechtsstaates, Teil D.

50 *K. A. Schachtschneider,* Res publica res populi, S. 14 ff., 519 ff.; *ders.*, Freiheit in der Republik, S. 21 ff.; 95 ff.; *ders. (O. Gast),* Sozialistische Schulden nach der Revolution, S. 27 ff., S. 50 ff.; insbesondere *ders.*, Prinzipien des Rechtsstaates, Teil C und D.

51 *P. Kirchhof*, Der Staat als Organisationsform politischer Herrschaft und rechtlicher Bindung – Kontinuität und Erneuerung des deutschen Verfassungsstaates in Freiheitlichkeit, Weltoffenheit und demokratischer Solidarität, DVBl. 1999, 649.

schen Staat hervorbringt, ist ohne ein Verfassungsreferendum der Deutschen mit dem Verfassungsprinzip der existentiellen deutschen Staatlichkeit unvereinbar.[52] Der Kanzler einer Republik ist nicht der Führer des Volkes, der das Recht hätte, das Volk in ein neues, größeres Reich zu führen, schon gar nicht im Interesse anderer Mächte, zumal, wenn die Gefahr des allseitigen Schadens allzu groß ist. Volksabstimmungen aber scheuen die deutschen Kanzler wie der Teufel das Weihwasser.[53] Entgegen Art. 1 der Allgemeinen Erklärung der Menschenrechte, wonach alle Menschen mit Vernunft und Gewissen begabt sind, meint die politische Klasse in Deutschland, die Deutschen bevormunden zu müssen. Propagandistische Desinformation wird Aufklärung genannt. Es ist allerdings Sache der Deutschen selbst, die Unmündigkeit abzuschütteln und ihre Bürgerlichkeit zu behaupten.[54] Der Machtpolitik des Bundeskanzlers Kohl hätte das Bundesverfassungsgericht das Recht entgegensetzen müssen. Der Kanzler hatte die Möglichkeit, entgegen Vertrag und Recht zu dekretieren, dass die Voraussetzungen für die Einführung des Euro bestehen. Die Opposition im Bundestag, deren Parteien im Bundesrat sogar über die Mehrheit der Stimmen verfügten, hat sich, abgesehen von einigen wenigen Vertretern des Volkes, die ihrem Gewissen und nicht ihrer Fraktion gefolgt sind[55], nicht durchzuringen vermocht, die Bedenken gegen die integrationistische Währungspolitik, welche in ihren Reihen weit verbreitet sind, zur Sprache zu bringen. Die Beschlüsse des

---

52 K. A. *Schachtschneider,* Die existentielle Staatlichkeit der Völker Europas, S. 87 ff.; *ders.,* Die Republik der Völker Europas, S. 170 ff.
53 Dazu das 7. Kapitel, I, 2 c dieses Buches.
54 Zum Postulat der Aufklärung *Kant,* Beantwortung der Frage: Was ist Aufklärung?, ed. Weischedel, Bd. 9, S. 53 ff.
55 Es sind von der CDU/CSU: Manfred Kolbe, Heinrich Lummer, Wolfgang Schulhoff, Enthaltung: Dr. Egon Jüttner; von der SPD: Brigitte Adler, Peter Conradi, Dr. Liesel Hartenstein, Robert Leidinger, Dr. Bodo Teichmann; von der F.D.P.: Roland Kohn, Enthaltungen: Dr. Burkhard Hirsch, Dr. Otto Graf Lambsdorff; von BÜNDNIS 90/DIE GRÜNEN: Enthaltungen: Irmingard Schewe-Gerigk, Ursula Schönberger; die PDS hat geschlossen gegen den Euro gestimmt.

Bundestages vom 2. und vom 23. April 1998, in denen dieser der Einführung des Euro in elf Mitgliedstaaten zugestimmt hat, waren keine Entscheidungen, schon gar nicht Erkenntnisse, sie waren vielmehr Akklamationen.

4. Ohne Sozialunion keine erfolgreiche Währungsunion

Die Währungsunion wird, wenn sie eine Erfolgschance haben soll, die (noch nicht voll entwickelte) Wirtschaftsunion und vor allem die (noch unterentwickelte) Sozialunion nach sich ziehen müssen. Der Ausgleich des Leistungsgefälles zwischen den Volkswirtschaften der Mitgliedstaaten durch Abwertungen ist nicht mehr möglich (Euro-Klage S. 126 ff.). Das wird die schwächeren Volkswirtschaften in große Schwierigkeiten bringen. Die Not leidenden Länder werden Transferleistungen einfordern, zu Recht (Euro-Klage, S. 130 ff., 252 ff.). Die Europäische Union wird diese nicht verweigern können. Vor allem Deutschland, dessen Organe und Vertreter sich so eifrig um die Währungsunion bemüht haben, wird sie aufzubringen haben, aber nicht aufbringen können. Die Folge werden Missgunst, ja Hass unter den Völkern sein, zumal die Entwicklung mit den ohnehin belastenden großen Umbrüchen in den Lebensverhältnissen verbunden ist.

Der erzwungene Versuch einer Sozialunion wird angesichts der neokapitalistischen Strukturen, welche durch die gemeinschaftsrechtlichen Grundfreiheiten, insbesondere die grenzenlose Kapitalverkehrsfreiheit des Art. 56 Abs. 1 EGV, gestärkt worden sind und gemäß diesen Grundregeln des Binnenmarktes weiterentwickelt werden, die sozialen Standards absenken.[56] Der Wettbewerb, dem sich die Gemeinschaft (Art. 4 Abs. 1, Art. 81 ff. EGV), neoliberalen Lehren folgend, verschrieben hat, lässt unterschiedliche soziale Gegebenheiten wegen der damit verbundenen unterschiedlichen Kosten für die Unternehmen nicht zu. Ein Binnenmarkt, der mit der Währungsunion vollendet werden soll, drängt nach einheitlichen

---

56 Dazu *K. A. Schachtschneider*, Grenzen der Kapitalverkehrsfreiheit, S. 51 ff., 60 ff.

Lebensverhältnissen. Zum einen müssen diese durch Finanzausgleich verwirklicht werden, wie im föderalisierten Deutschland bekannt (Art. 107 GG), auch als ständiger Zankapfel[57], zum anderen werden diese durch soziale Demontage geschaffen. Die Hebung der sozialen Standards, welche Art. 2 EUV und Art. 2 EGV zum Ziel der Gemeinschaft erklären, werden nicht leistbar sein. Dieses Ziel wird auch nicht wirklich verfolgt, sondern ist zu einem propagandistischen Vertragselement abgesunken, wie die neokapitalistischen Effekte der Gemeinschaftspolitik erweisen. Die Grundfreiheiten (freier Verkehr von Waren, Personen, Dienstleistungen und Kapital, Art. 14 Abs. 2 EGV) werden mit aller Härte und im Übermaß durchgesetzt, und der Wettbewerb wird derart dereguliert, dass der Konzentrationsprozess die große Wirtschaft freiheits-, rechts- und staatswidrig vermachtet. Für die Verwirklichung des Sozialprinzips aber fehlt es an Möglichkeiten und am Willen der maßgeblichen Politiker.

Die von den Unternehmen machtvoll geforderte Steuerreform wird nichts anderes sein als die Legalisierung der Steuerverweigerung. Die Unternehmen tragen je größer, desto weniger zu den öffentlichen Haushalten bei. Allein der Abbau der Arbeitsverhältnisse entlastet die Unternehmen erheblich von öffentlichen Abgaben. Einheitliche Lebensverhältnisse in der Europäischen Union werden Verhältnisse einer verarmten europäischen Bevölkerung und einer reichen feudalistischen Klasse sein. Diese Entwicklungen bergen große Risiken für den inneren Frieden als der Wirklichkeit von Freiheit, Gleichheit und Brüderlichkeit. Ohne soziale Gerechtigkeit gibt es kein Recht.[58] Jederzeit aber haben die Menschen das Recht auf Recht.

---

57 Vgl. die Verfassungsgerichtsprozesse BVerfGE 1, 117 ff.; 72, 330 ff.; 86, 148 ff.
58 K. A. *Schachtschneider,* Das Sozialprinzip, S. 17 ff., 31 ff.; *ders.,* Res publica res populi, S. 234 ff.; *ders.,* Prinzipien des Rechtsstaates, Teil C, F I 5.

5. Staatsdiener sollen dienen, nicht herrschen

Das Volk hat die Gewalt, die Staatsgewalt.[59] Sie ist das Vermögen, die Rechtlichkeit zu verwirklichen. Dieses Vermögen dient der allgemeinen Gesetzlichkeit als Wirklichkeit der allgemeinen Freiheit.[60] Es ist freiheitlich, nicht herrschaftlich.[61] Darum stellt Art. 20 Abs. 2 S. 1 GG klar, dass alle Staatsgewalt vom Volke ausgeht. Staatsdiener sollen dem Volk dienen. Wer meint, das Volk beherrschen zu dürfen, ist kein moralischer Politiker[62], auf die die Republik angewiesen ist und die sie allein dulden kann. Wer glaubt, ein Recht zu haben, Gewalt über das Volk ausüben zu dürfen, ist in einer Republik als Amtswalter ungeeignet. Wer aber das Volk für unmündig hält, sein Schicksal zu bestimmen, verachtet das Volk. Die Griechen hatten eine demokratische Einrichtung, die Verbannung derer, die sich über das Volk gestellt haben oder auch nur zu stehen kamen; denn von ihnen drohte Gefahr für die Freiheit und Gleichheit der Griechen. Längst hat sich die politische Klasse weit von dem Volk entfernt.[63]

III. Nizza – das Ende der Integration

Der Vertrag von Nizza vom 26. Februar 2001 hat die Entwicklung zur politischen Union, welche Voraussetzung einer Erfolg versprechenden Währung wäre, nicht vorangebracht. Auch der Integrati-

---

59 K. A. *Schachtschneider*, Res publica res populi, S. 14 ff., 637 ff.; *ders.*, Prinzipien des Rechtsstaates, Teil D; *ders.*, Der Anspruch auf materiale Privatisierung des staatlichen und kommunalen Vermessungswesens in Bayern, 2000, S. 270 ff., insb. 289 ff., 297 ff., 300 ff.
60 K. A. *Schachtschneider*, Res publica res populi, S. 14 ff., 275 ff., 325 ff., 519 ff., 635 ff.; *ders.*, Freiheit in der Republik, S. 26 ff., 92 ff., 95 ff., 114 ff., 200 ff.; *ders.*, Prinzipien des Rechtsstaates, Teil C, D, F I.
61 *Kant,* Metaphysik der Sitten, ed. Weischedel, Bd. 7, S. 338 f.; K. A. *Schachtschneider*, Der Anspruch auf materiale Privatisierung, S. 297 ff.
62 Dazu *Kant*, Zum ewigen Frieden, ed. Weischedel, Bd. 9, S. 233.
63 H. H. v. *Arnim*, Fetter Bauch regiert nicht gern, S. 21 ff., passim.

onsprozess nach Nizza lässt eine solche Entwicklung nicht erwarten; dafür fehlen alle tatsächlichen und rechtlichen Voraussetzungen. Das Protokoll über die Erweiterung der Europäischen Union öffnet letztere für den Beitritt mittel- und osteuropäischer Völker/Staaten, ändert aber die (so genannte) Verfassung der Gemeinschaft nicht grundlegend. Die politische Union wird nicht versucht. Sie wäre auch mit den Verfassungsgesetzen der Mitgliedstaaten unvereinbar.

Die politische Union setzt verfassungsgestaltende, staatsbegründende Referenden der Völker voraus, weil sie letztlich einen neuen existentiellen Staat Europa schaffen würde. Sie hätte wesentliche Aufgaben und Befugnisse eines existentiellen Staates. Ein Staat im existentiellen Sinne setzt ein Volk voraus, die Unionsbürger aber sind kein Volk und werden es nicht werden. Europa hat Völker, nicht ein Volk.[64] Die Unionsbürger können als Untertanen in einem Herrschaftsverband leben, den man aber nicht Staat nennen sollte, weil der Staat «die Vereinigung einer Menge von Menschen unter Rechtsgesetzen» ist (Kant)[65], also Rechtsstaat, der die politische Freiheit verwirklicht.[66] Die Menge der Unionsbürger ist keine Bürgergemeinschaft. Dafür sind es zu viele Menschen, und es mangelt ihnen an der substantiellen Gemeinschaftlichkeit oder an der hinreichenden Homogenität.[67] In der Europäischen Union fehlt sogar die gemeinsame Öffentlichkeit.[68] Die Europäische Union ist politisch zu heterogen, als dass ihre Menschen ein Volk bilden könnten. Allein ein Verfassungsgesetz schafft kein Volk. Der Volks-

---

64 BVerfGE 89, 155 (184 ff., 188); dazu *K. A. Schachtschneider*, Die existentielle Staatlichkeit der Völker Europas, S. 87 ff.; *ders.*, Die Republik der Völker Europas, S. 166 ff., 168 ff., 174 ff.
65 Metaphysik der Sitten, S. 431; dazu *K. A. Schachtschneider*, Res publica res populi, S. 14 ff., 519 ff.; *ders.*, Prinzipien des Rechtsstaates, Teil C, D, F I.
66 *K. A. Schachtschneider*, Res publica res populi, S. 14 ff., 519 ff.; *ders.*, Prinzipien des Rechtsstaates, Teil C, D, F I.
67 *K. A. Schachtschneider*, Res publica res populi, S. 1177 ff.; *ders.*, Die Republik der Völker Europas, S. 168 ff.
68 I. d. S. auch BVerfGE 89, 155 (185).

begriff setzt eine hinreichende Gemeinschaftlichkeit, gebildet durch Sprache, Geschichte, gegebenenfalls auch Religion u. a., voraus.[69] Europa ist ein Erdteil vieler Völker und wird es bleiben.[70] Wer die Europäer zu einem Staatsvolk zusammenzwingt, schafft eine Menge von Untertanen, aber verfasst nicht ein Volk zu einem Staat. Eine politische Union setzt entweder die soziale Union voraus[71] oder muss diese herstellen können. Die soziale Union besteht aber in der Europäischen Union nicht und ist auch nicht herstellbar, es sei denn durch allgemeine Nivellierung der sozialen Standards. Eine solche Politik, die man Deutschland zuzumuten scheint, ist verfassungswidrig (Euro-Klage, S. 252 ff.), sie ist mit dem Sozialprinzip als der Logik der Gleichheit in der Freiheit[72] unvereinbar. Wilhelm Nölling hat das in diesem Buch sehr klar dargelegt.

Eine politische Union wäre auch mit den Verfassungen der Völker, die nicht zur Disposition der Politik stehen, unvereinbar[73]; denn in einem Großstaat Europa haben die menschheitlichen Prinzipien Freiheit, Gleichheit und Brüderlichkeit keine Chance. Solidarität lässt sich nicht dekretieren. Die Völker Europas haben ihr eigenes Schicksal, ihre eigenen Interessen und ihre eigenen Sprachen. Die Regierungskonferenz von Nizza vom 8. bis zum 12. Dezember 2000 hat diese Lage Europas allen vor Augen geführt und die Integrationisten, zumal die im Europäischen Parlament, bitter enttäuscht. Wenn die weiteren dreizehn Völker in die Union aufgenommen sein

---

69 K. A. *Schachtschneider*, Res publica res populi, S. 1177 ff.; dazu auch *ders.*, Die Republik der Völker Europas, S. 168 ff.
70 K. A. *Schachtschneider,* Die Republik der Völker Europas, S. 153 ff., 174 ff.
71 I. d. S. BVerfGE 89, 155 (186).
72 K. A. *Schachtschneider*, Res publica res populi, S. 234 ff.; *ders.*, Freiheit in der Republik, Manuskript 2000, S. 200 ff.; *ders.*, Prinzipien des Rechtsstaates, Teil C, F I; *ders.,* Grenzen der Kapitalverkehrsfreiheit, S. 42 ff.
73 Zum Unterschied der Verfassung zum Verfassungsgesetz K. A. *Schachtschneider (O. Gast),* Sozialistische Schulden nach der Revolution, S. 29 ff.

werden, wird eine vertiefte Union, welche die Funktion, nicht aber den Status und schon gar nicht die Legitimation eines existentiellen Staates haben wird, wegen der vertraglichen Strukturen (Organisation und Verfahren) im hohen Maße politikunfähig sein. Die Führer Europas schaffen eine unvollkommene Staatlichkeit (vgl. die Euro-Klage, S. 256 ff.), sowohl auf europäischer als auch auf nationaler Ebene. Sie schwächen mit dem Staat das Recht und die Freiheit. Das Recht des Menschen auf Recht ist auch dessen Recht auf einen wirksamen Staat.[74]

Bestmöglich ist Europa als Republik der Republiken[75] für den europäischen Frieden verfasst, die Kant als «Föderalism freier Staaten» vorgeschlagen hat.[76] Die Nizza-Konferenz hat gezeigt: Die Integration ist am Ende. Ein europäischer Großstaat wäre zum Scheitern verurteilt, nicht anders als die Großwährung, der Euro. Den Großstaat überhaupt zu versuchen, haben die Staats- und Regierungschefs gar nicht erst gewagt, weil ihnen der Widerstand ihrer Völker gewiss ist. Andere Völker als die Deutschen dürfen nämlich über ihr Schicksal abstimmen.[77] Die Angst der Politiker vor ihren Wählern hat die europäischen Völker vor dem Wahn bewahrt, dass die Integrationisten weiter nach Utopia, dem existentiellen Staat Europa, suchen. Die Erweiterung Europas verbietet die weitere Vertiefung der Integration.

---

74 *K. A. Schachtschneider*, Res publica res populi, S. 14 ff., 519 ff.; *ders.*, Freiheit in der Republik, S. 24 ff., 95 ff.; *ders.*, Prinzipien des Rechtsstaates, Teil C, D, F I.
75 Dazu *K. A. Schachtschneider*, Die Republik der Völker Europas, S. 165 ff., auch S. 170 ff., 174 f.
76 Zum ewigen Frieden, ed. Weischedel, Bd. 9, S. 208; *ders.*, Metaphysik der Sitten, S. 460 ff.
77 Dazu 7. Kapitel, II, 2 c in diesem Buch.

3. Kapitel

Euro – der Stabilitätsbruch

Joachim Starbatty

Zusammenfassung

Als die EZB Anfang 1999 die Verantwortung für die gemeinsame Geldpolitik übernahm, war die stabilitätspolitische Welt in Ordnung. Bei einer EWU-Preissteigerungsrate von 0,8 % konnte der Geldwert als stabil betrachtet werden. Doch dieses Erbe wurde rasch verspielt. Denn der erfreulich hohe Stabilitätsgrad veranlasste die europäischen Währungshüter zu einer riskanten Geldpolitik. Obwohl das Wachstum der Geldmenge über der Stabilitätsnorm lag, entschlossen sie sich im April 1999, das ohnehin sehr niedrige Zinsniveau weiter zu senken. Die Stützung der Konjunktur war der EZB offenbar wichtiger als die Absicherung der Geldwertstabilität durch eine Politik des angemessen knappen Geldes.

Diese Politik rächte sich schnell. Auf den Devisenmärkten kam der Euro ins Rutschen. In weniger als zwei Jahren verlor er gegenüber dem Dollar 30 % seines Ausgangswertes. Die Verteuerung der Einfuhr durch steigende Rohstoffpreise erhielt so einen zusätzlichen Schub. Nicht genug damit, verlor der Euro auch das Vertrauen international operierender Investoren. Selbst ausländische Notenbanken reduzierten enttäuscht ihre Euro-Positionen. Durch die Niedrigzinspolitik, von der sich die EZB nur zögernd und unter dem Druck der Euroschwäche löste, geriet schließlich auch der Binnenwert des Euro auf die schiefe Bahn. Von 0,8 % erhöhte sich der Preisanstieg auf zuletzt (März 2001) 2,6 %. In Portugal und den Niederlanden erreichte er gar 4,9 %! Damit nahmen auch die Preisdivergenzen bedrohlich zu. Fünf der zwölf Teilnehmer würden derzeit nicht das Inflationskriterium erfüllen.

Die politisch Verantwortlichen versuchen von der grundsätzlichen Problematik, dass in einem großen und heterogenen Währungsraum ein Geldmantel nicht allen passt und die Inflation nicht wie erwünscht kontrollierbar ist, durch das Versenden «blauer Briefe» abzulenken. Abgesehen von deren unzureichender ökonomischer Begründung werden Länder angeprangert, die über Reformen und Steuersenkungen ihre Wirtschaft in Schwung gebracht haben. – In der Haushaltssanierung sind die Mitgliedstaaten im Vergleich zu 1998 nicht vorangekommen. Der Rückgang der Defizite und Schuldenstände ist nicht durchgreifenden Budgetreformen zu verdanken, sondern guter Konjunktur, niedrigen Zinsen und Sonderfaktoren. Für das Jahr 2001 wird sich die strukturelle Haushaltsentwicklung, wie die EU-Kommission befürchtet, sogar noch verschlechtern, weil Steuern gesenkt werden, ohne Anstrengungen an der Ausgabenfront zu unternehmen.

I. Die gemeinsame Geldpolitik – im Zwielicht

«Alte Steuern – gute Steuern, neue Steuern – schlechte Steuern», lautet ein ökonomischer Merksatz. Er will nicht sagen, dass alte Steuern tatsächlich gut und neue Steuern schlecht sind. Alte Steuern sind gut, weil sich die Bürger angepasst haben, ihre Entscheidungen daran ausrichten und ihre Ergebnisse berechnen können. Auf neue Steuern müssen sie sich erst noch einstellen, ihre Entscheidungsalternativen überprüfen und können die Ergebnisse nur schwer abschätzen. Entscheidend für die Beurteilung ist also die Sicherheit für einzelwirtschaftliche Entscheidungen. Eine alte Steuer gilt als gut, weil wir uns an sie gewöhnt haben. In übertragenem Sinne: Wenn Bürger die neue Geldpolitik der EZB als schlecht empfinden, so womöglich bloß deswegen, weil sie an die alte der Deutschen Bundesbank gewöhnt waren. Knapp drei Jahre sind ein relativ kurzer Beobachtungszeitraum; immerhin lassen sich aber fundierte Aussagen über den Weg machen, den die EZB eingeschlagen hat; auch gibt es genügend Kommentierungen des eingeschlagenen Kurses aus verschiedenen Perspektiven.

Kritische Stimmen sind in aller Regel nicht im Informationsorgan der Deutschen Bundesbank, den «Auszügen aus Presseartikeln», zu finden. Die Bundesbank greift hauptsächlich Artikel oder Äußerungen auf, die ihre eigene Politik oder die der EZB stützen und die sie der Öffentlichkeit zur Kenntnis bringen will. So hat die Bundesbank sogar ein Interview des EZB-Präsidenten mit der *Times* «unterschlagen»; dieses Interview hatte für Aufregung gesorgt und große Wellen auf den Devisenmärkten geschlagen. Dies zur Begründung, warum sich die folgenden Passagen stark auf Presseartikel stützen, die in den Augen der Bundesbank keine Gnade gefunden haben.

1. War die Politik der EZB im Inneren erfolgreich?

Jede neue Währung hat es schwer, sich am Markt durchzusetzen, vor allem wenn sie den Star unter den Währungen, die Deutsche Mark, ablösen soll. Die Mark hatte gegenüber dem Dollar ständig an Wert gewonnen: Zuerst (1948) mussten für einen Dollar 4,20 Mark bezahlt werden, 1995 (Mai) war er bloß noch 1,35 Mark wert. Inzwischen kostet er wieder 2,15 Mark. Die internationalen Kapitalanleger wissen noch nicht, ob der Euro der Nachfolger der Mark wird – mit vergleichbarer Politik und Qualität – oder ob er sich als Mischung zwischen Stark- und Schwachwährungen entpuppt.

Dieser Auffassung halten die maßgeblichen Repräsentanten der Deutschen Bundesbank, der EZB, der Politik und der Befürworter des Euro generell entgegen, Erfolgsausweis für die Politik sei die Entwicklung des Binnenwertes: «Vor allem haben wir die Preisstabilität bewahrt ... Nachrichten über die stabile Kaufkraft sind in diesem Zusammenhang meist Fehlanzeige. Das ergibt ein völlig falsches Bild über den Euro.»[1]

Zwar seien die Preise (harmonisierter Verbraucherpreisindex) um 2,3 von Hundert (v. H.) gegenüber dem Vorjahr gestiegen, doch sei dies – so wird argumentiert – auf die höheren Erdölpreise

---

1 O. Issing, Wird der Euro wieder stark? Interview in: Welt am Sonntag, Nr. 22, vom 22. 5. 2000, S. 55.

zurückzuführen. Rechne man diese heraus – stelle man also auf die «Kerninflationsrate» ab –, so betrage im Jahresverlauf die Preissteigerung nur 1,3 v. H. Und dies sei Preisstabilität.

Freilich müssen aktuelle Preissteigerungen nichts über die aktuelle Geldpolitik besagen. Empirische Untersuchungen über die Wirkungsverzögerung der Geldpolitik allgemein zeigen, dass ein Zeitraum von etwa zwei Jahren (plus/minus) verstreicht, ehe die Maßnahmen Wirkungen entfalten; die Einstellung der Marktakteure ist dabei von ganz entscheidender Bedeutung: Sind sie durch inflationäre Prozesse geprägt, so werden aggressive Preis- und Lohnpolitiken der Zentralbank ihre Arbeit schwer machen; sind sie durch Stabilität geprägt, so werden Lohn- und Preispolitik auch dann noch moderat sein, wenn die Geldpolitik auch eine rabiatere Lohnpolitik tolerieren würde. Genau diese Konstellation besteht derzeit. Die EZB warnt daher vor Zweitrunden-Effekten (EZB, Monatsbericht Januar 2001). Die Lohnabschlüsse waren moderat, da die bisherigen Stabilitätserfolge in die Zukunft verlängert wurden. Wenn nun steigende Preise für eine aggressivere Lohnpolitik sorgen – Nachholen des nicht eingeplanten Kaufkraftschwundes –, dann kann die Preissteigerungsrate geradezu ruckartig ansteigen. Dies wäre dann ein Symptom dafür, dass die EZB die Zügel zuvor locker gelassen und die Volkswirtschaften mit reichlich Liquidität versorgt hat.

Die EZB ist der Öffentlichkeit eine Erklärung dafür schuldig geblieben, warum die Erdölpreissteigerungen offensichtlich ohne Schwierigkeiten an die Verbraucher überwälzt werden konnten. Im Prinzip sind Erdölpreissteigerungen nichts anderes als eine von außen aufgedrückte variable Verbrauchssteuer. Ob diese vollständig überwälzt werden kann, hängt von der Elastizität der Nachfrage (können die Verbraucher auf andere Produkte umsteigen?), von der Konjunkturlage und der Liquiditätsausstattung ab. Hält die Geldpolitik die Wirtschaftssubjekte liquiditätsmäßig knapp, so kann eine solche (faktische) Verbrauchssteuer das Preisniveau nur begrenzt und vorübergehend in die Höhe treiben. Dafür müssten die Preise anderer Produkte gedrückt werden. Meldungen über Schwierigkeiten, Preiserhöhungen wegen gestiegener Erdölpreise an den Verbraucher weiterzugeben, oder über Absatzeinbrüche hat es im Jahre 2000 nicht gegeben. Unsere Schlussfolgerungen, die reichliche Liquiditätsausstattung habe eine Rolle gespielt, wird auch durch andere Überlegungen fundiert. Hätte sich die EZB nicht durch Zinssenkungen Ende 1998 und im April 1999 von der US-Zentralbank (Fed) zu lösen versucht, wäre es nicht zu der Liquiditätsausweitung und der damit im Zusammenhang stehenden Abwertung gekommen. So ist die Erdölrechnung um den Abwertungsbetrag höher ausgefallen und damit auch die interne Preissteigerung. Die Preise für eingeführte Produkte sind im Jahre 2000 um 11,2 % gegenüber dem Vorjahr geklettert.

Mit Schweigen gehen die politisch Verantwortlichen über den Anstieg der industriellen Erzeugerpreise hinweg. Diese determinieren in hohem Maße die zukünftige Preisentwicklung für Konsumgüter und Dienstleistungen (wenn die Preise für Wohnungsbauleistungen steigen, folgen die Mieten). Die Erzeugerpreise sind bis Mitte 1998 noch gesunken. Im Verlaufe des Jahres 2000 sind sie dagegen über 6 v. H. gestiegen; in Frankreich lagen sie im zweistelligen Bereich. Natürlich sind auch diese Preissteigerungen – in noch stärkerem Maße – durch das teure Erdöl geprägt. Sie sind ein Indiz dafür, dass die Märkte entsprechend aufnahmefähig waren und dass die reichliche Liquiditätsausstattung Überwälzungen der gestiegenen Energiekosten zuließ, ohne dass die Produzenten Absatzeinbrüche befürchten mussten.

Nehmen wir ferner an, die EZB habe nur in dem Maße Liquidität zugelassen, wie es das erwartete zusätzliche Transaktionsvolumen bei Gütern und Dienstleistungen erfordert hätte. Unterstellen wir also, das von der EZB verwandte breite Geldmengenaggregat M_3 habe genau 4,5 % betragen.[2] Die Erdölpreissteigerungen hätten dann einen sehr viel größeren Teil der Kaufkraft als vorgesehen

---

[2] Das Aggregat M_3 umfasst laut Definition nicht nur den Bargeldumlauf und die traditionellen Einlagenkomponenten der breiten Geldmenge, sondern auch Geldmarktfondsanteile und von den monetären Finanzinstituten (MFIs) ausgegebene Schuldverschreibungen (EZB, Monatsbericht Januar 1999, S. 53).

beansprucht. Dann hätte es in anderen Sektoren entweder Preissenkungen oder Absatzschwierigkeiten geben müssen. Stattdessen lief die Konjunktur so gut wie seit langem nicht mehr. Anders gewendet: Auch ohne die Erdölpreiserhöhungen hätte das übrige Preisniveau stärker angezogen. Daraus wird ersichtlich, dass die von den Repräsentanten herangezogene «Kerninflationsrate» das inflatorische Potential unterzeichnet. Doch selbst wenn man exogene – d. h. nicht monetär verursachte – Teuerungseinflüsse exkulpierend akzeptiert, muss man auch exogene Preissenkungen ausschalten, um die «Grundströmung» der Preisentwicklung festzustellen. In den vergangenen Jahren hat die Liberalisierung der Strom- und Telekommunikationsmärkte den Anstieg der Verbraucherpreise spürbar gedämpft. Allein die Verbilligung im Bereich der Telekommunikation drückte – den Berechnungen der Bundesbank zufolge (Monatsbericht Dezember 2000, S. 37) – den Preisindex für die Lebenshaltung aller privaten Haushalte in den letzten Jahren um rund einen halben Prozentpunkt. Die Strompreise lagen dank der Liberalisierung im Herbst 2000 nicht höher als Anfang 1998.

Ein Letztes: Eine Meldung des Statistischen Bundesamtes weist aus, dass der Preisindex für die Lebenshaltung in Deutschland im Februar 2001 um 2,6 % über dem Vorjahr liegt. Rechnen wir die Preissteigerung für Heizöl und Kraftstoffe heraus, so wäre der Gesamtindex (Februar 2000 bis Februar 2001) um 2,4 % angestiegen. Die Preise kommen also auf breiter Front ins Rutschen. Zusammenfassend: Wenn die EZB auf die niedrige Kerninflationsrate als Nachweis ihrer erfolgreichen Politik verweist, so schmückt sie sich zumindest teilweise mit fremden Federn.

2. Die Zwei-Säulen-Strategie

a. Der innere Dissens

Die Motive zur Bildung der Europäischen Währungsunion waren unterschiedlich. Die Auswertung der Stellungnahmen deutscher Politiker ergibt folgendes Muster: Der Euro mache Deutschland und Europa stärker. Er sichere die bisherigen Integrationserfolge ab. Für den früheren Bundeskanzler Helmut Kohl war «Europa ...

auf Dauer ohne einheitliche Währung nicht denkbar»[3]. Der Euro nehme den europäischen Partnern die Furcht vor einem wirtschaftlich dominierenden Deutschland, das über die gemeinsame Währung in europäischen Institutionen eingebunden werde, und mache so den Frieden sicherer. Er sei der entscheidende Schritt zu einer politischen Union.

Dieses Muster muss nicht der Motivstruktur der Politiker in den Mitgliedstaaten widersprechen; es kommt aber hinzu, dass die asymmetrische Willensbildung innerhalb des Europäischen Währungssystems – die Deutsche Bundesbank gab als die Hüterin der europäischen Ankerwährung den geldpolitischen Kurs vor – durch eine symmetrische ersetzt werden sollte: Alle Mitgliedstaaten sind in der Währungsunion über die Besetzung des Direktoriums und über die Stimmabgabe im Zentralbankrat an der geldpolitischen Entscheidungsfindung beteiligt. Aus dieser Perspektive erhofften sich die Mitgliedstaaten von der Vergemeinschaftung der europäischen Währungen einen Kompetenzgewinn, da nun – im Vergleich zur Asymmetrie des EWS – auf die gemeinsame Geldpolitik im nationalen Sinne Einfluss genommen werden kann.[4] Wenn und da es sich so verhält, kann man nicht wie selbstverständlich davon ausgehen, dass die gemeinsame Geldpolitik die Fortführung der Politik der Bundesbank ist. Bisher hat die Geldpolitik der EZB den Regierungen ins konjunkturpolitische Konzept gepasst – abgesehen von den Ländern am Rande der EU wie Portugal und Irland. Diese haben dafür auch «blaue Briefe» erhalten. Ein derzeitiges Klima der Harmonie darf nicht darüber hinwegtäuschen, dass der EZB der entscheidende Lackmustest noch bevorsteht: eine Geldpolitik, die wehtut. Dann können sich rasch Koalitionen bilden, und vorbei sind dann die schönen Tage.

3 Brief vom 17. Januar 1992 an D. Spethmann. Der Autor dankt für die Überlassung einer Kopie dieses Briefes.
4 So auch Paul Fabra: «Mais la France a vu dans la prédominance du mark comme une atteinte à sa souveraineté … Aber Frankreich hat in der Dominanz der Mark eine Einschränkung seiner Souveränität gesehen.» L'Euro: succès ou échec? Les Echos vom 17./18. 11. 2000, in: Deutsche Bundesbank, Auszüge aus Presseartikeln, Nr. 56, vom 22. 11. 2000, S. 10.

Die Deutsche Bundesbank folgte seit Mitte der 70er-Jahre prinzipiell einem Geldmengenziel. Bemessungsgrundlage, Zielvorgaben und Steuerungsmethoden haben sich im Zeitverlauf verändert; doch ist die Orientierung an einem Geldmengenziel zum Markenzeichen der Bundesbank geworden. Da Inflation letztlich immer ein monetäres Phänomen ist – wir können Deflation und Inflation nicht ohne Veränderung der Geldmenge erklären –, ist die von der Zentralbank zur Verfügung gestellte Geldmenge Dreh- und Angelpunkt jeder Geldpolitik. Ist der Geldmantel im Vergleich zum aktuellen Transaktionsvolumen zu weit geraten, so kommt es früher oder später zu inflationären Tendenzen; zu deflationären Tendenzen kommt es, sollte er zu eng zugeschnitten werden. Da – wie bereits festgestellt – die Inflationsrate mit einer Verzögerung von etwa zwei Jahren der jeweiligen Geldpolitik folgt, kommt der Entwicklung der Geldmenge auch die Rolle eines Frühindikators zu. So müssen sich Geldpolitiker rechtfertigen, wenn Geldmengenziel und Geldmengenpolitik auseinander laufen. Geldmengenziele bieten der Notenbank aber auch Schutz vor politischem Druck. Der frühere Präsident des Direktoriums der Schweizerischen Nationalbank, Markus Lusser, formulierte es so:

«Geldmengenziele sind mehr als wertvolle Orientierungshilfen für Finanzmärkte und Wirtschaft. Sie sind ein Instrument der Selbstdisziplinierung. Notenbankleiter, die um ihre eigene menschliche Schwachheit wissen und ihr Beharrungsvermögen in heftigen Konflikten mit Politik oder Wirtschaft nicht überschätzen, finden in ihnen Schutz. Klare Zielvorgaben erschweren es einem Notenbankleiter – auch bei massivem Druck –, vom mittelfristig konzipierten Pfad der Geldmengenausweitung abzuweichen.»[5]

---

5 M. Lusser, Einige Bemerkungen zur Autonomie der Notenbanken – oder: Geldpolitik zwischen Unabhängigkeit und Bindung. Ansprache anlässlich der Verleihung der Alexander-Rüstow-Plakette an den früheren Präsidenten der Deutschen Bundesbank, Helmut Schlesinger, abgedruckt in: ASM Bulletin (Aktionsgemeinschaft Soziale Marktwirtschaft) 2/1994, S. 10.

Zusätzlich zu diesem monetaristischen Konzept hat die EZB Bestandteile der «direkten Inflationssteuerung» eingebracht. Aus einer «breiten Palette von Konjunkturindikatoren» will sie weitere für die Geldpolitik wichtige Informationen gewinnen. Hierzu zählen vor allem Indikatoren mit Vorlaufeigenschaften.[6] Auf den ersten Blick scheint der Unterschied nicht sehr groß zu sein, ist doch das Ziel gleich geblieben: Sicherung der Preisstabilität. Doch sind die Freiheitsgrade unterschiedlich: Beim Geldmengenkonzept verpflichten sich die politisch Handelnden auf die Einhaltung einer bestimmten Regel und begeben sich dadurch möglicher Handlungsalternativen (regelgebundener Ansatz), während sie sich diese bei der Orientierung an einem bestimmten Inflationsziel vorbehalten können. Es lassen sich immer wieder Begründungen finden, warum man von einer Geldmengenvorgabe – in expansiver Hinsicht – abweichen kann: um der Gefahr einer drohenden Deflation vorzubeugen oder um das Produktionspotential besser auszuschöpfen; denn über ein größeres Güterangebot könne inflatorischen Auftriebskräften wirkungsvoller begegnet werden. Bei dieser Politikvariante hängen Zeitpunkt des Eingreifens, Ausmaß und gegebenenfalls sogar die Richtung vom Ermessen der politisch Verantwortlichen ab (diskretionärer Ansatz).

Es hat weder im EZB-Rat noch in der Politik (Ecofin-Rat oder Euro Group) eine bindende Abstimmung weder für noch gegen Geldmengen- oder Inflationskonzepte gegeben. Die im Jahr 1998 getroffene Feststellung des EZB-Präsidenten Wim Duisenberg gilt auch noch heute:

«... There was no doubt within the EMI Council, that monetary policy decisions should be based on a broad range of indicator varia-

---

[6] Zu diesen Variablen mit Vorlaufeigenschaften rechnet die EZB u. a. die Löhne, die Wechselkurse, die Anleihekurse und die Zinsstruktur, die reale Wirtschaftstätigkeit, fiskalpolitische Indikatoren, Preis- und Kostenindizes, Branchen- und Verbraucherumfragen und nicht zuletzt Inflationsprognosen (EZB, Monatsbericht Januar 1999, S. 54 f.), kurzum: «eine breit fundierte Beurteilung der Aussichten für die Preisentwicklung sowie der Risiken für die Preisstabilität auf Grundlage finanzieller und anderer wirtschaftlicher Indikatoren» (EZB, Monatsbericht März 1999, S. 5).

bles and that money would be assigned a prominent role, with either targets or monitoring ranges set for its growth, provided that money demand is sufficiently stable. The Governing Council of the ECB will continue to discuss the specification of the strategy along these lines over the months to come. The Governing Council will then specify the exact formulation of this strategy and its implementation in 1999 before the start of Stage Three.»[7]

Man kann einem solch unentschiedenen oder ambivalenten Konzept auch Positives abgewinnen. In einer Welt der Unsicherheit, in der unterschiedliche geldpolitische Konzepte und nicht hinreichend bekannte Transmissionsprozesse zusammentreffen, könne man nicht auf ein einziges Pferd setzen. Sogar die Bundesbank habe oft Schwierigkeiten gehabt, ihre selbst gesetzten Geldmengenziele einzuhalten. Insofern sei eine komplexe Strategie die adäquate Antwort.[8]

Ein breit fundiertes Konzept gibt dann den geldpolitischen Repräsentanten die Möglichkeit, den jeweiligen Kurs mit einer passenden verbalen Strategie zu versehen. Dass von diesen unterschiedliche Begründungen oder Auffassungen artikuliert werden, kann damit erklärt werden, dass die Indikatoren in unterschiedliche Richtungen zeigen. Otmar Issing sieht darin sogar einen Vorteil der

7 W. Duisenberg, dokumentiert in: Mitteilungen und Kommentare zur Geldwertstabilität – Gemeinschaft zum Schutz der deutschen Sparer, Nr. 9 vom 6. Oktober 1998, S. 4.

8 «We should remember that the initial phase of monetary union, in particular, will be burdened by a number of imponderables. These could clearly have an impact on the growth of the money stock. It ist thus advisable to supplement the strategy of monetary targeting pragmatically (but not arbitrarily) by including some elements of direct inflation targeting.» O. *Issing*, The European Central Bank as a New Institution and the Problem of Accountability, in: Institut für Weltwirtschaft, Challenges for Highly Developed Countries in the Global Economy. Symposium in Honor of Prof. Dr. Horst Siebert, Kiel 1998, S. 97. – W. Duisenberg verwies darauf, dass die komplexe Strategie notwendig sei, da die EZB ihre Politik auch in einem komplexen Umfeld durchführen müsse. In: Deutsche SparkassenZeitung, Nr. 90 vom 30. 11. 99, S. 3 (Noyer verteidigt Zinsschritt).

Zwei-Säulen-Strategie: «Diese Art widersprüchlicher Daten ist ganz normal... Ich sehe das als eine Stärke, nicht als eine Schwäche unseres Ansatzes an.»[9]

Freilich hat ein ambivalentes Konzept gravierende Schwächen:
- die an die Märkte gegebenen Signale senden unterschiedliche Botschaften aus;
- die Diskussionen in den Entscheidungsgremien kommen zu unscharfen Ergebnissen und damit auch zu einer schwammigen Politik; die bei der Diskussion erzielten Einigungen überdecken oft bloß einen tief greifenden Dissens;
- ein solcher Dissens lässt sich für die Öffentlichkeit durch eine geschickte Formulierung überspielen: Über Heranziehung des Inflationsziels lässt sich sogar begründen, wie mit expansiver Politik Inflation bekämpft werden soll: Das aus mehr Beschäftigung resultierende zusätzliche Güter- und Dienstleistungsangebot wirke preisstabilisierend.

Eine Reihe international renommierter Geldtheoretiker, die sich zur Kommentierung der Geldpolitik im Euro-Club zusammengeschlossen haben, lehnen eine direkte Inflationssteuerung ab und plädieren stattdessen für eine Geldmengenstrategie:

> «Wesentliche Gründe für diese Empfehlung sind unter anderem die hohen Anforderungen an die Prognose bei der Anwendung eines direkten Inflationsziels und der geringere Informationsbedarf einer Geldmengenstrategie. Außerdem sehen die Wissenschaftler Geldmengenziele als transparenter an und halten diese auch für besser geeignet, in der Anfangsphase Reputation in der Geldpolitik aufzubauen.»[10]

Auch die «Gemeinschaft zum Schutz der deutschen Sparer» hat auf die Risiken einer Mischstrategie hingewiesen:

---

9 O. Issing: Entwarnung bei Inflation wäre verfrüht, in: Deutsche SparkassenZeitung, Nr. 48, S. 5.
10 Der EMU Monitor, in: ZEIreport (Zentrum für Europäische Integrationsforschung), Februar 1999, Nr. 2, S. 3.

«Entscheidet sich der EZB-Rat weder für das eine oder andere Konzept, sondern für eine Mischstrategie mit Elementen beider Konzepte, überbrückt er die Auffassungsunterschiede nur scheinbar. Ein Mischkonzept mindert die Chancen der Geldmengenstrategie, ohne die Risiken der direkten Inflationssteuerung zu vermeiden. Sie öffnet dem geldpolitischen Pragmatismus einen Türspalt, wenn nicht die ganze Tür. Ein Konzept, das geldpolitische Entscheidungen an eine Vielzahl von Indikatoren mit unklarer und wechselhafter Gewichtung bindet, macht es der EZB eher schwerer als leichter, ihre Geldpolitik sowohl transparent als auch wirksam zu gestalten.»[11]

b. Die Politik in der Kommentierung der EZB-Beobachter

Nach dem Regierungswechsel von Christdemokraten und Freien Demokraten auf Sozialdemokraten und Grüne (Oktober 1998) hat sich der politische Druck zunächst auf die geldpolitischen Instanzen verstärkt. Form und Ton des damaligen Finanzministers waren geradezu rabiat.[12] Der Ecofin-Rat unter österreichischem Ratsvorsitz hat diese Forderungen übernommen – ruhiger in Ton und Form.[13] Der designierte EZB-Präsident Wim Duisenberg hat das Ansinnen einer gelockerten Geldpolitik mit dem Argument zurückgewiesen, die Arbeitslosigkeit sei strukturell bedingt[14]; daher wären Politik und Tarifpartner gefordert. Überraschend kam dann im Dezember die konzertierte Zinssenkung der die Währungsunion konstituierenden Zentralbanken; in Deutschland wurde der für Hauptrefinanzierungsgeschäfte geltende Zinssatz von 3,3 auf 3,0 %, also

---

11 Mitteilungen und Kommentare zur Geldwertstabilität – Gemeinschaft zum Schutz der deutschen Sparer, Nr. 9/1998, 6. Oktober 1998, S. 4.
12 Vgl. hierzu J. Starbatty, Lafontaine will die Bundesbank disziplinieren, in: FOCUS 46/1998, S. 102.
13 Vgl. hierzu Mario Müller und Christian Wernicke, Lockruf des Zinses. Europas linke Regierungen tasten die Unabhängigkeit der Notenbank an – die Hüter des Euro setzen sich zur Wehr, in: DIE ZEIT, Nr. 45 vom 29. Oktober 1998, S. 29.
14 Die Bedeutung des Euro für die Wirtschafts- und Finanzpolitik in Europa, abgedruckt in: Auszüge aus Presseartikeln, Nr. 65/2. November 1998, S. 12.

um 30 Basispunkte, zurückgenommen. Dies konnte als ein Entgegenkommen gegenüber der Politik interpretiert werden, zumal im Vorfeld der Währungsunion spekuliert worden war, die EZB werde einen übertrieben restriktiven Kurs fahren, um sich als neuer Akteur auf den Finanz- und Devisenmärkten Respekt zu verschaffen.

Einem Artikel der *Frankfurter Allgemeinen Zeitung* war zu entnehmen, dass sich der für die Zinssenkung gelieferten Begründung nicht alle Zentralbankratsmitglieder hätten anschließen können: Die Entwicklung der Geldmenge hätte eine Zinssenkung nicht notwendig gemacht.[15] Eine Abkehr von der Geldmengenorientierung entferne die Zentralbank von dem, was ihre Unabhängigkeit auszeichne, sei in Frankfurt zu hören gewesen. Die EZB dürfe sich nicht auf den Pfad der kurzfristigen Konjunkturprognosen begeben, weil damit ein Element der Willkür eingeführt werde. Es dürfe keinesfalls der Eindruck entstehen, die Geldpolitik könne eine vernünftige Strukturpolitik ersetzen. Damit wurde auf Duisenbergs frühere Stellungnahme angespielt. Nun kann man einwenden, dass man sich über eine Senkung des maßgeblichen Zinssatzes von 30 Basispunkten nicht ereifern solle. Mag sein, aber dann hätte man es auch bei dem alten Zinssatz belassen können. Auf jeden Fall konnten Akteure und Beobachter in Unternehmen und Banken nicht den Eindruck gewinnen, dass man es zukünftig mit geldpolitischen Falken zu tun habe.

Die EZB setzte die Politik der geldpolitischen Lockerung unter dem falschen Eindruck der Konjunkturabschwächung fort. Sie hat am 9. April 1999 – für viele völlig überraschend – den für Hauptrefinanzierungsgeschäfte geltenden Zinssatz um 50 Basispunkte von 3,00 auf 2,5 v. H. gesenkt. Eine solche Zinssenkung kann nicht mit der Entwicklung der monetären Indikatoren erklärt werden:

- Die Geldmenge war Anfang 1999 in verschiedenen Abgrenzungen – jeweils November/Dezember 1998 gegenüber Januar/Fe-

---

15 Die Zinssenkung ist umstritten. Paradigmenwechsel in der Geldpolitik. Stärkere Konjunkturorientierung (ctg.), in: Frankfurter Allgemeine Zeitung, Nr. 283 vom 5. 12. 1998.

bruar 1999 – geradezu sprunghaft angestiegen: M_1 von 8,5 und 9,2 % auf 14,7 und 12,6 %; M_2 von 4,9 und 6,0 auf 7,8 und 6,5 %; M_3 von 4,7 und 4,7 auf 5,8 und 5,2 %;

– die Kreditvergabe an Unternehmen und Privatpersonen sprang in den zweistelligen Bereich: von 9,9 und 9,7 % auf 10,8 und 10,1 %;

– auch die Euro-Zinssätze (in %) waren seit Januar 1999 rückläufig: Tagesgeld 3,14; 3,12; 2,93 und Dreimonatsgeld 3,13; 3,09; 3,05.

Die Erklärung stützte sich auf die zweite Säule des geldpolitischen Konzepts der EZB. Die Preise seien stabil, ja die EZB befürchtete sogar deflationäre Tendenzen («Preisdämpfungsrisiken»)[16], obwohl Kreditvergaben im zweistelligen Bereich diese Einschätzung widerlegten. Die EZB beabsichtigte mit ihrer Zinssenkungspolitik eine höhere Auslastung des Produktionspotentials; so wollte sie ihren Beitrag für mehr Wachstum und Beschäftigung leisten. Die Begründung Duisenbergs, dass nun Politik und Tarifvertragsparteien ihren Part spielen müssten, kann so verstanden werden, dass die EZB ihre konjunkturpolitische Rolle ausgefüllt habe. Er hoffe, die Bemühungen um Reformen erhielten einen neuen Impuls. Für den international renommierten Geld- und Währungsexperten Jürgen von Hagen ist es freilich schleierhaft, warum sich Regierungen durch eine Zinssenkung zu Reformen ermutigt sehen sollen; in der Regel bewirke ein solcher Schritt das Gegenteil.[17]

Von Zinssenkungen gehen in einer offenen Volkswirtschaft zwei miteinander verbundene Wirkungsketten aus – eine binnen- und eine außenwirtschaftliche:

16 EZB- Jahresbericht 1999, S. 10. – Der Chefvolkswirt von Morgan Stanley Dean Witter, Joachim Fels, hat die EZB ausdrücklich verteidigt: «Die eigentliche Gefahr lautete Deflation, und die mutige Zinssenkung der EZB im April war die einzig angemessene Antwort darauf – Preisstabilität ist schließlich nach oben wie nach unten abzusichern.» (Trotz Nebel auf Kurs, in: Frankfurter Allgemeine Zeitung, Nr. 158 vom 12. 7. 1999, S. 31)

17 Von Hagen (ZEI): EZB lässt Zweifel an Strategie, in: vwd, Währungsunion Finanz, Nr. 15 vom 12. 4. 1999, S. 5.

- Die binnenwirtschaftliche: Zinssenkungen steigern die Nachfrage nach Krediten für zusätzliche Investitions- und Konsumakte; die Kapazitätsauslastung steigt; das Sozialprodukt wächst; die Beschäftigung nimmt zu; nach etwa 6 bis 8 Quartalen kommt es zu Preiseffekten. Diese Wirkungskette ist von der EZB gewollt.
- Die außenwirtschaftliche: Niedrigere Zinsen – insbesondere im Vergleich zu den USA – forcieren den Kapitalexport; die Nachfrage nach Dollars steigt; der Dollar wird im Vergleich zum Euro aufgewertet; die Exporte in Richtung Dollarraum nehmen zu, die Importe aus dem Dollarraum nehmen ab, während in den USA das Leistungsbilanzdefizit steigt. So ist es auch geschehen. Die Abwertung hat in Euro-Land die Beschäftigung gefördert, während die Aufwertung in den USA den Preisauftrieb gedämpft hat. Aus konjunkturpolitischer Sicht war auch diese Entwicklung gewollt.

Niemand hätte das besser wissen müssen als die Repräsentanten der EZB, verlangt doch Art. 11 des maßgeblichen Protokolls über die Satzung des Europäischen Systems der Zentralbanken und der Europäischen Zentralbank, dass die Mitglieder des Direktoriums «aus dem Kreis der in Währungs- oder Bankfragen anerkannten und erfahrenen Persönlichkeiten einvernehmlich ausgewählt» werden; außerdem verfügt die EZB über erstklassig ausgebildete und ausgewiesene Volkswirte. Daraus ist zu schließen, dass die EZB die Abwertung des Euro aus konjunkturpolitischen Gründen gewollt hat. Später geriet sie über die Abwertung des Euro in Sorge und beschwor geradezu gebetsmühlenhaft das Aufwertungspotential des Euro. Soll man daraus schließen, dass sie sich über die außenwirtschaftlichen Konsequenzen der Zinssenkung nicht im Klaren war? Das würde ein schlechtes Licht auf den bei der EZB versammelten Sachverstand werfen. Eine andere Schlussfolgerung sei hier nicht gewagt.

Die Liquiditätsausstattung der EWU-Volkswirtschaften war dermaßen reichlich – auch aus Sicht der EZB –, dass die Gefahren in-

flatorischer Auftriebskräfte nicht geleugnet werden konnten. Der EZB-Präsident Wim Duisenberg und der Chef-Volkswirt Otmar Issing haben im Frühsommer 1999 auf inflatorische Gefahren aufmerksam gemacht, aber die EZB ließ sich dann viel (ca. 5 Monate) Zeit, bis sie ihren expansiven Kurs durch eine Zinserhöhung korrigierte (4. November 1999). Womöglich handelte sie erst unter dem Eindruck der starken Euro-Schwäche. Von der Zinserhöhung hätten wiederum zwei zusammenhängende Wirkungsketten ausgehen sollen:
– binnenwirtschaftlich: Zinserhöhung, Rückgang der Kreditnachfrage und des Geldmengenwachstums, geringeres Wachstum, geringere Beschäftigung und schließlich Dämpfung des Preisauftriebs;
– außenwirtschaftliche Zinserhöhung, Rückgang der Kapitalexporte, geringere Nachfrage nach Dollars, Aufwertung des Euros und Abwertung des Dollars.

Die tatsächlich eingetretenen Wirkungen entsprachen nicht den hier skizzierten Ketten: Die Kreditvergabe wuchs weiter zweistellig, das Geldmengenwachstum in der Abgrenzung M_3 legte noch zu, und der Euro wertete sich weiter ab. Der Zinsschritt fiel zu kraftlos aus, um die Märkte von der stabilitätspolitischen Entschlossenheit der EZB zu überzeugen.[18] Für die Akteure standen die Konjunktursignale weiterhin auf Grün; Zinserhöhungen können konjunkturell verpuffen, vor allen Dingen, wenn sie sich in Trippelschritten vollziehen; unter Umständen steigert dies sogar noch die Kreditnachfrage, um erwarteten späteren Zinsschritten zuvorzukommen. In dieses Bild passt, dass der «Deutsche Aktien-

18 Hierzu passt die Antwort von Bundesbankpräsident Welteke auf die Frage, ob die Erhöhung der Leitzinsen nicht das Wachstum gefährde: «Zurzeit ist die Liquiditätsausstattung in der Wirtschaft ausreichend. Das gegenwärtige Zinsniveau ist überhaupt kein Wachstumshindernis». In: «Die Kursverluste belasten die Realwirtschaft nicht». Interview mit Bundesbankpräsident Ernst Welteke, in: Der Tagesspiegel, Berlin, 19. April 2000. Abgedruckt in: Deutsche Bundesbank, Auszüge aus Presseartikeln, Nr. 20 vom 19. April 2000.

index» (DAX) nach einer Zinserhöhung (17. März 2000) nahezu um drei Prozent – das muss man ausschreiben – zugelegt hat. Die Akteure hatten die Zinserhöhung bereits «eingepreist» und waren erleichtert, dass sie nicht kräftiger ausfiel. Keynes hat eine solche Konstellation wie folgt charakterisiert: «A boom is a situation in which over-optimism triumphs over a rate of interest which, in a cooler light, would be seen to be excessive.»[19]

Wie erklären wir aber, dass der Euro trotz Zinserhöhung nicht aufgewertet, sondern weiter abgewertet – nicht nur gegenüber dem Dollar, sondern auch und besonders gegenüber Yen und Pfund – wurde? Wegen der guten Konjunktur in den USA rechneten die Akteure damit, dass auch dort die Zinsen angehoben würden und der Zinsabstand also gleich bleiben würde. Damit wurden für vergleichbare Anlagen in den USA immer noch höhere Zinsen gezahlt. Hinzu kam der schleichende Image-Verlust des Euros, der «bärenstark» – so die *Bildzeitung* – gestartet war, doch in der Folge zum «Weichei» mutierte.[20] Nun kalkulierten die Anleger neben dem Zinsvorteil einer Dollaranlage noch einen Aufwertungsgewinn ein, schichteten ihre Portefeuilles um und trugen so zur Abwertung des Euro bei.

In der Öffentlichkeit wurde die Abwertung des Euro mit den unterschiedlichen Wachstumsraten in den USA und der Euro-Zone erklärt. Höheres Wachstum spielt gewiss eine Rolle, doch ist dieser Einfluss nicht monokausal. So wertete die D-Mark gegenüber dem Dollar im Zeitraum 1990/95 deutlich auf, obwohl seit 1991 das Wachstum in den USA höher war. Auch die Yen-Stärke gegenüber dem Dollar bis Mitte 2000 passt nicht in dieses Bild. Nein, das schwache Erscheinungsbild des Euros ist vornehmlich Spiegelbild einer schwächlichen und diffusen Politik.

Dies ist Konsequenz der Zwei-Säulen-Strategie, die die EZB nicht auf eine bestimmte Politik festlegt und bei Abweichungen un-

---

19 J. M. Keynes, The General Theory of Employment, Interest and Money, New York and London (First Harbinger Edition) 1964, S. 322 (Chapter 22).
20 So der Titel einer Sendung im III. ARD-Programm (WDR) über die Entwicklung des Euro (25. Oktober 2000, 20 Uhr 15)

ter Rechtfertigungsdruck stellt. Die Zwei-Säulen-Strategie gestattet ihr, die jeweils passende Begründung für ihre Politik heranzuziehen; sie «öffnet ... das Einfallstor für Politiker und organisierte Interessengruppen, die Notenbank für die eigenen Ziele zu instrumentalisieren»[21]. Werner Steuer schreibt, die Analyse der Monatsberichte der EZB zeige,

> «dass gleiche Tatbestände unterschiedlich bewertet werden, je nachdem, ob eine geldpolitische Entscheidung ansteht oder nicht. Wurde zuerst die Beschleunigung des Geldmengenwachstums heruntergespielt (‹nach wie vor nahe beim Referenzwert›; MB Mai 1999, S. 6), so ließ sich die Bank im Sommer 2000 selbst durch eine deutliche Abschwächung von 6,0 auf 5,5 % nicht davon abhalten, ihre Zinssätze zu erhöhen. Diese tendenziöse Betrachtungsweise charakterisierte die Financial Times Deutschland mit der Formulierung, die Überzeugungskraft der EZB-Analysten leide an einer ‹interessengefärbten Bewertung der Fakten›.»[22]

Barry Eichengreen, international renommierter Professor für Währungsfragen, attackiert die Doppelzüngigkeit der EZB-Repräsentanten:

> «Die bekanntesten Übeltäter sind natürlich die Vertreter der europäischen Geldpolitik selbst: Sie stellten ihre ungewöhnliche Fähigkeit des doppelzüngigen Sprechens bemerkenswert gut unter Beweis. In den vergangenen Wochen widersprach Christian Noyer, die Nummer zwei in der EZB, einer Aussage seines Chefs Wim Duisenberg, dass die Bank auf das Niveau des Euros blicke, wenn sie die Zinssätze festsetze. Klaus-Dieter Kühbacher, ein Mitglied des Zentralbankrats der Deutschen Bundesbank, widersprach Otmar Issing, Chefökonom der EZB, nachdem dieser vor zunehmenden Inflationsrisiken gewarnt hatte. Vor diesem Hintergrund überrascht es kaum, dass Investoren

---

21 Sachverständigenrat zur Begutachtung der gesamtwirtschaftlichen Entwicklung, Jahresgutachten 1999/2000, Tz. 281.
22 W. Steuer, Konzeption und Politik der EZB im Lichte der Erfahrungen. Vortrag im Rahmen des Symposiums «Währungsunion – was bleibt zu tun?» des Pro-Europa e.V. in Hamburg, 30. September 2000, unveröffentlichtes Manuskript, S 5.

hinsichtlich der Bedeutung, welche die EZB dem Wechselkurs beimisst, im Dunkeln tappen.»[23]

Ähnliche Äußerungen sind auch von der Bank für Internationalen Zahlungsausgleich zu hören – natürlich moderat im Ton, wie es sich unter Kollegen gehört. Die Stellungnahmen einzelner Ratsmitglieder oder sogar gewählter Politiker über das angemessene Niveau von Zinsen und Wechselkursen habe das öffentliche Verständnis für die Durchführung der Geldpolitik des Euro-Systems nicht gerade erleichtert:

> «Zwar ist es erwünscht, dass diejenigen, die mit Zinsentscheidungen betraut sind, ihre Einschätzung der wirtschaftlichen Lage und des monetären Transmissionsmechanismus öffentlich erläutern, doch dürften Äußerungen, die als Andeutung der kurzfristigen geldpolitischen Absichten missverstanden wurden, die Unsicherheit eher vergrößert als verringert haben.»[24]

Gerade Akteure auf Devisenmärkten klopfen jede Nuance in Reden und Interviews der Verantwortlichen ab, um so Hinweise über künftige Aktionen zu bekommen, die ihnen bei der Geldanlage helfen können. Unterschiedliche oder gar widersprüchliche Äußerun-

---

23 Barry Eichengreen, Wird 2000 das Jahr des Euros?, in: Finanz und Wirtschaft, Nr. 21 vom 19. 3. 2000, S. 1. – Dieses Urteil lässt sich beliebig oft belegen – hier eine Auswahl: «Rätselraten über die EZB-Politik» (Frankfurter Allgemeine Zeitung – hi –, Nr. 273 vom 23. 11. 1999); «Die EZB sollte aufklären statt vernebeln» (Norbert Häring, Financial Times Deutschland, 16. 3. 2000); «Verlogene Geldpolitik» (Financial Times Deutschland, 17. 3. 2000); «Das Risiko der flatternden Hand» (Thomas Mayer, Frankfurter Allgemeine Zeitung, Nr. 236 vom 11. 10. 1999); «Völlige Orientierungslosigkeit» (Michael Hüther, in: EZB-Chef Wim Duisenberg steht unter Druck. Deutsche Volkswirte sehen eine fatale Zinspolitik, in: Welt am Sonntag vom 6. 2. 2000); «ECB-Beobachter: ‹Die Marktteilnehmer sind über die geldpolitische Strategie im Unklaren›» (Frankfurter Allgemeine Zeitung – bg –, Nr. 113 vom 16. Mai 2000).
24 Bank für internationalen Zahlungsausgleich, 70. Jahresbericht 1999/2000, Basel 2000, S. 83 f.

gen sind für die Kursentwicklung von Devisen besonders gefährlich: Wim Duisenberg und Otmar Issing haben ihre große Sorge über den Wertverfall des Euro ausgedrückt[25]; die Märkte hätten daraus schließen können, dass die Zentralbank sich bei ihrer Politik von dem Ziel leiten lasse, dem Euro wieder mehr internationale Reputation zu verschaffen. Dagegen tat Bundesbankpräsident Welteke den Fall des Euro als unwesentlich ab:

> Frage: Seit dem Start Anfang 1999 hat Europas neue Währung kontinuierlich an Wert verloren. Ist das ein Zeichen von Stärke?
> Antwort: Für den größten Teil der Bevölkerung ist doch nicht der Wert des Euro im Ausland maßgeblich, sondern im Inland. Für die meisten ist der Außenwert des Euro kein Thema.
> Frage: Fragen Sie mal Urlauber und Exporteure.
> Antwort: Gut, aber für Leute wie Sie und ich gilt das nicht. Allenfalls gibt es eine Verschiebung in der Wahrnehmung. Für uns bleibt die Geldwertstabilität das Wichtigste. Nur, weil der Wechselkurs jeden Tag in den Nachrichten genannt wird, ist von Euro-Schwäche die Rede. Dabei sind die Schwankungen des Euro-Außenwertes rückblickend nicht größer als früher bei der D-Mark.[26]

Um vom eigenen Versagen abzulenken, wurde also die Schwäche des Euro mit dem Hinweis auf die früheren Schwankungen der D-Mark bagatellisiert – so beispielsweise von Bundesbankpräsident Welteke.[27] Damit ist der starke Wertanstieg des Dollars ge-

---

25 Wim Duisenberg im Gespräch mit der FAZ: «Der schwache Außenwert des Euro ist derzeit unsere einzige Sorge». Frankfurter Allgemeine Zeitung, Nr. 297 vom 21. 12. 1999. In diesem Sinne auch O. Issing (siehe FN 1).
26 In: Deutsche Bundesbank, Auszüge aus Presseartikeln, 20 (2000), S. 2 (FN 18).
27 Auch Wim Duisenberg bedient sich dieses Vergleichs: «Und wenn man die Schwankungsanfälligkeit des Wechselkurses betrachtet, so lässt sich sagen, dass es früher Zeiten gab, in denen der Kurs von D-Mark und Dollar viel stärker geschwankt hat. Das ändert freilich nichts daran, dass mir die Wahrnehmung des Euro als Schwachwährung überhaupt nicht liegt.» In: Frankfurter Allgemeine Zeitung, 21. 12. 1999, S. 33 (siehe FN 23).

genüber der D-Mark im Zeitraum 1980/85 gemeint. Es wird verschwiegen, dass damals allein der Dollar – wegen der Härtung des geldpolitischen Kurses unter Paul Volcker – gegenüber allen anderen Währungen stark war und die DM damals gegenüber so bedeutenden Währungen wie dem britischen Pfund und dem Schweizer Franken noch aufgewertet wurde, während im Jahr 2000 der Euro gegenüber allen Währungen schwach war, selbst gegenüber dem Rubel und dem Simbabwe-Dollar konnte er keinen Boden gewinnen. Seit März 2000 löste der Schweizer Franken seine Bindung an den Euro und wertete sich in der Folge auf.

Als der Euro im Verlauf des Jahres 2000 Tiefstand nach Tiefstand testete und das Argument vom Aufwertungspotential des Euro die Akteure auf den Märkten nicht umstimmen konnte, sollte die Öffentlichkeit auf die vorteilhafte binnenwirtschaftliche Auswirkung der Abwertung eingestimmt werden; Exporte würden so angekurbelt und die Beschäftigung angehoben. Dabei zeigt uns die Währungsgeschichte: Ein schwächelnder Außenwert ist dauerhaft nicht mit einem starken Binnenwert vereinbar. Von solchen Beschönigungen lassen sich Märkte nicht beeindrucken. Die Feststellung des Bundeskanzlers, der schwache Euro sei ein Grund zur Freude, nicht zur Sorge, hatte eine verheerende Signalfunktion. Die für die internationale Meinungsbildung maßgebliche *Financial Times* (8. September 2000) hat sie wie folgt kommentiert («Careless talk»):

> «The statement indicates that the chancellor is happy to let the German economy rely on export growth alone. The implication is that he does not consider structural reform a high priority ... But to welcome a weak exchange rate as a painless way to maintain economic growth is bound to send out the worst possible signal about a government's commitment to reform.»

Schließlich intervenierte die Zentralbank und stützte die eigene Währung; die Märkte wurden offensichtlich überrascht; der Wert des Euro stieg, fiel aber bald wieder auf seinen alten Tiefstand. Hinzu kamen Unruhen im Nahen Osten, die eine Flucht von Kapitalanlegern in einen «sicheren Hafen» (US-Dollar) hätten auslösen

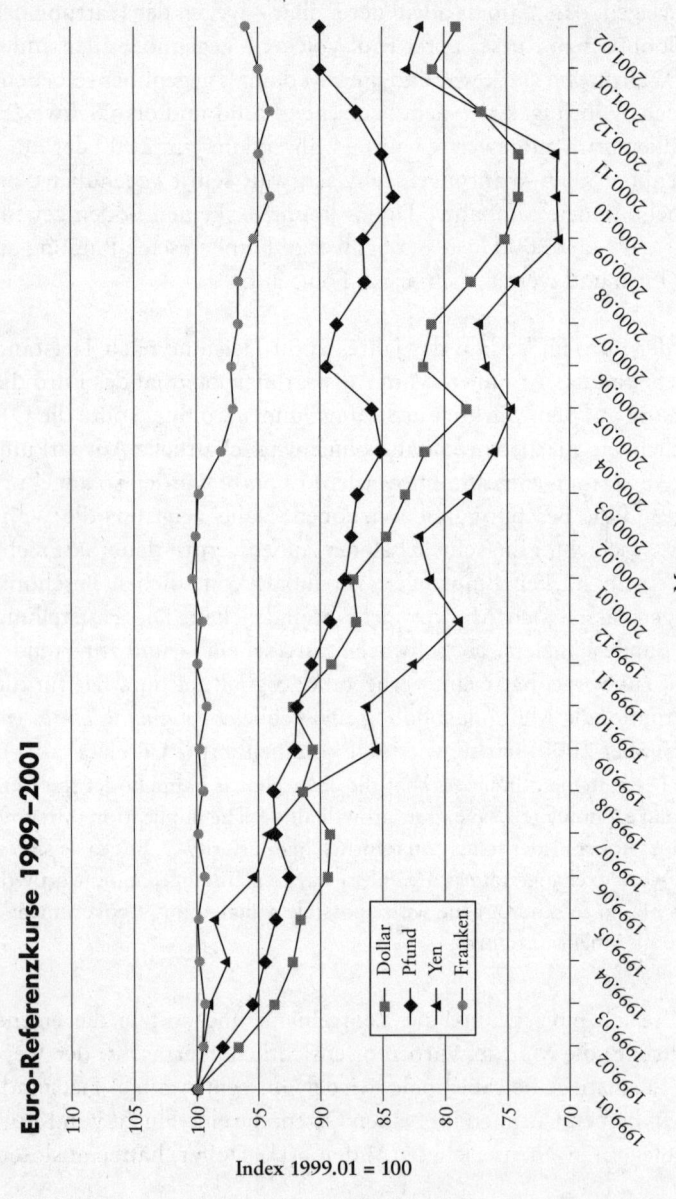

können. In einem *Times*-Interview hat Duisenberg – direkt gefragt, ob es für Zentralbanken sinnvoll sei, in den Markt zu gehen, wenn starke Wechselkursänderungen durch die Unruhen im Nahen Osten ausgelöst würden – geantwortet:

> «‹I wouldn't think so.› His press adviser, acutely aware of the potential market significance of the President's remarks on intervention, asked Duisenberg if he was happy for these comments to remain on the record. The ECB President replied that he was.»[28]

Dieses Interview hat die Märkte in helle Aufregung versetzt, für erhebliche Irritationen gesorgt und den Euro auf einen neuen Tiefstand gedrückt. Daraufhin hat der Chefvolkswirt der Deutschen Bank, Norbert Walter, EZB-Chef Wim Duisenberg den Rücktritt nahe gelegt:

> «Einer Währung, die ins Gerede gekommen ist, die seit Monaten zur Schwäche neigt, darf kein Verantwortlicher einen solchen Tritt geben. Wer in solcher Herausforderung nicht immer voll und ganz wachsam ist, entspricht nicht seiner Aufgabe.»[29]

Duisenberg bezog die Prügel für eine Praxis, die seit dem Start des Euro bei Vertretern der Banken, der Politik, der nationalen Zentralbanken und der EZB üblich geworden ist: Sie alle haben die Märkte zu besprechen versucht; sie wollten den Euro in die richtige Richtung reden. Neben das klassische Instrument der Währungs- und Kurspflege, die Offenmarktpolitik, war die «Offen-Mund-Politik» getreten.

Eine neue Währung hat es schwerer als die bereits eingeführten; alle beäugen die neue und mokieren sich über Fehler, die man bei den eingeführten Währungen als Ausrutscher hinnimmt. Gerade

---

28 Lea Paterson and Anatole Kaletsky, Duisenberg and the quest for Stability, in: THE TIMES vom 16. Oktober 2000.
29 N. Walter, Dem Euro kann nur noch notorisches Schweigen helfen, in: Die Welt vom 20. Oktober 2000, S. 14. – In derselben Ausgabe (S. 13) erfahren wir: «Euro nach Duisenberg-Auftritt unter Druck. EZB-Chef verweigert Äußerungen zu umstrittenem Interview».

dann ist eine Geldpolitik zu betreiben, die durch Klarheit und stabilitätsorientierte Konsequenz für sich selbst spricht. Solange aber der Euro volatil bleibt, weil man nicht weiß, wofür er steht und welche Politik hinter ihm steht, kann der Umtausch der nationalen Währungen in Euro nicht verantwortet werden. Unter einem schwachen und instabilen Euro leiden nicht die Repräsentanten der Banken, der Politik und der Zentralbanken, sondern wir Bürger. Wir haften mit unserem Vermögen.

c. Unterschied zwischen Bundesbank und EZB

Repräsentanten der EZB verweisen darauf, dass auch die Politik der Bundesbank erhebliche Zielverfehlungen habe zulassen müssen und dass sie vielfach ihre Geldmengenziele – gewollt oder ungewollt – nicht habe einhalten können; dies könne auch für die 90er-Jahre nachgewiesen werden. Das ist zwar richtig, aber es ist wie bei den Wechselkursen bloß die halbe Wahrheit. Die D-Mark ist nie ins Gerede gekommen; man hat sich auf dem glatten Börsenparkett nicht über deren Repräsentanten lustig gemacht. Zu leicht hätte man selbst dabei ausrutschen können. Auch gaben die Statements keinen Anlass, über deren Hintersinn ständig nachzudenken und sie gegeneinander abzuwägen.

Die Bundesbank hat sich im weitgehend zerstörten Nachkriegsdeutschland geldpolitischen Respekt verschafft. Werner Steuer erinnert an eine Sitzung des Zentralbankrates der damaligen Bank Deutscher Länder im Oktober 1950 – mitten in der Korea-Krise:

> «Der damalige Bundeskanzler Adenauer und der damalige Finanzminister Schäffer hatten sich in dieser Sitzung vehement gegen den Vorschlag des Direktoriums, den Diskontsatz kräftig heraufzusetzen, gewendet. Unbeirrt von dieser Intervention hatte der Zentralbankrat eine Zinserhöhung um volle zwei Prozentpunkte, also 200 Basispunkte, beschlossen.»[30]

30 W. Steuer, Zwei Jahre Euro – eine Zwischenbilanz. Noch unveröffentlichtes Manuskript. Wird abgedruckt in: Orientierungen. – In den Memoiren von Wilhelm Vocke, dem ehemaligen Präsidenten der Bank Deutscher Länder (der Vorgängerinstitution der Deutschen Bundesbank), liest sich das so: «Ich hatte manche Konflikte mit Adenauer. In

So hielt damals die Notenbank stabilitätspolitischen Kurs und verhinderte erfolgreich, dass die von der Korea-Krise ausgelöste Teuerung mehr als vorübergehend die Preisentwicklung beeinflusste. Dabei war die Arbeitslosenrate mit gut 10 v. H. überaus hoch – gemessen an heutigen Standards war sie noch weit höher. Man mag eine solche Politik des knappen Geldes aus konjunkturpolitischer Perspektive für falsch halten; doch die Bundesbank legte so den Grundstein für die Entwicklung der D-Mark vom «Kellerkind» zum «Weltstar» (Hans Roeper). Wie anders führten sich dagegen Wim Duisenberg und seine Kollegen ein!

Zwar versuchten auch in Deutschland Regierungen, Leute ihres Vertrauens in den Zentralbankrat zu entsenden.[31] Aber niemandem aus dem Zentralbankrat kann man nachsagen, dass er per Saldo eine Politik betrieben hätte, die den Vorstellungen derer entsprochen hätte, die ihn berufen hatten. Das Amt prägte seine Inhaber. Dieses Phänomen ist als Beckett-Effekt in die Geschichte der Bundesbank eingegangen[32]. Die Deutsche Bundesbank galt als stabilitätspolitischer Leuchtturm, an dessen Signalen sich die anderen Zentralbanken orientieren konnten oder mussten. Tatsächlich war gerade dieser Erfolg der Bundesbank der Grund für ihre Ablösung.

Markenzeichen der Bundesbank war ihr Konzept der Geldmengenorientierung; die Bundesbank hat dieses Konzept aber nie sche-

    der schweren Krise des Koreakrieges, als die neue deutsche Währung in ernste Gefahr geraten war, griff er die von mir vertretene Währungspolitik heftig an. Er verlangte, die Zentralbankratssitzung, die über meinen Antrag der Diskonterhöhung entscheiden sollte, müsse unter seinem Vorsitz in Bonn stattfinden. Das geschah, aber ich habe mich erfolgreich zur Wehr gesetzt. Ich wusste genau, dass ich auf dem richtigen Weg war. Der Erfolg hat mir Recht gegeben.» Memoiren. Stuttgart 1973, S. 150 f.
31 Laut Bundesbankgesetz ernennt die Bundesregierung die Mitglieder des Direktoriums und der Bundesrat – die Landesregierungen – die Präsidenten der Landeszentralbanken – jeweils nach Anhörung des Zentralbankrates. Eine parteipolitische Nähe ist da nicht zufällig.
32 Der Erzbischof von Canterbury, Thomas Beckett, war vom englischen König eingesetzt worden, damit er ihm auf dem Bischofsstuhl zu Willen sei; doch erlitt dieser den Märtyrer-Tod, weil er sich nicht beugen wollte.

matisch gehandhabt, sondern mit einem gehörigen Schuss Pragmatismus durchsetzt; denn dieser, so Schlesinger in Zitierung des amerikanischen Philosophen William James, «nimmt allen Theorien ihre Steifheit, macht sie geschmeidig und lässt jede arbeiten»[33]. Freilich darf Pragmatismus nicht in Beliebigkeit einmünden. Die Regelbindung muss erkennbar und dauerhaft sein. Wenn wir die Geldpolitik der Bundesbank nach der Wiedervereinigung verfolgen, so können wir diese pragmatische Linie erkennen. So hat sie beispielsweise, als die Kosten der Wiedervereinigung nicht haushaltsneutral – also durch Einnahmeanstieg oder Ausgabenkürzungen – finanziert wurden, sondern über den Kapitalmarkt, den Geldmantel weiter geschneidert, als es der Zielvorgabe entsprach; sie hat aber solche Ausweitungen in der Folgezeit immer wieder einzuengen versucht – und zwar erfolgreich. Die Beobachter der Politik der Deutschen Bundesbank wussten im Vorhinein nie genau, ob die Zentralbank ihr Geldmengenziel genau einhalten würde; aber sie konnten sich darauf verlassen, dass sie sich schließlich doch an ihrem stabilitätspolitischen Auftrag orientierte und ein zu starkes Geldmengenwachstum im Zeitverlauf wieder zurückgenommen wurde.[34] Ein Abweichen vom Geldmengenziel wurde schließlich immer korrigiert. Durch diese Regel wurde die Politik der Bundesbank berechenbar und die D-Mark zu einer «safe haven»-Währung.[35]

---

33 Zitat in: Schlesinger, H., Das Konzept der Deutschen Bundesbank, in: Wandlungen des geldpolitischen Instrumentariums der Deutschen Bundesbank, Beihefte zu Kredit und Kapital, Heft 10, Berlin 1988, S. 20.
34 George Soros – gefragt, woher er gewusst hätte, auf welche Währung er im Zuge der EWS-Krisen hätte setzen müssen – antwortete, er habe darauf vertraut, dass die Bundesbank den ihr anvertrauten Stabilitätsauftrag erfüllen werde.
35 Die Feststellung der Deutschen Bundesbank – «Andererseits blieben die Anhänger der beiden Alternativvorschläge – Geldmengensteuerung oder Inflation Targeting – bislang den Nachweis schuldig, dass eine eindimensionale Strategie nicht nur transparenter, sondern im Hinblick auf das Endziel der Preisstabilität auch erfolgversprechender wäre» (Monatsbericht 3/2000, S. 30) – ist schon eine erstaunliche Ex-post-Beurteilung der eigenen Politik.

Wenn wir es in ein Bild fassen: Die Bundesbank hatte sich vorgenommen, «einbahnig» zu fahren – ihre Orientierung an der Geldmenge –; kam sie von ihrer Bahn ab, dann konnte sie dies eine Zeit lang kaschieren, teilweise mit erstaunlichen Argumenten. Aber sie selbst und auch die interessierte Öffentlichkeit wussten, dass sie von ihrer Bahn abgekommen war; der Kurs wurde korrigiert. Im Unterschied dazu fährt die EZB mit ihrer Zwei-Säulen-Strategie «zweibahnig». Wenn sie von der monetären Bahn abkommt, kann sie dieses Abweichen mit Hilfe der Zwei-Säulen-Strategie rechtfertigen. Es ist zu vermuten, dass die Veröffentlichung einer Inflations- und Wachstumsprojektion die «Strategie-Ambivalenz» noch verstärkt.[36] Fehler sind da kaum nachweisbar; insofern besteht auch kein Grund zu Korrekturen. Damit hat die EZB ihre Strategie nahezu perfekt immunisiert, allerdings um den Preis, dass Transparenz und Informationsgehalt verloren gingen. So haben viele Beobachter den Eindruck, dass die EZB mit ihrer Zwei-Säulen-Strategie im Grunde eine Politik diskretionärer Konjunktursteuerung betreibt. Vor allem die Zinssenkung am 9. April 1999 muss so gesehen werden; daher ist sie auch mit Erstaunen und Kritik aufgenommen worden.[37]

36 Thorsten Polleit: «Mit der Entscheidung, neben der Geldmenge M_3 nun aber auch eine zweite, separate Inflationsprojektion zu veröffentlichen, harmonisiert die EZB jedoch nicht etwa ihre beiden Strategie-Säulen, sondern sie baut die ohnehin bereits vorhandene Strategie-Ambivalenz weiter aus. Die Zentralbank erhöht so gleichzeitig ihren diskretionären Handlungsspielraum und wird dadurch vermutlich den Blick in die Entscheidungsfindung ihrer Politik erschweren.» In: EZB verstärkt Strategie-Ambivalenz, Börsen-Zeitung vom 21. 12. 2000. Abgedruckt in: Deutsche Bundesbank, Auszüge aus Presseartikeln 61/2000, S. 6. – Der Abdruck zeigt, dass die Bundesbank auf diesen Artikel besonders aufmerksam machen will. Insofern könnte man vermuten, dass sie die hier ausgedrückten Sorgen teilt.
37 H. Schmieding, seinerzeit Chefvolkswirt bei Merrill Lynch, hat anlässlich der Zinssenkung durch die EZB (9. 4. 1999) auf die mit der Zweibahnigkeit verbundene Zweideutigkeit hingewiesen («Niedrige Zinsen, weicher Euro», in: Frankfurter Allgemeine Zeitung, Nr. 99 vom 19. 4. 99, S. 35): «Ein wesentliches Motiv für den Zinsschritt dürfte wohl dar-

Verkehrte Welt. Üblicherweise müssen sich Zentralbanker verteidigen, wenn sie die Zinsen erhöhen, nicht wenn sie sie senken. Die EZB muss wissen, dass sie mit ihrer Kommunikationsstrategie ihrem stabilitätspolitischen Auftrag Schaden zufügt. Die EZB rechtfertigt sich, dass keine andere Notenbank so ausführlich ihre Politik dokumentiere. Aber es entsteht der Eindruck, dass die umfangreiche Dokumentation den Politikwechsel überlagern soll. Das Wort des international angesehenen Währungsexperten R. Dornbusch hat Gewicht:

> «Doch in dem Moment, in dem wir der Zentralbank einen Ermessensspielraum zugestehen, bereiten wir den Weg für eine Vermischung von Zielvorgaben, und es besteht die Gefahr, dass die Preisstabilität auf der Strecke bleibt.»[38]

Ein Letztes: Wenn eine Zentralbank ihrem stabilitätspolitischen Auftrag treu bleiben will, so können auf Dauer Konflikte mit der

> in liegen, dass die EZB angesichts einer Inflationsrate um 1 Prozent einen zusätzlichen Spielraum gesehen hat, die Konjunktur anzukurbeln. Obwohl Duisenberg und andere Mitglieder des Zentralbankrates anschließend versucht haben, diesen Eindruck zu verwischen, so legen Wort und Tat der EZB bisher doch die Vermutung nahe, dass die EZB für das Euroland mehr Konjunkturpolitik betreiben möchte, als es die Bundesbank für Deutschland getan hat.» Damit drückt Schmieding offensichtlich die Auffassung vieler EZB-Beobachter aus: «Viele Analysten hatten den Eindruck, dass Duisenberg auf seiner Pressekonferenz eher Lippenbekenntnisse zu den monetären Zielen der EZB in Bezug auf Geldmenge und Preisentwicklung ablegte, als er die Zinssenkungen begründete. Die zentrale Botschaft sei stattdessen gewesen, dass dies der zentrale Beitrag der Zentralbank zur Stimulierung von Wirtschaftswachstum gewesen sei. Die beigefügte Mahnung an die Politik, jetzt müssten rasch Reformen an den Arbeits- und Gütermärkten verwirklicht werden, könne allzu leicht überhört werden oder in Vergessenheit geraten, befürchteten Analysten» (Mitglieder der EZB verteidigten Zinssenkung. Analysten sehen Wende in der Zinspolitik, in: DIE WELT vom 12. 4. 99.)

38 R. Dornbusch, Für den Euro sind allein die Europäer zuständig. Die Europäische Zentralbank muss bei ihrem Stabilitätsziel päpstlicher als der Papst sein, in: Frankfurter Allgemeine Zeitung, 7. 11. 2000.

Politik, mit Gewerkschaften, Verbänden, den monetären Finanzinstituten generell nicht ausbleiben. Es sei zur Illustration eine Anekdote wiedergegeben, die von Hans Tietmeyer stammt und die auf einer tatsächlichen Begebenheit beruht. Als Mitte der 90er-Jahre die Banque de France von der französischen Regierung in die Unabhängigkeit entlassen worden war, fragte der ehemalige französische Premierminister Balladur Hans Tietmeyer, den damaligen Bundesbankpräsidenten, wie die Banque de France das Renommée der Deutschen Bundesbank erlangen könne. Daraufhin habe er, Tietmeyer, geantwortet: «Ganz einfach, Herr Premierminister, wenn der Premierminister und der Präsident der Banque de France Streit miteinander haben, dann dürfen Sie diesen Streit nicht gewinnen.»[39]

Bisher hatten die politisch Verantwortlichen wenig Grund, mit der EZB Streit anzufangen. Im Gegenteil; daher überrascht es nicht, dass sie die Politik der EZB gutheißen.

II. Entwicklung nach Maßgabe der Konvergenzkriterien

1. Sinn der Konvergenzkriterien

Die Erfüllung der Konvergenzkriterien sollte die Basis für den Euro und die gemeinschaftliche Geldpolitik sein:
- Die Übereinstimmung bzw. Annäherung bei aktueller Preisentwicklung und bei den langfristigen Zinsen, in denen sich die Inflationserwartungen niederschlagen, sollten eine einheitliche Geldpolitik für alle Mitgliedstaaten zuträglich machen;
- die Einhaltung des Defizitkriteriums (3 %) und des Schuldenstands (60 %) sollte sicherstellen, dass kein stabilitätswidriger Druck auf die EZB ausgeübt würde und die einzelnen Länder

---

39 H. Tietmeyer hat diese Begebenheit anlässlich der Verleihung der Ludwig-Erhard-Medaille berichtet (20. März 2000); sie ist in der schriftlichen Fassung seiner Dankesrede nicht enthalten.

nicht versucht wären, über leichtfertige Kreditaufnahmen die «Free rider»-Position einzunehmen;
- die Einhaltung des Wechselkurskriteriums sollte sicherstellen, dass die einzelnen Länder mit gleichgewichtigen Wechselkursen in die Währungsunion starteten.

Wir werden uns hier vor allem mit der Geldwertentwicklung und der Defizitentwicklung beschäftigen. Das Wechselkurskriterium werden wir kurz streifen; nach zwei Jahren Währungsunion können nur Vermutungen angestellt werden, ob die Länder mit Gleichgewichtskursen in die Währungsunion gegangen sind.

2. Der Geldmantel passt nicht allen

a. Die Inflationsraten entwickeln sich auseinander

Bei einer gemeinschaftlichen Währung, die faktisch bereits bei unwiderruflich festen Wechselkursen zustande gekommen ist, gibt es nur noch eine gemeinsame Geldpolitik und einen einheitlichen Geldmantel. Sollten wegen unterschiedlicher Geldpolitiken die Zinsen unterschiedlich sein, so werden sich über die Wanderungen der Geldströme die Zinsen im gemeinsamen Währungsraum anpassen (Zinsarbitrage) – bei Berücksichtigung der jeweiligen Bonitätsrisiken. Der ehemalige Präsident der Deutschen Bundesbank, Karl Otto Pöhl, hat frühzeitig darauf hingewiesen, dass eine gemeinsame Geldpolitik nur nach dem Motto betrieben werden könne: «One size fits all.» Eine Differenzierung nach regionalen Gesichtspunkten sei in einem einheitlichen Währungsgebiet und einem Markt mit voller Freizügigkeit für Güter und Dienste und eben auch für Geld und Kapital nicht länger möglich.[40]

Vor dem offiziellen Einstieg in den gemeinsamen Währungsraum ist der Notwendigkeit eines gemeinsamen Zinssatzes entsprechend Rechnung getragen worden. Unter der Stabführung der EZB

---

40 K. O. Pöhl, Von der Mark zum Euro, in: DER SPIEGEL, Jahres-Chronik 1997, S. 295.

sind die für die Bankenrefinanzierung maßgeblichen Zinssätze in Spanien um rund 175, in Portugal um 210 und in Irland sogar um 335 Basispunkte gesenkt worden.[41] Der Zinssatz in der bis dahin geldpolitisch dominanten deutschen Volkswirtschaft wurde um 30 Basispunke zurückgenommen. Diese Aktion zeigt zweierlei:
- Es kam der EZB nicht bloß darauf an, das Zinsniveau zu vereinheitlichen, dann hätte man sich auf einen gewogenen Mittelwert verständigen müssen; stattdessen hat sie sogar die Bundesbank veranlasst, den Zinssatz um 30 Basispunkte zurückzunehmen; insofern war diese Aktion nicht konjunkturneutral, sondern konjunkturstimulierend angelegt.
- Wir müssen davon ausgehen, dass die höheren Zinsen in den genannten Ländern notwendig waren, um die Konjunkturentwicklung nicht überborden zu lassen und um die Preisentwicklung auf dem bisherigen Niveau zu halten. Daher sind bei Zurückführung der Zinsen die konjunkturdämpfenden Maßnahmen durch solche zur Ankurbelung abgelöst worden. In diesen Ländern musste daher die Konjunkturentwicklung boomartige Züge annehmen und die Preise nach oben schnellen lassen.

Diese Länder durften sich einem von der gemeinsamen Geldpolitik ausgehenden Inflationsschub nicht entziehen. Diese Entwicklung war politisch gewollt, weil den konjunkturpolitischen Wünschen Kerneuropas ein höheres Gewicht beigemessen wurde. Diesen inflatorischen Effekt hat die EZB mit ihrer Zinssenkung vom 9. April 1999 noch einmal verstärkt. Aus der nochmaligen Zinssenkung, die Investoren und Konsumenten anregen sollte, die reichliche Liquiditätsausstattung zu zusätzlichen Konsum- und Investitionsakten zu nutzen, wird erkennbar, dass sie die Ausschöpfung des Wachstumspotentials in den Kernländern Frankreich, Italien und Deutschland im Auge hatte und nicht die Gefahren der Konjunk-

---

41 E. Meister, Der Euro nach dem Start – Erfahrungen und Herausforderungen, in: Orientierungen zur Wirtschafts- und Gesellschaftspolitik (Ludwig-Erhard-Stiftung), H. 80 (Juni 1999), S. 15.

Tab. 1: Entwicklung der Inflation in den Mitgliedstaaten der Europäischen Währungsunion

	B	D	FIN	FRA	Grie	IRL	I	L	NL	Ö	P	SP	EWU	Ø[a]	Ref[b]
1997	1,5	1,5	1,2	1,3	5,2[b]	1,2	1,9	1,4	1,9	1,2	1,9	1,9	1,6	1,2	2,7
1998	0,9	0,6	1,4	0,7	4,5	2,1	2,0	1,0	1,8	0,8	2,2	1,8	1,1	0,7	2,2
1999	1,1	0,6	1,3	0,6	2,1	2,5	1,7	1,0	2,0	0,5	2,2	2,2	1,1	0,57	2,07
2000	2,9	2,1	3,0	1,8	2,9	5,3	2,6	3,8	2,3	2,0	2,8	3,5	2,3	1,97	3,47
2000, Dez	3,0	2,3	2,9	1,7	3,7	4,6	2,8	4,3	2,9	1,8	3,8	4,0	2,6	1,93	3,43

[a] Ø: Durchschnittswert der drei Mitgliedstaaten, die auf dem Gebiet der Preisstabilität das beste Ergebnis erzielt haben.

[b] Ref: Der Referenzwert ergibt sich aus dem Durchschnittswert der drei preisstabilsten Mitgliedstaaten plus einem Zuschlag von 1,5 Prozentpunkten.

[c] Die Preissteigerungen derjenigen Länder, die das Inflationskriterium verletzen, sind **fett** gedruckt.

Quelle: Europäisches Währungsinstitut, Konvergenzbericht 1998, und Deutsche Bundesbank, Monatsbericht Februar 2001

turüberhitzung in Portugal, Spanien, Irland oder auch in den Niederlanden.[42]

So ergibt sich die für einen gemeinsamen Währungsraum paradoxe Situation, dass vor Beginn der Währungsunion die Preissteigerungsraten weniger stark streuten als heute. Während 1997 die Spannbreite zwischen der niedrigsten Inflationsrate 1,2 % (Finnland, Österreich, Irland!) und der höchsten 1,9 (Italien, Spanien, Portugal) nur 0,7 Prozentpunkte betrug, stieg sie 1998 auf 1,6 Prozentpunkte – niedrigster Wert 0,6 % (Deutschland) und höchster Wert 2,2 % (Portugal), 1999 auf 1,9 Prozentpunkte – niedrigster Wert 0,6 % (Frankreich, Deutschland) und höchster Wert 2,5 % (Irland) und für 2000 auf 3,5 Prozentpunkte – niedrigster Wert 1,8 % (Frankreich) und höchster Wert 5,3 % (Irland). Zieht man die jüngste Entwicklung heran (Vorjahresvergleich Dezember 2000), so erfüllen von den zwölf für die Einführung des Euro designierten Mitgliedstaaten fünf (!) das Inflationskriterium nicht: Griechenland, Irland, Luxemburg, Portugal und Spanien – im Februar mit einer Preissteigerungsrate von 4,8 % gegenüber Vorjahr auch die Niederlande nicht mehr.[43]

Einige Anmerkungen verdient die Beurteilung der Konvergenzentwicklung Griechenlands. Die Tabelle zeigt, dass Griechenland nur im Jahre 2000 knapp dem Konvergenzkriterium entsprochen hat, und das noch nicht einmal durchgängig. Bei aktueller Betrachtung erfüllt Griechenland das Konvergenzkriterium bereits nicht mehr.

---

42 Vgl. hierzu auch E. Meister, Der Euro nach dem Start, S. 15 f. (FN 41). – Dass die Zinssenkung damals die falsche Medizin war, hätte bei Heranziehung einer Modellrechnung von M. Saunders (Salomon Smith Barney) festgestellt werden können: Danach litten nur Deutschland und Italien unter Wachstumsschwächen; eine generelle Zinssenkung hätte daher die Konjunktur in den Wachstumsregionen überhitzen müssen. Vgl. hierzu: Gefordert ist Bonn und nicht Frankfurt. Warum eine Zinssenkung für Europa die falsche Medizin wäre (hm.), in: Neue Zürcher Zeitung, Nr. 74 vom 30. 3. 1999, S. 10.
43 Vgl. hierzu: Niederlande haben die höchste Inflation in der EU, in: Frankfurter Allgemeine Zeitung, Nr. 59 vom 10. 3. 2001, S. 13.

Jochen Schober, Chefvolkswirt der Hessischen Landesbank, hält es für

> «kaum akzeptabel, dass sich die Nachhaltigkeit im Falle der griechischen Inflationsrate und der Zinsentwicklung auf wenige Monatswerte und ansonsten auf Prognosen gründet. Ebenso bei der Staatsverschuldung: Eine Reduktion von 110 Prozent auf 104 Prozent innerhalb von sechs Jahren hinreichend zu nennen und eine rasche Annäherung an den Referenzwert zu konstatieren ist denn doch eine sehr weitherzige Auslegung des Vertrages.»[44]

Damit sollen die Stabilisierungsbemühungen Griechenlands nicht herabgewürdigt, sondern aufgezeigt werden, dass sich EU-Kommission und Ecofin-Rat (Finanz- und Wirtschaftsminister der EU) auch bei der Bewertung Griechenlands von ihrer ursprünglichen Zusicherung, die Konvergenzkriterien «eng und strikt» anzulegen, weit entfernt haben.

b. Irland als Sündenbock

In einem «blauen Brief» an die Adresse Irlands hat der Ecofin-Rat die hohe Inflationsrate Irlands (5,6 % gegenüber Vorjahr) und dessen «prozyklische Finanzpolitik» gerügt. Irland hat die niedrigste Staatsquote in der EU (32,3 %), die höchste Wachstumsrate (gut 10 % in 2000) und den höchsten Haushaltsüberschuss (4,7 %). Überdies hat es den Schuldenstand auf 39 % des BIP gedrückt. EU-Kommissions-Präsident Romano Prodi bedauerte, dass der Lehrer

---

44 J. Schober, Der griechische Euro, in: Deutsche Sparkassenzeitung, Nr. 35 vom 12. 5. 2000, S. 1. – Die «Neue Zürcher Zeitung» schreibt dazu (Die Engpässe bleiben trotz dem Euro. Griechenlands Nöte in der Euro-Zone, in: NZZ, 17. 1. 2001, S. 11): «Im Jahresdurchschnitt lag die Inflation bei 3,2 %, mehr als 1 Prozentpunkt über dem von der Regierung gesetzten Ziel von 2,1 %. Nur im Juni 2000 hatte sich Griechenland mit 2,2 % dem EU-Durchschnitt von 2,1 % genähert, was dann auch am Gipfel von Feira mit der Aufnahme in den Euro-Club belohnt wurde.» – Ferner haben Senkungen von Verbrauchssteuern das Ergebnis geschönt. Vgl. Gerd Höhler, Athener Regierung rechnet fest mit dem Beitritt zur EWWU, in: Handelsblatt, Nr. 37 vom 22. 2. 2000, S. 9.

manchmal den besten Schüler bestrafen müsse.[45] Die entscheidende Frage ist aber, ob der Musterschüler überhaupt straffällig geworden ist. Zwar ist die Inflationsrate über den Referenzwert von 3,47 % gestiegen, doch ist dies – wie herausgearbeitet – Folge einer insgesamt expansiven Geldpolitik. Der Gouverneur der irischen Zentralbank, Maurice O'Connell, hat beim Start der Währungsunion auf die Gefahren einer gemeinsamen Zinssenkung hingewiesen:

> «Die EWU hat wie alles im Leben Vor- und Nachteile. Zu den zumindest kurzfristigen Kosten gehört, dass wir die Zinsen zu einem Zeitpunkt senken mussten, zu dem dies nicht wünschenswert war.»[46]

Den Repräsentanten der Zentralbanken war auf dem Maigipfel 1998, als die Wechselkurse für die Mitgliedstaaten festgeschrieben wurden, die Problematik einer Überhitzung der irischen Konjunktur und der damit verbundenen Inflationsgefahr offensichtlich bewusst. Sie haben der irischen Delegation in informellen Gesprächen eine vorbeugende Aufwertung von 10 % nahe gelegt, um so die expansiven Wirkungen der gemeinsamen Geldpolitik aufzufangen. Konsequenterweise hätte man auch Portugal und Spanien die nämliche Medizin – aber in schwächerer Dosis – empfehlen müssen, weil diese ebenfalls ihre Zinsen deutlich senken mussten. Dann hätten andere Länder, wie beispielsweise Italien, abwerten müssen. Als Konsequenz wäre das Wechselkursgefüge insgesamt ins Rutschen geraten; dann wäre freilich die internationale Spekulation aufmerksam geworden; sie hätte versucht, an der Neuanpassung der Wechselkurse mitzuverdienen. Aber wie auch immer: Wenn die Iren auf guten Rat nicht gehört haben, so könnte man ihnen bloß dann einen Vorwurf machen, wenn sie anfingen, sich über die hohe Inflationsrate zu beklagen. Solches ist aber von der irischen Regierung noch nicht vernommen worden.

---

45 Zitiert in: Irland fühlt sich von der EU missverstanden und schlecht behandelt (chs), in: Frankfurter Allgemeine Zeitung, Nr. 36 vom 12. 2. 2001, S. 17.
46 «Der Euro beendet Irlands Ritt auf zwei Pferden», in Frankfurter Allgemeine Zeitung, Nr. 58 vom 10. 3. 1999, S. 18.

Stein des Anstoßes für die EU-Kommission und den Ecofin-Rat ist nun die irische Budgetpolitik: Die vorgesehene Absenkung der direkten Steuern werde den Haushaltsüberschuss von 4,5 % auf ca. 4 % des BIP drücken. Da nach Auffassung des Ecofin-Rates die Senkung der Einkommensteuern wegen des damit verbundenen Nachfrageeffektes inflationär wirke, empfiehlt er:

> «To remove the inconsistency with the broad guidelines of the economic policies, engendered by the budget plans for 2001, the Irish government should take countervailing budgetary measures during the current fiscal year. Under the macroeconomic assumptions of the 2000 update in the Stability Programme, this should ensure that no reduction in the underlying budgetary surplus from 2000 takes place.»[47]

Diese Empfehlung stützt der Ecofin-Rat auf Art. 99 Abs. 4 (Fassung vom 2. Oktober 1997). Der Rat kann danach mit qualifizierter Mehrheit eine Empfehlung an den betreffenden Mitgliedstaat richten, wenn dessen Verhalten das ordnungsgemäße Funktionieren der Wirtschafts- und Währungsunion zu gefährden droht. Nun kann niemand ernsthaft annehmen, dass die Haushaltspolitik Irlands und dessen Inflationsrate das Funktionieren der Wirtschafts- und Währungsunion bedrohten. Aber immerhin ließe sich einwenden, man müsse den Anfängen wehren. Die Empfehlungen des Ecofin-Rates werfen aber grundsätzliche verfassungspolitische Fragen auf und halten auch einer ökonomischen Analyse nicht stand.

Es ist unbestritten, dass es in einer Währungsunion entweder eine gemeinschaftliche Exekutive geben muss, die für die zur Geldpolitik passende Wirtschafts-, Finanz- und Sozialpolitik verantwortlich ist, oder dass die Mitgliedstaaten sich an Regeln halten, die eine gleich gerichtete Politik sicherstellen (6. Kapitel). Der Stabilitäts- und Wachstumspakt – zur Härtung der Kann-Vorschriften

---

47 2329th Council meeting – ECOFIN –; Brussels; 12 February 2001, Press Release 35, Nr. 5696/01, Ireland: 2000 update of the Stability Programme (2001–2003).

des Maastricht-Vertrages beschlossen – soll Vorsorge treffen, dass die nationalen Finanzpolitiken nicht eine auf Stabilität ausgerichtete Geldpolitik konterkarieren. Mussten die Mitgliedstaaten vor der Währungsunion die Kosten unsolider Finanzpolitik über höhere Inflation, höhere Zinsen und periodische Abwertungen selbst tragen, so würden sie nun auf die Gemeinschaft umgelegt. Auch solche Regeln, die das unterbinden sollen, sind verfassungspolitisch nicht unproblematisch, da das parlamentarische Budgetrecht eingeschränkt wird. Immerhin ließe sich argumentieren, dass deren Akzeptanz der Preis für den Eintritt in den Währungsclub gewesen sei und später gewählte Parlamente und Regierungen dies gegen sich gelten lassen müssten. Als Alternative bliebe ihnen der Ausstieg aus der Währungsunion.

Nun verstößt die irische Haushaltspolitik aber nicht gegen die Vorschriften des Stabilitäts- und Wachstumspakts – der Überschuss ist hoch genug, um Irland bei Konjunkturabschwächung eine expansive Haushaltspolitik zu ermöglichen, ohne die Defizitgrenze von 3 % zu überschreiten. Der Ecofin-Rat hat sich stattdessen auf Art. 99 Abs. 4 gestützt und eine entsprechende Empfehlung gegeben; doch könne die irische Regierung in keiner Weise formal gezwungen werden, ihre Politik zu ändern – so Professor L. H. Hooduin, Berater des EZB-Präsidenten.[48] Vielmehr seien die Empfehlungen als «Ausübung von ‹peer pressure›» zu verstehen; dies tue jedoch der Verantwortung der einzelnen Mitgliedstaaten für ihre eigene Haushaltspolitik keinen Abbruch. Ja, aber welchen Sinn hat dann eine solche Prozedur? Es gilt noch immer, dass die nationalen Parlamente für Ausgaben- und Einnahmenpolitik zuständig sind. Dies ist Ausweis ihres vom Souverän, dem Wähler, verliehenen Mandats. Hierzu gehört auch das Recht der Parlamente zu entscheiden, ob sie Haushaltsüberschüsse als Dividende in Form von Steuersenkungen ausschütten oder ob sie den Schuldenstand reduzieren und damit zukünftigen Generationen Dividenden zukommen lassen wollen.

Im Fall Irlands handelt es sich im Übrigen bloß um ein Schein-

---

[48] Schreiben an den Verfasser vom 28. Februar 2001.

problem, da die finanzpolitischen Empfehlungen des Ecofin-Rats einer ökonomischen Analyse nicht standhalten. Sie legen der irischen Regierung statt der Steuersenkungen einen weiteren Abbau der Verschuldung nahe. Die irische Regierung wendet ein, dass Steuersenkungen notwendig seien, um die Lohnentwicklung unter Kontrolle zu halten. Steuersenkungen erhöhen die Realeinkommen und können damit die Gewerkschaften der Notwendigkeit entheben, höhere Löhne wegen des ansonsten notwendigen Inflationsausgleichs zu verlangen. Gerade die EZB hat in ihren Analysen auf das Problem von Zweitrundeneffekten hingewiesen: Weil die Inflationsrate höher als erwartet ausgefallen sei, könnten entsprechende Anpassungsprozesse – besonders bei Lohnverhandlungen – ausgelöst werden.

Hätte eine volle Schuldentilgung des Überschusses die vom Ecofin-Rat erwartete preisdämpfende Wirkung? Wir kennen das Phänomen des «crowding out»: Wenn sich Regierungen – bei gleich bleibendem Geldmantel – auf Kapitalmärkten verschulden, ziehen sie die Zinsen nach oben und drücken demgemäß private Investitionstätigkeit heraus. Bei Schuldentilgung könnten wir von «crowding in» sprechen, da die Schuldentilgung die Kapitalmärkte mit entsprechender Liquidität versorgt, somit das Zinsniveau drückt und zusätzliche Investitionstätigkeit ermöglicht. Wegen der Zinsarbitrage wäre dieser Effekt zwar nur minimal; generell gilt jedoch, dass es den erwünschten restriktiven Effekt für den Euro-Raum nicht geben würde. Eine Schuldentilgung hätte nur dann den erwünschten restriktiven Effekt, wenn diese Mittel in eine Konjunkturausgleichsrücklage eingestellt würden oder an die Notenbank flössen, die sie dauerhaft dem Kreislauf entzöge. Wir können also sagen, dass eine Schuldentilgung nur bei begleitender monetärer Restriktion konjunktur- und letztlich auch preisdämpfend wirkt. Schuldentilgung ist dann – aus systematischer Sicht – mit einem entsprechenden Geldmengeneffekt vergleichbar. Der so ausgelöste Zinseffekt würde jedoch in einer Währungsunion über Zinsarbitrage kompensiert. Also: Eine wirksame Restriktion lässt sich nur bei flexiblen Wechselkursen realisieren; zwar können wir auch hier das Phänomen der Zinsarbitrage nicht ausschließen, doch wird dies zu einer Aufwertung der Währung des Überschusslandes führen, und der dadurch ausgelöste Anstieg der Importe und Rückgang der Exporte wirkt konjunktur- und preisdämpfend. Dies jedoch entfällt in einer Währungsunion.

Nach Auffassung des EZB-Präsidenten ist der Fall Irland ein Anlass, um über die bessere Koordination im Euro-Raum nachzudenken. Was soll das Ergebnis der Koordination sein? Wahrscheinlich ist es leichter, den Stein der Weisen zu finden, als eine finanzpolitische Strategie zu entwerfen und durchzuhalten, die das Problem aus der Welt schafft, dass sich bei unterschiedlichen Wachstums- und Arbeitslosenraten kein geldpolitischer Mantel schneidern lässt, der allen passt. Der «blaue Brief» ist bei Abwägung der wirtschafts- und verfassungspolitischen Konsequenzen eher so zu verstehen, dass die EU einen Sündenbock gebraucht hat, um von der Konjunkturdivergenz und den eigenen Versäumnissen abzulenken.

Der Fall Irland wirft noch grundsätzlichere Fragen auf als die, ob man durch Schuldentilgung und Verzicht auf Steuersenkungen die Inflation hätte bannen können. Irland hat durch Reformen und Steuersenkungen seine Wirtschaft in Schwung gebracht. Damit ging auch eine höhere Kreditnachfrage einher. Um sie in stabilitätsverträglichen Bahnen zu halten, hätte es höherer Zinssätze bedurft, die die EZB aber verweigerte. Erfolgreiche Wirtschaftspolitik wird also in der EWU bestraft, erstens durch Inflation und zweitens durch Anprangerung seitens der Partner. So wird das eigentliche Elend der Währungsunion deutlich. Das System ist im Grunde demoralisierend.

3. Niedrige Zinsen und gute Konjunktur entlasten die Haushalte – die strukturellen Reformen bleiben aus

Bei der Konvergenzprüfung (1998) sind das Schuldenstandkriterium, aufgelaufene Verschuldung nicht mehr als 60 % des BIP, und das Defizitkriterium, das jährliche Defizit nicht mehr als 3 % des BIP, entweder nicht oder bloß durch Einmalaktionen, Buchungstricks und Verschiebung von Zahlungsverpflichtungen in die Zukunft erfüllt worden. Das ist beliebig oft belegt worden. Das ist Geschichte. Wie geht sie weiter?

Befürworter der Währungsunion haben auf die Wirksamkeit des Stabilitäts- und Wachstumspaktes hingewiesen, der Sanktionen bei Überschreitung des Defizitkriteriums in Höhe von 3 % vorsehe; freilich müssen diese politisch beschlossen werden, Ausnahmen sind vorgesehen. W. Steuers Vermutung – weil sich die meisten Clubmitglieder auch in Zukunft vor große Haushaltsprobleme gestellt sähen, werde es wohl kaum jemals eine qualifizierte Mehrheit zur Verurteilung eines Haushaltssünders finden – dürfte zumindest nicht abwegig sein.[49]

Wenn vor der Währungsunion defizitäre Haushalte nationale Probleme waren, über die andere Staaten im Zweifel achselzuckend hinweggehen konnten, so entfalten sie in einer Währungsunion für alle Mitglieder eine neue (kritische) Dimension. Werden die Schulden über den Kapitalmarkt finanziert, so erstreckt sich der daraus resultierende zinssteigernde Effekt auf den gesamten Währungsraum; der eine oder andere Mitgliedstaat könnte da mit schlechtem Beispiel vorangehen. Eine hohe allgemeine Verschuldung würde das Zinsniveau anheben und damit private Investitionstätigkeit zurückdrängen; die Arbeitslosigkeit bliebe hoch, die Steuereinnahmen wären niedriger, als sie es sein könnten; der Zwang zu weiterer Verschuldung bestünde fort – der berühmte *circulus vitiosus*. Bei hoher Verschuldung wäre auch der Druck auf die Notenbank groß, die Zinsen zu senken; die Notenbank wäre hierzu nur kurzfristig in der Lage; auf Dauer ließe sie Inflation zu und nährte die Inflationsmentalität; die Inflation ließe aber auch die Zinsen steigen, weil zum einen die Inflationsrate eingerechnet werden müßte – ansonsten wanderte Kapital ab – und zum anderen eine höhere Risikoprämie gezahlt werden müßte. Spätestens dann wäre die Währungsunion keine Stabilitätsgemeinschaft mehr, und einem Ausschei-

---

49 W. Steuer, Der Europäische Stabilitäts- und Wachstumspakt, in: R. Caesar und H.-E. Scharrer (Hrsg.), Die Europäische Wirtschafts- und Währungsunion. Institut für Europäische Politik, Bonn 1998, S. 101.

den aus der Währungsunion stünden institutionelle Vorkehrungen nicht entgegen.

Die Repräsentanten der Zentralbanken sind sich dieser Zusammenhänge bewusst. Sie haben in Ansprachen oder in den Analysen ihrer Institutionen auf die Gefahren der offenen finanzpolitischen Flanke hingewiesen. Gleich zu Beginn seiner Arbeit hat EZB-Präsident Duisenberg die Notwendigkeit finanzpolitischer Solidität herausgestrichen. Er betonte, dass er mit den Konsolidierungsanstrengungen der Euro-Länder insgesamt nicht zufrieden sei. Er hat auf die Selbstverpflichtung der Länder im Stabilitäts- und Wachstumspakt hingewiesen. Er sei nicht überzeugt, dass in allen elf Ländern die Konsolidierungsanstrengungen mit ausreichendem Nachdruck verfolgt würden.[50]

Die Mitgliedstaaten hätten, um den Anforderungen des Stabilitäts- und Wachstumspaktes nachzukommen, bei guter Konjunktur ihre Haushaltsdefizite so weit reduzieren oder sogar einen Überschuss erwirtschaften müssen, dass die automatischen Stabilisatoren bei einem Konjunkturabschwung oder gar bei einer Rezession privatwirtschaftliche Nachfrageausfälle durch entsprechende staatliche Mehrnachfrage hätten kompensieren können, ohne das Defizitkriterium zu verletzen. Um dies zu erreichen, hätte der Sparkurs aus den Jahren 1996/97 nicht bloß fortgeführt werden müssen, sondern die Haushalte hätten durchforstet und umgesteuert werden müssen, um die strukturellen Defizite wirksam anzugehen.

Nichts dergleichen geschah. Gutachtliche Expertisen wurden nicht beachtet, warnende Stimmen der Wissenschaft verhallten ungehört.[51] Stattdessen haben die Mitgliedstaaten nach der Phase

---

50 Duisenberg: Der EZB-Leitzins ist auf absehbare Zeit angemessen. Mit den Konsolidierungsbemühungen nicht zufrieden (Sy.), in: Frankfurter Allgemeine Zeitung, Nr. 22 vom 27. 1. 1999, S. 14.

51 Der Wissenschaftliche Beirat beim Bundeswirtschaftsministerium warnte, die Finanzierung drohe außer Kontrolle zu geraten. Er empfahl der Bundesregierung deshalb, in den Verhandlungen um die Agenda 2000 auf grundlegende Reformen der Finanzierung der Gemeinschaft und ihrer Ausgabenprogramme zu dringen. Dazu hat der Beirat in Bonn ein Gutachten mit Reformvorschlägen vorgelegt. Ziel der Reformen

budgetären Fastens einen «kräftigen Schluck aus der Pulle» genommen:

> «Angesichts der immensen Schwierigkeiten bei der Erfüllung des Drei-Prozent-Defizit-Kriteriums – und zwar vor allem in Deutschland und in Frankreich – musste jedem Beobachter klar sein, dass sich die Euroländer nach bestandener Aufnahmeprüfung im Frühjahr 1998 wie Studenten nach erfolgreichem Examen verhalten würden: Die Bücher werden in die Ecke geworfen und das Freibad aufgesucht.»[52]

Zwar sind in allen Mitgliedstaaten sowohl die jährlichen Defizite als auch die Schuldenstände rückläufig; dies ist erfreulich, aber nicht haushaltspolitischer Disziplin, sondern einer über Erwarten guten Konjunktur, niedrigen Zinsen und einigen Sonderfaktoren (UMTS) zu verdanken. Insbesondere die Euro-Dividende, Entlastung der Haushalte durch niedrigere Zinsen, schlug stark zu Buche. So musste Italien im Jahre 1996, also im Jahr vor der Konvergenzprüfung, rund 219 Mrd. DM für seine Staatsschulden aufwenden, im Jahre 1999 bloß noch 146 Mrd. DM:

> «Die Differenz von mehr als 70 Mrd. DM oder 3,5 Prozent des Volkseinkommens ist vor allem der Währungsunion zu verdanken, denn zuvor musste Italien einen Risikozuschlag wegen der höheren Inflation und der immer wiederkehrenden Währungsabwertungen zahlen.»[53]

Trotz dieser Euro-Dividende konnte die italienische Regierung ihre im Zuge der Bildung der Währungsunion abgegebene Zusage wei-

---

müsse es sein, die aus der Balance geratene Struktur der Belastungen der Mitgliedstaaten zu korrigieren und Anreize dafür zu schaffen, dass die Ausgabenexpansion gebrochen werde. Seit 1992 wachsen die Ausgaben der Europäischen Gemeinschaft mit mehr als 7 Prozent im Jahr stärker als das Sozialprodukt, das um 4 Prozent zunimmt. In: «Die EU-Finanzen geraten außer Kontrolle». Wissenschaftlicher Beirat will Ausgabenexpansion brechen (hal.), Frankfurter Allgemeine Zeitung, Nr. 6 vom 8. 1. 1999, S. 13.

52 U. Ramm, Flankenschutz für den Euro, in: Frankfurter Allgemeine Zeitung, Nr. 152 vom 5. Juli 1999, S. 29.
53 T. Piller, Italien und der Euro, in: Frankfurter Allgemeine Zeitung, Nr. 108 vom 10. 5. 2000, S. 17.

terer Haushaltskonsolidierung nicht einhalten und hat beim Ecofin-Rat um die Erlaubnis zur Überschreitung der Ausgabenlimite nachgesucht. Der Rat hat diesem Antrag stattgegeben; dies hat weltweit Aufsehen erregt und das Image des Euro beschädigt.[54] Weil die Zinsen noch einmal sanken, die Konjunktur besser als erwartet verlief und auch die Steuereinnahmen kräftiger sprudelten, hat Italien die Defizitobergrenze doch nicht überschritten. Doch zeigt diese Angelegenheit, dass der politische Wille in Italien nicht auf Haushaltssanierung zielt und die Mitgliedstaaten bereit sind, das zu tolerieren. In internationalen Organisationen wird die Finanzpolitik der Club-Mitglieder gewogen und für zu leicht befunden.[55]

Bei Durchsicht der Unterlagen stößt man immer wieder auf die Schwierigkeiten Italiens, seine Haushalte so zu konsolidieren, dass es nicht jährlicher Anstrengungen bedarf, die Ausgabenzuwächse in Schach zu halten. Ein solcher «finanzpolitischer Minimalismus» ist womöglich auch die Konsequenz wackeliger Koalitionen, die eine langfristige Strategie vereiteln, sondern finanzpolitisches Lavieren, weil es im Regierungslager auf jede Stimme ankommt, zur höchsten Staatskunst werden lassen. In allen Analysen werden besonders die zukünftigen Haushaltsbelastungen in Form von Renten- und Pensionsverpflichtungen thematisiert. Gehört die EU insgesamt schon zu den «aging economics» und drückt sich dies

---

54 «Dies ist ein wichtiges und zugleich schlimmes Zeichen fiskalischer Laxheit in Europa. Dem Ruf des Euro tut das sicher nicht gut», zitierte die «Frankfurter Allgemeine Zeitung» einen Londoner Marktteilnehmer. (Der Euro ist so schwach wie noch nie. EU-Entscheidung über Italiens Haushalt macht Devisenhändler nervös, Nr. 121 vom 28. 5. 1999, S. 13.)

55 Der «Internationale Währungsfonds» schreibt: «In spite of the substantial consolidation efforts in the period up to 1997 – the test year for the Maastricht convergence process – structural fiscal positions in most euro-area countries still fall short of mediumterm requirements.» Auch würden die Budgetperspektiven kaum Besserung versprechen. (International Monetary Fund, World Economic Outlook, May 1999, S. 23)

in entsprechender Belastung aus – für die EU insgesamt mit 8,8 % des BIP –, so liegt sie in Italien mit 14,0 %(!) noch weit darüber.[56]

Der Währungsclub hat mit Griechenland einen weiteren Kandidaten aufgenommen, der den Eindruck, der Euro werde es auf absehbare Zeit mit dem Dollar aufnehmen können, nicht untermauert. War schon die Inflationskonvergenz im Referenzjahr nur wenige Monate erfüllt, so kann auch das Schuldenstandkriterium in Höhe von 104,6 % des BIP (1999) nur «mit der bereits in der Vergangenheit Italien und Belgien zugestandenen flexiblen Interpretation», so das *Handelsblatt*[57], als «Euro-konform» gelten. Die von Kommission und Regierungen in den Mitgliedstaaten geforderte «enge und strikte Auslegung» des Maastricht-Vertrages wurde auch hier nicht beachtet. Die angesehene liberale griechische Tageszeitung *Elevtherotypia* wirft der griechischen Regierung bei ihren Berechnungen «alchimistische Tricks» vor: Berücksichtige man die von der Regierung verheimlichten Schulden – größtenteils für Militärausgaben –, so betrage der Schuldenstand für 2001 mehr als 120 % des BIP. Die Regierung beruft sich in ihrer Rechtfertigung auf ihre Geheimhaltungspflicht bei Verteidigungsausgaben.[58]

Aber auch die deutsche Bundesregierung kann sich nicht beruhigt zurücklehnen. Zwar hat ihr der Wechsel von Lafontaine zu Eichel finanzpolitische Glaubwürdigkeit verschafft, aber die zurzeit günstig scheinende Haushaltsentwicklung ist einmal die Konsequenz konjunkturell stärker sprudelnder Steuereinnahmen sowie der niedrigen Zinsen und zum anderen die Konsequenz eines Sparpakets, das aus der finanziellen Not heraus geboren wurde, aber

---

56 Vgl. hierzu: Sanfterer Sparkurs der italienischen Regierung. Debatte um Pensionsreform auf später verschoben (gi), in: Neue Zürcher Zeitung, Nr. 227 vom 30. 9. 1999, S. 10.
57 Athener Regierung rechnet fest mit dem Beitritt zur EWWU (Gerd Höhler), in Handelsblatt, Nr. 37 vom 22. 2. 2000, S. 9.
58 Vgl. hierzu: Die Engpässe bleiben trotz dem Euro. Griechenlands Nöte in der Euro-Zone (H.G.), in: Neue Zürcher Zeitung vom 17. 1. 2001, S. 11.

keinen konzeptionellen Neubeginn erkennen lässt. Die zukünftigen Haushalte bergen erhebliche Risiken.[59]

Die EU-Kommission hat in ihrem letzten umfassenden Lagebericht aktueller und künftiger Entwicklungen der Europäischen Union die Haushaltskonsolidierungen aller Teilnehmerstaaten einer genauen Prüfung unterzogen. Sie erkennt an, dass die bereits erfolgten oder angekündigten Steuerreformen sich auf die Senkung direkter, in der Regel leistungshemmender Steuern konzentrieren; doch moniert sie zwei grundlegende Defizite: «Firstly, they are insufficiently complemented with reforms of benefit systems. Secondly, tax cuts and reforms are often not accompanied by an offsetting curb on government spending, so that they do not comply with the commitment to avoid pro-cyclical tax cuts.»[60]

Die Kommission registriert zwar die Reduzierung der Defizitquote, fügt jedoch hinzu, dass diese Verbesserung ausschließlich dem starken Wachstum und der geringeren Zinslast geschuldet sei; die strukturelle Entwicklung, eliminiere man konjunkturelle Einflüsse und Zinszahlungen, zeige keine Besserung. Sie befürchtet sogar für das Jahr 2001, die strukturelle Entwicklung werde sich aufgrund von Steuersenkungsplänen verschlechtern, weil die Ausgaben nicht entsprechend gekürzt würden.[61]

Erinnern wir uns an die Zinssenkung vom 9. April 1999 und an die Bemerkung Duisenbergs, die Geldpolitik habe ihre Schuldigkeit getan, nun sei die Politik gefordert. Womöglich haben die Zinssen-

---

59 DER SPIEGEL hat die Haushaltsrisiken für dieses Jahr und die folgenden Jahre aufgelistet: «Und in der Kasse der Bundesregierung tun sich, angefangen bei Verteidigungsminister Rudolf Scharping, Haushaltslöcher und Finanzrisiken in Milliardenhöhe auf» (10/2001, S. 22).
60 The EU Economy. 2000 Review. ECFIN/674/OO/EN, S. 16.
61 Ebenda. – Diese Feststellung der EU-Kommission aus dem Jahr 2000 gilt immer noch. Für EZB-Präsident Duisenberg ist es bedauerlich, dass die jüngsten Anpassungen der Budgetpläne bei den Mitgliedstaaten nur wenig ehrgeizig ausgefallen seien. Steuersenkungen seien zu begrüßen, aber es fehle an ausreichenden Beschränkungen der Ausgaben. In: Duisenberg bedauert «wenig ehrgeizige» Budgetpläne, in: Neue Zürcher Zeitung, Nr. 55 vom 2. 3. 2001.

kungen und die gewollte bessere Ausschöpfung des Produktionspotentials die Regierungen der Notwendigkeit enthoben, eigene Anstrengungen zur Haushaltssanierung zu unternehmen; gute Konjunktur und niedrige Zinsen haben für sie die Defizite zurückgeführt.

4. Ausbleibende Integration der Arbeitsmärkte

Im Art. 109j (Maastrichter Fassung) Ziffer (1) letzter Absatz werden – geradezu beiläufig – «die Ergebnisse bei der Integration der Märkte» angesprochen. Integration heißt jeweils, dass unterschiedliche Preise, Zinsen, Löhne so lange Arbitragebewegungen auslösen, bis die Nutzendifferentiale eingeebnet sind. Nun hat schon Adam Smith von den Menschen gesagt, sie gehörten zu den Gepäckstücken, die sich am schwersten bewegen ließen. Es ist aber offenkundig, dass bei einem Ausfall von Geldpolitik und Wechselkursänderungen, die bislang unterschiedliche Produktivitätsentwicklungen sowie interne oder externe Schocks ausbalanciert haben, flexible Löhne und Sozialleistungssysteme sowie ein hohes Maß an Mobilität an deren Stelle treten müssen (vgl. das 4. Kapitel dieses Buches). Die Integration der Arbeitsmärkte ist ein wesentliches Kennzeichen optimaler Währungsräume und neben integrierten Waren-, Dienstleistungs- und Kapitalmärkten die zentrale Voraussetzung für die Bildung einer Währungsunion. Es hat aber beim Start der Währungsunion weder Flexibilität auf den Arbeitsmärkten noch die Voraussetzungen für ein höheres Maß an Mobilität gegeben.[62] Die Stellungnahmen der maßgeblichen internatio-

---

[62] Sollten durch Wanderungsbewegungen bei gegebenen Arbeitsmarktstrukturen und Sozialleistungen Arbeitslosigkeit in den Zuwanderungsländern entstehen, werden sie sogar politisch unterbunden. Vgl. hierzu: M. Löwisch, Das Arbeitnehmer-Entsendegesetz – ein ordnungspolitischer und rechtlicher Irrweg, in: Freiheit und wettbewerbliche Ordnung. Gedenkband zur Erinnerung an Walter Eucken. Hrsg. von B. Külp und v. Vanberg, Freiburg u. a. 2000, S. 221–246. – Ganz so auch die Diskussion und die politischen Intentionen im Zuge der Ost-Erweiterung der EU.

Tab. 2: Neuverschuldung in % des Bruttoinlandsprodukts (BIP)

	1990	1991	1992	1993	1994	1995	1996	1997	1998	1999	2000
Belgien	-5,8	-6,7	-7,1	-7,1	-4,9	-3,9	-3,2	-1,9	-0,9	-0,7	0,0
Dänemark	-1,5	-2,1	-2,9	-2,7	-2,6	-2,4	-0,8	0,4	1,1	3,1	2,5
Deutschland	-2,1	-3,3	-2,8	-3,2	-2,4	-3,3	-3,4	-2,7	-2,1	-1,4	1,3
Finnland	5,4	-1,5	-5,8	-8,0	-6,1	-5,0	-3,1	-1,5	1,3	1,8	6,7
Frankreich	-1,6	-2,2	-4,0	-5,8	-5,7	-5,0	-4,1	-3,0	-2,7	-1,6	-1,3
Griechenland	-14,1	-11,4	-11,7	-13,8	-10,3	-9,8	-7,6	-4,6	-3,2	-1,8	-0,9
Großbritannien	-1,2	-2,6	-6,1	-7,9	-6,8	-5,5	-4,9	-2,0	0,4	1,3	4,4
Irland	-2,3	-2,3	-2,4	-2,4	-1,7	-2,1	-0,4	0,7	2,1	2,1	4,5
Italien	-10,9	-10,2	-9,5	-9,6	-9,3	-8,0	-6,8	-2,7	-2,8	-1,8	-0,3
Niederlande	-5,1	-2,9	-3,9	-3,2	-3,8	-4,0	-2,3	-1,1	-0,7	1,0	2,0
Österreich	-2,2	-2,6	-2,1	-4,1	-4,8	-5,0	-3,8	-1,7	-2,3	-2,1	-1,1
Portugal	-5,5	-6,4	-3,3	-6,1	-6,0	-5,8	-3,2	-2,7	-2,2	-2,0	-1,4
Schweden	4,2	-1,1	-7,8	-12,3	-10,3	-7,1	-3,7	-1,5	1,9	1,8	4,0
Spanien	-4,1	-4,9	-4,1	-6,9	-6,3	-7,3	-4,7	-3,2	-2,6	-1,2	-0,3

Quelle: EU-Kommission, Herbstgutachten 1997; Deutsche Bundesbank, Monatsbericht März 2001; Eurostat, Pressemitteilung 29/2001 vom 14.03.2001

Tab. 3: Schuldenstand in % des BIP

	1990	1991	1992	1993	1994	1995	1996	1997	1998	1999	2000
Belgien	128,5	130,3	131,1	135,1	133,5	131,2	126,9	125,3	119,8	116,4	110,9
Dänemark	68,0	69,1	73,7	82,1	78,4	73,8	71,6	61,4	55,8	52,6	47,3
Deutschland	43,4	41,2	45,6	48,0	50,2	58,0	60,4	60,9	60,7	61,1	60,2
Finnland	16,9	25,6	46,2	58,0	59,6	58,1	58,0	54,1	48,8	46,9	44,0
Frankreich	40,2	41,1	45,4	45,3	48,2	52,5	55,7	59,3	59,7	58,7	58,0
Griechenland	77,7	81,7	88,5	111,6	109,6	111,3	112,6	108,3	105,5	104,6	103,9
Großbritannien	39,3	40,6	47,7	48,5	50,4	53,8	54,4	51,1	48,1	45,7	42,9
Irland	97,4	96,9	94,5	96,3	89,1	82,2	72,7	65,1	55,0	50,1	39,1
Italien	106,4	110,3	116,7	119,1	124,9	124,4	123,8	120,1	116,2	114,5	110,2
Niederlande	78,8	78,9	79,6	81,2	77,9	79,1	77,2	70,0	66,8	63,2	56,3
Österreich	58,3	58,6	58,3	62,7	65,4	69,3	69,5	64,7	63,9	64,7	62,8
Portugal	68,6	70,2	62,5	63,1	63,8	6,5	65,6	59,1	55,3	55,0	53,8
Schweden	44,3	53,2	70,6	76,0	79,3	78,2	77,8	73,0	71,8	65,2	55,6
Spanien	50,3	51,5	54,3	60,0	62,5	65,3	70,1	66,7	64,7	63,4	60,6

Quelle: EU-Kommission, Herbstgutachten 1997; Deutsche Bundesbank, Monatsbericht März 2001; Eurostat, Pressemitteilung 29/2001 vom 14.03.2001

nalen Organisationen – Internationaler Währungsfonds (IMF) und OECD – haben vor und nach Bildung der Währungsunion die regulierten Arbeitsmärkte als schwere Hypothek bezeichnet:

> «Labour markets are still fairly segmented, as evidenced by the high dispersion of unemployment rates across countries and regions (see also last year's OECD study on EMU). Combined with wage and price rigidities, this means that the euro area-wide unemployment rate consistent with stable and low inflation is higher than it would be with more integrated and flexible markets.»[63]

Es war allen politisch Verantwortlichen klar, dass es bei diesem Zustand nicht bleiben konnte. Nun wurde die Sachlogik umgekehrt: Nicht die ordnungspolitische Umgestaltung wurde als Voraussetzung angesehen, sondern die Währungsunion sollte als Katalysator den ordnungspolitischen Umbau vorantreiben.[64] Diese Argumentationslinie entspricht der Sachzwangstrategie: Die Vorwegnahme eines bestimmten Integrationsprozesses – die Vorziehung der Währungsunion – könne ohne begleitende Maßnahmen keinen Bestand haben; also sähen sich die Politiker zu entsprechenden politischen Maßnahmen gezwungen.

Um es kurz zu machen: Die erhoffte oder befürchtete Katalysatorwirkung der Währungsunion auf die Politik, in Richtung höherer Flexibilität und Mobilität tätig zu werden, ist da, wo es dringend geboten wäre, ausgeblieben. Alle Entscheidungen und Maßnahmen auch gesetzlicher Natur haben die Regulierungsnetze in den Kernstaaten – Frankreich, Deutschland und Italien – noch dichter gemacht. Die Stichworte für Deutschland lauten: Lohnfortzahlung im Krankheitsfall, Sozialpflichtigkeit geringfügiger Beschäftigungsver-

---

63 OECD, EMU – One year on, Paris 2000, S. 3.
64 Die unterschiedlichen ordnungspolitischen Positionen in Bundestag und Bundesrat unmittelbar vor der entscheidenden Sitzung des Europäischen Rates in Brüssel sind herausgearbeitet worden in: J. Starbatty, Schicksalhafte Entscheidung und politische Argumentation – Bundestag und Bundesrat zum Euro, in: Währungsunion und Weltwirtschaft. Festschrift für Wilhelm Hankel. Hrsg. von W. Nölling, K. A. Schachtschneider und J. Starbatty, Stuttgart 1999, S. 216 ff.

hältnisse, Scheinselbständigkeit, Arbeitszeitregelung, Beschäftigungsbrücke sowie Novellierung des Betriebsverfassungsgesetzes. Das mag alles seinen sozialen Sinn haben, das Ergebnis bleibt sich beispielsweise für Deutschland gleich: Die Vorschriften nehmen zu, und die Regulierungen werden dichter.

III. Sonderprobleme des Einheitsgeldes

1. Die Zentralbank als Garant von Banken- und Einlegersicherheit

Moderne Volkswirtschaften müssen vor Liquiditätskrisen und Sparer vor Bankenkrisen geschützt werden. Dieses ist seit den bösen Erfahrungen der späten zwanziger und frühen dreißiger Jahre des vorigen Jahrhunderts für alle Geld- und Kreditsysteme ein sicherheitspolitisches Muss – wie die Notbremse im Zug.

Auch dafür sind die Zentralbanken als Hüterinnen der Währung zuständig und verantwortlich. Die Deutsche Bundesbank war vor ihrem Aufgehen im «Europäischen Zentralbanksystem» (ESZB) europaweit Vorbild. Sie stand einem Liquiditätskonsortium («Liko») – gebildet aus allen bei ihr akkreditierten deutschen Banken – vor, das wie ein Feuerwehrfonds organisiert war. Brannte es bei einer Bank, aus welchen Gründen auch immer, wurden als Erstes die Einlagen der sparenden Kundschaft bis zu einem Kontobetrag von DM 30 000 sichergestellt, notfalls aus Zahlungen des «Liko»-Verbundes. Erst dann wurde geprüft, welches Versagen bei der Bank vorlag und in welcher Form sie dafür haften und zurückzahlen musste. Deutschland gilt seitdem als der vermutlich sicherste Bankplatz der Welt – noch vor den USA.

Eines der bis heute noch ungelösten Probleme besteht darin, wie die im Prinzip dem deutschen Liko-Verbund nachgebildeten, an nationale Währungen und nationale Banken gebundenen monetären und kreditären Sicherungssysteme europäisiert werden. Die EZB hätte zwar die finanziellen Möglichkeiten, aber die personellen nicht. Ihr Stab ist viel zu klein und viel zu sehr auf das Währungsgeschäft konzentriert, als dass er auch Zehntausende von Banken, Fonds usw. in Europa überwachen könnte. Die nationalen Zentralbanken wiederum sind zwar personell gut ausgestattet und für derart bankpolizeiliche Aufgaben ausgerüstet, aber mit der Abschaffung der nationalen Währungen ab dem 1. 1. 2002 geht ihnen buchstäblich das Geld aus. Es verbleibt ihnen nur das Geld, das bereits in der Kasse ihrer Liko- und Feuerwehrfonds lagert. Es ist nicht wenig, könnte aber im Ernstfall nicht ausreichen.

Deswegen ist es dringend geboten, die nationalen Kredit- und Einlagensicherungssysteme europäisch zu vernetzen. Auch dieses Beispiel zeigt, was eigentlich vor der Einführung des Euro hätte geschehen müssen. Eine Feuerwehr, die erst ins Leben gerufen wird, wenn das Haus schon brennt, muss einfach zu spät kommen.

2. Gesparte Transaktionskosten?

Eines der Hauptargumente zu Beginn der Euro-Debatte lautete: Mit einer einzigen Währung in Europa statt einem Dutzend oder mehr, werde man unzählige Milliarden an Umtausch- und Transaktionskosten einsparen. Der frühere Bundeskanzler Helmut Schmidt rechnete einem Publikum, das offensichtlich des Rechnens nicht für kundig gehalten wurde, gern Folgendes vor: Wenn man bei einer Reise – sagen wir von Schweden nach Spanien – neun Währungsgrenzen passiere und bei jedem Geldumtausch 10 Prozent der mitgenommenen Barschaft einbüße, komme man mit ganzen 40 Prozent am Zielort an, wobei er – wohl der Einfachheit halber – unterstellte, jedermann tausche seine volle Barschaft jeweils zu 100 Prozent um statt zu einem Bruchteil.

Entgegen allen propagandistischen Beteuerungen hat die Währungsunion die Transaktionskosten, wenn überhaupt, nur wenig gemindert. Noch immer sind im grenzüberschreitenden Zahlungsverkehr die Abwicklungszeiten deutlich länger und die Kosten viel höher als innerhalb eines Landes. Den Erhebungen der EU-Kommission zufolge kostet die Überweisung von 100 Euro im Durchschnitt 15,51 Euro – einschließlich der Entgelte, die beim Empfänger erhoben werden, sogar 17,10 Euro. In manchen Ländern betragen die Transaktionskosten gar 20 % (Finnland, Spanien), 25 % (Irland) und 30 % (Portugal)! Im Durchschnitt sind sie rund hundertmal höher als die Kosten für Inlandsüberweisungen. Die EZB, die diese Situation «unbefriedigend» und «untragbar» nennt, rügt die Banken, dass sie diesem Aspekt «nicht genügend Aufmerksamkeit gewidmet» haben.[65] Beim Bargeldumtausch werden die Gebühren offenbar durch Absprachen hoch gehalten. Jedenfalls hat die EU-Kommission gegen 32 Banken (darunter drei deutsche!) ein Kartellstrafverfahren eingeleitet.[66] Sehen so die über den Euro eingesparten Transaktionskosten für den Bürger aus?

3. Fälschungssicherer Euro?

Wenn die 14 Milliarden neuer Euro-Scheine für den Gebrauch von derzeit «nur» 290 Millionen Europäern aufeinander geschichtet würden, ergäbe das einen Turm von 1300 Kilometer Höhe. Er ließe den Turm von Babel klein erscheinen. Doch was für die einen ein Bombengeschäft zu werden verspricht – acht verschiedene Druckereien, unzählige Transportunternehmen und Tausende von Sicherheitskräften, die Abtransport und Einlagerung dieses größten aller Schätze, die jemals über Europas Straßen und Schienen rollten, kontrollieren und bewahren –, wird für die, für die das Ganze veranstaltet wird, zum Albtraum. Der Euro ist die Währung, die von allen in der Welt am offensten zur Fälschung einlädt.

Das ergibt sich erstens aus ihrer Stückelung. Ein Euro-Fünfhunderter (= 1000 DM) ermöglicht der globalen Geldwäscher-Zunft den 10fachen Kofferinhalt wie in US-Dollar. Wenn das die Art ist, in der der Euro den US-Dollar verdrängt und ihm Konkurrenz macht – dann gute Nacht. Dazu kommt zweitens die nationale Herkunft. Die EZB gibt zwar das Muster und die Spezifikationen der Geldscheine vor und hält sie aus Sicherheitsgründen vorläufig noch geheim. Aber gedruckt wird in acht verschiedenen Ländern

---

65 EZB, Monatsbericht Februar 2001, S. 59ff.
66 Monti geht abermals wegen Umtauschgebühren gegen Banken vor. In: Frankfurter Allgemeine Zeitung, 7. 8. 2000, S. 13.

und – niemand kann das ausschließen – auf unterschiedlichen Papierqualitäten und mit differierenden Farbnuancen. Deswegen ist nicht unwahrscheinlich, dass echte Scheine für falsch und falsche für echt gehalten werden. Seit den lang zurückliegenden Zeiten der «Kipper und Wipper» waren wohl die Aussichten im Geldfälschergewerbe nicht mehr so rosig wie im Zeitalter des Euro.

Zur Vielfalt der Geldscheine gesellt sich drittens die Nationalität der 70 Milliarden neuer Euro-Münzen. Jedes Euro-Land behält sein nationales Münzregal. Und das heißt im Klartext: Ob portugiesische Euro-Cents in deutsche Münzautomaten und Parkuhren passen und umgekehrt, muss sich erst noch erweisen. Hier kommt es auf identische Legierung, Feinschliff und Millimeter-Präzision an. Jede Art von Überraschung und Ärger sind vorprogrammiert. Und was, wenn das Ganze nicht hält und zurückgenommen werden muss? Dann waren nicht nur die bisherigen Euro-Einführungs-Milliarden ein teures Konjunkturprogramm für einige wenige. Das nächste kostet dann vergleichsweise ebenso viel. Sich diese Kosten zu ersparen ist nicht das schlechteste Argument, um für die Beibehaltung des derzeit noch gültigen «Parallelstandards» zu plädieren. (vgl. Kapitel 5 VII dieses Buches[67]).

---

[67] Die Verfasser haben im Februar 2000 einen Drei-Phasen-Plan vorgelegt, in dem eine Alternative zum derzeitigen Countdown vorgelegt wird, der abläuft, obwohl die Frühindikatoren Systemfehler signalisieren (Union der Währungen statt Währungsunion. In: Handelsblatt vom 22. 2. 2000, S. 53).

4. Kapitel

Euro – der Sozialstaatsbruch

Wilhelm Nölling

Zusammenfassung:

1. In Europa wird die Mobilität der Arbeitskräfte immer erheblich geringer sein als in den Vereinigten Staaten und deshalb werden Arbeitsmarktungleichgewichte wesentlich langsamer oder überhaupt nicht durch den Faktor Arbeit ausgeglichen werden können.

2. Die Währungsunion (WU) wird starken Druck auf alle Sozialschutzsysteme in der EWU ausüben, um die Anpassung an neue Herausforderungen zu erleichtern. Die neue Währung trägt einerseits zur Notwendigkeit umfassender Flexibilisierungen bei und wird andererseits tendenziell die sozialen Sicherungsbedürfnisse der Betroffenen vernachlässigen. Die sozialpolitische Verknüpfung von Flexibilität und sozialer Sicherheit (flexurity) wird auf große Hindernisse stoßen.

3. Die WU wird auf der einen Seite zum «Problemverstärker», weil sie die Teilnehmerländer zwingt, einen Verlust an Wettbewerbsfähigkeit durch entlastende Rückgriffe auf Löhne und Sozialschutz zu korrigieren. Appelle an Gewerkschaften und an die Bevölkerung, in patriotischer Weise mitzumachen, werden zu einer völlig neuen nationalistischen Behauptungs- und Überlebenskultur führen und den Solidaritätsausgleich in Europa behindern.

4. Wenn andererseits die WU dazu führt, dass das Problembewusstsein für Reformnotwendigkeiten erzeugt oder gestärkt wird, kann sie dazu beitragen, dass Reformen in Gang gesetzt werden, wobei Zeitbedarf für die Durchsetzung und das Wirksamwerden, also die nationale Reaktionsschnelligkeit, mit den Sofort-Erfordernissen der WU kollidieren mögen. Zur Sache selbst:

Rationalisierungen des Staats- und Verwaltungsbetriebes (Entbürokratisierung), Begrenzung der Verschwendung öffentlicher Mittel, von Steuerhinterziehungen und Leistungsmissbrauch, Reform der Arbeitsmarktpolitik und Institutionen etc. müssen unter den Auspizien der WU einen höheren Stellenwert als bisher auf den politischen Agenden erhalten.

5. Die WU wird den weltweiten Zug zur Vernachlässigung sozialer Gerechtigkeit und Chancengleichheit verstärken, indem sie zur Entfesselung des Wettbewerbs und Vergötzung des Geldes, d. h. zur Verbreitung materialistischer Wertvorstellungen ganz entscheidend beiträgt. Damit wird sie den sozialen Zusammenhalt komplexer Gesellschaften schwächen. Der schon lange in Gang befindliche Wertewandel wird intensiviert: Er wird zur Entwurzelung, Orientierungs- und Heimatlosigkeit vieler Europäer beitragen.

6. Die Verkümmerung der sozialen Dimension auf Länderebene wird nicht durch «mehr Sozialpolitik» auf Gemeinschaftsebene ausgeglichen. In der EU hat die Frage von Sozialschutz und sozialer Gerechtigkeit keinen Anwalt. Ihre Organe haben bisher nicht einmal die sozialen und rechtlichen Voraussetzungen für die Freizügigkeit der Arbeitnehmer geschafft. Durch die EU-Erweiterung werden schon bestehende Arbeitsmarktungleichgewichte verstärkt.

7. Angesichts der zu erwartenden stürmischen Auswirkungen der WU auf die Sozialverfassungen der Teilnehmerländer ist zu erwarten, dass ein Finanzausgleich hergestellt werden muss, um dann, wenn alle aufgezeigten Rückgriffsmöglichkeiten im volkswirtschaftlichen Spannungsfall nicht ausreichen, den Zusammenbruch eines Teilnehmerlandes als «Sozialfall der EWU» zu verhindern.

8. Wie jedem Land in der EU muss auch Deutschland eine umfassende «Bestandsaufnahme» gelingen. Dabei muss erneut abgewogen werden, wieweit die Elemente der sozialen Marktwirtschaft und deren Bedeutung für eine effiziente und humane Wirtschaftsgesellschaft einerseits den Anforderungen des so genannten «Raubtierkapitalismus» andererseits entgegengesetzt werden müssen. Für Deutschland sollte gelten: Reformen? ... «Ja!» – Übernahme des «American Way Of Life»? ... «Nein!»

9. Das bedeutet für Deutschland, den nationalen Konsens im Konfliktfall zu bewahren, bei allen interessengebundenen «Streitfragen» sich den Kopf auch der anderen Seite zu zerbrechen, für Arbeitsplatzauswahl zu sorgen und darüber hinaus soziale Gerechtigkeit und Chancengleichheit als unverzichtbare Elemente ernst zu nehmen. Auf diese Weise kann Deutschland den Wettbewerb in der EU bestehen.

10. Das einigende Band für Europa darf nicht mit der EWU allein begründet, d. h. in der Vergötzung des Geldes und des materiellen Reichtums gesehen werden, sondern muss für die Verknüpfung von Freiheit und Solidarität im Sinne eines «illusionslosen Humanismus» geschmiedet werden.

I. Warum die sozialen Dimensionen der Währungsunion erst noch ausgeleuchtet werden müssen*

1. Einige Fragen zur Bedeutung des Themas

Ab 1. Januar 2002 werden 12 von 15 EU-Ländern an der Währungsunion teilnehmen und wird die politisch gewollte Irreversibilität eingetreten sein.

Im Mittelpunkt der ökonomischen Neuausrichtung Europas wird – auf der Grundlage der gewollten Intensivierung des Wettbewerbs – sowohl die Anpassung der Arbeitnehmerschaft und der Arbeitsmärkte als auch der Manager und Unternehmer stehen. Dem verstärkten Wettbewerb auf den Güter- und Dienstleistungsmärkten muss eine Entsprechung auf den so genannten Arbeitsmärkten und in den Führungsetagen folgen. Wenn dies nicht mehr

---

* Der Verfasser schließt mit diesem Beitrag an eine frühe Publikation («Sozialordnung der Bundesrepublik Deutschland, Teil 1 und 2, Informationen zur Politischen Bildung») aus den Jahren 1968 und 1970 an, als eine Verknüpfung deutscher Sozialpolitik mit europäischer Geldpolitik nicht vorstellbar war.

oder weniger gleichzeitig geschieht – so lautet die Argumentation – werde die Eurowährung entweder nicht gelingen oder sogar scheitern. Da dies als undenkbar erachtet wird, werde die neue Währung als Hebel dienen müssen, um Elastizität oder Flexibilisierung des Arbeitsangebots sowie die Revitalisierung der Unternehmerfunktion zu erzwingen, wobei Letzteres in diesem Zusammenhang so gut wie nie betont wird.

Um die Herausforderungen zu bezeichnen, wird in Bezug auf den Arbeitsmarkt davon gesprochen, dass «Verkrustungen aufgebrochen» werden müssen, Deregulierungen, Flexibilisierungen, d. h. Strukturreformen nötig sind.

Was genau gemeint ist, wird aber bei weitem nicht immer erklärt. Und wenn dies geschieht, fällt auf, dass leichten Herzens Elemente der «sozialen Marktwirtschaft», die bisher das Gerüst unserer Wirtschafts- und Sozialordnung bildeten, als obsolet betrachtet werden. Dementsprechend wird die Übertragung des Wettbewerbsgedankens auf alle Arbeitsbeziehungen für richtig gehalten.[1]

Um klären zu können, wieso die Währungsunion in den Rang erhoben wird, den «Auftakt» zu unabdingbaren Reformen abzugeben, sollten eine Reihe von Fragen gestellt und nach Möglichkeit beantwortet werden:

1. Lässt sich Klarheit darüber herstellen, vor welchen Herausforderungen die deutsche Sozialpolitik steht – stehen würde –, wenn es die Währungsunion nicht gäbe?

2. In welcher Weise ändern sich die Reformnotwendigkeiten, d. h. ihre Ansatzpunkte, Dringlichkeiten, Schwierigkeitsgrade etc., weil die WU als «Problemverstärker» angesehen werden muss?

3. Inwieweit trifft es zu, dass die Währungsunion ohne durchgreifende Deregulierungen der Arbeitsmärkte nicht funktionstüchtig werden kann?

4. Ist zu erwarten, dass die EWU zur Antriebskraft für ein sozialeres Europa zu werden vermag?

5. An welche politischen Maßnahmen müsste gedacht werden,

---

[1] D. Dohse, Ch. Krieger-Boden: Währungsunion und Arbeitsmarkt. Auftakt zu unabdingbaren Reformen, Kieler Studien Nr. 290, März 1998.

um die Balance zwischen problemverstärkenden und problemlösenden Wirkungen auf dem Wege zu einem wirtschaftlich und sozial stabilen Europa zu halten?

Eine solch umfassende Betrachtung der Dinge ist einerseits geboten, andererseits im Rahmen der hier zu leistenden Arbeit nicht möglich und vielleicht auch, um eine Reihe von grundsätzlichen Aussagen machen zu können, nicht erforderlich. Für die Beweisführung und Politikempfehlungen mag das hier gewählte Verfahren genügen, das auf die großen und klar erkennbaren Strukturlinien abstellt.

2. Die Wirkungskette des Euro im Modell

Welche Wirkungen werden in mittel- und langfristiger Betrachtung von der neuen Währungsordnung Europas erwartet?

Einführung des Euro und völlige Ablösung aller nationalen Währungen ab 1. 1. 2002:

- Dadurch Herstellung von Transparenz aller Kosten und Preise von vergleichbaren Güter- und Dienstleistungen vom Nordkap bis nach Catania.
- Erhöhter Wettbewerb auf allen Stufen, der teilweise unverzüglich oder erst nach Abschaffung der restlichen, zum Teil noch erheblichen Barrieren im Binnenmarkt eintreten wird.
- Zwang zur Produktivitätssteigerung, um Markt- und Beschäftigungsanteile im nationalen Markt und innerhalb der EU zu sichern und zu erhöhen.
- Es wird Gewinner und Verlierer geben.
- Verlierer-Unternehmen und deren Beschäftigte scheiden entweder aus den Märkten aus oder reagieren am besten antizipierend auf Nachfrage-Rückgang durch betriebliche Rationalisierungen.
- In den Teilnehmerländern unterstützen Staat und Verbände aufgrund länderspezifischer Schwachpunktanalysen den Wettbewerbswettkampf, in dem vor allem die Flexibilisierung der Arbeitsmärkte und die Reduzierung der Ansprüche an den Sozialstaat vorangetrieben werden.

- Daraus entwickelt sich die Bereitschaft der Arbeitnehmerschaft zur Lohnmäßigung, zur beruflichen, betrieblichen, sektoralen und regionalen Mobilität auch über die nationalen Grenzen hinweg.
- Die EU verbessert ihre Position im Standortwettbewerb der Welt und zieht dadurch Nachfrage heran und drängt Importe zurück.
- Insgesamt stellen sich Vorteile durch vermehrtes, verbessertes Güterangebot zu konkurrenzfähigen Preisen, im Durchschnitt steigende Beschäftigung und höherer Lebensstandard ein.
- Höchstwahrscheinlich werden die Unterschiede in der Einkommens- und Vermögensverteilung noch größer.
- Länder, Regierungen, Sektoren, Betriebe, Arbeitnehmer, die die Anpassung in diesem Wettbewerb nicht schaffen, fallen zurück.
- Hilfe, d. h. Solidarität in Form von Finanzausgleichs-Maßnahmen der Gemeinschaft ist ausdrücklich ausgeschlossen (No-Bail-Out-Clause des Maastrichter Vertrages).
- Der Grundsatzstreit um «Wettbewerb oder Harmonisierung» der Sozialpolitik geht zugunsten des Wettbewerbs aus.
- Nationale Arbeitsmarkt- und Sozialpolitik läuft Gefahr, vornehmlich als Kostenfaktor angesehen und in den Dienst der Wettbewerbsförderung gezwungen und damit begrenzt zu werden.
- Eine ausgleichende, an ihre Stelle tretende europäische Sozialpolitik wird nur geringe Bedeutung erlangen, weil sie weder politisch gewollt noch materiell und gesetzestechnisch «machbar» erscheint, und wird über mühselig zu erreichende «Mindeststandards» nicht hinausgelangen.

3. Drei strategische Essentiale

In dieser Wirkungskette zeigen sich **drei** strategische Essentiale, die für alle Teilnehmerländer prinzipiell gültig sind.

1. Unternehmer und Manager müssen noch wesentlich stärker als bisher immer auf der Hut sein, ihre Märkte beobachten, deren Entwicklungen richtig einschätzen und die Kombination der Produktionsfaktoren Arbeit und Kapital zu optimieren versuchen. Dieser Aspekt ist besonders auf dem Beschäftigungsgipfel in Luxemburg hervorgehoben worden, als «die Entwicklung des Unternehmergeistes» zu einem der Hauptziele europäischer Beschäftigungsleitlinien bestimmt wurde.[2]

2. In diesem Zusammenhang unterstützt **der Nationalstaat** «seine» Wirtschaftenden durch Deregulierung überall dort, wo die Unternehmer Hindernisse für ihre Optimierungsstrategie ausmachen: im Steuersystem, bei den gesetzlichen Sozialabgaben, im unzulänglich auf diesen Wettbewerb vorbereitenden Bildungssystem, in der Förderung der Motivation der Arbeitnehmerschaft zur umfassenden Mobilität, die durch Umfang und Richtung der Nachfrage nach Arbeitskräften ausgelöst und bestimmt wird.

3. Es wird von der Grundannahme ausgegangen, dass die Zahl der **Arbeitnehmer im herkömmlichen Sinne** wegen der revolutionären Umwälzungen auf den Güter- und Dienstleistungsmärkten weiter, vermutlich sich beschleunigend, abnehmen wird. Daraus folgt der Zwang zur **Adaptionsfähigkeit und -bereitschaft der «neuen» Arbeitnehmerschaft**, die durch individuell ausgehandelte Arbeitsbedingungen be- und entlohnt wird und des Beistandes von Gewerkschaften im herkömmlichen Sinne nicht mehr bedarf, wodurch die Schutzfunktion und Attraktivität der Gewerkschaften weitgehend ausgehöhlt wird.

4. Reaktionen

Das Neue an zum Teil seit Jahrzehnten bekannten bzw. behaupteten Wirkungsketten und Lösungsvorschlägen für die Heilung der mehr oder weniger chronischen Gebrechen der Arbeitsmärkte ist nun in der Tat, dass in der gemeinsamen Währung der Katalysator gesehen und willkommen geheißen wird, um Anpassungen zu erzwingen: «Der Euro wird die Wirtschaft des Euroraumes verändern; im Grunde hat dieser Prozess bereits begonnen. Der Euro wirkt wettbewerbsfördernd, indem er für mehr Transparenz

---

2 Europäischer Rat Luxemburg, 20./21. Nov. 1997, Schlussfolgerungen des Vorsitzes, Bulletin des Presse- und Informationsamtes der Bundesregierung, Dez. 1997, Nr. 102, S. 1317.

sorgt.»[3] Im Vorwort zum Jahresbericht 1998 der Europäischen Zentralbank (EZB) hat Duisenberg das wirtschaftspolitische Hauptproblem vorweg definiert: «Es muss insbesondere um die verkrusteten Strukturen der europäischen Arbeitsmärkte gehen, die nicht zufrieden stellend funktionieren, abzulesen an der langsamen Zunahme an neuen Arbeitsplätzen und dem nur allmählichen Rückgang der Arbeitslosigkeit.»

Es ist für viele Bürger Europas lange Zeit nicht klar geworden, welch ein revolutionärer Akt sich hinter der Einführung der Währungsunion, d. h. der Änderung der währungspolitischen Grundlagen Europas, verbirgt.

Die Aufklärung durch die Regierungen war und blieb – teilweise gewollt – völlig unzureichend. Allerdings führten der allmähliche Aufbau der Institutionen (wie zum Beispiel der Europäischen Zentralbank), die Inkraftsetzung von Maßnahmen in verschiedenen Stufen (zum Beispiel die völlige Freiheit der Kapitalströme ab 1993), die Anstrengungen der Regierungen zur Einhaltung der so genannten Maastricht-Kriterien (insbesondere im Jahr 1997), die Einigung auf einen Stabilitätspakt, die Festlegung von Umrechnungskursen und damit die De-facto-Einleitung der Währungsunion ab 1. 1. 1999 zur Verbreitung der Einsicht, dass die Abschaffung der nationalen Währungen der Teilnehmerländer eine komplizierte, aber unumstößliche Tatsache sein würde.

Nicht zuletzt sind der Bedeutungsverlust der Deutschen Bundesbank sowie ihre offenbar gewordene Reformbedürftigkeit geeignet gewesen, zur neuen Realität hinzuführen, wonach die Beeinflussung der nationalen Volkswirtschaften durch Geldpolitik völlig beseitigt und durch Finanzpolitik erheblich eingeschränkt wurde.

Zu den schwer zu begreifenden Unzulänglichkeiten des Übermittlungs- und Akzeptanzprozesses gehört die Tatsache, dass den Auswirkungen der neuen Währung auf die Arbeitsmärkte im Allgemeinen wenig oder kaum Beachtung geschenkt wurde. Und dazu

---

3 W. F. Duisenberg, Vorwort zum EZB-Jahresbericht 1999, Frankfurt a. M., März 2000, S. 4.

gehört im Besonderen, dass die Gewerkschaften so uninformiert und lässig, ja sogar apathisch wirkten.

Während die Gewerkschaften in Deutschland sich mit ihrer positiven Einstellung zur europäischen Währungsunion gerne ins Boot «der großen gesellschaftlichen Koalition aus Regierung, Opposition (und) Arbeitgebern» begaben, musste schließlich von einer «Verfestigung der gewerkschaftlichen Defensive» gesprochen und darauf hingewiesen werden, «dass in den gewerkschaftlichen Debatten die Risiken **dieser** europäischen Währungsunion reichlich unterbelichtet sind»[4].

Diese Nachlässigkeit scheint inzwischen deshalb einer größeren Realitätsnähe Platz gemacht zu haben, weil eine bunte Schar von Kritikern des Sozialstaatsbetriebes die Gelegenheit der Schaffung des Euro ergriff und, das Banner unabdingbarer Reformnotwendigkeiten in den Händen tragend, wegen des Euro eine massive Kampagne zur Deregulierung der Arbeitsmärkte und zur Reform der sozialen Sicherungssysteme in Gang gebracht hat.

Schon im so genannten «Lambsdorff-Papier» vom 9. 9. 1982 waren unter anderem die «Anpassung der sozialen Sicherungssysteme an die veränderten Wachstumsmöglichkeiten» und «die relative Verbilligung des Faktors Arbeit» gefordert worden und wurden Vorschläge zur «Verringerung der Leistungen im Arbeitsförderungsgesetz, beim Mutterschutz- und Urlaubsgeld, BAFÖG und Wohngeld»[5] gemacht.[6]

Entscheidende Schrittmacherdienste hatte dann die am 16. De-

---

4 H. J. Urban, «Währungsunion und politische Wohlfahrtsproduktion. Anmerkungen zu den Auswirkungen des Euro auf die sozialen Sicherungssysteme aus gewerkschaftlicher Sicht», in: Sozialer Fortschritt, 11/1998, S. 265, 267. Siehe auch Beitrag von H. J. Urban, «Die hässliche Seite der Medaille», in: Die Zeit, Nr. 47, 12. 11. 1998, S. 33.
5 Manuskript S. 17 f. S. auch den Katalog weiterer Maßnahmen zur «Konsolidierung der sozialen Sicherung ...» auf den Seiten 22–27 dieses Manuskripts.
6 Stellvertretend für viele sei auf das Gutachten des Sachverständigenrates 1999 «Eine Reform der Arbeitsmarktordnung ist dringend geboten», Teilziffer 18, hingewiesen.

zember 1987 von der Bundesregierung eingesetzte «Expertenkommission zum Abbau marktwidriger Regulierungen (Deregulierungskommission)» getan. In Band 2 ihrer Veröffentlichungen vom März 1991 ist das 8. Kapitel mit «Arbeitsmarkt» überschrieben. Die Kommission hat den Bestandsschutz von Arbeitsverhältnissen, die Tarifautonomie und das staatliche Arbeitsvermittlungsmonopol in Gegenüberstellung von Begründung und Kritik untersucht und eindeutige Änderungsempfehlungen gegeben, von denen eine Reihe verwirklicht wurden.

5. Große Ziele oder Die Hoffnung auf ein «goldenes Zeitalter» für Europa!

Wer feststellen will, welche Hoffnungen die europäischen Politiker mit dem Einigungswerk verbinden, findet im Katalog des Artikels 2 im EG-Vertrag in der Fassung vom 2. Oktober 1997 (Amsterdamer Vertrag) eine umfassende Antwort. Dort wird aufgezählt, was sich die EG vorgenommen hat:

«Aufgabe der Gemeinschaft ist es, durch die Errichtung eines Gemeinsamen Marktes und einer Wirtschafts- und Währungsunion sowie durch die Durchführung der ... gemeinsamen Politiken und Maßnahmen in der ganzen Gemeinschaft eine harmonische, ausgewogene und nachhaltige Entwicklung des Wirtschaftslebens, ein hohes Beschäftigungsniveau und ein hohes Maß an sozialem Schutz, die Gleichstellung von Männern und Frauen, ein beständiges, nicht inflationäres Wachstum, einen hohen Grad von Wettbewerbsfähigkeit und Konvergenz der Wirtschaftsleistungen, ein hohes Maß an Umweltschutz und Verbesserung der Umweltqualität, die Hebung der Lebenshaltung und der Lebensqualität, den wirtschaftlichen und sozialen Zusammenhalt und die Solidarität zwischen den Mitgliedstaaten zu fördern.»

Man könnte – völlig ohne Ironie – von der Vision eines «goldenen Zeitalters» für Europa sprechen. Wir haben es mit einer außerordentlichen Vielfalt der Ziele, die «als Aufgabe der Gemeinschaft» definiert sind, zu tun. Sie sind zum einen ohne klare Rangordnung in Haupt- und Nebenziele aneinander gereiht worden. Zum anderen ist der europäische Gesetzgeber aber dem deutschen Beispiel nicht gefolgt (§ 1 des Gesetzes zur Förderung von Stabilität und Wachstum der Wirtschaft von 1968), die vielen europäischen politischen Gremien auf die **Gleichzeitigkeit der Zielerreichung** zu verpflichten.

Schließlich wird verschiedentlich ausdrücklich auf hohe soziale Ziele, also auf eine anzustrebende soziale Union in Europa verwiesen. So wurde mit dem Amsterdamer Vertrag in Artikel 3 unter Punkt «i» eine jahrelange Auseinandersetzung durch folgende Ergänzung beendet, nämlich hinzugefügt, dass «die Förderung der Koordinierung der Beschäftigungspolitik der Mitgliedstaaten im Hinblick auf die Verstärkung ihrer Wirksamkeit durch die Entwicklung einer koordinierten Beschäftigungsstrategie» gewollt wird.

Die Problematik großer Ziele für Europa besteht aber nicht in erster Linie in deren Vielfalt, Unklarheiten und Rangfolgefragen, sondern zuvörderst in ihrer Unverträglichkeit. Wo das Wettbewerbsprinzip zum allbeherrschenden Regulativ für alle Märkte avanciert, aber der Wettbewerb über die Währungen durch Verstopfung des Wechselkurs-Ventils ausgeschaltet wird, bleibt im volkswirtschaftlichen Spannungsfall nichts anderes übrig, als die lohn- und sozialpolitische Anpassung an deren Stelle zu setzen. Sie werden zu abhängigen Variablen. Deshalb ist folgerichtig, wenn «mit aller Deutlichkeit auf den normativen Primat der Preisstabilität und der Haushaltsdisziplin» des EG-Vertragswerks hingewiesen und in Bezug auf Sozialpolitik von einem «pseudonormativen Placebo» gesprochen wird.[7]

---

7 W. Herdegen, Diskussionsbeitrag in: Arbeitsmarkt und staatliche Lenkung, Veröffentlichungen der Vereinigung der deutschen Staatsrechtslehrer, Heft 59, Berlin/New York 2000, S. 166.

II. Rahmenbedingungen oder der wirtschaftliche und soziale Hintergrund von Reformnotwendigkeiten, -chancen und -schwierigkeiten

1. Gestalt der Wirtschafts- und Sozialordnung – Europa ein «optimaler Währungsraum»?

In einer Untersuchung über das sozialpolitische Profil der Europäischen Union wird herausgearbeitet, dass «die nationalen Unterschiede ganz erheblich sind», nichtsdestoweniger kommen die Verfasser dieser Studie doch zu dem Schluss, dass es ein «Europäisches Sozialmodell» im Gegensatz zu dem US-amerikanischen Modell gibt.[8] Mit dieser Feststellung ist vereinbar, dass Sozial- und Arbeitsmarktpolitik in der EU außerordentlich weit auseinander fallen und dementsprechend große Strukturunterschiede hervorgerufen haben. Diese sind so bedeutend, dass es berechtigt ist zu sagen, auch die Sozialpolitik, im umfassenden Sinne verstanden, verhindere, dass es einen «optimalen Währungsraum Europa» gibt und in absehbarer Zeit geben wird.[9]

R. Mundell hat in seinem berühmten, nur wenige Seiten umfassenden Aufsatz aus dem Jahre 1961 darauf verwiesen, dass es seit Gründung der EWG eine breite Diskussion über die Voraussetzungen einer gemeinsamen Währung, vor allem zwischen J. E. Meade und Tibor Scitovsky, gegeben habe.[10] Während nach Meade eine Währungsunion überhaupt nicht funktionieren könne, «because

---

8 H. Berié und U. Fink, Europas Sozialmodell – Die europäischen Sozialsysteme im Vergleich, WISO-Institut Berlin, August 2000, S. 54.

9 Philip Nölling hat – analog hierzu – in der «Zinssensitivität der englischen Wirtschaft» den wichtigsten ökonomischen Faktor gesehen, der Großbritanniens Fähigkeit, der Europäischen Geldordnung beizutreten, auf unabsehbare Zeit beeinträchtigt. In: Großbritanniens Geldordnung im Konflikt mit der Europäischen Währungsunion, Nomos, Baden-Baden, 1997, S. 77–107 und passim.

10 R. Mundell, A Theory of Optimum Currency Areas, in: The American Economic Review, Vol. 51, 1961, S. 657–665.

of the lack of labor mobility», habe Scitovsky argumentiert, «that labor mobility must be improved»; Mobilität der Arbeit könne auch, ebenso wie die Mobilität des Kapitals, im notwendigen Umfang stimuliert werden.

Dass Faktormobilität innerhalb eines Gebietes notwendig sei, hätten beide betont und der Unterschied habe darin bestanden, ob und in welchem Maße sie hergestellt werden könne.[11] Mundell hat dann im Sinne Meades Partei ergriffen und die Problematik mehr als eine empirische denn als eine theoretische bezeichnet.

In der EWU ist die Bedingung «Mobilität des Kapitals» im Wesentlichen erfüllt. Wie gezeigt wird, trifft dies auf den Faktor Arbeit nicht zu, weshalb logischerweise eine Währungsunion in Europa nicht funktionieren könnte. Ob sich Mittel finden lassen, um die Anpassung an Nachfrageänderungen ohne die nicht mehr möglichen Wechselkursveränderungen zustande zu bringen und damit Arbeitslosigkeit und/oder Inflation zu vermeiden, muss herausgefunden werden.

Folgende Fragen drängen sich auf: 1) In welchem Ausmaß gibt es Arbeitsmobilität? 2) Lässt sie sich wesentlich verbessern? 3) Inwieweit ist der Mundell'sche Ansatz zu eng, weil er nur auf die Voraussetzung «Faktormobilität» abstellt? 4) Welche Substitute gibt es, und reichen sie für eine funktionsfähige Währungsunion aus?

Wie eng oder dürr bzw. unzulänglich der «Mobilitäts-Ansatz» ist, geht schon daraus hervor, dass in den Mittelpunkt der Vorbereitung auf die Währungsunion nicht das Arbeitsmobilitätsproblem, sondern die so genannten Maastricht-Kriterien gestellt wurden.

In der Diskussion über die Währungsunion à la Maastricht ist hervorgehoben worden, dass die Erfüllung der Maastricht-Kriterien allenfalls die Eingangstür zur Währungsunion öffnen, für die Wegfindung danach aber nicht ausreichen würde. Solange die «realen» Übereinstimmungen so stark zu wünschen übrig ließen, werde die Währungsunion lahmen und mithin gar nicht oder schlechter funktionieren, als es die Geldordnung Europas zu Zei-

---

11 A.a.O., S. 661–662.

Tab. 1: Sozialschutz* (Sozialleistungen bzw. ab 1990 Sozialausgaben in v.H. des BIP)

Jahr	B	DK	D	GR	E	F	IRL	I	L	NL	P	FIN	A
1970	18,7	19,6	21,5	7,6	10,0	18,9	13,7	14,4	15,6	19,6	9,1		
1980	28,0	28,7	28,8	9,7	18,1	25,4	20,6	19,4	26,5	30,1	12,8	25,5	26,5
1990	26,4	28,7	25,4	23,2	20,5	27,6	18,7	24,3	22,6	32,4	15,8	25,1	26,7
1996	28,8	21,4	30,0	23,1	22,5	31,0	18,5	25,2	25,2	30,1	22,0	31,6	29,6
1998	27,5	30,0	29,3	24,5	21,6	30,5	16,1	25,2	24,1	28,5	23,4	27,2	28,4

Tab. 2: Sozialschutzausgaben pro Kopf der Bevölkerung in konstanten Preisen, 1990 = 100

Jahr	B	DK	D	GR	E	F	IRL	I	L	NL	P	FIN	A
1998	119	122	114	120	124	120	144	118	151	103	189	120	120

Quellen: Berié/Fink, a.a.O., S. 9 (für die Jahre 1970, 1980); G. Amerini, Der Sozialschutz in Europa, Eurostat 11/2000, S. 2.

* Eurostat rechnet zu den Sozialausgaben neben den Sozialleistungen auch die Verwaltungskosten und sonstigen Ausgaben. Die Zahlen für 1970 und 1980 differieren von denen ab 1990 auch aus methodischen Gründen. Sie vermitteln Anhaltspunkte, sind jedoch nicht voll mit denen ab 1990 konsistent.

ten des Währungswettbewerbs in Europa vermochte.[12] Wir Verfasser der Euro-Klage rechneten zu den unbedingt zu beachtenden «realen Strukturdaten» die Lebensstandards-, Produktivitäts- und Wachstumsratenunterschiede in der Eurozone, Niveau und Struktur der Arbeitslosigkeit, Investitionsniveaus, Kapazitätsauslastungen und Modernisierungszustände sowie Erwerbsquoten usw.

Generell ist vernachlässigt worden, dass auch die Niveaus und die Struktur der Sozialleistungen, also auch arbeitsrechtliche Regelungen und die Sozialbudgets, auf ihre wettbewerbsbeeinflussenden Auswirkungen untersucht werden müssen, denn gerade auf diesen Gebieten zeigt sich die außerordentliche Vielfalt Europas in geradezu überwältigender Weise.

1) Während nur 2 % der US-Amerikaner in Gebieten leben, in denen das Bruttoinlandsprodukt (BIP) pro Einwohner um 25 % oder mehr unter dem nationalen Durchschnitt liegt, trifft dies in der EU auf zehnmal so viele (d. h. auf rund 20 %) zu; von beachtlicher Annäherung der Lebensverhältnisse kann nur ganz bedingt gesprochen werden, zumal die regionalen Unterschiede auf den Arbeitsmärkten sich eher verschärft haben. Tief sitzende, institutionell gewordene Faktoren wie eine ungünstige Wirtschaftsstruktur, Mangel an Innovationskapazitäten, mangelnde Effizienz der öffentlichen Verwaltung, geringe soziale Einrichtungen, negative Einstellungen gegenüber Unternehmertätigkeiten wirken sich aus; sie sind – wenn überhaupt – nur allmählich zu überwinden.[13]

Diskussionen bzw. gesetzliche Maßnahmen, die Modernisierungen bezwecken sollen, setzen sich in allen europäischen Ländern durch, wobei «ein gemeinsamer Schwerpunkt auf Maßnahmen zur Begrenzung der Ausgaben für den Sozialschutz» gelegt wird, und zwar im Sinne von Verschärfung der Anspruchsvoraussetzungen, strengerer Auswahl, Verlagerung von passiven Maßnahmen der

---

12 Siehe Wilhelm Hankel, Wilhelm Nölling et.al., Die Euro-Klage, Warum die Währungsunion scheitern muss. rororo aktuell, Reinbek 1998, S. 63 ff.; 110 ff.
13 S. Sechster Periodischer Bericht über die sozio-ökonomische Lage und Entwicklung der Regionen in der EU, Brüssel 1999, Seite 9 und 17.

Einkommenssicherung auf aktive Gestaltung und Entwicklung von privaten Zusatzversicherungen und sogar Privatisierung bisher öffentlicher Systeme. Hand in Hand damit geht eine Umgewichtung von Sozialbeiträgen hin zu Steuern.[14] In Deutschland sind Rentenversicherung und die jüngste Rentenreform Musterbeispiele für die teilweise Verlagerung der Finanzierung auf Steuern und die private Vorsorge ohne Arbeitgeberbeteiligung.

Die EU-Erweiterung in den Osten wird den Abstand Europas zu dem einheitlichen Währungsraum des US-Dollars vervielfachen.

2) Die Strukturen der sozialen Sicherung in der EU unterscheiden sich bei gleicher Aufgabenstellung[15] in dreifacher Weise: Einmal gibt es das in Deutschland weit entwickelte und überwiegend an das Erwerbsleben gekoppelte, beitragsfinanzierte so genannte bismarcksche System, das in sechs EU-Ländern (Deutschland, Frankreich, Niederlande, Belgien, Österreich und Luxemburg) gilt; auf der anderen Seite steht das, in Reinform betrachtet, staatliche System, das sich hauptsächlich aus Steuern finanziert und ein ziemlich gleichmäßiges, einheitliches Leistungsniveau anbietet (Großbritannien, Schweden, Dänemark, Finnland, Irland). Prinzipiell geplante Mischsysteme gibt es in Italien, Spanien, Griechenland und Portugal.

3) Sowohl zwischen als auch innerhalb der drei Grundsysteme weichen Sicherungsniveau, Finanzierungs- und Ausgabenstrukturen zum Teil stark voneinander ab.

In mehr als 30 Jahren sozialpolitischer und wirtschaftlicher Entwicklung traten in Europa folgende Tendenzen zu Tage[16]:

1. In allen Ländern der Eurozone (mit Ausnahme Irlands) sind die Anteile des Sozialprodukts für «Sozialschutz» stark gestiegen; am stärksten in Griechenland, Spanien und Portugal, von sehr

---

14 M. Hutsebaut, Einführung, in: A. Bosco und M. Hutsebaut (Hrsg.), «Sozialer Schutz in Europa», Marburg 1998, S. 27.
15 Alters-/Hinterbliebenenversorgung; Krankheit/Invalidität; Arbeitslosigkeit.
16 H. Beriè und U. Fink, Europas Sozialmodell, a.a.O., S. 3, und G. Amerini, Der Sozialschutz in Europa, Eurostat, 11/2000, S. 2.

niedrigen Niveaus aus. In der zweiten Hälfte der neunziger Jahre verlangsamten sich die Steigerungsraten bzw. wurden mit Ausnahme von Griechenland und Portugal negativ, und die Anteile gehen zum Teil stark zurück;

2. Fünf Länder (Griechenland, Spanien, Luxemburg, Italien, Portugal) wiesen zuletzt Anteile zwischen 21,6 und 25,2 % auf, also zwischen rund einem Viertel und einem Fünftel. Nur Irland blieb weit unter einem Anteil von einem Fünftel.

3. Deutschland hatte bis zur Wiedervereinigung eine Spitzenposition im sozialpolitischen Wettrennen inne, ist inzwischen aber auf den vorderen Mittelfeldplatz zurückgefallen.

4. Pro Kopf der Bevölkerung stiegen die Sozialleistungen von 1980 bis 1998 (1990 = 100) am langsamsten in den Niederlanden auf 103 und am schnellsten in Portugal auf 189. Deutschland liegt mit einer Steigerung auf 114 an zweitletzter Stelle.

5. Im Kaufkraftstandard-Vergleich (KKS) gruppieren sich um den Euroland-Durchschnitt von 5606 Ecu Portugal mit 3110 am unteren und Luxemburg mit 9258 am oberen Ende, gefolgt von Dänemark mit 7098; Deutschland liegt mit 6459 erst an siebter Stelle.[17]

Während diese Unterschiede zweifellos große Bedeutung für Wettbewerbspositionen der Teilnehmerländer haben, ist eine Beurteilung erschwert, weil:

a) die Auswirkungen der Finanzierungsart, d. h. der Elemente der Einnahmenseite, nicht bewertet werden können;

b) nicht deutlich gemacht werden kann, welche Elemente der Ausgabenseite eines Landes zu produktivitätsfördernden Faktoren gehören und/oder für den sozialen (und politischen) Frieden eines Landes besonders wichtig sind. Solche Einschätzungen können, wenn überhaupt, nur vor Ort getroffen werden.

Am Beispiel der seit 1994 sowohl von der EU-Kommission als auch von der OECD forcierten «aktiven Arbeitsmarktpolitik» kann die

17 G. Amerini, a.a.O., S. 3.

Tendenz des Auseinanderstrebens nationaler Maßnahmen vor dem Hintergrund sehr unterschiedlicher Arbeitsmarktverfassungen illustriert werden. Von 19 OECD-Ländern hatten sieben in der Zeit von 1990 bis 1999 diese Ausgaben einer aktiven Arbeitsmarktpolitik als Anteil am Bruttosozialprodukt (BSP) verringert (darunter fiel als einziges Euroland Italien), während alle anderen ihre Ausgaben zum Teil relativ stark (vor allem Frankreich und die Niederlande sowie Schweden) erhöhten. Das Niveau dieser Ausgabenart liegt in Deutschland jetzt auf einer Ebene mit Frankreich, Finnland und Belgien.[18]

Dabei zählten zur aktiven Arbeitsmarktpolitik «public employment services, occupational training, employment subsidies, public job creation and other measures», während zur bisher und weiterhin dominierenden passiven Arbeitsmarktpolitik im Wesentlichen die Unterhaltszahlungen an Arbeitslose und die Ausgaben für vorzeitige Pensionierungen wegen der miserablen Arbeitsmarktlage gehören. Nicht nur das Niveau, sondern auch die Schwerpunkte dieser aktiven Arbeitsmarktpolitik ragten außerordentlich weit auseinander, sodass gefolgert werden musste: «There has been no consistent full scale implementation of the recommendations ... there is no one generally accepted concept for labor market policy ... policies differ from country to country.»[19]

Im durch den Euro in Gang gesetzten Überlebenswettkampf der Mitgliedsländer wird der Sozialschutz nicht unberührt bleiben. Solange jedes Land das Wechselkursventil bedienen konnte, hatte eine unterschiedliche Ausgestaltung des Sozialschutzes keine einengende Bedeutung für die Handlungsfähigkeit des Staates. Diese Freiheitsgrade gibt es in der Währungsunion nicht mehr. Wer sich sozialpolitisch vergaloppiert, müsste den Preis in Form von Arbeitslosigkeit oder Inflation bezahlen.

---

18 CES-i Forum, Autumn 2000, S. 32.
19 A.a.O., S. 33.

2. Die Dynamik der weltwirtschaftlichen Arbeitsteilung unter dem Einfluss der EWU

Kaum ein anderer Begriff ist in den letzten Jahren weltweit so stark und häufig verwendet worden wie «Globalisierung». Weltumspannende Kontakte und wirtschaftliche Austausche sind nichts Neues. Autarkiebestrebungen und gezielte Importsubstitutionspolitik zur Verringerung der Auslandsabhängigkeit gehören der Vergangenheit an.

Die erste Voraussetzung war die Abwesenheit von weltumspannenden Kriegen, also die Garantie einer insgesamt friedlichen Welt, und zum anderen die allgemein akzeptierte Einsicht/Erkenntnis, dass große ökonomische Vorteile in der Intensivierung der internationalen Arbeitsteilung, im internationalen Güter- und Dienstleistungsaustausch liegen, die auf andere Weise nicht verfügbar gemacht werden können.

Erst dann, wenn Rohstoffe, Ersatzteile, Vor- und Zwischenprodukte plötzlich nicht mehr verfügbar sind und nicht substituiert werden können oder wenn Absatzmärkte geschlossen oder stark verringert werden, zeigt sich die Störanfälligkeit dieser Vernetzung. Sie wird gemildert durch den in der weltumspannenden Integration angelegten Wettbewerb sowie die große Flexibilität und die daraus resultierenden Ausweichmöglichkeiten international operierender Unternehmen und Finanzinstitute.

Den Vorteilen der Globalisierung der Märkte steht nicht nur die erwähnte Störanfälligkeit und die Ambivalenz der weltwirtschaftlichen Wettbewerbsordnung gegenüber. Auch die zunehmenden Umweltbelastungen sowie die sozialen Spannungen durch Ausbeutung und krasse Einkommens- und Vermögensungleichheiten trüben das Bild einer «durchhaltbaren» (sustainable) Entwicklung zum Nutzen aller. Dabei wächst die Einsicht, dass «wir sehr wenig im Verhältnis zu dem wissen, was wir wissen müssen, um all die Probleme zu lösen, über die wir heute reden»[20]. Diese Bescheidenheit hat den Autor dieser Aussage al-

---

20 Christian von Weizsäcker: «Modell Deutschland – Reif für die Globa-

lerdings nicht davon abgehalten, pauschal zu fordern, «die Rolle des Staates insgesamt zu verkleinern».

Die EWU soll einerseits dazu beitragen, dass Europa sich in diesem weltweiten Wettbewerb besser behaupten kann. Andererseits trägt sie eigenständig zur Intensivierung des Wettbewerbs der Teilnehmerländer untereinander bei. Und es ist keineswegs sicher, ob die damit einhergehenden Steuerungsprobleme nicht per Saldo Europa eher politisch fragmentieren und schwächen. Die anhaltenden beträchtlichen Verluste des Euro-Außenwertes zeigen, dass es mit der Wettbewerbssituation und weltweiten Anerkennung des währungsgeeinten Europa noch nicht weit her ist.

3. Die Vergötzung des Wettbewerbsprinzips und Wandlungen der Wirtschaftsgesinnung

Solange der «kalte Stern der Knappheit» (Erich Schneider) über den Existenzsicherungsbemühungen der Menschheit leuchtet, werden sich im Prinzip weder Einzelne noch Gesellschaften ohne leistungsorientierte Anstrengungen behaupten können. Ob der Einzelne gern oder ungern arbeitet, sich drückt oder sich hervortun will, qua Anlage besser sein kann oder will als andere und mehr zu leisten vermag als andere, muss nach gesellschaftsspezifisch akzeptierten Wertvorstellungen geregelt werden, die im Begriff der Wirtschaftsgesinnung zum Ausdruck kommen. Hierzu gehört eine jahrtausendealte Erkenntnis, wie sie der Apostel Paulus im 2. Brief an die Thessaloniker äußerst rigide formuliert hat:

> «Und da wir bei euch waren, geboten wir euch solches, dass, so jemand will nicht arbeiten, der soll auch nicht essen, denn wir hören, dass etliche unter euch wandeln unordentlich und arbeiten nichts, sondern treiben Vorwitz, solchen aber gebieten wir und ermahnen sie durch unseren Herrn Jesus Christus, dass sie mit stillem Wesen arbeiten und ihr eigen Brot essen.»

lisierung?», 117. Bergedorfer Gesprächskreis, Berlin, März 2000, S. 10, 63, 71.

Während im Kommunismus die christliche Mahnung, wer nicht arbeiten will, der soll auch nicht essen, zum festen Bestandteil der Politik wurde, verblasste sie unter kapitalistischen Bedingungen qua Einfluss der Sozialpolitik. Inzwischen hat diese Lehre aber, von den USA ausgehend, wieder Einfluss auf die Begrenzung von Hilfeleistungen durch Staat und Gesellschaft erhalten.

Im «Wettbewerb» hat nach dem Zweiten Weltkrieg vor allem der Freiburger Ökonom Walter Eucken **die** zentrale wirtschaftliche Ordnungskategorie freiheitlicher Gesellschaften gesehen. Wo Wettbewerb erlaubt sei und organisiert, d. h. geschützt werde, entfalte sich eine die Menschenwürde wahrende und die Wirtschaftsleistung erhöhende wirtschaftliche Tätigkeit, werde wirtschaftliche Macht gebändigt und sei auch politische Freiheit zu sichern. Solange es in der Welt einen «Wettbewerb der Systeme» gab, hat dieser die kapitalistischen Ordnungen gleichermaßen zu hoher Produktivität stimuliert wie auch sozial im Zaum gehalten, gemäßigt und so politisch im Gleichgewicht gehalten.

Heutzutage wird dem Problemlösungsmechanismus «Markt» und «Wettbewerb» mehr Bedeutung als je zuvor beigemessen, und reihenweise werden metaphysisch motivierte und marktregulierende Vorstellungen und Eingriffe im um sich greifenden Shareholder-Value-Denken über Bord geworfen.

Kurzfristigkeit des Denkens und Planens, offenes Misstrauen gegen Sozialpolitik zum Schutze anderer, Steuervermeidung bis an die Grenzen der Legalität, Steuerhinterziehungen und entsprechend motivierte Kapitalflucht, erhebliche Zunahme der Schwarzarbeit und jedweder Ausnutzung sozialer Leistungen, klar um sich greifende Korruption und Unverständnis für Anliegen der Arbeitnehmer in den Betrieben, Verdichtung der Arbeitsanforderungen verbunden mit Entlassungen, um Produktivität und Gewinnmargen unter allen Umständen zu erhöhen, kennzeichnen den Trend der Veränderungen von Gesellschaft und Wirtschaft. Vor diesem Hintergrund hat sich Helmut Schmidt veranlasst gesehen zu fragen: «Ist uns Deutschen die Moral verloren gegangen?», und er beklagt, «dass sich ein bisher ungewohntes Maß an rücksichtslosem Egoismus, an Selbstsucht und auch Habgier ausbreitet»[21].

In diesem geistigen Umfeld haben es die Verteidiger der traditionellen Sozialpolitik nicht leicht, Grenzziehungen zur reinen Marktwirtschaft zu begründen und wirkungsvoll zu verteidigen. Auch und besonders die Arbeitsmärkte sollen sich den segensreichen Wirkungen des Marktgeschehens unterwerfen, und die Frage wird immer deutlicher gestellt: Warum denn nicht?

Dass das Prinzip «Wettbewerb» ambivalente Züge aufweist, also gerade nicht allgemein zu akzeptierende Heilwirkungen ausstrahlt, kommt z. B. im Phänomen der «ruinösen Konkurrenz» zum Ausdruck. Dass es so etwas nach wie vor gibt, wird z. B. im Hauptgutachten der Monopolkommission 1996/97: «Marktöffnung umfassend verwirklichen»[22], an verschiedenen Stellen wenigstens noch erwähnt.

Vor allem aber Wilhelm Röpke hat in seinem Buch «Die Gesellschaftskrisis der Gegenwart»[23] relativierende Bewertungen gefunden, die angesichts des geistigen Ansturms aus dem angelsächsischen Raum unbedingt wieder größere Aufmerksamkeit verdienen:

«Man wollte nicht sehen, dass die Marktwirtschaft eines festen moralisch-politisch-institutionellen Rahmens (eines Minimums an geschäftlicher Ehrenhaftigkeit, eines starken Staates, einer vernünftigen ‹Marktpolizei›, eines wohl durchdachten und der Wirtschaftsverfassung angemessenen Rechtes) bedarf, wenn sie nicht zugrunde gehen und zugleich die Gesellschaft als Ganzes durch ungezügelte Interessenwirtschaft zerstören soll ... Man war im Gegenteil der Meinung, dass die ... Marktwirtschaft eine ausgezeichnete moralische Erziehungsanstalt sei und durch den Appell an den Egoismus die Menschen zu Frieden, Anstand und allen bürgerlichen Tugenden anhalte. Während wir heute wissen (was man immer hätte wissen können), dass die Konkurrenzwirtschaft ein **Moralzehrer** ist und daher Moralreserven

---

21 Helmut Schmidt, Auf der Suche nach einer öffentlichen Moral, DVA Stuttgart, Januar 1999, S. 7.
22 Gutachten der Monopolkommission, Baden-Baden 1998.
23 Wilhelm Röpke, Die Gesellschaftskrisis der Gegenwart, Zürich 1948.

außerhalb der Marktwirtschaft voraussetzt, war man verblendet genug, sie für einen **Moralanreicherer** zu halten.»[24]

Mit anderen Worten: Nicht jeder Wettbewerb steigert die Effizienz der Volkswirtschaft und trägt zum Zusammenhalt einer Gesellschaft bei. Im Übrigen ist zu fragen, wo die «Moralreserven» sind, die die zerstörerischen Wirkungen des intensivierten Wettbewerbs auszugleichen vermögen. Wie lässt sich die in Gang gesetzte «Verranntheit ins Unbedingte und Absolute» (Röpke) stoppen?

Die Monopolkommission beschreibt ein außerordentlich buntes Wettbewerbsbild der deutschen Wirtschaft, auf die der Euro prallt. Sie legt dar, dass die Konzentration in den einzelnen Wirtschaftsbereichen unterschiedlich intensiv ist und nicht gleichmäßig verlaufen sei. Es würde zu weit führen, dieses Bild des Wettbewerbs nachzuzeichnen. In direktem Zusammenhang mit unseren Fragestellungen sollen zwei Ausnahmen gemacht werden:

1) Als besonders problematisch bezeichnet die Kommission die vom Berliner Senat geforderte «Tariftreueerklärung» im Straßenbau-Vergabewesen, wodurch sich die «Bauunternehmer dazu verpflichten, ihre Arbeitnehmer nicht unterhalb des jeweils geltenden Berliner Lohntarifs zu bezahlen».

Besonders an dieser Stelle zeigen sich die Konsequenzen des Wetterleuchtens der Verschärfung der Wettbewerbsbedingungen im europäischen Maßstab durch die EWU in der deutschen Auseinandersetzung über die Zulässigkeit solcher Praktiken.

2) Einen nicht geringen Raum nehmen die Betrachtungen der internationalen Wettbewerbsregeln und der europäischen Fusionskontrolle ein. Hierzu werden nur drei besonders markante Feststellungen zitiert:

«Der Internationalisierung des Wirtschaftsverkehrs in den letzten Jahrzehnten entspricht die Internationalisierung privat veranlasster Wettbewerbsbeschränkungen.»
«Die Mehrzahl der Staaten verfügt nicht über Wettbewerbsgesetze»; dies gelte auch für die Europäische Union.

24 Ebenda, S. 87–88.

«Ein bereits bekanntes Problem stellt das so genannte forum-shopping, also die Umgehung der nationalen zugunsten der europäischen Fusionskontrolle dar».

Die Kommission behandelt unter anderem völkerrechtliche Bedenken, Vollzugslücken und Transaktionskosten und «Schritte zur Annäherung nationaler Wettbewerbsgesetze», die ganz offensichtlich sehr weit auseinander laufen, wenn es sie denn überhaupt gibt.

Die deutsche Monopolkommission beschreibt die Konsequenzen mangelnder Wettbewerbsregelungen für die europäische Integration: «Kartelle haben grenzüberschreitende Auswirkungen, Absprachen führen zum Ausschluss ausländischer Konkurrenten, Märkte werden international aufgeteilt, Zusammenschlüsse und Kooperationen finden zwischen Unternehmen aus verschiedenen Staaten statt. Missbräuchliches Verhalten von Marktbeherrschern wirkt sich im Ausland aus.»[25]

Die Kommission widmet dem wettbewerbsverschärfenden Einfluss der Gemeinschaftswährung keinerlei Aufmerksamkeit. Sie scheint davon auszugehen, dass eine «Extraproblematisierung» dieses neuen Faktors angesichts der ohnehin großen Unübersichtlichkeit und Vielfalt der Ursachen keine neuen Erkenntnisse bringen würde.

4. Das Gerechtigkeitsprofil Deutschlands

a. Der theoretische oder der praktische Ansatz

> «Ich will die Gerechtigkeit zur Waage machen und der Gerechtigkeit Frucht wird Friede sein»
> *Jesaja 28–32, Vers 17*

Das Gerechtigkeitsprofil Deutschlands hat immer aus zwei Elementen bestanden:
- erstens aus dem Schutz der Schwachen vor der Gewalt des Stärkeren, vor allem auf den Märkten, hier insbesondere den

---

25 Monopolkommission, Gutachten von 1998, S. 351.

Arbeitsmärkten, und zwar durch Gesetze und Rechtsprechung,
- und zweitens aus realitätsbezogenen statistischen Erkenntnissen über die Verteilung von Einkommen, Vermögen, Steuerlasten und Bildungschancen auf soziologisch klar unterscheidbare Gesellschaftsgruppen.

Lebenschancen – als Zugang zu Bildungschancen verstanden – sind eben völlig verschieden, je nachdem wie die Einkommens- und Vermögensverteilung sowie die Steuerlastverteilung in einer Gesellschaft geregelt sind. Dass «Gerechtigkeit» schwer zu definieren und dementsprechend auch nicht leicht zu verwirklichen ist, zeigen viele Dokumente der Geistes- und Politikgeschichte. Parolen wie «Jedem das Seine», «Jedem nach seinen Bedürfnissen, jedem nach seinen Fähigkeiten», «Jedem nach seiner Leistung», «Jedem das Gleiche», «Jedem nach seiner Marktmacht» haben zu verschiedenen Zeiten die Vorstellungen von Soziologen und Politikern widergespiegelt und um Anerkennung für die Leitlinien der Politik geworben.

In seiner Regierungserklärung vom 10. November 1998 hat Bundeskanzler Schröder an die zweite Stelle seines Zielkatalogs die Forderung gerückt: «Wir müssen soziale Gerechtigkeit wiederherstellen und sichern.» Damit ist das Thema wieder auf den politischen Spielplan gesetzt worden.

Die neue Bundesregierung hat das Ziel in **praktischer** Weise bestimmt und angepackt. Weil nach ihrer Einschätzung die Ausgangsbasis im Herbst 1998 bestimmt war durch 1. Massenarbeitslosigkeit (mit Ausgrenzung und existentieller Unsicherheit für über vier Millionen Arbeitnehmer), 2. ungeordnete Staatsfinanzen, 3. Vertrauensverlust der Versicherten in die Sozialversicherung, aus der sie massenhaft fliehen, nicht zuletzt weil sie immer höhere Beiträge zahlen müssen, 4. «eine Politik der Umverteilung von unten nach oben», 5. «den Abbau von Arbeitnehmerrechten», sei unser Staat von «sozialer Ungerechtigkeit und nachlassendem sozialem Zusammenhang geprägt worden».

Sehr bald schon hat diese Regierung, wie im Wahlprogramm versprochen, Ernst gemacht mit einer ihrer Hauptprinzipien, nämlich

«Gerechtigkeit» zu verwirklichen, indem sie zugunsten der Arbeitnehmer «Korrekturen im Kündigungsschutz, bei der Lohnfortzahlung im Krankheitsfall, beim Schlechtwettergeld und im Rentenrecht vornahm und das Arbeitnehmerentsendegesetz novellierte»[26]. Alle diese Maßnahmen lagen nicht im Sinne der Lehre von den «verkrusteten Strukturen», die im dringenden Interesse der Funktionsfähigkeit der neuen Währung «aufgebrochen» werden mussten.

b. Warum die Arbeitsmärkte nicht als «richtige» Märkte anzusehen sind?

Wenn Menschen ihr «eigen Brot» verdienen sollen, müssen sie ihre Arbeitsleistung «anbieten». Damit es zu einer «Verwertung» kommt, muss jemand diese spezifische Arbeitsbereitschaft nutzen wollen und muss sich mit dem Anbieter über die Bedingungen der Arbeitsüberlassung einigen. Grundidee aller Liberalen: Wenn die Preise (Löhne) für Arbeit so hoch sind, dass der Markt «nicht geräumt» wird, müssen die Preisventile geöffnet werden, worauf die Flut der Vollbeschäftigung zurückkehrt. Auf den Sklavenmärkten in den USA war das Marktgeschehen am reinsten entwickelt; im Frühkapitalismus begann die Übertragung der Marktgesetze auf die massenweise entwurzelten Menschen unseres Kulturkreises. Und hätte es keine Sozialreformer und Gewerkschaften gegeben, wer weiß, ob sich die kapitalistische Ordnung nicht selbst ruiniert hätte. Es führt zu nichts, von einem nur «vermeintlichen Gegensatz zwischen Arbeit und Kapital» zu sprechen, den man nur «aufzulösen» brauche, um konfliktfrei miteinander arbeiten zu können, wenn wirkungsvolle Möglichkeiten dazu auf dem Wege der Vermögensbeteiligung breiter Schichten der Arbeitnehmer bisher nicht erschlossen wurden.[27]

---

26 Vorwort von Walter Riester, in: «Arbeit für soziale Gerechtigkeit», Bundesministerium für Arbeit und Sozialordnung, Berlin, Dezember 1999.
27 Lohnpolitik in der Europäischen Währungsunion, Beiträge zur Wirtschafts- und Sozialpolitik, Institut der Deutschen Wirtschaft, Nr. 234, S. 42 f.

Im deutschen Arbeitsrecht hat sich niedergeschlagen, was der Gesetzgeber in mehr als 100 Jahren für richtig gehalten hat, um die Marktbedingungen, übrigens keineswegs immer nur zugunsten der Arbeitnehmer, zu verbessern. So bezwecke «das gesamte Arbeitsrecht ..., die ... Koordinationsmängel im Verhältnis zwischen Arbeitgebern und -nehmern zu vermeiden oder zu vermindern». In normales Deutsch übertragen soll das heißen, dass unproduktive Basis- oder Dauerkonflikte im Prinzip ungleicher Partner in der Welt der Arbeit verlässlich entschärft werden sollten. So regulieren beispielsweise die Tarifvertragsparteien «abweichend von den Marktkräften die Arbeitsbedingungen nach ihren eigenen Vorstellungen», was zu «einer effizienzsteigernden Kooperation» und zur «Implementation von gesellschaftlichen Gerechtigkeitsvorstellungen» geführt habe. Die auf diese Weise «erzielten Erfolge der deutschen Arbeitsmarktverfassung (seien) unbestritten». Um sie zu erreichen, habe der Gesetzgeber im Effekt mit der «weitestgehenden» Ausschaltung des «Preis- und Qualitätswettbewerbs um besetzte Arbeitsplätze» sowie durch «künstliche Marktzutrittsschranken zulasten der Chancen von Arbeitslosen» eingegriffen. Dies sei in der Absicht geschehen, die «Funktionsweise der internen Arbeitsmärkte zu optimieren»[28], was auf Kosten der Freiheit der Ausnutzung externer Marktbeziehungen gegangen sei und in Deutschland ein Produktivitätswunder mitverursacht habe, das sich allerdings zulasten der Beschäftigungsintensität ausgewirkt habe. Deshalb sei die Beschäftigungsintensität des Wachstums in Deutschland so gering.

Wie auch immer die Auswirkungen sind, es ist unbestritten, dass Schutzfunktionen zugunsten der Arbeitnehmer der verschiedensten Art die Arbeitsmarktstrukturen nachhaltig verändert haben und dass sich der «grundsätzlich notwendige Schutzbedarf» für Arbeitnehmer auch «ökonomisch gut begründen lässt», weshalb überall auf der Welt ein «Mindestkanon von Regulierungen» eingerichtet wurde.[29]

28 H. M. Schellhaaß, a.a.O., S. 1, 2, 35.
29 G. Kleinhenz, Welche arbeits- und sozialrechtlichen Regelungen emp-

c. Die Bedeutung von Einkommens- und Vermögensverteilung, Steuerlastverteilung und Bildungschancen für die Akzeptanz von Sozialreformen

Obwohl Neumann und Schaper mit Recht beklagen, dass «über der Einkommensverteilung in Deutschland ein Schleier des Nicht- oder Halbwissens liegt», ist doch anhand der vorhandenen Zahlen ein Überblick über die Entwicklung der Einkommens- und Vermögensverteilung möglich.[30]

In den letzten zwanzig Jahren des 20. Jahrhunderts hat sich eine auffällige Parallelentwicklung in der Einkommensverteilung zulasten der Arbeitnehmer sowohl in Europa als auch in den Vereinigten Staaten durchgesetzt. So beschreibt Bedau, dass sich der Anteil der Arbeitseinkommen in fast allen Mitgliedstaaten der EU seit 1980 rückläufig entwickelt habe.[31] Dies gilt erst recht für die USA.[32]

Die deutschen Gewerkschaften bemühen sich vor allem, aus allgemein zugänglichen Quellen eine nicht für möglich gehaltene Auseinanderentwicklung von Arbeitnehmereinkommen einerseits und Gewinn bzw. Unternehmereinkommen andererseits nachzuweisen.

Dass außerordentlich hohe, vor allem auf massive Gewinneinkommen zurückgehende Kapitalbewegungen aus den Industrieländern (*significant capital gains*) in Entwicklungsländer, vor allem nach Asien, die weltweite Krise 1997/98 ausgelöst hätten, wird von A. Greenspan hervorgehoben. Diese Verschiebungen hätten zu einer Kapitalvernichtung (*market equity losses*) von mehr als einer Billion US-Dollar geführt.[33] Die Aussagen Greenspans erlauben eine eindeutige Bewertung: Während auf der einen Seite weltweit

---

fehlen sich zur Bekämpfung der Arbeitslosigkeit? GUTACHTEN B für den 63. Deutschen Juristentag, Leipzig 2000, S. B 61/62.
30 L. F. Neumann und K. Schaper, Die Sozialordnung der Bundesrepublik Deutschland, 4. Auflage, Frankfurt 1998, S. 70.
31 K. D. Bedau, Wochenbericht des DIW 64 (1997), S. 941.
32 M. Hutsebaut, a.a.O., S. 11–13
33 A. Greenspan, «Global challenges», in: BIS-Review Nr. 58, 14. Juli 2000, S. 2 und 4.

riesige Gewinne gemacht und Vermögen gebildet wurden, stiegen die Arbeitnehmereinkommen real nicht wesentlich oder gingen sogar zurück. Um eine lukrative Verwertung bemüht, suchten sich die Kapitalsammelstellen Anlagemöglichkeiten im Ausland, überschwemmten bestimmte Regionen, deren Absorptionsfähigkeiten nicht gegeben waren, und zerstörten auf diese Weise lange und mühselig erzielte Aufbaugewinne innerhalb von wenigen Monaten. Dass es schließlich zum Verlust riesiger Kapitalien aus den industriellen Geberländern kam, ist die Kehrseite der Medaille, wenn man so will, eine Auswirkung höherer Gerechtigkeit.

Halten wir uns an einige Zahlen: Im Jahr 1982 hatte der Anteil der Arbeitnehmerentgelte am Volkseinkommen mit 77,8 % den höchsten Stand der Nachkriegszeit erreicht. Dieser sank bis 1991 auf unter 70 % in Westdeutschland. Bis zum Jahr 1993 erhöhte sich die Lohnquote jetzt in Gesamtdeutschland insgesamt von 72,3 auf 74,5 %, sank aber bis 1999 wieder auf 71,4 %.[34]

Als noch aussagefähiger als die Lohnquotenbeweisführung erweist sich die Entwicklung der Nettoquoten im Zusammenhang mit dem privat verfügbaren Nettoeinkommen, nachdem der Staat Steuern etc. erhoben und umverteilt hat.

Während die Lohnsteuer von 1991 bis 1998 von 221 auf 316,4 Mrd. DM stieg, sanken die Steuern auf Gewinne und Vermögenseinkommen von 50,9 auf 39,6 Mrd. DM. Die gesamte Nettolohn- und -gehaltssumme aller Arbeitnehmer erhöhte sich in diesem Zeitraum von 940 Mrd. auf 1002 Mrd. DM, die Summe der Nettogewinne und -vermögenseinkommen von 677 auf sage und schreibe 957 Mrd. DM. Ja, man traut seinen Augen nicht, aber es scheint zu stimmen: Die Netto-Arbeitnehmer-Masseneinkommen sind absolut nicht mehr viel höher als die Masseneinkommen, die

---

34 Die Zahlenangaben der Gewerkschaften und der Arbeitgeber schwanken in Bezug auf die Entwicklung der Lohnquote nur geringfügig. Die hier wiedergegebenen Zahlen wurden entnommen: DGB zur «Einkommensentwicklung in Deutschland: Leichte Besserung für Arbeitnehmer in 1999», Düsseldorf, Juni 2000, Seite 4 (Zahlen bis 1991), und: Institut der Deutschen Wirtschaft: Zahlen zur wirtschaftlichen Entwicklung der Bundesrepublik Deutschland, Köln 2000, Tabelle 38.

den Gewinn- und Vermögenseinkommensempfängern in Deutschland zuwachsen (die Anteile betragen 42,7 zu 40 % gegenüber 49,4 und 35,7 % im Ausgangsjahr).[35]

Im Jahre 1998 wurden in Deutschland 833 Mrd. DM, d. h. 22,2 % des BIP, an Steuern bezahlt. Diese Belastung ist in der gesamten Nachkriegszeit ziemlich gleich geblieben, in den letzten Jahren sogar leicht gesunken. Deutschland liegt damit im Mittelfeld der Abgabenbelastung der EU, auch dann, wenn die Sozialabgaben hinzugerechnet werden (dann bei etwa 43 %). Zum Anstieg auf etwa 43 % ist es allein deshalb gekommen, weil sich die gesamtwirtschaftliche Sozialabgabenquote von 10,3 % (1960) auf etwa 20 % (1997) erhöht, d. h. fast verdoppelt hat. Während die Einkommen aus abhängiger Arbeit immer stärker besteuert wurden, bringen die Gewinnsteuern kontinuierlich weniger, aber nicht, weil die Gewinne etwa gesunken wären: Die Einnahmen aus Körperschaftssteuer und veranlagter Einkommenssteuer machten 1998 etwa 4,3 % bzw. 1,3 % des gesamten Steueraufkommens aus; 1970 waren es 5,7 bzw. 10,4 % gewesen. Der Lohnsteueranteil lag bei 22 % und war 1998 auf 31 % gestiegen.[36]

Als die Caritas im Jahre 1999 davon berichtete, dass man «ein Drittel der Gesamtbevölkerung in Lebensumständen vorfindet, zu deren Kennzeichen existentielle Unsicherheit, wirtschaftliche Sorgen und mangelnde Daseinsvorsorge gehören» und «sich die Schere zwischen Armen und Reichen immer mehr spreizt, mit enormen Größenordnungen und Steigerungsraten in den oberen Einkommens- und Vermögensbereichen»[37], war die öffentliche Reaktion auffallend abwiegelnd bzw. zurückhaltend.

Es würde zu weit führen, die Vermögensverteilung hinzuzuziehen[38], um die These zu erhärten, dass Deutschland eine Schieflage

---

35 C. Schäfer, Zur Verteilungsentwicklung 1998 und den Vorjahren, in: WSI-Mitteilungen, 11/99, 52. Jahrgang, Seite 734.
36 G. Bäcker et. al., «Sozialpolitik und soziale Lage in Deutschland», Band 1, Wiesbaden 2000, S. 72–74.
37 Deutscher Caritasverband, Statement H. Puschmann, Anlage 1, 21. 10. 1999, Berlin, S. 1, 3.
38 Hierzu mögen drei Aussagen genügen: 1. «Die größten Verteilungsun-

beim Geld-, Produktiv- und vor allem Grundeigentum erreicht hat, die man in den ersten dreißig Jahren der sozialen Marktwirtschaft, d. h. von 1950 bis 1980, nicht für möglich und für sozial völlig untragbar gehalten hätte.

Herbert Ehrenberg, der frühere Bundesarbeitsminister, gehört zu der kleinen Schar von Sozialökonomen, die auf die Verwerfungen der Einkommens-, Vermögens- und der Steuerlastverteilung und deren negative Bedeutung für soziale Gerechtigkeit, Wachstum und Beschäftigungschancen hingewiesen haben. Deshalb wird er auch an dieser Stelle besonders erwähnt.[39]

Auf der anderen Seite verwundert, dass in einem ganzseitigen Aufruf «Wir wollen die Marktwirtschaft erneuern!» der frühere Bundesbankpräsident Tietmeyer die Forderung nach sozialer Gerechtigkeit nicht mal mehr der Erwähnung für wert gehalten hat.[40] Auf dieser Linie liegt auch die Argumentation von Giersch, dass «mit dem Tempo des Fortschritts ... die Ungleichheit größer wird» und «wohl auch die Anstößigkeit der Ungleichheit abnimmt».[41]

Wenn es das Ziel aller Deregulierungen war und ist, die Lohnkosten so zu beeinflussen, dass die Lohnsteigerungen unter den Produktivitätszuwächsen liegen, dann ist das im letzten Jahrzehnt weitgehend gelungen, wie nicht nur die Einkommensverteilung, sondern auch die außerordentlich starke Wettbewerbs- und Exportkraft Deutschlands beweisen.

---

terschiede bestehen bei den Grundvermögen. Rund 50 % aller Haushalte verfügen nicht über Grundvermögen»; 2. die «Verteilung des Geldvermögens ist dagegen ungleichmäßiger geworden»; und 3. über «die Verteilung des Grund- und Geldvermögens der reichen und sehr reichen Haushalte» gibt es so gut wie keine statistischen Erhebungen, und es kommt hinzu, dass «die Wertänderungen bei weitem nicht die Aufmerksamkeit genießen, die ihnen zukommt». Siehe hierzu: Wohlstandsverteilung in Deutschland, 1978 bis 1993, Prognos AG Basel und ZEW Mannheim, Edition der Hans-Böckler-Stiftung, Düsseldorf 2000, S. 8–15.

39 Herbert Ehrenberg, Raus aus der Krise, Bonn 1999, S. 24–35, 37–49.
40 In: FAZ vom 19. Februar 2001, S. 8.
41 H. Giersch, Fortschritt als Aufgabe, in: FAZ vom 30. 12. 2000

III. Die EWU und die Arbeitsbedingungen der Zukunft

1. Schwerpunkte der Veränderungen der Arbeitswelt und ein Blick in die Zukunft

Über welche Veränderungen in der Arbeitswelt müssen wir Bescheid wissen, damit Politik und Demagogie nicht weiteres Unheil stiften? Sind die Änderungen so beschaffen, dass Sozialschutz immer weniger gewünscht und notwendig ist? Und für unsere Sozialordnung von größter Bedeutung scheint mir zu sein, ob wir handlungsfähige Gewerkschaften behalten, weil ohne deren Funktionsfähigkeit wesentliche institutionelle Vorkehrungen der Sozialpolitik obsolet würden.

Es scheint Übereinstimmung darüber zu herrschen, dass die letzten etwa zehn Jahre eine spürbare Veränderung nicht nur der Formen, sondern auch der geistigen Strömungen in der Arbeitswelt in starker Beschleunigung mit sich gebracht haben. Mit der hohen Fluktuation auf den Arbeitsmärkten (im Jahre 1999 gab es z. B. im Westen über die Arbeitsämter mehr als 5 Mio. «Abgänge an Arbeitslosen»; im Osten Deutschlands waren es rund 2,3 Mio.) «wird jährlich rund ein Viertel der Beschäftigungsverhältnisse ‹erneuert›»[42], gehen «wechselnde Gefühlsskalen in der Arbeitswelt» einher, und die Einschätzung greift um sich, dass es das so genannte «Normalarbeitsverhältnis» entweder nicht mehr gibt oder dass es auf dem Verschlankungsweg ist.[43]

«Normal» im Sinne des bisher geltenden gesellschaftlichen Bewusstseins sei eine Vollzeitbeschäftigung mit lebenslangem Arbeitsvertrag, d. h. in abhängiger Lohnarbeit ausgeübt und mit umfassender sozialer Versicherungspflicht ausgestattet. Unstrittig ist, dass es heutzutage erheblich mehr Teilzeitarbeit gibt (Anstieg von etwa 8 auf rd. 20 % der Beschäftigten), mehr geringfügige Beschäf-

---

42 G. Kleinhenz, a. a. O., S. 326.
43 J. Engelmann und M. Wiedemeyer (Hrsg.), Kursbuch Arbeit, Stuttgart/München 2000, S. 9 u. 11.

tigungen, mehr befristete Arbeitsverhältnisse und mehr atypische Anstellungen (z. B. Scheinselbständigkeit), mehr permanent-temporär Beschäftigte, erheblich weniger Beschäftigte im öffentlichen Dienst, einen relativ starken Anstieg der Anteile der Selbständigen an den Erwerbstätigen und eine von Jahr zu Jahr steigende Überstundenleistung der Arbeitnehmer trotz hartnäckiger Massenarbeitslosigkeit.

Die neueren Formensegmente sollen mehr mit Kreativität, mit schnell sich änderndem Wissen und neuen Standorten sowie flachen Hierarchien zu tun haben und die Bereitschaft herausfordern, schnell zu wechseln und mehr Risiken bei überdurchschnittlicher Bezahlung einzugehen, vor allem aber sich mehr als Unternehmer im Unternehmen denn als abhängig Beschäftigter zu sehen.

Das ganze Spektrum der neuen Beschäftigungsformen zeigt sich in Veränderungen der Abhängigkeit, Bezahlung, Dauer und Ort der Arbeit, Arbeitsplatz- und sozialer Sicherheit. Als Folge davon haben wir heute wesentlich differenziertere, also flexiblere Verhältnisse auf den Arbeitsmärkten als je zuvor. Die Unterschiede zwischen Ost- und Westdeutschland sind in Bezug auf Arbeitsmarkt und Arbeitsmarktpolitik in den letzten zehn Jahren erheblich größer geworden.[44] Nichtsdestoweniger spricht Kleinhenz von einer «Langsamkeit des Wandels in der Arbeitswelt».[45]

Man kann darüber streiten, wie hoch der Anteil dieser «neuen Arbeit» ist (schließlich ist die Forderung nach «lebenslangem Lernen-Müssen» so alt wie die Bundesrepublik) und wohin die neuen Inhalte und Formen der Arbeit in quantitativer und qualitativer Weise führen werden. Wenn allerdings immer noch zwischen vier Fünftel und höchstens drei Viertel aller Arbeitsverhältnisse als mehr oder weniger «normal» im bisherigen Sinne anzusehen sind, dann wird es nach meiner Einschätzung wegen des zweigeteilten Arbeitsmarktes keine «zweigeteilte» Sozialpolitik geben können.

---

44 E. Hoffmann und U. Walwei, «The Change in Employment Forms – Empirical Results and First Explanatory Approach», in: IAB, Labor market research topics Nr. 34, Nürnberg 1999, S. 5–7 u. 17.
45 G. Kleinhenz, a.a.O., S. B 40.

Im Gegenteil: Es wäre gesellschaftspolitisch vernünftig, alle Erwerbstätigen wie in der Schweiz in **einen** Versicherungstopf zu stecken und zur Solidarität zu verpflichten. Das ist in Deutschland nicht möglich, aber es müsste schon merkwürdig zugehen, wenn Deutsche, die angeblich mehrheitlich gesellschaftlichen Wandel eher fürchten, sich stark genug fühlen sollten, die sozialen Sicherungsnetze gering zu schätzen.

Ist wirklich Flexibilität mit berechtigtem Sicherheitsstreben vereinbar?

Bundeskanzler Schröder hat in seiner Regierungserklärung diesen Zusammenhang erwähnt und gefordert, dass «mehr Flexibilität im Arbeitsleben nicht auf Kosten sozialer Sicherheit gehen darf». Hanau hat darauf hingewiesen, dass die Verknüpfung von Flexibilisierung und Sicherheit, die so genannte «Flexurity», in einem Beschluss des Bundesverfassungsgerichtes vom 27. 1. 1998 sogar mit Verfassungsrang oder als Verfassungsauftrag ausgestattet wurde.[46] Nach meiner Einsicht wird es ein mehr oder weniger frommer Wunsch bleiben. Ob Erfahrungen aus anderen europäischen Ländern, beispielsweise aus Dänemark, den Niederlanden und der Schweiz, auf unsere neuen Bedingungen übertragbar sind, müsste geprüft werden.

Glaubt man den sachverständigen Propheten einer neuen Produktions- und Arbeitswelt, die durch die Zusammenfügung von Nano-, Bio- und EDV-Technik möglich wird, dann stehen uns in nicht allzu ferner Zeit Fortschritte in der Wirtschaft, der Arbeitsorganisation und der Sozialordnung bevor, die wir jetzt nicht ausdeuten und erst recht nicht antizipieren können. Es mag ja sein, dass dann viele der Beschwernisse von heute sich rückblickend als Durchgangsprobleme einer noch sehr unvollkommenen Welt herausstellen werden.

---

46 P. Hanau, Welche arbeits- und ergänzenden sozialrechtlichen Regelungen empfehlen sich zur Bekämpfung der Arbeitslosigkeit, Gutachten C zum 63. Deutschen Juristentag, Leipzig 2000, S. C 13.

2. Die wunden Punkte auf der Angebotsseite – die Trias an Schutzgesetzen

a. Vereinbarungen der Tarifvertragsparteien zur Regelung der Arbeitsbedingungen (Tarifautonomie)

Im Angriff auf den «Flächentarifvertrag» bündeln sich alle Kritikpunkte an der deutschen Arbeitsmarktpolitik. Im geforderten «schlanken» Tarifvertrag sollen durch mehr Gestaltungsfreiheit für Betriebe bzw. Unternehmen beim Einsatz der Arbeitskräfte Möglichkeiten geschaffen werden, schneller als bisher auf schwankende Kapazitätsauslastung reagieren zu können. Außerdem sollen Öffnungsklauseln unter bestimmten Bedingungen untertarifliche Entgeltzahlungen ermöglichen.

Die Gestaltung der Arbeitsbedingungen ist durch Gewährung der Tarifautonomie an die Arbeitsmarktparteien vom Grundgesetz in Artikel 9, Absatz 3 vorgegeben und geschützt («verfassungsrechtliche Dignität»).

Jahrzehntelang galt diese deutsche Besonderheit als einer der stabilsten Pfeiler der sozialen Marktwirtschaft überhaupt. In mühseligen Anläufen gelang im Zusammenspiel von steigender Arbeitslosigkeit, geschwächten Gewerkschaften, einem Auslaufen des Konkurrenzmodells Sozialismus und von den Gewerkschaften mitgetragenen Kompromisslösungen bei Arbeitszeitverkürzung, Entlassungssperren, Arbeitszeitflexibilisierung und vor allem Lohnmäßigung eine Verringerung der in der Nachkriegszeit möglich gewesenen Spielräume der Tarifvertragsparteien.

Neumann/Schaper haben auf einer ganzen Textseite im Einzelnen aufgezählt, was bis zum Ende der CDU/FDP-Koalition im Jahre 1998 an einzelnen Maßnahmen eingeleitet wurde, um zur Verbesserung der Funktionsfähigkeit der Arbeitsmärkte beizutragen. Als Ansatzpunkte wurden gewählt: Verringerung der Lohnnebenkosten, Abbau von Einstellungsbarrieren, Abschaffung des Arbeitsvermittlungsmonopols der Bundesanstalt, Verringerung von Unterstützungen an Arbeitslose, Verpflichtungen der Arbeitslosen zu Gemeinschaftsarbeiten, Maßnahmen gegen Schwarzarbeit, Abbau des Kündigungsschutzes, Meldezwang für Arbeitslose.

Im Gemisch marktbezogener und gesetzlicher Maßnahmen sind bemerkenswerte Anpassungen an neue Produktions- und Wettbewerbsbedingungen möglich gewesen, ohne dass es durch abrupte gesetzliche Gewaltmaßnahmen zur Aufkündigung der Konsensgesellschaft gekommen ist. Auf diesem Wege ist das deutsche kollektive Lohnfindungssystem de facto weiter reformiert worden, als viele Kritiker wahrnehmen können oder wollen. Es hat «beachtliche Fortschritte» (Arbeitsminister Walter Riester) zu mehr betriebsnotwendiger Flexibilisierung gegeben. Es sei «eine segensreiche Pflicht, sich auch den Kopf des anderen zu zerbrechen», so hat sich Riester in einer Rede vor der Firma debis am 3. September 1999 programmatisch geäußert. Er plädierte für einen «gerechten Interessenausgleich» und mahnte die Wirtschaft, Tarifvertragsinhalte nicht nur an den wirtschaftlichen Gegebenheiten, sondern auch an den Bedürfnissen der Arbeitnehmer zu orientieren.

Solchen Überlegungen folgend, enthalten die zahlreichen Tarifverträge ein breites Spektrum an unterschiedlichen Regelungen, wie zum Beispiel Lohndifferenzierungen zwischen den Branchen und Regionen je nach Ausbildung, Qualifikation, Tätigkeit, Alter und/oder Berufszugehörigkeit der Arbeitnehmer. Sie enthalten weitere Differenzierungen in Form von unterschiedlichen Leistungszulagen, Zulagen für bestimmte Tätigkeiten oder zu bestimmten Zeiten.[47] Die Bundesanstalt für Arbeit berichtet ausführlich über die «anhaltende Flexibilisierung des Beschäftigungssystems»[48].

Diese Praxis hat seit 1949 zum Abschluss von annähernd 320 000 Tarifverträgen geführt, von denen am Jahresende 1999 noch 51 568 (davon 19 535 oder etwa 40 % Firmentarifverträge) gültig waren. Sie umfassen etwa 90 % aller sozialversicherungspflichtigen Arbeitnehmer in fast allen Branchen mit Ausnahme von

---

47 Bundesministerium für Arbeit und Sozialordnung, Tarifvertragliche Regelungen in ausgewählten Wirtschaftszweigen, Bonn 2000, S. 11.
48 Bundesanstalt für Arbeit, Amtliche Nachrichten, 48. Jg., Sondernummer, Nürnberg, 28. 6. 2000, S. 31–33.

Teilen des Dienstleistungsbereiches. In einigen Bereichen gibt es nur Firmentarifverträge (z. B. Mineralölverarbeitung, Luftfahrt, öffentlich-rechtliche Rundfunkanstalten). Die Mehrzahl, d. h. die Verbandstarife, bestehen für etwa 300 verschiedene Wirtschaftszweige, meist auf regionaler Ebene abgeschlossen. So gibt es mehr als 1100 sektoral und regional unterschiedliche Tarifbereiche und bei den Vergütungstarifverträgen fast 1500 verschiedene Tarifbereiche. Seit 1990 erhöhte sich die Zahl der Unternehmen mit Firmentarifverträgen in Deutschland von rund 2550 auf 5841; im Osten von rund 450 auf 1843, wo es zu einer allgemeinen Flucht aus dem Tarifvertrag gekommen ist, deren Auswirkungen noch nicht abzuschätzen sind.

Die Schnellausbreitung von Firmentarifen darf allerdings nicht darüber hinwegtäuschen, dass noch nicht «von einer wesentlichen Verlagerung der Tarifautonomie in die Betriebe gesprochen werden kann» – Firmentarifverträge umfassen etwa drei Mio., Verbandstarifverträge etwa 22 Mio. Arbeitnehmer.[49]

Man kommt aus dem Staunen nicht heraus, wenn man liest, wie von einflussreichen Professoren behauptet wird, dass «meist in ganz Deutschland einheitliche Flächentarife für ganze Wirtschaftszweige ohne Regelungen zur Flexibilisierung und Differenzierung dominieren». Diese Behauptung wird aber nicht dadurch wahr, dass die Verfasser sie im selben Aufsatz noch einmal fast wortgleich wiederholen.[50]

Wie sehr diese Sicht um sich greift, zeigte sich im November 2000, als sich Teile der Regierungspartei «Die Grünen» mit einem Vorschlag an die Öffentlichkeit wandten, das Günstigkeitsprinzip des § 4 des Tarifvertragsgesetzes (TVG) zu relativieren. Danach sollte in ihrer Existenz bedrohten Firmen erlaubt werden, mit den Betriebsräten in Krisensituationen Vereinbarungen abzuschließen, um geltendes Tarifrecht unterlaufen zu kön-

---

49 Bundesministerium für Arbeit und Sozialordnung, Tarifvertragliche Arbeitsbedingungen im Jahr 1999, Bonn 2000, S. 6.
50 B. Rüthers und H. Siebert, «Die kollektive Zwangsjacke abstreifen», FAZ vom 24. 2. 2001, S. 15.

nen. Nach entschiedenem Widerstand des Bundeskanzlers, der SPD und der Gewerkschaften wurde der Vorschlag vom Fraktionsvorsitzenden Schlauch schneller zurückgezogen, als er ihn präsentiert hatte.[51]

Die CDU hat in der Folge vorgeschlagen, Sperren einzubauen, einmal durch die Forderung nach «qualifizierter Mehrheit» für eine Entscheidung des Betriebsrates, untertarifliche Bezahlung zu vereinbaren, und zum anderen, dass «den Tarifvertragsparteien zur Sicherung der Tarifautonomie ein begründetes Vetorecht bleiben muss».[52]

Solche politischen Schnellschüsse zeigen einmal, dass weder die sich ändernde Wirklichkeit erfasst wird, noch die innewohnenden Probleme durchdacht wurden, und zum anderen, dass systemimmanente Auswege falsch interpretiert werden. Diese hat Riester so beschrieben: Es sei nicht Aufgabe des Gesetzgebers, in die Tarifautonomie einzugreifen, stattdessen seien Arbeitgeber und Gewerkschaften gefordert, Öffnungsklauseln zu vereinbaren.

Diese Auffassung wurde bisher auch durch den Arbeitsrechtler B. Rüthers geteilt. In einem Diskussionsbeitrag wies er 1994 darauf hin, dass sich in Deutschland in den zurückliegenden 40 Jahren «Betriebsverfassung und Tarifautonomie eigentlich gut vertragen» hätten. Mit «Ausnahmesituationen» würde das System fertig, und in Bezug auf Vorstöße zur Änderung des Gesetzes meinte er: «Vom Gesetzgeber brauchen wir Verschonung – sonst nichts.»[53] Es erhöht aber die Glaubwürdigkeit Rüthers' nicht, wenn er nun, Arm in Arm mit Siebert, fordert, das TVG doch zu ändern, um betriebliche Sondervereinbarungen treffen zu können. Dass «tarifgebundenen Arbeitnehmern ... durchaus ein Wahlrecht zwischen der tariflichen und der betrieblichen Regelung eingeräumt» werden

---

51 Die Berichterstattung hierüber wurde der FAZ vom 21. November 2000, S. 1, 17 und 18, entnommen.
52 CDU, Beschluss des Bundesvorstandes, «Arbeit für alle, Chancen für alle», Mainz, 15. 1. 2001, S. 3.
53 B. Rüthers, Diskussionsbeitrag, abgedruckt in: Recht der Arbeit, 1994, Heft 3, S. 176.

kann, ist schon merkwürdig genug. Dass den Tarifvertragsparteien sogar «das Recht eingeräumt werden könnte, offenbar missbräuchliche Betriebsvereinbarungen gerichtlich kontrollieren zu lassen», zeigt nur, welche Verrenkungen entstehen, wenn man von der «Verschonung durch den Gesetzgeber» nichts mehr wissen will.

Mit solchen Vorschlägen sollen Gewerkschaften geschwächt und aus betrieblichen Verhandlungen herausgehalten werden. Es ist plausibel, wenn diese befürchten, im Lohn werde die Manövriermasse gesehen, auch um eklatantes unternehmerisches Versagen zulasten der Arbeitnehmer zuzudecken. Am Beispiel der Baufirma Holzmann wird dies deutlich. So hat Olaf Henkel argumentiert, dass deren existentielle Schieflage sich durch Lohnzugeständnisse hätte verhindern lassen. Dabei ist unstrittig, dass die großen wirtschaftlichen Schwierigkeiten dieser Firma von einer mangelhaft operierenden unternehmerischen Leitung zu verantworten waren.

b. Bestandsschutz von Arbeitsverträgen (Kündigungsschutz)

Modelltheoretisch werden für das reibungslose Funktionieren der Arbeitsmärkte Arbeitnehmer gebraucht, die sich so schnell wie möglich beruflich, betrieblich und räumlich anpassen, sobald die Nachfrage sich ändert. Schlüssig ist im Sinne der neoliberalen Vorstellungen, dass die Arbeitnehmer in Bezug auf Entlassungen keine großen Sperenzchen machen sollten und deshalb besonders ausgeprägter Kündigungsschutz ein mehr oder weniger großes Übel darstellt. In der Logik der Anforderungen an den jederzeit flexiblen Arbeitnehmer liegt es außerdem, dass er sich nach einer Entlassung nicht zu lange (am besten überhaupt nicht) in der Hängematte der Arbeitslosenunterstützungssysteme aufhält, sondern seine Arbeitskraft anbietet, bis der Markt geräumt ist.

Weil eine solch strikte Erwartung an die anbietenden Arbeitnehmer seit langem als mit der Menschenwürde für unvereinbar gehalten wurde, hat es in allen zivilisierten Ländern (mit Ausnahme der USA und Großbritannien), vor allem seit im Jahre 1975 eine EC-directive erlassen wurde, eine intensive so genannte «employment protection legislation» gegeben. Und es wurde je nach «strictness» der Restriktionen eine Rangskala der miteinander im Wettbewerb stehenden Länder erarbeitet. Danach haben die USA und Großbritannien als «liberalste» Länder Plätze eins und zwei inne. So integrationsfähige Länder wie Portugal und Griechenland, Italien und Spanien nehmen die Plätze 25, 24, 23 und 22 ein, gefolgt von Frankreich auf Platz 21. Deutschland liegt, nach dieser Rangordnung, an 18. Stelle.[54]

Man erkennt, dass der gesetzliche Schutz vor markträumenden Entlassungen dort am weitesten entwickelt ist, wo der durch Wettbewerb und Euro ausgelöste Druck auf die Arbeitsbedingungen höchstwahrscheinlich am stärksten spürbar werden wird.

Die sozialen Unterschiede zwischen Europa und den USA werden am deutlichsten im «hire-and-fire»-Slogan ausgedrückt. Wenn die Profitraten in hohem Maße von der Höhe der Arbeitskosten bestimmt würden, zahle es sich aus, dass «our costs of dismissing workers are lower ... the risks associated with expending employment are less»[55].

Der Autor A. Greenspan hat allerdings ausdrücklich betont, dass ein weniger willkommenes Nebenprodukt dieser Flexibilitätsvorteile der Vereinigten Staaten in der «evident insecurity» liege, unter der viele Arbeitnehmer wegen der immer «drohenden potentiellen Entlassung» (potential job dismissal) zu leiden hätten. Wahrscheinlich kommt auf diese Weise auch ein ständiger Strom an psychiatrisch zu betreuenden Managern und Arbeitnehmern zustande. Eine andere Kehrseite der Flexibilität ist die so genannte Volatilität, denn im hire-and-fire-System der Amerikaner führen die schnell um sich greifenden Sorgen um den Erhalt des Arbeitsplatzes zu raschen negativen Konsumauswirkungen. So sei das Wachstum in den Vereinigten Staaten zwar höher, aber auch

---

54 OECD, Employment Outlook 1999, Paris 2000 S. 51, und Tabelle auf S. 66.
55 Alan Greenspan, Structural change in the new economy, BIS-Review, Nr. 57, 13. Juli 2000, S. 2.

erratischer «als in Europa, wo es behäbiger, aber stabiler zugeht»[56].

So laut der Ruf nach Strukturreformen und flexiblem Arbeitsangebot auch ertönt – gerade bei der Frage, ob der Kündigungsschutz dazugehören muss, gibt es erstaunlich wenig konkrete Vorstellungen. Das hat seine Gründe:

Erstens wird durch einen Arbeitsplatzaustausch zwischen Arbeitsplatzbesitzern und Arbeitsplatzsuchenden jedenfalls direkt kein einziger neuer Arbeitsplatz geschaffen.

Zweitens herrscht die Einsicht vor, dass es in Europa (mit Ausnahme Großbritanniens) üblich ist, abhängige Arbeitnehmer vor willkürlichen Entlassungen weitgehend zu schützen.

Drittens: Kündigungsschutz liegt nicht nur im Interesse der Arbeitnehmer; angesichts der hohen Spezialisierung Hunderttausender von Fachkräften der New Economy und knapper werdender Fachkräfte im Allgemeinen wird Kündigungsschutz möglicherweise zu einer existentiell wichtigen Frage auch für kleinere bis mittelgroße, vielleicht sogar für sehr große Firmen.[57]

Viertens: Maßgebliche Verringerungen der Kündigungsfristen verlagern bei schwächeren Arbeitsmärkten die Kosten der Lebensunterhaltssicherung der dann schneller arbeitslos Werdenden auf die Arbeitslosenversicherung und damit auf die Lohnnebenkosten; bei Besserungen der Arbeitsmärkte wird die Position der Arbeitgeber tendenziell durch lange Kündigungsfristen gestärkt.

Fünftens: Zwar gehen Klagen gegen ordentliche Kündigungen vor deutschen Arbeitsgerichten in nicht selten unverständlicher Weise einseitig zugunsten der klagenden Arbeitnehmer aus. Doch trifft es auch zu, dass die Betriebe nicht benötigte Arbeitnehmer so oder so loszuwerden vermögen. Während auf der einen Seite ein Arbeitsplatzverlust zu lebenslänglicher Vertreibung aus dem Ar-

---

56 S. K. Friedrich in der FAZ vom 22. Januar 2001, S. 33.
57 So berichtete die Bild-Zeitung am 30.8. 2000 von einer Massen-Kündigungswelle von 30 IT-Spezialisten im Gruner + Jahr-Verlag. Sogar von der Einschaltung der Staatsanwaltschaft und der Prüfung von Schadensersatzansprüchen war die Rede.

beitsmarkt führen kann und über die Abfindung vor den Arbeitsgerichten gestritten wird, um hier einen Ausgleich zu erzielen, sind in den letzten Jahren Hunderttausende von Arbeitsplätzen in durchaus prosperierenden Großbetrieben nicht selten auch durch Abkommen mit den Gewerkschaften hauptsächlich auf Kosten des Steuerzahlers und der Gemeinschaft der Sozialversicherung wegrationalisiert worden, ohne dass Chancen für Arbeitssuchende eröffnet wurden. Als Beispiel für viele solcher Vorgänge möge dienen, dass die Deutsche Bank für das Jahr 2000 eine Steigerung ihrer Gewinne um rund 75 % bekannt gab und gleichzeitig, ohne irgendein Bedauern zu äußern, ankündigte, dass mindestens 2500 Arbeitsplätze «eingespart» werden müssten.

Sechstens: Die politischen und gewerkschaftlichen Widerstände gegen eine Aufweichung gesetzlicher Kündigungsrechte erscheinen unüberwindbar. Das erklärt auch, warum das Thema in der politischen Auseinandersetzung nur wenig konkrete Beachtung gefunden hat. Mit anderen Worten: Es herrscht gesellschaftlicher Konsens, dass Kündigungsschutz ein Elementarrecht gerade für abhängig Beschäftigte darstellt und auch unter neuen Bedingungen bleiben soll. Diese Übereinstimmung beinhaltet auch, dass es gesetzlich erlaubt ist, Kündigungsschutzrechte bis zu zwei Jahren hinauszuschieben.

Diese Auflockerung ist wesentlich; sie bringt eine Art Probezeit in neu entstehende Arbeitsverhältnisse und bedeutet ein hohes Maß an Flexibilität für beide Seiten.

Allerdings liegt seit Juli 2000 ein Vorschlag der CDU auf dem Tisch. Während zunächst die «Möglichkeit geprüft» werden sollte, «ob im Rahmen eines Optionsmodells Arbeitgeber und Arbeitnehmer Abfindungsregelungen im Gegenzug für einen Verzicht auf Kündigungsschutzklagen vereinbaren können sollten», befürwortet die CDU inzwischen «die Einführung eines Optionsrechts» mit «gesetzlicher» Regelung der Mindesthöhe von Abfindungen.[58]

---

58 CDU, Der faire Sozialstaat – eine neue Politik für eine neue Zeit, Diskussionspapier Nr. 21, 12. Juli 2000, S. 13. Die Fortentwicklung wurde am 15. Januar 2001 mit dem Beschluss des Bundesvorstandes «Arbeit für alle, Chancen für alle» bewirkt, a.a.O., S. 4.

Man sollte diesen Vorschlag vorbehaltlos auf seine Auswirkungen prüfen, wobei beachtet werden müsste, ob es sinnvoll ist, mit Hilfe einer gesetzlichen Regelung in Streitigkeiten unter den Arbeitsvertragsparteien und damit unter Ausschluss der Arbeitsgerichte einzugreifen.

c. Existenzsicherung von Arbeitslosen und Angebotselastizität

a. Arbeitslosenunterstützung und Arbeitslosenhilfe

Der Direktor der International Labor Organization (ILO) wies kürzlich darauf hin, dass «75 % der Weltbevölkerung keine Arbeitslosenversicherung haben» und dass «die Hälfte aller arbeitenden Menschen auf der Erde mit weniger als 2 US-Dollar am Tag auskommen muss»[59]. In Bezug auf die industrialisierten Länder wird die wissenschaftlich fundierte Meinung vertreten, dass hier für viele «Arbeitslosigkeit» zum «way of life» wurde und Unterstützungssysteme die Eigenschaft haben, die «Suche nach Arbeitsplätzen zu behindern», und deshalb «das Problem vergrößern, welches sie eigentlich angehen sollten»[60]. Wie ernst sind solche Aussagen zu nehmen?

Als in den Jahren nach der Währungsreform schnell übergenug Arbeit vorhanden war, verschwand auch die Arbeitslosigkeit oder wurde wesentlich geringer, und nur wenige haben sich nach der Hängematte «Arbeitslosenunterstützung» gesehnt.

Um die Argumentation von Snower in Bezug auf Deutschland zu bewerten, sollten folgende Informationen beachtet werden[61]: Von 4,1 Mio. registrierten Arbeitslosen erhielten 3,5 Mio. «Lohnersatz-Leistungen», von denen rund 300 000 aufgrund gesetzlicher Bestimmungen für eine Vermittlung nicht mehr infrage kamen (we-

---

59 Huan Sumawia, Die Zukunft der Arbeit, in: FAZ, vom 4. 1. 2001, S. 45
60 D. J. Snower, Evolution of the welfare state, in: Sozialstaat im Wandel, Jahrestagung 1998, Verein für Socialpolitik, Berlin 2000, S. 42 und 49.
61 Bundesanstalt für Arbeit, Arbeitsmarkt 1999, 48. Jahrgang, Sondernummer, Nürnberg, 28. 6. 2000, S. 71.

gen Leistungsminderungen und der Regelung, die über 58-Jährigen in den Arbeitslosenversicherungssystemen zu parken).

Die so genannte «Leistungsempfängerquote» für das (wirkliche) Arbeitslosigkeitsvolumen lag bei 78,4 %, d. h. 3,2 von 4,1 Mio. erhielten Geldleistungen. Rund 32 % waren länger als ein Jahr dabei. Die durchschnittliche Dauer der Unterstützung betrug 29,5 Wochen. Der Unterschied zwischen den Beziehern aufgrund der durch Versicherung erworbenen Ansprüche (ALU) und ALI (Sozialhilfe) betrug immerhin 13 volle Wochen (23,0 zu 43,1). Drei weitere Fragen sind von Bedeutung: Wie hoch sind die Leistungen im Verhältnis zum Erwerbseinkommen? Wie hoch ist der Leistungsmissbrauch? Wie und warum wird die «Hängematte» in Deutschland finanziert?

1. Empfänger von Arbeitslosengeld erhielten im Schnitt im Jahr 1999 monatlich 1317 DM (Verheiratete: 1750, Nichtverheiratete: 1228). Die Arbeitslosenhilfe war deutlich niedriger mit 964 (1194, 990) DM (die ALU wird auf etwa 50 bis maximal 60 % des Nettoeinkommens berechnet). Insgesamt wurden 48,6 Mrd. DM für ALU und 30,5 Mrd. DM für ALI aufgebracht.

2. Die Bundesanstalt definiert Leistungsmissbrauch als «unrechtmäßige Inanspruchnahme von Leistungen der Bundesanstalt», die durch Verschweigen einer Arbeitsaufnahme oder eines Nebeneinkommens aus Erwerbsarbeit entsteht. Im Jahr 1999 wurden rund 180 000 Bußgeldverfahren (Vorjahr 207 500) eingeleitet. Eine Summe von knapp 25 Mio. DM (Vorjahr 20,1 Mio. DM) wurde festgesetzt – man muss zugeben: so viel wie nichts im Verhältnis zu dem Leistungsumfang von insgesamt rund 80 Mrd. DM. Das «Sichverlassen» auf den Zufall und Datenabgleich mit anderen staatlichen Stellen wird angesichts der völlig unzureichenden Kontrollinstanzen der Arbeitsämter hingenommen. Wie hoch die Dunkelziffer ungefähr ist, weiß niemand zu sagen.[62] Weil Arbeits-

---

62 Die Regierung unter Bundeskanzler Kohl hatte im Sommer 1997 eine gesetzliche Meldefrist alle drei Monate für alle Empfänger von Leistungen beim zuständigen Arbeitsamtvermittler eingeführt. Weil die Arbeitsämter behaupten konnten, das sei weder vernünftig noch durch sie

lose ausdrücklich darauf hingewiesen werden, dass sie unter 15 Stunden wöchentlich nebenher arbeiten dürfen, ohne die Bezugsberechtigung im Grunde zu verlieren, muss von einer sehr hohen Dunkelziffer ausgegangen werden, wenn man unterstellt, dass viele Meldungen schlicht unterbleiben, nicht zuletzt weil Nebentätigkeit nicht wirkungsvoll nachgeprüft wird. Immerhin bleibt von dem monatlichen Nebeneinkommen nur ein Betrag von DM 315 (oder von 20 % der monatlichen Unterstützung) anrechnungsfrei, während der Rest voll angerechnet wird.[63]

Sowohl in der Politik als auch in der Literatur wird auf das Ärgernis des Leistungsmissbrauchs auch in der Arbeitslosenunterstützung eindringlich hingewiesen. So schreiben Neumann/Schaper: «Sieht man sich die steil angestiegenen Zahlen aufgedeckten Sozialbetrugs bei den Arbeits- und Sozialämtern an, muss über das Kontroll- und Sanktionssystem neu verhandelt werden ... wachsender, nicht verfolgter Missbrauch ist der Anfang vom Ende der Akzeptanz unseres sozialen Sicherungssystems in der Bevölkerung.» [64]

Zweimal hat der Ministerpräsident von Mecklenburg-Vorpommern, der Sozialdemokrat Ringsdorff, innerhalb weniger Monate Sanktionen gegen Arbeitsunwillige verlangt und beklagt, «dass es eine Reihe von Menschen gibt ...», die eine «Stelle ablehnen, weil sie mit Sozialhilfe und Schwarzarbeit über die Runden kommen».[65]

3. Wer ALU haben will, muss im Prinzip zwei Beitragsmonate nachweisen, um einen Monat Leistungen vom Arbeitsamt zu erhal-

---

arbeitsmäßig zu bewältigen, wurde diese so genannte Kontrolle durch die rot-grüne Regierung mit Wirkung vom 1. 11. 1999 wieder abgeschafft. Mit dem Ergebnis: Wenn der Vermittler keinen Anlass sieht, sich um einen Arbeitslosen zu kümmern, wird der in Ruhe gelassen.

63 Bundesanstalt für Arbeit, Merkblatt für Arbeitslose, Nürnberg, April 2000, S. 40.
64 L. F. Neumann/K. Schaper, Die Sozialordnung der Bundesrepublik Deutschland, Frankfurt am Main, 1998, S. 148.
65 Siehe Meldungen in der FAZ vom 16.11. 2000, Seite 5, und Bild vom 22. 1. 2001, Seite 2.

ten. Die Höchstbezugsdauer ist 12 Monate; ab 45 Lebensjahren kann sich die Bezugsdauer auf bis zu 32 Monate erhöhen. ALI wird als Ersatz zur Sozialhilfe ohne zeitliche Begrenzung, aber mit Bedürftigkeitsprüfung gewährt. Arbeitgeber und Arbeitnehmer bringen jährlich gemeinsam über 87 % der Einnahmen der Bundesanstalt in Höhe von rund 86,2 Mrd. DM auf. Damit wirkt das System angesichts dieser Größenordnungen und der gleichermaßen hohen Ausgaben als so genannter «built-in stabilisor». Der Bundeszuschuss betrug im Jahr 1998 rund 7,7 Mrd. DM; er wurde für das Jahr 2001 erst einmal gestrichen.

Das deutsche System der Existenzsicherung im Fall von Arbeitslosigkeit ist wegen der Massenarbeitslosigkeit dafür verantwortlich, dass die Lohnnebenkosten drastisch gestiegen sind. Während der gemeinsame Beitragssatz 1970 noch 1,3 % betrug, wurde er bis 1980 auf 3,0 % und schließlich, um die steigende Arbeitslosigkeit zu finanzieren und u.a. bedingt durch die «katastrophale Arbeitsmarktentwicklung in den neuen Ländern» einmal auf 6,8 % erhöht und dann wieder auf 6,5 % zurückgenommen.[66]

Sollte die Arbeitslosigkeit weiter zurückgehen, besteht zum ersten Mal seit der Wiedervereinigung die Chance, diese für die Wettbewerbsposition Deutschlands besonders hohe Sonderbelastung nicht unerheblich zu reduzieren, was ab 2002 der Fall sein könnte.

Eine große Rolle hat in den letzten Jahren die Frage gespielt, wie weit den Arbeitslosen zugemutet werden kann, Arbeitsangebote anzunehmen, die nicht unbedingt ihren Vorstellungen und ihrem bisherigen Berufsverlauf entsprechen. Mit der Zeit wurden die Zumutbarkeitskriterien verschärft, allerdings durch die jetzige Regierung wieder etwas gelockert. Damit scheint ein Kompromiss gefunden worden zu sein, um einerseits die Solidarität aller beschäftigten Beitragszahler nicht zu sehr zu strapazieren und andererseits einen gewissen Zumutbarkeitsschutz zu erhalten. Solange wir es mit einer Massenarbeitslosigkeit in diesen unerhörten Größenordnungen zu tun haben, wird man bei der Ursachenbestim-

---

66 G. Bäcker, Sozialpolitik und soziale Lage in Deutschland, a.a.O., S. 352.

mung nicht in erster Linie auf die fehlende Motivation der Arbeitslosen abstellen dürfen, sondern die politische Gesamtverantwortung für die Schaffung von Arbeitsplätzen unbedingt in den Vordergrund rücken müssen. So viel zu dem Engländer Snower.

b. Sozialhilfe

Im Jahr 1998 bezogen rund 1,5 Mio. Haushalte (davon 288 000 mit ausländischem Haushaltsvorstand) laufende Hilfe zum Lebensunterhalt, d. h. Sozialhilfe. Wenn man zu den Ausgaben für diese Sozialleistung noch die «Hilfe in besonderen Lebenslagen» hinzunimmt, so wurden 1999 rund 45 Mrd. DM (brutto) insgesamt für Sozialhilfe aufgebracht. Im Jahr 1997 wurden fast 2,9 Mio. Empfänger (darunter 665 000 Ausländer) laufend unterstützt. Während Ende 1997 etwa die Hälfte aller so genannten Bedarfsgemeinschaften seit weniger als einem Jahr laufend unterstützt wurden, erhielten als «Langzeitbezieher» (länger als drei Jahre) rund 22 %, also erheblich mehr als ein Fünftel, diese Unterstützungsleistung. Zu den Größenordnungen ist noch zu sagen, dass die so genannten reinen, also Nettoausgaben für laufende Hilfeleistungen bei 18,2 Mrd. DM und für die zweite Kategorie, Hilfe in besonderen Lebenslagen, 21,5 Mrd. DM betrugen, d. h., die letztere Kategorie ist mit 54,2 % erheblich höher als der Anteil, der für laufende Zahlungen aufgewendet wird.

Aus der Sozialhilfestatistik erfährt man, dass ungefähr jeder Zehnte mehr als fünf Jahre Sozialhilfe bezieht. Innerhalb der Gruppen, die längere Zeit unterstützt werden, finden sich vor allem Hilfeempfänger, die ohne Schulabschluss und ohne berufliche Ausbildung sind. Außerdem handelt es sich um allein lebende Frauen und Männer, Ehepaare ohne Kinder sowie allein erziehende Frauen. In Westdeutschland erhielten zum Beispiel 65 % aller allein lebenden Frauen in der Sozialhilfe länger als 12 Monate Unterstützung. Mehr als die Hälfte aller Hilfeempfänger zwischen 30 und 39 Jahren bezogen laufende Unterstützung länger als 12 Monate; im Durchschnitt betrug deren Bezugsdauer 20 Monate. Rund 44 % aller Hilfebezieher im Westen waren bis 24 Jahre alt, davon rund 340 000 im Alter von 15 bis 24 Jahren (diese Zahl hatte im

Jahr 1980 nur 118 000 betragen). Das zeigt, in welchem Ausmaß in Deutschland vor allem junge Menschen mit Qualifikationshindernissen in der Sozialhilfe gelandet sind.

Rund 8 % aller Hilfeempfänger waren erwerbstätig (davon 3,3 % in Vollzeitarbeitsverhältnissen). 15,6 % aller Bezieher laufender Sozialhilfe im Westen (20,5 % im Osten) erhielten als Arbeitslose neben der Arbeitsamtunterstützung Geld vom Sozialamt. Die Bezieher laufender Leistungen wurden im Durchschnitt mit 16 bis 20 % durch Hilfe in besonderen Lebenslagen unterstützt.[67]

Wichtig sind noch die Relationen Sozialhilfe zum gesamten Sozialbudget und die Höhe der durchschnittlichen Unterstützungsleistungen. Was die erstgenannte Relation angeht, so beträgt sie um die 4 %. Rund 4 % des Sozialbudgets gehen also in den Sozialhilfetopf. Von «teurer Sozialrechnung» insgesamt schrieb das Institut der deutschen Wirtschaft zur Weihnachtszeit 2000 und meinte damit die «1,3 Billionen Mark oder 33,7 % des BIP», die als «neuer Rekordwert für Renten, Pensionen, Sozialhilfe, die Entgeltfortzahlung und andere soziale Extras» im Jahre 1999 ausgegeben worden waren. Merkwürdig diese Ausdrucksweise, wonach Sozialhilfe ebenfalls zu den «Extras» gehören soll.

Während die Quote im Westen von 31,3 (1997) auf 30,8 (1999) zurückgegangen sei, stieg sie im Osten von 54,6 auf 65,0 %, womit die niederschmetternde Erklärung verbunden wurde, dass «die unterschiedlichen wirtschaftlichen Verhältnisse in Ost und West», d. h. «das niedrigere ostdeutsche Sozialprodukt» für dieses Auseinanderklaffen verantwortlich zu machen sei.[68]

Im Sommer 1999 wurden für verschiedene Empfängerkategorien folgende durchschnittliche Bedarfe ermittelt (Regelsatz plus gegebenenfalls Mehrbedarf, Kaltmiete, Heizkosten, einmalige Leistungen): Alleinlebender: 1181 DM, Ehepaar ohne Kind: 1874

---

[67] Bundesanstalt für Arbeit und Sozialordnung, Grundinformationen und Daten zur Sozialhilfe, ISB, Köln, November 1999, S. 41, 44 und passim.
[68] Informationsdienst des Instituts der deutschen Wirtschaft, Nr. 51/52, 21. Dezember 2000, S. 1.

DM, Ehepaar mit drei Kindern: 3462 DM, Alleinerziehende mit zwei Kindern (7 und 13 Jahre): 2556 DM.[69]

Dies sind Nettobeträge. Man vergleiche sie mit den ALU-Sätzen und stellt zum einen nur geringe Abweichungen nach unten bei den Alleinstehenden fest und zum anderen ins Auge fallende Abweichungen nach oben, wenn Kinder berücksichtigt werden sowie Miete bezahlt wurde, die beispielsweise bei drei Kindern immerhin mit 919 DM angesetzt wurde.

Es dürfte klar werden, dass die Problematik der deutschen Sozialhilferegelungen zwar auch im Verhältnis zu den Versicherungsleistungen, aber insbesondere zur Verdienstmöglichkeit «normaler» vergleichbarer Arbeitnehmer auf dem Arbeitsmarkt liegt. Damit ist das Lohnabstandsgebot angesprochen.

Offiziell heißt es, «zwischen dem Bedarf im Rahmen der Hilfe zum Lebensunterhalt und unteren Arbeitnehmereinkommen soll ein hinreichender Abstand gewahrt bleiben ..., um einen Anreiz zur Aufnahme einer Erwerbstätigkeit zu erhalten.»[70] Hält man den Vergleichswert eines Lohnes von brutto 4300 DM (das ergibt netto 3113 DM plus Kinder- und Wohngeld) für einen Hilfsarbeiter im produzierenden Gewerbe für richtig, ergibt sich, dass bei Alleinstehenden sowie Ehepaaren mit bis zu zwei Kindern ein Abstand von 53 bzw. 20 %, haben sie drei Kinder, von knapp 15 % besteht, woraufhin das Bundesarbeitsministerium konstatiert, dass «der Abstand ... in der weit überwiegenden Zahl der Fälle in angemessener Weise gewahrt bleibt»[71].

Dass die Abstandsproblematik überwiegend durch Kinderzahl und hohe Mieten verursacht wird, ist nicht zu bestreiten. Ob die Abstände ausreichende Anreizfunktionen erfüllen, kann zumindest nicht generell behauptet werden. Dass im Westen, im Jahr 1997, zum Beispiel 340 000 Jugendliche zwischen 15 und 24 Jahren laufend unterstützt wurden (darunter 29 % Ausländer) und dies bei

---

69 Bundesanstalt für Arbeit, Grundinformationen und Daten zur Sozialhilfe, a.a.O., S. 25.
70 Ebenda, S. 26.
71 Ebenda, S. 26.

vergleichbar zu erzielenden Einkommen zumindest keinen Anreiz zur Ausbildung mehr abgibt, dürfte unstrittig sein. Das Ministerium erwähnt ausdrücklich, dass es in Frankreich und Spanien für Jugendliche unter 25 Jahren überhaupt keine Sozialhilfeunterstützung gibt, sie also voll ihrer Selbstverantwortung auf den Arbeitsmärkten überlassen werden.[72]

Während in der sehr ausführlichen Studie des Bundesarbeitsministeriums das Problem unrechtmäßigen Bezuges mit keinem Wort erwähnt wird, haben die beiden Kirchen in ihrer gemeinsamen Stellungnahme «Für eine Zukunft in Solidarität und Gerechtigkeit» aus dem Jahre 1997 auch auf die Notwendigkeit von «Korrekturen beim Sozialstaat» hingewiesen und unter anderem «die Beseitigung von Missbrauch und die Begrenzung unangemessener Vorteile» gefordert (S. 78). Die Schätzungen über den unberechtigten Bezug von Sozialhilfeleistungen schwanken zwar, die Zahlen sind jedoch keineswegs als geringfügig anzusehen. Wenn unter Sozialhilfepolitikern die Sprache auf dieses Thema kommt, relativieren sie gern und weisen auf die häufige Nichtausnutzung der gesetzlich zustehenden Hilfsansprüche durch verschämte Armut hin.

3. Angebotsveränderungen und Mobilität der Arbeitskräfte – Ausgleichsmechanismen für den Spannungsfall in der EWU?

Weil das Erwerbspersonenpotential in Deutschland bis zum Jahr 2040 von gegenwärtig rund 41 Mio. auf, je nach Annahmenstellung, etwa 25 bzw. 31 Mio. absinken wird, werden sich Änderungen in der **räumlichen** Verteilung des Arbeitsangebots entweder nur noch durch Binnenwanderungen oder als Nettoeffekt von Zu- oder Abwanderungen aus dem oder in das EU-Ausland einstellen.

Angesichts der EU-Erweiterung werden Zahl und räumliche Verteilung von Arbeitssuchenden aus den Beitrittsländern sehr wahrscheinlich eine größere Rolle spielen, um einerseits wettbe-

---

72 Ebenda, S. 38.

werbsbedingte Ungleichgewichte auf den Arbeitsmärkten Europas zu beseitigen und andererseits zu intensivieren.

Im EG-Vertrag wird im Kapitel «Beschäftigung» in den Artikeln 125 bis 130 unter anderem die Verpflichtung der Teilnehmerländer ausgesprochen, eine «koordinierte Beschäftigungsstrategie zu erarbeiten» sowie auf «die Fähigkeit der Arbeitsmärkte hinzuarbeiten, auf die Erfordernisse des wirtschaftlichen Wandels zu reagieren». Mit diesen Forderungen ist auch die räumliche Mobilität gemeint, die zum Ausgleich regionaler Ungleichgewichte, auch über Ländergrenzen hinweg, zur «fehlentwicklungsfreien wirtschaftlichen Entwicklung in der EWU» beitragen soll.[73]

Als die «Brookings-Institution» 1993 eine Studie über «Labor in an integrated Europe» veröffentlichte, bezeichneten die Herausgeber als die zweite große Herausforderung an die EWU «whether mobility will rise sufficiently to accomodate the restructuring of the economy implied by the integration process»[74].

Die Untersuchungen bestätigten den Eindruck, dass Arbeitnehmer in Europa weniger mobil sind als in den USA und dass sprachliche und kulturelle Unterschiede sowie so genannte «incompatible arrangements» zu den hauptsächlichen Begrenzungsfaktoren zählen. Sie schätzten, dass höchstens ein Prozent der Arbeitnehmerschaft Europas in anderen Ländern arbeite und darunter vor allem die Spitzenkräfte – «European executives» – hervorragten.[75] Nach Untersuchungen des IAB waren im Jahre 1995 im Durchschnitt weniger als 2 % der Erwerbstätigen grenzüberschreitend tätig.[76]

In der Kieler Studie Nr. 290 wird eine geradezu vernichtende Beurteilung der räumlichen Mobilität in der EU gegeben und die Skepsis der amerikanischen Forscher eher noch übertroffen, wenn

---

73 C. Köhler, Beschlüsse zu einer fehlentwicklungsfreien wirtschaftlichen Entwicklung in der EWU, Berlin 2000, S. 171 ff.
74 L. Ullmann, B. Eichengreen, W. T. Dickens (Hrsg.), Labor in an integrated Europe, Washington D. C. 1993, S. 3.
75 A. a. O., S. 131 bis 133, S. 217.
76 M. Kiehl und H. Werner, The Labour Market Situation of EU and of Third Country Nationals in the EU, Labour Market Research Topics, Nr. 32, S. 2, 23.

festgestellt wird: «Die (räumliche) Mobilität der Beschäftigten innerhalb der EU-Länder ist seit den frühen siebziger Jahren rückläufig... ihr Niveau ist wesentlich geringer als in den USA.» Die Mobilität zwischen den EU-Ländern sei ebenfalls rückläufig «und spielt als Anpassungsinstrument an exogene Schocks derzeit kaum eine Rolle»[77]. In allen Ländern der EU wird vor allem in der Förderung beruflicher Aus- und Fortbildung der arbeitsmarktpolitische Ansatz zur Förderung auch der räumlichen Mobilität gesehen. Das deutsche Arbeitsförderungsrecht kennt zwar Mobilitätshilfen zur Förderung der Aufnahme einer Beschäftigung (§§ 53 u. 54, Sozialgesetzbuch III, S. 18), aber ihre praktische Bedeutung zur Förderung der regionalen Mobilität scheint sehr gering zu sein.

Die räumliche Verteilung der Arbeitskräfte dürfte für bestimmte Segmente der arbeitenden Bevölkerung und bestimmter Länder durch die Osterweiterung der EU eine völlig neue Qualität annehmen. Schon die Wanderungsbewegungen aus Ostdeutschland nach Westdeutschland haben inzwischen wieder größere Bedeutung erlangt. Dass es zu erheblichem Druck vor allem auf den deutschen Arbeitsmarkt kommt, wird zwar nicht von allen Beobachtern so gesehen, doch hat die Äußerung von Bundeskanzler Schröder in Weiden am 18. Dezember 2000, die Zuwanderung für mindestens sieben Jahre strikt zu begrenzen, der Klarstellung der Interessen insbesondere Deutschlands gedient. Schröder hatte in einem Fünf-Punkte-Konzept dargelegt, dass die Übergangsfristen auch im Interesse der osteuropäischen Staaten lägen, die damit bei Öffnung der Grenzen nicht sofort einen Großteil ihrer Arbeitskräfte, darunter Fachkräfte, verlieren würden.[78] Die stark ablehnende Haltung der polnischen Regierung, die ein Abwanderungsproblem schlicht bestreitet, gibt einen Vorgeschmack auf das große Streitpotential der vor uns liegenden Auseinandersetzungen.

Wie groß das «Migrationspotential» sein könnte, ist durch das IFO-Institut im Auftrag der Bundesregierung untersucht worden.

---

77 D. Dohse, C. H. Krieger-Bohn, Währungsunion und Arbeitsmarkt, a.a.O., S. 78 f.
78 Handelsblatt vom 19. Dezember 2000.

Als Ergebnis ist dabei herausgekommen, dass in den ersten 15 Jahren mit vier bis fünf Mio. Zuwanderern und schon bald nach Beitritt mit einer viertel Million Grenzpendlern nur nach Deutschland zu rechnen sei. Die Anreize durch die sehr viel höheren Löhne und Leistungen unseres Sozialstaates würden eine entsprechende «Magnetwirkung» auslösen.[79]

4. Intensivierung von Ausgleichsbewegungen auf den Arbeitsmärkten durch Modernisierung der Arbeitsvermittlung

Die Bundesanstalt für Arbeit sieht in der «Vermittlung die Kernaufgabe der Arbeitsämter», wobei sie davon ausgeht, dass «das Beschäftigungsverhältnis der Zukunft auf eine Lockerung der Arbeitgeber-Arbeitnehmer-Bindungen hinausläuft», was ihre Stellung tendenziell noch bedeutsamer machen müsste.[80] Sollen Angebot und Nachfrage auf den Arbeitsmärkten zur Vermeidung des so genannten «mismatch» in wirksamer Weise zusammengebracht werden, müssen einerseits die Arbeitsämter diese Rolle besser als bisher spielen. Dabei geht es angesichts millionenfacher Fluktuation um ein Massen-, nicht in erster Linie um ein Spezialistenproblem. Andererseits zeigen Erfahrungen mit der Auslagerung bestimmter Vermittlungsaufgaben auf Dritte, dass die Arbeitsämter allein, besonders wenn es sich um schwierige Vermittlungsfälle handelt, den Anforderungen nicht mehr entsprechen können und deshalb neue Wege ausfindig gemacht werden müssen.

Zur Unterstützung der Vermittlungstätigkeiten der Arbeitsämter haben sich seit einiger Zeit auch die Kommunen für einen bestimmten Personenkreis (nämlich Sozialhilfeempfänger) stärker eingeschaltet, um unter anderem Beratung und berufliche Orientierung sowie Arbeitsvermittlung anzubieten. Als Ergebnis einer Studie, die sich auch mit diesen Aspekten beschäftigt hat, wird ein-

---

79 Der Spiegel, Nr. 8, 2001, S. 116.
80 Bundesanstalt für Arbeit, Der kompetente Partner für Arbeit und Beruf, Nürnberg, März 1999, S. 17.

dringlich darauf hingewiesen, dass Kommunen und Sozialämter «organisatorisch und finanziell immer mehr überfordert sind».[81]. Auf jeden Fall gehört es zur Verantwortung einer koordinierten Sozialpolitik, die Suche nicht nur des Arbeitslosen, sondern auch des generell Arbeitssuchenden nach einer seinen Qualifikationen entsprechenden Beschäftigungschance zu stimulieren und so zu organisieren, dass eine Tendenz zum Ausgleich von Angebot und Nachfrage nach Arbeit erreichbar wird.

Herstellung von Transparenz einerseits und Testen der Arbeitsbereitschaft eines aus der Solidargemeinschaft unterstützten Arbeitslosen andererseits gehören untrennbar zusammen, wenn die Forderung Sinn machen soll, nicht nur die staatlichen Beratungs- und Vermittlungsbemühungen massiv zu verstärken, sondern auch einen gesunden Wettbewerb mit gewinnorientierten und gemeinnützigen Agenturen hinzuzufügen. Den Wünschen und Interessen von Arbeitslosen und Beitragszahlern wird aber nicht entsprochen, wenn behauptet wird, dass es keinerlei Motivationsprobleme gibt, weil es «repräsentative empirische Befunde ... für verbreitete Arbeitsunwilligkeit, mangelnde Mobilitätsbereitschaft und unzureichendes Angebotsverhalten» nicht gibt.[82] Soweit es um die Wahrnehmungen des Verfassers geht, ist nicht zu bestreiten, dass segmentierte und/oder temporäre Arbeitsunwilligkeit eine gewisse Rolle spielen. Eine andere Frage ist, ob sich angesichts massiver Arbeitsplatzdefizite trotzdem eine Intensivierung des Kontroll-, Beratungs- und Vermittlungsaufwandes lohnt. Ich meine «ja».

In diese Richtung hat sich Bundeskanzler Schröder bewegt, als er in seiner Regierungserklärung vom 10. November 1998 vom sozialen Netz als einer Art Trampolin sprach, aus dem «jeder, der vorübergehend der Unterstützung bedarf, rasch wieder in ein eigenverantwortliches Leben zurückfedern können soll». Und in einer Veranstaltung des Seeheimer Kreises in Berlin am 26. 1. 2001

---

81 Siehe N. Schulze-Böing, in: Mezger/West, Aktivierender Sozialstaat und politisches Handeln, a.a.O., S. 52.
82 G. Bäcker et al., a.a.O., S. 99.

sagte der Kanzler: «Es gibt kein sozialdemokratisch garantiertes Recht auf Faulheit.»

Von großer Bedeutung könnte sich erweisen, dass seit dem 1. Dezember 2000 das «Gesetz zur Verbesserung der Zusammenarbeit von Arbeitsämtern und Trägern der Sozialhilfe» gilt. Die Auslagerung der Beratung und Vermittlung auf außerhalb des öffentlichen Dienstes stehende Agenturen, denen Vermittlungsprämien gezahlt werden (DM 4000), soll durch Kooperationsvereinbarungen der Arbeitsämter mit den örtlich zuständigen Trägern der Sozialhilfe ergänzt, d. h. auf eine völlig neue Basis gestellt werden. In Modellvorhaben sollen Möglichkeiten der Zusammenarbeit erprobt werden, um «mehr Vermittlungen in Arbeit zu erreichen, die Wirksamkeit der Hilfen zur Eingliederung in eine Erwerbstätigkeit zu steigern und das Verwaltungsverfahren zu vereinfachen» (s. §§ 371a und 421d dieses Gesetzes).

Es war ein langer Weg, der jetzt dazu geführt hat, dass Arbeitsämter und Sozialämter die Probleme gemeinsam angehen und dabei mit Dritten kooperieren. Wenn man bedenkt, dass das Vermittlungsmonopol der Bundesanstalt bis 1994 Bestand hatte, dann lässt sich ermessen, welche geradezu umwälzenden Veränderungen ins Werk gesetzt werden. Erfahrungen aus einer Reihe von Jahren praktizierter «Auslagerungen» auf das «Maatwerk» – eine private holländische Vermittlungsfirma – in Hamburg sind außerordentlich ermutigend, und es bleibt zu hoffen, dass die in den neuen Organisationsformen angelegten Möglichkeiten voll ausgelotet und ausgenutzt werden.

5. Die Bedeutung von Humankapital und Demokratie in der Wirtschaft für den «Überlebenskampf» in der EWU

Zur «Hauptkampflinie» aller globalen Prozesse hat sich die Dominanz des «Wissens» entwickelt. Deshalb sprechen wir von der «Wissensgesellschaft», in der ein immer größer werdendes, sich veränderndes und theoretisch weit verfügbar gemachtes Angebot an Wissensstoff-Ansammlungen entsteht und genutzt werden muss. Wer dieses am besten versteht, wird über mehr Ressourcen verfügen und sich einen höheren Lebensstandard leisten können als andere Länder.

Von der neuen monetären Verfassung Europas wird, so könnte man sagen, zum zweiten Mal in der Nachkriegszeit nach Bildungsreformen ab Mitte der sechziger Jahre ein großer Druck ausgehen, eine Gesellschaft der Wissenden, der das Wissen auch Anwendenden und Weiterentwickelnden zu schaffen. In welchem Ausmaß Verschwendung und Irreleitung menschlicher und finanzieller Ressourcen geschehen sind und wie Vernunft und Erfahrungen im Bildungswesen der letzten dreißig Jahre missachtet wurden, ist von einem der besten Kenner eindringlich beschrieben worden.[83]

Die Kritik an den als ungenügend empfundenen Leistungen des deutschen Bildungssystems hat sowohl in den Äußerungen von Bundespräsident Herzog[84] als auch von Bundespräsident Rau eine zentrale Rolle gespielt. In einem Interview der FAZ mit Rau wurde als Überschrift gewählt: «Bildung entscheidet über nationale Wettbewerbsfähigkeit»[85]. Dass der Bundespräsident besonderes Gewicht auf die Verbesserung der Grundschulausbildung und, darauf aufbauend, des dualen Systems der beruflichen Ausbildung legt, überrascht nicht, weil er «vor allem den Stärken» dieses Systems eine vergleichsweise niedrige Jugendarbeitslosigkeit zuschreibt. Immerhin sei «das für zwei Drittel unserer Jugendlichen nach wie vor der Weg in die Zukunft».

Stärker als je zuvor wird nun angesichts enormer Wettbewerbsverschärfungen das «Risiko einer unzureichenden beruflichen Erstausbildung» in Deutschland betont. Weil die wirtschaftlichen Krisen der neunziger Jahre mit dem Eintritt geburtenstarker Jahrgänge in die Ausbildungssysteme und der abnehmenden Ausbildungs-

---

83 H. Holzapfel, «Bildung und aktivierender Sozialstaat», in: Mezger/West, a.a.O., S. 63, 66, 67, 74–75, 78f.
84 R. Herzog, Ansprache im Hotel Adlon, Berlin, 26. April 1997: «Bildung muss das Megathema unserer Gesellschaft werden. Wir brauchen einen neuen Aufbruch in der Bildungspolitik» (S. 8).
85 FAZ vom 14. Juli 2000, S. 15.

bereitschaft der Betriebe zusammentrafen, sei «das bestehende Berufsbildungssystem überfordert worden»[86]. Der Bundeskanzler hatte darauf reagiert, als er die Bettelei der Politik gegenüber der Wirtschaft um die Bereitstellung ausreichender Ausbildungsplätze ins Visier nahm und forderte, dass «die schleichende Verstaatlichung der (Berufs-)Ausbildung aufhören muss», nicht zuletzt um den Wettbewerbsvorteil gründlicher beruflicher Ausbildung in Europa nicht zu verspielen.

Angesichts der deprimierenden Ausbildungsdefizite im Computersektor, der jahrelang vernachlässigten Ausnutzung der Ingenieurkapazitäten, der unglaublich hohen Abbruchquoten an unseren Universitäten (Bundespräsident Rau erwähnt 40 % im Maschinenbau, 50 % in der Elektrotechnik und Physik, 60 % in der Informatik und 70 % in der Mathematik) müsste eigentlich die Bedrohung von Humanität und effizienter Ressourcennutzung erkannt sein und zum koordinierten Handeln aller Zuständigen zwingen. Wegen der großen Zahl jüngerer wie älterer arbeitsfähiger Menschen, denen in unseren Sicherungsnetzen kaum Perspektiven geboten werden, möchte ich fragen: Warum könnten nicht viele Geeignete herausgefunden werden und zur Überbrückung von trostlosem Nichtstun für eine gewisse Zeit als Zivildienstleistende eingesetzt werden? Das würde übrigens völlig kostenneutral zu haben sein.

Als im Jahre 1920 das Betriebsrätegesetz in Kraft trat, war die Position der Arbeitnehmer in der Betriebs- und Unternehmensordnung in Deutschland durch Gewährung gewisser Mitspracherechte auf Dauer neu bestimmt worden. Die Verstärkung dieser Rechte (und Pflichten) geschah durch vier Gesetze in der Zeit von 1951 bis 1976: Montanmitbestimmung (1951); Betriebsverfassungsgesetz (1952); Personalvertretungsgesetz (1955); Mitbestimmungsgesetz (1976).

In Deutschland wirken etwa 200 000 Arbeitnehmer als Betriebs-

---

86 G. Bäcker und andere, Sozialpolitik und soziale Lage in Deutschland, a.a.O., S. 311.

räte, wodurch ungefähr 40 % aller Beschäftigten von ihnen vertreten werden. Vor allem in Klein- und mittleren Betrieben fehlen sie häufig. Aber auch in modernen Technologiefirmen sind Betriebsräte eher selten: Sie bestanden im Herbst 2000 nur in 8 von 50 im Aktienindex Nemax vertretenen Unternehmen.

Betriebsräte sind ein wesentliches Element unserer «ehrenamtlichen» Gesellschaftsstruktur, deren Bedeutung in letzter Zeit in der Öffentlichkeit wieder stärker hervorgehoben wird. Was die Betriebsräte angeht, so ist möglicherweise erstaunlich, dass sich im Jahre 1998 immerhin 82,3 % (im Westen) und 89,1 % unserer Bevölkerung im Osten von Gewerkschaften «vertreten fühlen»[87], die die meisten Betriebsräte in ihren Reihen als Mitglieder haben und stützen.

Mit der Vorlage eines Referentenentwurfes zur Reform des Betriebsverfassungsgesetzes vom Dezember 2000, dem der Gesetzentwurf der Bundesregierung vom (Februar 2001) folgte, will die rot-grüne Bundesregierung einen Prozess in Gang bringen, die Ankündigung in der Regierungserklärung von Bundeskanzler Schröder zu verwirklichen, nämlich die «demokratischen Beteiligungsrechte der Bürgerinnen und Bürger (zu) stärken».

Die Bundesregierung hat damit einerseits wesentlichen Gewerkschaftserwartungen entsprochen[88], andererseits aber einen Sturm der Entrüstung und Abwehr in der Wirtschaft bei minimaler Zustimmung aus anderen Bereichen ausgelöst. Die Auseinandersetzungen zwischen Bundeswirtschaftsminister Müller und Bundesarbeitsminister Riester führten schließlich zu einem Kompromiss innerhalb der Regierung. Die wenigen Reformschritte sollen vor allem der Erosion der Organisationsbasis der Betriebsräte durch neue Formen der Arbeits- und Betriebsorganisation vorbeugen und der Entbürokratisierung des Wahlrechts dienen sowie die Arbeitsbedingungen des Betriebsrates verbessern, seine Mitwirkungs- und

87 Erwin Scheuch in: ASM Bulletin, Nr. 1, 2001, S. 3.
88 DGB-Stellungnahme zu dem Referentenentwurf zur Reform des Betriebsverfassungsgesetzes vom Dezember 2000, Düsseldorf, 14. 12. 2000, S. 14.

Mitbestimmungsrechte stärken und die Individualrechte der Arbeitnehmer ausdehnen.

Nach der überraschenden Ankündigung dieser Reform wurde aus der Wirtschaft heraus die positive Bedeutung des Betriebsverfassungsgesetzes aus dem Jahre 1972 betont. Ein Beispiel: «Das Betriebsverfassungsgesetz hat sich in der bisherigen Fassung im Grundsatz bewährt ... Wo Betriebsräte aktiv sind, herrscht meist Zufriedenheit ..., was weniger am Gesetz als am festen Willen von Arbeitgeber und Betriebsräten an einer guten Zusammenarbeit liegt. Betriebsräte: Angesehen und viel gefragt.»[89] *Die Welt* kommentiert – im Zusammenhang mit ihrer sehr kritischen Haltung zur Reformabsicht – wie folgt: «Das Betriebsverfassungsgesetz hat jetzt bald 50 Jahre in Deutschland den sozialen Frieden mit abgesichert.»[90]

Mit der demokratischen Wahl und der Arbeit von Betriebsräten in Betrieben und Unternehmen hat Deutschland einen Weg gefunden, die abhängig Beschäftigten zur Mitarbeit aufzurufen, verantwortlich in doppelter Weise: einmal als Interessenvertreter der Arbeitnehmer und zum anderen auf das Wohlergehen des Unternehmens verpflichtet. Wer Betriebsratsarbeit kennt, weiß, dass es oft sehr schwer ist, dieser Doppelaufgabe gerecht zu werden. Das demokratische und überwiegend ehrenamtlich ausgeübte Amt bindet und fordert im Allgemeinen einen hohen persönlichen Einsatz. Die vielen Betriebsräte in Deutschland gehören zum «Umfeld» einer Reihe von Institutionen, die Deutschlands Bedeutung als Wirtschaftsstandort, als demokratisch verfasster Staat und der Würde des Menschen verpflichtetes Gemeinwesen ausmachen.

Das «deutsche Betriebsratsmodell» ist in der Tat in Europa und der Welt einzigartig, und es ist zu fragen, ob es unter dem Druck des Euro eher zum ärgerlichen Kostenblock gestempelt oder gesellschaftspolitisch voll und ganz akzeptiert, d. h. als Chance in und

---

89 Institut der Deutschen Wirtschaft, «Wirtschaft und Unterricht», Jg. 26, Nr. 10, 30. 11. 2000, S. 1, 3, 4.
90 Kommentar von U. Claus, «Wozu ein Betriebsverfassungsgesetz?», Die Welt vom 22. 1. 2001, S. 8.

für Europa begriffen wird und zu der neuen Wirklichkeit in den Betrieben passt.

Vieles spricht aus meiner Sicht dafür, dass es mit der in Deutschland eingeübten Beteiligung der Arbeitnehmer an Entscheidungen in den Unternehmen eher gelingt, heute stärker benötigte «Tugenden der Selbstorganisationsfähigkeit, permanenten Aufnahme- und Lernbereitschaft, Flexibilität und Mobilität» zu üben, als den vermeintlich «leichten Weg dirigistischer Unternehmensführung»[91] zu gehen.

6. Eine Art Zusammenfassung: Schwache Mobilität und Ausgleiche für den Ausfall des Wechselkurs-Instruments durch Rückgriffe auf nationale Ersatzmechanismen

1. Während der Faktor Kapital fast hundertprozentig mobil ist, bleibt der Faktor Arbeit relativ weit von solchen Anforderungen entfernt. Damit ist eine Asymmetrie in die EWU eingebaut, die gegen alle theoretischen Annahmen über die Funktionsbedingungen einer Währungsunion spricht. Die Mobilität – beruflich, sektoral, räumlich, betrieblich – reicht nicht aus, um Ausgleichsbewegungen im währungspolitischen Spannungsfall, d. h. eines merklichen Nachfragerückgangs, zustande zu bringen. Dies trifft innerhalb der Grenzen des einzelnen Teilnehmerlandes nicht in dem Maße zu wie in transnationalen Zusammenhängen. In der EWU werden solche Mobilitätsbewegungen zum Ausgleich struktureller Unausgewogenheiten keine Bedeutung erlangen.

2. Arbeitsmobilität innerhalb der Teilnehmerländer folgt traditionellen Anpassungsmustern, wobei die räumliche Fluktuation am wenigsten ausgeprägt erscheint. Die Zahlen über Fluktuationen, als Abgänge und Zugänge der Zahl der Arbeitssuchenden in den Arbeitsämtern gezählt, sind allerdings relativ hoch und werden

---

91 T. H. Blanke/M. Schumann, Arbeit in der zivilen Gesellschaft, in: Die Zeit, 23. November 2000, S. 15.

durch Bewegungen außerhalb der Arbeitsämter maßgeblich ergänzt. Wenn es jährlich zu einer «Erneuerung» von etwa einem Viertel der Beschäftigten kommt, ist die Auffassung über relativ starre oder sogar immobile Arbeitsmärkte grundsätzlich widerlegt.

Die vermehrten Klagen über Facharbeitermangel und fehlende Arbeitskräfte für Dienstleistungen (vor dem Hintergrund sehr hoher Arbeitslosigkeit) zeigen eine Verschärfung zwischen den Segmenten oder Profilen von Arbeitsnachfrage und -angebot an. Hierin spiegelt sich ein Bündel von Ursachen: (a) Defizite der Ausbildungsleistung der Wirtschaft; (b) die nicht zur ausreichenden Kompensation dieser Defizite führenden Ergebnisse der beruflichen Weiterbildung und Rehabilitation über die Maßnahmen der Bundesanstalt für Arbeit; (c) die mangelnde Attraktivität angebotener Arbeitsplätze im Verhältnis zur Lohnhöhe und den übrigen Arbeitsbedingungen; (d) die Regelungen des Sozialschutzes (ALU, ALI, Sozialhilfe), die die Angebotselastizität tendenziell verringern; (e) allein oder in Verbindung hiermit die vorhandenen Gelegenheiten, durch Nebenverdienst (Schwarzarbeit) **die** Einkommen zu erzielen, die der Markt am einzelnen Arbeitsplatz nicht hergibt; (f) die unzulänglichen staatlichen Kontrollmaßnahmen in Verbindung mit bei weitem nicht ausreichender Individualbetreuung Arbeitsuchender, um zielgerichtete Ausbildungs- bzw. Arbeitsplätze zu finden.

Barrieren gegen ausgleichende Wanderungsbewegungen gibt es also so viele, dass es aussichtslos erscheinen muss, den gemeinsamen Währungsraum durch Flexibilisierung des Arbeitsangebotes funktionstüchtig zu machen. Die sozialen und wirtschaftlichen Unterschiede in Verbindung mit sprachlichen und anderen kulturellen Besonderheiten werden dies unmöglich machen.

3. Eine dauernd lebhafte Gesamtnachfrage erhöht auch die Nachfrage nach Arbeitskräften «querbeet» und vermag den Arbeitsmarktausgleich zu erleichtern.

4. Die Beeinflussung des unterschiedlich ausgeprägten Sozialschutzes in den einzelnen Teilnehmerländern. Dieser Aspekt ist als theo-

retischer Ansatzpunkt wie folgt zu beurteilen: (a) Harmonisierungen über Landesgrenzen hinweg sind nur begrenzt, wenn überhaupt möglich. In welche **Richtung** diese Harmonisierungen gehen sollten, hängt davon ab, ob die weniger sozial geschützten Gesellschaften eine Tendenz nach oben mitmachen oder ob der hohe Sozialschutz gewisser Länder herabgeführt werden sollte; (b) Sozialschutz könnte als Anreiz für Wanderungen dienen, wenn wenigstens die gesetzlichen Voraussetzungen geschaffen würden – was in über 40 Jahren in der EU nicht erreicht wurde. Die besondere Wanderungsproblematik, die in der EU-Erweiterung angelegt ist, wird zu systemwidrigen Kompromissen zwingen oder die EWU in die Luft sprengen; (c) Sozialschutzvarianten könnten als Instrument zur Verbesserung der Wettbewerbsposition eines Landes bei durchaus unterschiedlichen Ausgangslagen dienen: einerseits dann, wenn niedriger Sozialschutz mehr oder weniger dauerhaft niedrige Angebotspreise bedeutet, und zum anderen, wenn im Sozialschutz nach unten Potentiale zur Kostensenkung liegen, die friktionslos (d. h. zeitgerecht und ohne zerrüttende soziale Spannungen) verwirklicht werden können, schließlich, wenn Anpassungen des Sozialschutzes nach oben aufgrund beispielgebender Verhältnisse in anderen Ländern durchgesetzt werden, weil zwar mit Kostenerhöhungen, aber gleichzeitig mit überkompensierenden Produktivitätswirkungen gerechnet werden kann.

5. An zentraler Stelle muss nun die zukünftige Rolle der Lohnpolitik gewürdigt werden. Sie rückt angesichts der quantitativen Bedeutung der gesamtwirtschaftlichen Lohnsumme in jeder Volkswirtschaft der Teilnehmerländer zur Schlüsselgröße für Ersatzhandlungen in der Politik auf. Was wird von der Tarifautonomie im materiellen Sinne übrig bleiben, wenn Appelle zu Lohnmäßigung oder gar -reduktionen an die Gewerkschaften gerichtet werden, damit der Nationalstaat im Wettbewerb mit den anderen an Deck bleiben kann?

So wird neben der Massenarbeitslosigkeit die Währungsunion zur weiteren Auszehrung der Gewerkschaften führen.

6. Neben Sozialschutz und Lohnpolitik bieten sich andere kostensenkende Elemente staatlicher Politik an, um im Wettbewerb mithalten zu können. Im Mittelpunkt stehen die staatlichen Haushalte und die Steuerpolitik sowie die Bildungspolitik eines Landes. Es hat sich herausgestellt, dass der Steuerwettbewerb schon im Gange ist, wie sich bei der nicht erreichbaren gemeinsamen Zinsbesteuerung zeigt. Weitere Harmonisierungen bleiben schwierig, weil das Mehrheitsprinzip für diesen Bereich weiterhin nicht gilt. Durch Maastricht wurde die Bewegungsfreiheit der Nationalstaaten erheblich eingeschränkt, denn der Stabilitätspakt macht es nicht leicht, durch Ausgaben- und Einnahmevariationen plus Neuverschuldung zur Stärkung der Wettbewerbsposition eines Landes wirkungsvoll beizutragen. Was im Einzelnen geschehen kann, muss den zu organisierenden Findungsprozessen im jeweiligen Land überlassen bleiben. So müsste herausgefunden werden, mit welcher Mittelkombination geantwortet werden muss, damit ein Land nicht zum «Sozialfall» innerhalb der neuen Schicksalsgemeinschaft wird. Sicher können und müssen alle voneinander lernen, doch wird sich bald herausstellen, was Goethe als «Beherzigung» verstanden wissen wollte: «Eines schickt sich nicht für alle! Sehe jeder, wie ers treibe, Sehe jeder, wo er bleibe, Und wer steht, dass er nicht falle!»

7. Die europäischen Völker sind und bleiben die eigentlichen Schicksalsgemeinschaften, die in behutsamer Weise die bisher schon eingeleiteten Reformen fortsetzen sollten. Das für Deutschland maßgebende soziale Gerüst zur Abstützung der Marktwirtschaft darf nicht eingerissen werden; es ist sowohl für die Aufrechterhaltung unserer effektiven Produktionsgemeinschaft als auch des politischen und sozialen Friedens unverzichtbar.

So erweist sich die Währungsunion in der Tat als Auslöser umfassender Bestandsaufnahmen darüber, welche nationalen Ansatzpunkte zur Vergrößerung von Beweglichkeit und Anpassungsfähigkeit dienen können, denn «ein Land, das seine außenwirtschaftliche Manövrierfähigkeit aufgibt, verordnet sich die stärkstmögliche Peitsche zur Steigerung seiner Wettbewerbsfähigkeit überhaupt ...

da die ‹Peitsche der Währungsunion› über allen Währungsteilnehmern geschwungen wird und alle vorantreibt, ist es nicht unwahrscheinlich, dass jedes Land nach dem Motto ‹Rette sich, wer kann› vorgeht ... die Entsolidarisierung in einer Währungsunion ist vorgezeichnet». Was mag es für Europa bedeuten, wenn die «zurückhängenden» Länder bisher nicht für möglich gehaltene Anstrengungen unternehmen und Erfolge aufweisen und trotzdem ihre relative, möglicherweise auch ihre absolute Position nicht verbessern, weil die Kräftigeren im Verbund noch kräftiger werden und schließlich immer wieder besser dastehen?[92]

IV. Die EWU und ein soziales Europa – aber wie?

1. Europäische Sozialpolitik im Schraubstock zwischen Selbstbehauptung der Nationen einerseits, Maastricht und weltoffenen Märkten andererseits

Supranationale Ansätze für eine europäische Sozialpolitik gehen auf die häufig ergänzte Europäische Sozialcharta vom 18. 10. 1961 zurück. Sie hat Bedeutung in dem Sinne, dass sie immerhin 40 Mitglieder des Europarates an soziale Grundrechte bindet. Im EWG-Vertrag von 1957 war Sozialpolitik in irgendeinem bedeutungsvollen Sinne nicht vorgesehen.

In den langen Jahren danach haben die europäischen Einigungsbemühungen keine nennenswerten Kompetenzverlagerungen der Sozial- und Beschäftigungspolitik auf die Gemeinschaftsebene zustande gebracht. Denn eine Politik, die sich auf die Weiterentwicklung und Harmonisierung von Arbeitnehmerschutzrechten und sozialen Leistungen richtete, gibt es in Europa nicht. Darüber täuscht auch die relativ lange Liste oft sehr kleiner Schritte[93] seit 1961 nicht hinweg.

---

92 Wilhelm Nölling, Unser Geld – Der Kampf um die Stabilität der Währungen in Europa, Berlin 1993, S. 161/162.
93 Sie sind in W. Däublers Beitrag «Die soziale Dimension des europäi-

Soweit auf nationaler Ebene durch die Festlegung auf die Funktionsbedingungen der Währungsunion (Maastricht-Kriterien, Stabilitäts- und Wachstumspakt) und den Wegfall der Wechselkurs-Anpassungsmöglichkeiten die «soziale Dimension» zu verkümmern droht, tritt die Gemeinschaft ausdrücklich nicht ein. Auch ist eine einheitliche Beschäftigungspolitik auf EU-Ebene, trotz gewisser Verständigungen auf verschiedenen EG-Gipfeln – in Luxemburg (November 1997), Cardiff (Juni 1998), Köln (1999) –, nicht möglich, weil nicht mehrheitsfähig. Die «drei Säulen des Beschäftigungspaktes» – koordinierte Beschäftigungsstrategie, Strukturreform und Modernisierung der Märkte, makroökonomischer Dialog – erfüllen einen solchen Anspruch nicht. C. Köhler spricht von einem «Minischritt», der «keine makroökonomische Politik ersetzt»[94].

Es ist schon merkwürdig, dass sich die Abneigung der nationalen Politiker, sozialpolitische Souveränität an die Gemeinschaft abzugeben, so gut in die ideologische Grundlinie der EU einfügt, nämlich möglichst nicht und nur mit rigidem Rechtfertigungszwang in das Regelwerk des Wettbewerbs und der offenen Märkte einzugreifen. Umverteilungsziele, Beseitigung sozialer Nachteile, Herstellung von Chancengleichheit und bessere Mobilitätsvoraussetzungen, kurzum: allgemein akzeptierte Gerechtigkeitsvorstellungen haben gegenüber den Marktkräften keinen europäischen Anwalt, ob sie nun in ökonomischer Hinsicht positiv beachtlich sind oder nicht.

Das ist sogar zu erklären, denn wenn Sozialpolitik jeglicher Art in erster Linie als wettbewerbsstörender und -belastender Kostenfaktor gesehen wird, kann eine in herkömmlichen Bahnen operie-

---

schen Binnenmarktes» aufgezählt. Europa-Handbuch, Bonn 1999, S. 522–526. Kennzeichnend ist u. a., dass mindestens 95 % aller Arbeits- und Sozialrechtsgebiete weiter in rein nationaler Kompetenz geregelt werden und eine Angleichung der Sozialversicherungssysteme nicht einmal in Ansätzen gewollt wird.

94 C. Köhler, Beschlüsse zu einer fehlentwicklungsfreien wirtschaftlichen Entwicklung in der EWU, a.a.O., S. 40. Wieso dieser Autor trotzdem das Adjektiv «fehlentwicklungsfrei» verwendet, ist unverständlich.

rende Sozialpolitik leicht in die unfreiwillige Rolle geraten, einerseits durch Zurückschneiden von Ansprüchen und andererseits durch Zurückhaltung bei weiteren Maßnahmen dem nationalen Interesse einen wettbewerbsfördernden Dienst leisten zu müssen. Diese unbestreitbar in der Währungsunion angelegte Tendenz ist gemeint, wenn vom «race to the bottom» geschrieben wird. Wenn schon eine massive zeitweise Mehrheit von sozialdemokratischen Regierungen in Europa sich nicht auf eine stärkere Beachtung europaweiter sozialpolitischer Erfordernisse verständigen kann, wie soll das erst möglich werden, wenn sich die Machtverhältnisse wieder ändern?

Die in den Marktkräften liegende und freigesetzte Dynamik führt auf keiner Ebene europäischer Politik zur sozialen Gerechtigkeit in irgendeinem bedeutungsvollen Sinne.[95] Dies ist die eindeutige geschichtliche Erfahrung aller Sozialpolitik überall auf der Welt. Unter den modernen wirtschaftlichen und technischen Bedingungen, verstärkt durch die Heraushebung der monetären Faktoren im Vertiefungs- und Erweiterungsprozess der Gemeinschaft, erlangen die kollektiven Urteile der Geld- und Kapitalmarktagenten ein alles beherrschendes Gewicht. Sich nach ihnen zu richten wird nun, sowohl für Machterhaltungs- als auch -gewinnungsstrategien der Politiker wichtiger und entscheidender, als den Wählerwillen zu ergründen und ernst zu nehmen.

Wenn die gemeinsam von Kapital und Arbeit erarbeiteten Sozialprodukte anteilig zunehmend in die Verfügungsgewalt der Kapitalbesitzer und Bezieher sehr hoher Einkommen geraten, ist mit zwei Entwicklungen zu rechnen:

1. Im nationalen volkswirtschaftlichen Kreislauf wird aus diesen Einkommen anteilig mehr gespart, und die Wahrscheinlichkeit

---

95 Ich teile deshalb grundsätzlich die harsch anmutenden Feststellungen von K. A. Schachtschneider: «Ich sehe gar keine Chance für eine Sozialpolitik. Die unternehmerische Globalisierung macht Sozialpolitik weitestgehend unmöglich.» Diskussionsbeitrag in: Arbeitsmarkt und staatliche Lenkung, Veröffentlichungen der Vereinigung der deutschen Staatsrechtslehrer, a.a.O., S. 180, 181.

wird größer, dass diese Umverteilungsströme nicht in Form von Realinvestitionen dorthin «zurückgepflügt» werden, wo sie als Nationalprodukt erwirtschaftet wurden.

2. Die grenzenlose Freiheit der Kapitalmärkte erlaubt es stärker als jemals zuvor in der Weltgeschichte, «Geld mit Geld» zu verdienen, d. h., mit spekulativen Absichten um den Erdball zu jagen. Wie kann ernsthaft behauptet werden, dies trüge zur Entwicklung und Stabilität der Weltwirtschaftsordnung bei? Gerechte «mitwachsende» Arbeitnehmereinkommen unterlägen diesen Bedingungen nicht in demselben Maße.

2. Die Unfähigkeit europäischer Politik, ein reibungsloses Funktionieren des gemeinschaftlichen Arbeitsmarktes zu bewirken

a. Das Paradebeispiel: Die Geschichte von der sozialen Sicherung der «Grenzarbeitnehmer»

Man erhält einen guten Einblick in die Problematik und Bedeutung von «Sozialpolitik in und für Europa», wenn man sie anhand der sozialen Situation der so genannten «Grenzarbeitnehmer», sozusagen *pars pro toto*, erläutert. Seit der EWG-VO Nr. 1612 aus dem Jahr 1968 über die Freizügigkeit der Arbeitnehmer und der VO Nr. 1408 aus dem Jahr 1971 über die soziale Sicherheit der Wanderarbeitnehmer hat es bis in die jüngste Zeit eine Serie von Absichten, Vorschlägen, Empfehlungen und Entschließungen auf EU-Ebene gegeben, die «ein reibungsloses Funktionieren des gemeinschaftlichen Arbeitsmarktes» als «soziales Gegenstück» zur Währungsunion bewirken sollen.[96]

Jedoch sind auch in der langen Vorbereitungszeit der Einigung in Maastricht seit Herbst 1991 keinerlei Fortschritte im Sinne brauchbarer Regelungen zustande gebracht worden. Als «Problemkatalog» liegt, zusätzlich zur Entschließung vom 17. Januar 2001, der

---

96 Entschließung des Europäischen Parlaments zu der Situation der Grenzarbeitnehmer. Vom Parlament angenommene Texte vom 17. Januar 2001, S. 1.

«Bericht über die Situation der Grenzarbeitnehmer» vor.[97] In der «Begründung» zum Bericht wird von 420 000 oder 0,3 % Grenzarbeitnehmern im Verhältnis zur Gesamtzahl aller Erwerbstätigen in der EU gesprochen und festgestellt: «Die Probleme, mit denen sie bei der Ausübung der Freizügigkeit konfrontiert werden, verdienen jedoch volle Aufmerksamkeit.» Denn: «Für Bürger, die ... in der Praxis täglich ‹Europa› dadurch erleben, dass sie in einem Land wohnen und in einem anderen beschäftigt sind, ist es unverständlich, dass es nicht gelingt, die Probleme, die dies mit sich bringt, zu lösen. Der Binnenmarkt ... stellt für das tägliche Leben dieser Menschen eine absolute Farce dar ...» Dass es zu keinerlei Ergebnissen gekommen ist, sei allein auf den «eigentlichen Hemmschuh», den «Rat der Sozialminister», zurückzuführen.[98]

Wenn noch im November 2000 solche Urteile abgegeben werden, dann müssen die Schwierigkeiten in der Tat groß, möglicherweise unüberwindbar (?) sein. Sie liegen sowohl in den großen Unterschieden der Sozialordnungen von Land zu Land begründet als auch in den verwirrend komplexen Detailregelungen und schließlich in den nicht leicht zu findenden und dann auch durchzuführenden Auswegen. Diese Dschungel-Problematik könnte am Beispiel vom arbeitslosen Arbeitssuchenden mit Unterstützungsanspruch in einem Land illustriert werden, was viele Darlegungen erfordern müsste. Ein Zitat mag aber genügen. Um nur «wirklich motivierten Personen» zu helfen, sei es richtig, «dass sie nur Anspruch auf den niedrigsten Betrag sowie auf die kürzeste Dauer nach den Rechtsvorschriften der beiden beteiligten Mitgliedstaaten» hätten. Dass es darüber hinaus unter Umständen zu zahlreichen Sonderregelungen kommen muss, wird in dem Dokument in Bezug auf die Verhältnisse in Belgien dargelegt.[99]

---

97 Europäisches Parlament. Bericht über die Situation der Grenzarbeitnehmer. Sitzungsdokument (2000/2001) vom 20. November 2000.
98 Ebenda, S. 6/11–11/11.
99 Europäisches Parlament, Bericht über den Vorschlag «für eine VO des Rates zur Änderung der VO (EG), Nr. 1408/71 zur Anwendung der Systeme der sozialen Sicherheit auf Arbeitnehmer ..., die innerhalb

Man zögert, die Fülle der harmonisierungsbedürftigen Sachverhalte aufzuzählen, die aus den Dokumenten in vielen Ansätzen deutlich werden. So ist die Rede von «immer größeren Ungleichheiten auf den Arbeitsmärkten», von «steuerähnlichen Abgaben mit unklarem Status», von «keiner eindeutigen Unterscheidung mehr in den Mitgliedstaaten zwischen Sozialhilfe und Sozialversicherung» und dass «die Koordinierungsbestimmungen für Gesundheitsfürsorge und Krankheitskosten ... unzureichend» seien; dies treffe auch auf die «soziale Sicherheit», bei «Kinderzulagen, Versorgungszulagen, Studienbeihilfen» zu. In den Problemfeldern Arbeitsunfähigkeit, Arbeitslosigkeit, Altersversorgung etc. fehlten praktikable Lösungen. Wem das noch nicht genügend Einblicke gewährt, der sei mit einer Aufzählung der Forderungen der europäischen Parlamentarier an die nationalen Instanzen vertraut gemacht, sich erst einmal umfassende Kenntnisse zu verschaffen, damit überhaupt auf Europa-Ebene koordiniert gehandelt werden kann: «Die Mitgliedstaaten müssen verpflichtet werden, bei Änderungen ihrer Rechtsvorschriften in den Bereichen soziale Sicherheit, Steuergesetzgebung, Beschäftigung, Versorgungs- und Leistungssysteme im Rahmen der Gesundheitsfürsorge, Arbeitslosigkeits- und Arbeitsunfähigkeitsmaßnahmen, Kinderzulagen, Studienfinanzierung, Rentensysteme und sonstige Sozialbestimmungen die Auswirkungen für Grenzarbeitnehmer zu untersuchen.»[100]

2. Spät kommt Ihr, doch Ihr kommt – der lange Weg der Wissenschaftler zeigt, dass es nicht geht

Das Gutachten des Wissenschaftlichen Beirats beim Bundesministerium der Finanzen über «Freizügigkeit und soziale Sicherung in Europa» ist im Dezember 2000 veröffentlicht worden.[101] Das Gut-

---

der Gemeinschaft zu- und abwandern ...», vom 27. Januar 1997, S. 8 und 9.
100 Europäisches Parlament. Bericht über die Situation der Grenzarbeitnehmer. Sitzungsdokument (2000/2001) vom 20. November 2000, S. 7/11 und 8/11.
101 BMF, Schriftenreihe, Heft 69, Berlin, Dezember 2000.

achten beginnt: «In jedem Land stehen die Systeme der sozialen Sicherung in einem Spannungsverhältnis zwischen den Zielen Umverteilung und Allokationseffizienz. Diese Spannung verschärft sich, wenn die nationalen Abschottungen abgebaut werden. Sie ist besonders groß in der Europäischen Union.»

Der Paradefall für den Abbau von Abschottungen in Europa ist die seit 1991 ernsthaft gewollte und inzwischen realisierte Währungsunion. Deren Voraussetzungen sollten bis zum Ende der dritten Stufe, d. h. bis zum 31. Dezember 2001, geschaffen werden, wozu die sozialpolitische Untermauerung der Freizügigkeit der Arbeitskräfte gehört hätte. Die Volldefizite auf diesem Gebiet werden mit dem Gutachten zum ersten Mal wahrgenommen, aber nicht, weil man um das Funktionieren von Maastricht fürchtet (dann hätte man wesentlich früher damit beginnen müssen), sondern weil die EU-Erweiterung vor der Tür steht und außerdem Entscheidungen des Europäischen Gerichtshofes erwartet werden, die die sozialpolitischen Schleusen in Europa öffnen könnten.

Die Problembeschreibung der Professoren ist beeindruckend: 1) Grundsätzlich sei offen, wie man Freizügigkeitsrechte gestalten könne, damit es «nicht zu Wanderungen kommt, die lediglich auf die Erlangung sozialer Vergünstigungen gerichtet sind»; 2) der europäische Ordnungsrahmen zeige «kleinere Unzulänglichkeiten», sei aber «schlüssig konzipiert», genüge «dennoch aber nicht allen ökonomischen Anforderungen». Seitdem Maastricht die «Unionsbürgerschaft» verankert habe, mache das damit untrennbar verknüpfte Freizügigkeitsrecht «systemsprengende Reformen notwendig» (S. 2/3).

Aus zwei Gründen gebe es diesen systemsprengenden Reformbedarf:
- erstens weil unterschiedliche Sozialschutzsysteme in den jetzigen und erst recht zukünftigen Teilnehmerländern Wanderungsentscheidungen der Arbeitnehmer auslösen, die vom volkswirtschaftlich wünschenswerten Ausmaß abweichen werden;
- zweitens weil nicht erwerbstätige EU-Bürger, vor allem Sozialhilfeempfänger, vom jetzt geltenden Prinzip der Behandlung nach den sozialpolitischen und steuerlichen Bestimmungen des

Beschäftigungs- oder Ankunftslandes nicht erfasst werden. Deshalb könnten sie ihr Aufenthaltsrecht in anderen EU-Mitgliedstaaten faktisch nicht wahrnehmen. Das vom Beirat vorgeschlagene neue System würde sie zu «eindeutigen Gewinnern» machen (S. 86).

Damit Wanderungsanreize allein zur Erlangung höherer Sozialleistungen reduziert werden und eine Teilung der finanziellen Lasten zwischen Herkunfts- und Aufenthaltsland möglich wird, schlägt der Rat eine «verzögerte Integration» vor. Der Kerngedanke ist: 1) Eine Harmonisierung der Sozialsysteme auf EU-Ebene stelle auf absehbare Zeit keine sinnvolle Alternative dar; 2) «für die soziale Sicherung eines Unionsbürgers ... ist der Träger zuständig, in dessen Gebiet diese Person zuletzt über einen zusammenhängenden Zeitraum von beispielsweise fünf Jahren ansässig war» (S. 80/81); 3) die Integration in das Sozialsystem des Beschäftigungs- bzw. neuen Aufenthaltsortes (bisherige Regelung) solle um fünf Jahre (Karenzzeit) hinausgeschoben werden. In dieser Zeit sollten die Bestimmungen des Herkunftslandes und nicht, wie die geltende Rechtslage vorschreibt, des Beschäftigungslandes gelten, wodurch zuwandernde Personen wie bisher mit allen Rechten und Pflichten geschützt wären, wie sie es **vor** der Wanderung waren.

Man muss kein Experte sein, um erkennen zu können, dass solche systemsprengenden Vorschläge in Europa keine Chance haben, verwirklicht zu werden. Der Wissenschaftliche Beirat sieht das auch so, wenn er darlegt, dass sowohl erheblicher administrativer Aufwand anfällt (Amtshilfe über die Grenzen hinweg würde erforderlich) als auch die Einkommensbesteuerung einbezogen werden müsste. Schließlich würde das angestrebte Integrationsziel nur mit Verzögerung erreicht. Viel wichtiger dürfte allerdings sein, dass eine «EG-vertragliche Fixierung eines gemeinschaftsrechtlichen Status sozialrechtlicher Zugehörigkeit» (S. 96), also eine Vertragsänderung, notwendig würde. Diese müsste in jedem Land ratifiziert werden, auch in den neuen Beitrittsländern, gegen deren Wanderungsinteressen eine wirkungsvolle Barriere errichtet werden soll.

Man erkennt einerseits, wie verzwickt, verworren und unrealistisch das alles anmuten muss. Andererseits ist das Gutachten deshalb von Wert, weil nicht nur die vielen Fußangeln europäischer sozialpolitischer Integrationskunst jetzt mit einer Deutlichkeit ohnegleichen gesehen werden können, sondern auch die Vergeblichkeit, problemorientierte adäquate Auswege zu finden, kaum noch bestritten werden kann.

3. Die Verpflichtung Deutschlands zu Reformen und sozialpolitischer Wachsamkeit

a. Wohin einige wesentliche Reformschritte führen müssten
Vor über 30 Jahren wurden in Deutschland bundespolitische Wahlkämpfe mit den Parolen geführt und gewonnen: «Wir schaffen das moderne Deutschland» (1969) und «Wer morgen sicher leben will, muss heute für Reformen kämpfen» (1972). Was immer in den Jahrzehnten danach erreicht bzw. nicht angepackt wurde, mag dahingestellt werden können. Unbestreitbar ist jedoch, dass Deutschland, nun zusätzlich mit den Erfolgsvoraussetzungen der neuen Währung konfrontiert, bestimmte weitere Grund-Reformentscheidungen treffen und umsetzen muss. In Bezug auf die Sozialpolitik im hier verstandenen Sinne müsste dies bedeuten:

1. Das Sozialniveau insgesamt, d. h. die Sozialquote, liegt inzwischen nur noch im vorderen europäischen Mittelfeld. Tendenzen zur Reduzierung sind zu erkennen und werden sich wahrscheinlich durchsetzen, ohne jedoch größere Ausmaße anzunehmen. Nicht zuletzt deshalb, weil sie ganz wesentlich durch die Vereinigungsfolgen bedingt sind.

2. Innerhalb der sozialen Ausgabengiganten ragt die Alterssicherung hervor. Sie hat seit 1957 politische Spitzenpriorität er- und behalten und eine auf die Regenerationskraft Deutschlands setzende Kinder-, Familien- und Bildungspolitik gedanklich-politisch und finanziell so gut wie unmöglich gemacht. Sie hat die Belastung der bis zu den Beitragsbemessungsgrenzen verdienenden Arbeitnehmer und die Lohnnebenkosten in die Höhe getrieben und zum Verdruss am System, zur Beeinträchtigung von Leistungsbereit-

schaft, Ausdehnung von Schwarzarbeit und Steuervermeidung beigetragen. Zwar gibt es unter der neuen Regierung Neubewertungen der Familienpolitik in begrüßenswerter Weise, doch ist es nach der schwierigen Umsteuerung durch die Rentenreform 2001 nicht leichter geworden, andere Prioritäten zu setzen, ohne die Rentnererwartungen maßgeblich zu enttäuschen. Es müsste eh schon ein Wunder geschehen, wenn die auf 30 Jahre angelegten Vorausberechnungen sich nicht als zu optimistisch herausstellen sollten.

3. Auch nach der beachtlichen Reformanstrengung der rot-grünen Bundesregierung auf dem Gebiet der Steuerpolitik bleiben Fragen der steuerlichen Belastungsgerechtigkeit auf dem Tisch. Die direkte Einkommensbesteuerung und besonders die Besteuerung von Vermögen, insbesondere des Immobilienvermögens sowie der Erbübergänge, ist in Deutschland nach wie vor höchst ungerecht, sozialfeindlich und ökonomisch-finanzpolitisch kontraproduktiv. Es stehen weiterhin zwei Aufgaben im Vordergrund: Erstens, eine mutige und durchgreifende Vereinfachung des Steuerrechts – im Jahr 2000 nicht einmal versucht – ist möglich (siehe Bareis-Kommission). Sie würde in Deutschland mehr Energien freisetzen, als von der einen oder anderen Angebotsverbesserung und Sozialschutzreduktion je erwartet werden kann. Zweitens ist es weder mit dem europäischen Solidaritätsverständnis noch mit den Funktionsbedingungen der Währungsunion vereinbar, die Harmonisierung der Zinsbesteuerung und Offenlegung der Kapitalflucht zum Zweck von Steuerhinterziehungen zu hintertreiben – gemeinschaftsschädlicher geht's nicht mehr.

4. In der Arbeitsmarktpolitik steht eine vorurteilslose Bewertung der Effizienz der Ausgaben für Arbeitsbeschaffung und des riesigen Komplexes der beruflichen Umschulung und Weiterbildung durch die Bundesanstalt für Arbeit an. Die Auswertung von Modellversuchen und deren Umsetzung in eine arbeitsplatzfördernde Praxis müssten beschleunigt werden: Insbesondere das Instrument der «Eingliederungsverträge» wäre stärker zu propagieren (die Förderung an sich müsste ausreichen). Es ist verkehrt, die Stellen für Arbeitsvermittlung und Berufsberatung in den Arbeitsämtern zu kürzen oder knapp zu halten, um den Sparwillen der

Bundesanstalt zu beweisen. Umgekehrt müsste verfahren werden, nämlich deren starke Ausweitung mit dem Ziel vorzunehmen, zu individuellen Persönlichkeitsanalysen von Arbeitssuchenden im Sinne der in der Wirtschaft üblich gewordenen Assessment-Verfahren auf breiter Front zu gelangen. Nicht zuletzt deswegen, weil Orientierungshilfen, im umfassenden Sinne als «Gegengift» gegen die moralzehrenden Wirkungen der Verstärkung des Wettbewerbs unter dem Vorzeichen der neuen Währung verstanden, wirksam werden könnten.

5. Es wird nicht als weise erachtet, das Tarifvertragsgesetz infrage zu stellen und am gesetzlichen Kündigungsschutz weiter zu kürzen. Das deutsche Tarifvertragswesen steht und fällt in seinen für Arbeitnehmer, Arbeitgeber und die gesamte Volkswirtschaft positiven Auswirkungen mit Stärke und Vernunft der Gewerkschaften. Die erste Eigenschaft nimmt erkennbar ab, und niemand weiß, ob die gewerkschaftliche Organisierbarkeit der Arbeit und die Bürokratie der Gewerkschaften auf Dauer mit den Erfordernissen dieses Regelungswerkes fertig werden. Das zweite Erfordernis ist unzweifelbar vorhanden und hat mit dazu geführt, dass mehr Flexibilität und Lohnmäßigung erreicht wurden, als allen gern unzureichend-informiert-bleiben-wollenden Kritikern lieb und bekannt ist.

Beim Kündigungsschutz tritt der Unterschied der in Deutschland geübten «sozialen Marktwirtschaft» zur angelsächsischen «hire-and-fire»-Gesellschaft besonders prononciert hervor. Es ist betont worden, dass der Beitrag der Wirtschaft zur Aufrechterhaltung und Verbesserung von Ausbildungsniveaus und -standards in den Betrieben kaum überbetont werden kann und eigentlich im bestverstandenen Interesse der Wirtschaft insgesamt liegen müsste. Schon stockt man, dies so aufs Papier zu bringen, vor allem, wenn man den Jubel der Wirtschaft im Ohr hat, der ertönte, als die Ausweitung der Green-Card-Erlaubnisse, eine mehr oder weniger generelle Zusage zur Einwanderung qualifizierter Fachkräfte, bekannt gemacht wurde. Sich auf diese Weise von Ausbildungsanstrengungen und -kosten zu befreien ist ein äußerst unerwünschtes Anzeichen von Asozialität im Gewand von Flexibilität der Wirtschaft und wird meines Erachtens ohne Zweifel den Weg weiter ebnen, die angelsächsischen Defizite in der Berufsausbildung in das deutsche Modell zu integrieren.[102]

6. Zur Sozialhilfe im zusammenfassenden Sinne nur so viel: Wie gezeigt wurde, beansprucht sie erhebliche Steuermittel. Die neuralgischen Punkte liegen aber nicht in erster Linie in der Höhe der Gesamtaufwendungen, sondern in folgenden Strukturfragen:

Erstens: Wenn mehr als ein Drittel aller Ausgaben dieses Elements der Sozialpolitik für die Eingliederung von etwa 300 000 bis 340 000 Behinderten in zum größten Teil vom Markt abgekoppelten Institutionen ausgegeben werden, wäre eine umfassenden Evaluation geboten.

Zweitens: Wenn neuerdings weit über 300 000 Jugendliche im Alter von 15 bis 24 Jahren laufende Hilfe zum Lebensunterhalt bekommen, müsste unsere Gesellschaft, d. h. müssten wir alle eigentlich wegen der Langfristwirkungen aufs Äußerste besorgt reagieren und uns fragen, worin die Ursachen liegen und mit welchen negativen Dauerkonsequenzen für Arbeitsbereitschaft und -fähigkeit zu rechnen ist.

Drittens: Wenn sich unter den Sozialhilfeempfängern etwa eine Million arbeitsfähige Menschen befinden, die die Arbeitslosenstatistik bei weitem nicht alle zählt, dann wird es höchste Zeit, die gerade in Gang gebrachte Kooperation von Arbeitsämtern und Sozialämtern mit aller Kraft zum Erfolg zu bringen und möglicherweise mit dem Zivildienst zu verknüpfen.

b. Das Ende des deutschen Sonderweges – «Tarifautonomie» ade?

Der IMF prophezeite im Länderbericht für Deutschland im Sommer 2000, dass der Flächentarif wenig zukunftsweisend und deshalb als «Auslaufmodell» zu betrachten sei und selbstredend keine Ausstrahlung auf die EU haben könne. Gleichzeitig wies der Weltwährungsfond darauf hin, dass es gelungen sei, sowohl Wettbewerbskraft als auch Beschäftigungsperspektiven für Deutschland

---

102 Wilhelm Nölling, Arbeitslosigkeit und Berufsnot der Jugend in den USA, Tübingen 1968.

dadurch zu erhöhen, dass das System moderate Lohnsteigerungen mit zumeist zweijährigen Laufzeiten zustande gebracht habe.[103]

Man muss den Eindruck gewinnen, dass, ganz gleich was geschieht, immer wieder auf die stereotypen Aussagen des Fonds vergangener Jahre zurückgegriffen wird, um im neoliberalen Sinne etwas zum Kritisieren zu haben. Was soll an die Stelle der kollektiven Lohnfindung in Deutschland, nicht zuletzt wegen des flächendeckenden Austritts aus den Arbeitgeberverbänden im Osten, vor allem in Westdeutschland treten? Darauf gibt Olaf Henkel, ehemaliger Präsident des BDI, die Richtung ebenfalls vor, ohne konkret zu werden. In Europa werde nur noch in Österreich und Deutschland «am Tarifmonopol festgehalten, das kollektive Absprachen über Lohn- und Arbeitszeitregelungen Gewerkschaften und Arbeitgeberverbänden vorbehält und flexible Regelungen auf Betriebsebene verbietet». Eine «Reform des Tarifrechts» sei erforderlich.[104]

Man fragt sich, wie Henkel von «verbieten» schreiben kann angesichts des außerordentlich starken Ausmaßes der unternehmensbezogenen Tarifverträge, zu deren Abschluss beide Parteien «ja» sagen müssen. Niemand kann beurteilen und verlässlich vorhersagen, ob die Rückkehr zu massenweisen einzelvertraglichen Abmachungen oder/und durch Druck auf schwache Betriebsräte zustande gekommene Verträge im wohlverstandenen Interesse der deutschen Wirtschaft liegen. Ganz so weit wollen deshalb die Kritiker der gegenwärtigen Praxis, die auch beträchtliche Vorteile zum Beispiel bei der Vermeidung von Schmutzkonkurrenz und der Senkung der Transaktionskosten hat, auch nicht gehen. Deshalb fordern sie auch nicht die ersatzlose Streichung des Tarifvertragsgesetzes (TVG), sondern «nur» seine Aushöhlung. «Die Grenzen der Tarifautonomie müssen neu ausgelotet werden.» So wird beklagt, dass mit der Einrichtung des Bündnisses für Arbeit dem Tarifkartell noch «zusätzlicher Einfluss eingeräumt» worden sei.

---

103 Siehe Financial Times Deutschland, 5. Juli 2000.
104 Zitiert aus einem Brief von Olaf Henkel an den Verfasser vom 17. August 2000.

Und der ehemalige «Wirtschaftsweise» H. Hax hat bei seinem Abgang aus dem Sachverständigenrat dafür plädiert, dass Tarifabschlüsse auf unabsehbare Zeit unter den «echten» langfristigen Trendwachstumsraten der Arbeitsproduktivität liegen müssten.[105] Würde die Herrschaft dieser Messlatte generell akzeptiert, brauchte man das TVG nicht «neu auszuloten», die Einkommensverteilung würde sich verlässlich zu Lasten der Arbeitnehmer fortentwickeln, wie Sachverständigenrat und Unternehmer dies wünschen. Für die Erhöhung der Zahl der Arbeitsplätze wird leider keine Garantie gegeben.

Kann man davon ausgehen, dass eine Außerkraftsetzung des Günstigkeitsprinzips (§ 4, Abs. 3 TVG sowie des § 77, Abs. 3 des Betriebsverfassungsgesetzes) dazu beitragen würde, in der deutschen Volkswirtschaft dauerhaft unter der Arbeitsproduktivität liegende Lohnbewegungen zu erhalten? Das ist zwar nicht sehr wahrscheinlich, aber für ganze Sektoren auch nicht auszuschließen, weshalb alle diese Forderungen zu den Drohgebärden gehören, die nun mal zur wie bisher erfolgreichen Interessenwahrung des Kapitals gehören.

Für die Lohnpolitik in «Euroland» ist es natürlich nicht gleichgültig, welche Lohnfindungsmechanismen unter der Herrschaft des Euro in den einzelnen Ländern zu welchen Reallohnverhältnissen führen. In den meisten Ländern der EU werden die Löhne hauptsächlich durch Flächentarife geregelt. Branchenbezogen sind sie «das dominierende lohnpolitische Regelungsinstrument». Es trifft also nicht zu, dass Deutschland prinzipiell eine «Ausnahmerolle» spielt, wenn auch die Unterschiede zum deutschen Modell ansonsten sehr ausgeprägt sind.

Auf der einen Seite kann Wettbewerb auf den Märkten zu Lohnstrategien zwingen oder ermuntern, die eine nationale Selbstbehauptung ermöglichen oder leichter machen (Tendenz zum Lohndumping). Auf der anderen Seite ist denkbar, dass in Verhandlungen so viel wie möglich herausgeholt wird, weil erwartet werden kann, dass die Konsequenzen schließlich doch solidarisch

---

105 Der Tagesspiegel», 8. März 2000.

von Europa insgesamt aufgefangen werden. Diese Problematik ist seit längerem Gegenstand streitiger Diskussionen.[106]

Tendenziell dürfte zutreffen: Je stärker Löhne und Arbeitsbedingungen auf zentraler nationaler Ebene vereinbart werden, desto wahrscheinlicher ist, dass Entscheidungen in die eine oder andere Richtung bewerkstelligt werden können. Ob es auch bei den Löhnen zu einem «race to the bottom» kommt oder Angleichungen nach oben die Oberhand gewinnen, wird immer von der Stärke der Gewerkschaften, der Wirtschaftslage und der öffentlichen Meinungsbildung abhängen. Wie sehr die Anreize für eine gesamtwirtschaftlich effektive Lohnmäßigungspolitik **oder** ein wachsender Widerstand gegen die seit Jahren dominierende Form des «concession bargaining» die Gewerkschaften zu europaweit abgestimmtem, eher aggressivem Verhalten ermuntern, wird vom Zusammenwirken dieser Faktoren bestimmt, d. h. vor allem davon, ob «die strukturelle Gewalt der Arbeitslosigkeit (Bourdieu) die Gewerkschaften zu lohnpolitischer Zurückhaltung zwingt» oder nicht.[107] Jedenfalls sprechen im europäischen gewerkschaftlichen Umfeld tätige Funktionäre allgemein vom Euro als «Motor der Europäisierung der Tarifpolitik».[108]

Was spricht eigentlich dagegen, allgemein zu akzeptieren, dass die Löhne sich europaweit wenigstens an der Produktivitätsent-

---

106 A. Schürfeld, Droht ein Lohnsenkungswettbewerb in der Europäischen Währungsunion?, in: Wirtschaftsdienst 1998/IX, S. 543–549; J. Kromphardt, Lohnsenkungswettbewerb in der EWU – Deflationsgefahr oder Beschäftigungsimpuls? A. Heise und Th. Schluten, Lohndumping in der EWU – Geht ein Gespenst um in Europa? – Eine Replik, und A. Schürfeld, Eine Erwiderung, in: Wirtschaftsdienst 1999/II, S. 85–89, 89–94, 94–98.
107 Lohnpolitik in Europa, Informationen zur Tarifpolitik, Hans-Böckler-Stiftung, Düsseldorf, Oktober 2000. In dieser Studie wird festgestellt, dass in den meisten europäischen Ländern beide Tarifvertragsparteien die nationalen gesamtwirtschaftlichen Gegebenheiten berücksichtigen (S. 26).
108 R. Kuhlmann, Europäische Tarifpolitik – Gibt es das? In: Gewerkschaftliche Monatshefte, 9/99.

wicklung orientieren sollten? Dies war jahrzehntelang die allseitig unbestrittene Auffassung in Deutschland. Sie sollte auch für Europa gelten. Darüber hinaus wird «europäische Tarifpolitik», d. h. grenzüberschreitende Tarifpolitik, so leicht nicht ohne weiteres über Informationsaustausch, Tarifpartnerschaften in grenznahen Bereichen sowie zeitliche Synchronisation nationaler Tarifverhandlungen hinausgehen.

c. Könnte ein «Mehr an Mitbestimmung» für die Arbeitnehmer Europas integrationsfördernd wirken?

Meine Antwort lautet: Im Prinzip ja, aber wir Deutsche sollten diese Angelegenheit nicht forcieren.

Deutsche Arbeitnehmer haben in Betrieben und Unternehmen Rechte der Einwirkung auf unternehmerische Entscheidungen, wie sie in keinem anderen Land der EU entwickelt wurden. Diese haben zur Identifikation der Arbeitnehmerschaft mit der Ordnung der Marktwirtschaft beigetragen und dem sozialen Frieden gedient. Niemand würde allerdings behaupten, dass die diesbezüglichen Potentiale ausgeschöpft worden seien oder keinerlei kritische Argumente mehr angebracht wären. Nichts ist vollkommen!

Reformabsichten der gegenwärtigen deutschen Regierung haben die guten Saiten erklingen lassen, aber auch alte Wunden wieder aufgerissen. Natürlich sollte man das bekannte Kampfgeschrei der Gegner, auf das hingewiesen wurde, nicht überbetonen. Der Aufschrei beispielsweise der FDP gipfelte in der Behauptung, unsere Mitbestimmung eigne sich nicht zum Exportschlager. Damit könnten gewisse Befürchtungen deutlich werden, dass ein Alleingang Deutschlands zum gegenwärtigen Zeitpunkt durchaus positive Auswirkungen auf die Diskussion um die europäische Betriebs- und Unternehmensverfassung haben könnte. Denn warum will die Regierung der größten Wirtschaftsmacht Europas die Betriebsverfassung reformieren? Doch sicher nicht in der Absicht, dem Standort zu schaden!

Die Betriebs- und Unternehmensverfassungen der Teilnehmer der EWU sind verschieden, erreichen nirgendwo die deutschen Standards, und es ist nicht zu erkennen, dass Deutschland irgendwo nachgeahmt werden soll. Dies zu forcieren wäre meines Erachtens nicht angebracht. Die wenigen europäischen Ansätze, die zum Beispiel in der Gründung der Euro-AG und der europäischen Betriebsräte in transnationalen Unternehmen liegen, sind beachtenswerte Schritte in eine solche Richtung, die man begrüßen und denen man Erfolg wünschen sollte.

Wir können am besten durch unsere Mitbestimmungspraxis dazu beitragen, dass der Funke überspringt. Es mag sich ja herausstellen, dass dies nicht gelingt. Wenn schon die sozialen Schutzsysteme kaum zu harmonisieren sind, dann dürfte dieses auch auf die deutschen Mitbestimmungsregelungen zutreffen. Die Frage ist denn auch eher, ob ein Grundprinzip generell akzeptiert wird, das in Deutschland Anerkennung gefunden hat. Als Beispiel zitiere ich eine der Thesen eines der erfolgreichsten deutschen Unternehmer der Nachkriegszeit, Reinhard Mohn. Unter der Überschrift «Menschlichkeit hat die bessere Chance» hat er als dritte These seines unternehmerischen Credos gesagt: «Aus führungstechnischen Gründen muss heute bei Großprojekten die Verantwortung stark dezentralisiert werden. Die Mitsprache und Mitverantwortung der Betroffenen verbessern die Entscheidungsqualitäten.» [109]

d. Zur Klarstellung der Bedeutung von Nachfrage- und Angebotspolitik

Etwa ab Mitte des Jahres 1999 hat eine Kombination von nachfrageausweitenden Maßnahmen, die aus starken Exportsteigerungen[110], etwas weniger mäßigen Lohnerhöhungen und Steuersen-

---

[109] Reinhard Mohn, Menschlichkeit gewinnt – Eine Strategie für Fortschritt und Führungsfähigkeit, Gütersloh 2000, S. 247, 250.

[110] Die dramatische Schwäche des Euro, die sofort nach seiner Einführung im Januar 1999 einsetzte, senkte die Arbeitskosten im Währungsgebiet gegenüber dem Dollar-, Pfund- und Yen-Raum beträchtlicher, als jede noch so erfolgreiche Flexibilisierungspolitik es vermocht hätte, wenn sie auch nicht allein ursächlich dafür war. Sie trug (trägt) allerdings den Keim des Rückschlags über die importierten Preissteigerungen in sich, und die Verfestigung nicht durchhaltbarer Exportstrukturen ist

kungen sowie Kindergelderhöhungen bestand, zur Wachstumsbeschleunigung in Deutschland geführt. Mehr oder weniger plötzlich reagierte der Arbeitsmarkt in positiver Weise: Es gibt seitdem mehr Beschäftigung und weniger Arbeitslose; diese Trends werden sich voraussichtlich im Jahre 2001 fortsetzen. Es lohnt sich auch, daran zu erinnern, dass es in der Bundesrepublik Deutschland möglich war, die Zahl der Arbeitsplätze im Vergleich der Jahre 1984 zu 1989 um rund 1,5 Mio. zu erhöhen, und zwar ohne das heute übliche Flexibilisierungsgetöse.

In welcher Weise und in welchem Umfang die seit Jahren langsam, aber stetig vorangekommene Flexibilisierung der Arbeitsmärkte ursächlich für neue Wachstumschancen war, ist schwer zu sagen. Es ist aber höchstwahrscheinlich, dass angebotsseitige Veränderungen quantitativ nicht oder kaum spürbar geworden wären, wenn es nicht zur Umkehr der nur trägen Nachfrageentwicklung der Jahre 1992 bis 1998/99 gekommen wäre. Die Überwindung dieser Trägheit, die eine unmittelbare Folge der stark restriktiven Geldpolitik der Bundesbank nach dem Vereinigungsboom (in sich selbst eine beträchtliche Nachfrageausweitung) und der politischen Anstrengungen überall in Europa, die Maastricht-Kriterien zu erreichen, war, ist nur durch klar nachweisbare, ins Gewicht fallende Nachfrageausdehnungen möglich und erklärbar geworden. Die so genannten Flexibilisierungen mögen durchaus zum Austausch in der Besetzung von Arbeitsplätzen und zur Neuorganisation von Arbeitsgelegenheiten und damit zu Produktivitätssteigerungen, Kostensenkungen und zur Verbesserung der Wettbewerbsposition unseres Landes geführt haben. Sie würden jedoch ohne die Verzahnung mit quantitativ bedeutsamen Nachfrageimpulsen keine zusätzlichen Arbeitsplätze bewirken, d. h., ohne stützende Nachfrage würde es zu einem Produktivitätswunder ohne Netto-Beschäftigungswirkungen kommen.

Diese Zusammenhänge lassen sich unter anderem auch an der

---

als Minus dieses Währungsdebakels offenkundig, weshalb es besser gewesen wäre, das Vertrauen in die neue Währung wäre nicht so schnell verloren gegangen.

Wirtschafts- und Beschäftigungsentwicklung in den Vereinigten Staaten nachweisen. Zu Beginn der 90er Jahre war die US-Arbeitslosenquote höher als in Europa. Mit der starken Lockerung der Geldpolitik, die bis zum Jahr 2000 durchgehalten wurde, begann dann das Nachfrage- und Beschäftigungswunder. Diese Geldpolitik wurde kombiniert mit steuerpolitischen Maßnahmen, Steigerungen der Investitionsausgaben (plus Modernisierung der Volkswirtschaft), vor allem aber durch einen über die Kursentwicklung an den Börsen ausgelösten und jahrelang aufrechterhaltenen Konsumrausch begleitet, der auch auf nachfragewirksamen Entsparprozessen beruhte.

Inwieweit solche Nachfrageexzesse schlussendlich Wirtschaft und Gesellschaft dieses Landes gut getan haben, muss jetzt nicht beurteilt werden. Nur: Die lange bewunderten Wirtschafts- und Arbeitsmarktergebnisse wären ohne starke und verlässliche Nachfrageimpulse nicht zustande gekommen. Wie richtig diese Zusammenhänge gesehen werden, geht auch aus den politischen Absichten der neuen Regierung hervor: Sie wird im Verein mit expansiver Geld- und Fiskalpolitik die Voraussetzungen für weitere, hoffentlich durchhaltbare (sustainable) Nachfrageausdehnungen schaffen, um die schwächer gewordenen Kapazitätsauslastungen zu unterlaufen. Diesen ökonomisch vernünftigen Pragmatismus, in welcher ideologischen Verkleidung er auch immer verkauft wird, lassen sich auch Konservative in den USA seit Reagans Zeiten nicht durch strenggläubige Marktideologen verleiden und dadurch unwirksam machen.

V. Die EWU und ein Europa im sozialen Gleichgewicht – Chance oder Unmöglichkeit?

Wir haben eine Vielzahl von Kräften beschrieben, die vor unser aller Augen sichtbar Produktionsprozesse, Arbeitsorganisationen, Wertvorstellungen und Machtverhältnisse verändern. Wir erfahren, dass Solidarität und Gemeinsinn schwächer als früher sind, bewährte Regeln, Umgangsformen und Autoritäten mehr oder weniger infrage gestellt werden, Individualisierung, Hedonismus und Selbstentfaltung mehr bedeuten als früher und bedrückende Anpassungs- und Abhängigkeitszwänge Hand in Hand gehen mit den neuen Möglichkeiten, «mehr» aus seinem Leben zu machen, also die Chancen zu nutzen, die heutzutage eröffnet werden.

Unaufgeregt fragt man sich, wie es denn um den Zusammenhalt einer Gesellschaft bestellt sein wird, die sich auf dem Wege zu mehr oder weniger amerikanischen Vorbildern befindet. Und man stellt unter anderem fest, dass in Deutschland der Stolz auf eine weltweit geachtete Währung eine gewisse bindungs- und identitätsstiftende Wirkung gehabt hat, mit der es nun zu Ende geht. Aber nicht nur das!

An die Stelle der Deutschen Mark tritt eine Gemeinschaftswährung, zu deren Funktionsvoraussetzungen und -konsequenzen eine Beschleunigung all der Wandlungen gehört, über die wir berichtet haben.

Die neue Währung wird zum **Problemverstärker**, indem sie den Wettbewerb der Nationen in eine neue Qualität, in eine Art «Überlebenswettkampf» transformiert, in dem Entsolidarisierung stattfindet und nationalistische Selbstbehauptungszwänge das neue Europa verunstalten.

Als nationaler Ersatz für das ausrangierte Wechselkursventil bietet sich vor allem der Rückgriff auf das weite Feld der Lohnpolitik und des Sozialschutzes an. Diese werden sich als **die** «eisernen Reserven» erweisen, wenn verhindert werden soll und muss, dass ein Teilnehmerland der EWU selbst zum «Sozialfall» wird.

Unter dem Einfluss der Währungsunion zeichnen sich also zwei strukturelle Tendenzen ab: Verstärkung der Anpassungszwänge und Flexibilisierungsnotwendigkeiten einerseits und Zurücknahme sozialer Schutzversprechungen und -sicherheit andererseits. Flexibilität und soziale Sicherheit zu verknüpfen wird sich unter dem neuen Währungsregime als sehr schwierig erweisen. Man muss befürchten, dass die Währungsunion die tragenden Institutionen und Sozialschutzvarianten unseres Staates schwächt oder sogar ganz infrage stellt und damit zur «Entwurzelung» größerer Teile der Bevölkerung beiträgt. Wir sind auf dem Wege, «das wichtigste und meistverkannte Bedürfnis der menschlichen Seele, die Verwurzelung» (Simone Weill), zu missachten.

Gibt es Abhilfe? Es ist in meinem Beitrag im Sinne eines «illusionslosen Humanismus» angeklungen.

Erstens: Wer zur Währungsunion «A» sagt, muss zum Primat der Gerechtigkeit «B» sagen, d. h. muss Chancengleichheit und eine Auswahl an Arbeitsplätzen gewähren, muss Steuergerechtigkeit und wirksame Mechanismen zur Ausschaltung von Korruption und Missbrauch staatlicher Leistungen ergreifen, muss jedem im Wettbewerb Herausgeschleuderten oder Zukurzgekommenen entweder die Chance zur Reintegration verschaffen oder das soziale Netz zur Existenzsicherung aufspannen.

Zweitens: Viele bedeutende Persönlichkeiten unserer Zeit haben unseren Blick auf tiefer liegende, brüchig gewordene geistige Fundamente moderner Gesellschaften gelenkt. Ich erwähne wiederum Helmut Schmidt, der «Auf der Suche nach einer öffentlichen Moral» eine «Allgemeine Erklärung der Menschenpflichten» veröffentlicht hat. Sie ist von 26 Persönlichkeiten seines Ranges aus aller Welt (Inter Action Council) unterschrieben und an die Vereinten Nationen herangetragen worden. Und ich erwähne noch einmal Reinhard Mohn, aus dessen Buch ich zitiert habe. Es trägt einen Titel, der besonders für Deutschland gelten sollte: «Menschlichkeit gewinnt».

5. Kapitel

Euro – Der Integrationsbruch

Mit dem Euro ist kein Staat zu machen. Europas «Größenwahn»

Wilhelm Hankel

> There are many for whom peace and political unity is the target and economic integration is the instrument; but there are others who see in economic integration the target and in political integration (federation, confederation, supernational authorities etc) the needed instrument.
> Fritz Machlup (1977) [1]

Zusammenfassung:

1. Mit Währungsunion (EWU) und EU-Erweiterung (Europas «Größenwahn») entfernt sich der Integrationsprozess immer weiter vom Ursprungsziel – einer «politischen Union». In einer EU-28 ist sie nicht mehr zu verwirklichen. Sie stellt die Gemeinschaft vor kaum noch lösbare Probleme und Konflikte. Der Euro bleibt schwach, weil das Inflationsgefälle in der Gemeinschaft zunimmt. Die Zuwanderung billiger Ar-

---

1 Zitiert in Kurt W. Rothschild: Ach Europa: Einige kritische politökonomische Notizen zum Thema «Europa», in: Perspektiven der Wirtschaftspolitik, Eine Zeitschrift des Vereins für Socialpolitik, Bd 2, (2001), Heft 1, S. 2.

beitskräfte belastet Arbeitsmärkte und Sozialsysteme. Der Euro schafft sozialen Unfrieden – und dieser belastet den Euro.

2. Der Einfluss der stabilitätsorientierten Länder (und des Innendirektoriums) in den EZB-Gremien nimmt ab. Mit sich verfestigender, vielleicht sogar zunehmender Massenarbeitslosigkeit wächst die Gefahr fiskalpolitischer Alleingänge und «Selbsthilfe» aktionen; der «Stabilitätspakt» würde noch weniger beachtet.

3. Solange die Euro-Schwäche an den globalen Finanzmärkten anhält, werden diese in ihm weder eine Alternative zum US-Dollar noch einen Nachfolger der DM sehen. Mit ihren Investitionen in fremder Währung (vorzugsweise US-Dollar) finanzieren die Euro-Länder unfreiwillig reales wirtschaftliches Wachstum wie spekulative Börsenhaussen im Ausland. Europa leistet mit seiner labilen Gemeinschaftswährung keinen Beitrag zur Stabilisierung der Weltfinanzmärkte und des Weltwährungssystems.

4. Inflationsdruck und zunehmende Defizite in Kapital- und Leistungsbilanzen zwingen früher oder später die EZB, das Zinsniveau drastisch anzuheben. Das mindert zwar den Inflationsdruck, verschärft aber die Spannungen an den nationalen Arbeitsmärkten. Die Konflikte mit dem für die nationale Wirtschaftspolitik zuständigen EU-Ministerrat (ECOFIN) nehmen zu.

5. Mit den 13 neu eingeplanten Beitrittskandidaten der mittel-, ost- und südeuropäischen Peripherie vergrößert sich das Strukturgefälle im EU-Raum dramatisch. Der EWU-Währungsraum wird «inhomogener» und «suboptimaler».
Dazu kommt: Die für die EWU-Aufnahme vorgesehenen Kriterien sind unzureichend, selbst wenn sie befolgt werden (sollten). Eine nominelle Konvergenz von Inflationsraten, Zinsen, Wechselkursen und Haushaltsdaten «auf Zeit» ist leichter herzustellen als die erforderliche «reale» von Produktivitäts-, Einkommens- und Beschäftigungsniveaus. Für die wirtschaftlich schwachen Länder der Peripherie kommt die Aufnahme in

den Euro-Club der Ausstellung einer Euro-Kreditkarte mit offener Überziehungslinie gleich. Die EZB übernimmt ihre Währungs- und Abwertungsrisiken und räumt den Banken Kreditkonditionen ein, als ob sie erste Adressen wären. Sie finanziert das Übel, das sie bekämpfen soll – nämlich das Inflationsgefälle in der Gemeinschaft. Der Euro wertet «stellvertretend» für die schwachen Währungen dieser Länder ab.

6. Zu den «Problemkindern» der EZB gehören außerdem die Länder der französischen CFA-Franc-Zone in Westafrika einschließlich der Komoren. Obwohl Frankreich seine Währungshoheit an die EWU abgibt, behält es die über seine früheren Kolonien. Noch ist offen, ob diese Staatengruppe ihre Sonderwährung beibehält oder in einen «schwarzen Euro» umtauschen darf und wer die Kosten dieser «Afrikanisierung» trägt: Frankreich oder die EZB. Man kann nicht ausschließen, dass es darüber zu Auseinandersetzungen innerhalb der EWU sowie mit dem Internationalen Währungsfonds (IWF) kommt, der diese Defizitfinanzierung über ausländische Sponsoren seit jeher moniert.

7. Für die EZB wächst mit den Erweiterungen nach Ost und Süd die Gefahr politisch bedingter Konflikte. Zwar bleibt ihr Status als über den Staaten stehende, quasi «ausländische» Zentralbank unangetastet – kein Mitgliedsland kann sein eigenes Geld drucken oder abwerten. Doch die Widerstände gegen das Geldmonopol und Zinsdiktat der EZB werden wachsen, je größer der Kreis (und das Stimmengewicht) der auf billiges Geld angewiesenen Mitgliedstaaten wird.

Dass dies bislang noch nicht ins Gewicht fiel, ist der weltwirtschaftlichen Ruhe an der Preis- und Inflationsfront zu danken. Sie war die Folge der weltweiten Deregulierungswellen und der jüngsten Krisen in aller Welt (Asien, Osteuropa, Lateinamerika, Afrika). Der Euro teilt seine relative Binnenstabilität mit anderen Währungen der Welt. Sie ist kein Erfolg der EZB.

8. Was als Sicherung der Geldwertstabilität gedacht war (und voreilig als Sieg der deutschen Stabilitätsphilosophie über den Inflationismus vieler europäischer Nachbarn gefeiert wurde),

könnte sich schon bald als Illusion entpuppen: als Reißbrett-Modell ohne Realitätsgehalt. Ohne den Wechselkurs-«Airbag» gibt es keinen Schutz vor den Gefahren der intern (von der Peripherie) und der extern (aus der Weltwirtschaft) «importierten» Inflation und Arbeitslosigkeit. Und ohne die Koordination der gemeinsamen Geldpolitik mit der nationalen Wirtschafts-, Finanz- und Sozialpolitik vor Ort gibt es auch kein Ausbügeln nationaler Krisen: keine antizyklische Haushaltspolitik und keine auf «gleichwertige Lebensverhältnisse» im ganzen Lande angelegte Strukturpolitik (gem. Art 72,2 GG).

Offenbar hatten die deutschen Politiker, die die Verträge von Maastricht und Amsterdam zwischen 1992 und 1997 aushandelten, ihr Grundgesetz gerade nicht zur Hand. (Siehe hierzu im Einzelnen Kap. 2 und 7.)

9. Das soziale Element an den europäischen Kapital- wie Arbeitsmärkten kommt zu kurz. Der im Euro zusammengefasste Geld- und Kapitalmarkt gewinnt zwar an regionaler Breite und finanzieller Tiefe. Doch sein Potential dient überwiegend der Finanzierung privater und nicht selten spekulativ überzogener Geschäfte, wie dem Firmenaufkauf und der Alimentierung (unproduktiver) Börsenhaussen. Er wird das Nebeneinander reicher und armer Zonen in Europa nicht ausgleichen, sondern noch verstärken.

Schon bei der Zentralisierung der Geldsysteme in fast allen Staaten Europas entstanden kapitalentblößte Notstandsregionen. Dieser Trend wird sich beschleunigen, denn den EWU-Staaten fehlt das Geld für groß angelegte (Infrastruktur-)Programme, und die Europäische Kommission zerschlägt unter dem Vorwand der Wettbewerbsverzerrung jene öffentlich-rechtlichen Banksysteme, die traditionell als «öffentliche Kapitalmarkthände» deren regionale und sektorale Strukturpolitik unterstützt haben (wie zum Beispiel in Deutschland die Sparkassen).

10. Der EWU fehlen Flankenschutz, Instrumentierung und vor allem die Mittel für die (gemäß Artikel 2 in Verbindung mit Ar-

tikel 158 EGV) vorgesehene innere Struktur- und Entwicklungspolitik. Eingeplant für die nächsten sechs Jahre sind Ausgleichszahlungen in Höhe von maximal 1,13 Prozent des EU-BIP, davon nur ¹/₃₀ als Hilfen zur Vorbereitung auf den Beitritt: rund drei Mrd. Euro jährlich! Auch mit der Öffnung des «westlichen» EU-Binnenmarktes für die Neuen aus dem Osten und Südosten steht es nicht zum Besten.

11. Einen solidarischen Kraftakt in Form eines innereuropäischen Marshall-Planes wird es nicht geben. Man hat weder bei Schaffung der EWU noch zuletzt in Nizza bei der Festschreibung des Fahrplanes für die EU-Erweiterung die Chance der Heimkehr der mittel- und osteuropäischen Brüder aus der babylonischen Gefangenschaft des Sowjetkommunismus genutzt. Zudem zeigt das deutsche Beispiel, dass sich ein Lastenausgleich dieser Dimension nur unter dem Dach eines gemeinsamen Staates organisieren und legitimieren lässt – und gerade er fehlt in Europa.

12. So präsentieren sich EU wie EWU politisch gewollt – je nach Perspektive – als «unvollkommene Wirtschafts- und Währungsunionen» oder als «halbfertige Staaten». Beiden ist gemeinsam, dass sie mangels haushalts- und fiskalpolitischer Kompetenzen für ihre Mitglieder mehr Probleme aufwerfen, als sie selber oder ihre Teilstaaten lösen können. An diesem Verfassungsdefizit wird die EWU – früher noch als die EU – scheitern, mit entsprechenden Konsequenzen für Europa und die Welt(wirtschaft).

13. Schon der Hansebund bewies, dass der Markt allein keinen funktionsfähigen Staat hervorbringt. Ein halbes Jahrtausend danach muss das reife Europa lernen, dass territorial begrenzte Politik gegen überstaatliche Märkte – sei es in Europa oder in der Welt – den Kürzeren zieht. Der größere Markt überspringt die nationalen Staats-, Rechts- und Regulierungsgrenzen – auch die Währungsgrenzen. Insofern sind die Probleme der Globalisierung und der Europäisierung identisch. Der europäische Binnenmarkt bedarf der Einbettung in einen europäischen Staatenbund oder Bundesstaat, um sein «Stör-

potential» (Standortbedrohung durch das Unterlaufen nationaler Schutzvorkehrungen, Arbeitslosigkeit etc.) wirksam zu neutralisieren. Nur wenn Staats- und Währungsraum identisch sind und bleiben, ist «optimale» – und die Währung von Nebenzielen freihaltende – Politik möglich, wie das Beispiel der USA belegt.

14. Geld ist ein Stimmzettel der besonderen Art. Je weniger die Politik die Menschen überzeugt, desto eindeutiger fällt ihr Votum aus. Die Euro-Schwäche ist ein klares Signal, wie die von Menschen gesteuerten Märkte das Euro-Abenteuer bewerten. Ihr Misstrauen gegen die Einheitswährung lässt sich auch mit dem Euro in der Hand oder im Portemonnaie des Bürgers nicht zerstreuen. Dieser geldtechnische Schritt (von dem zur Stunde noch nicht feststeht, ob er klappt und welche Unsicherheiten und Kosten er verursacht) löst auch nicht eines der vielen mit dem Euro verbundenen Probleme; er schafft jedoch neue. Der Euro als gesetzliches Zahlungsmittel besagt nur, dass man seine Schulden in ihm zahlen kann, nicht dass man sein Vermögen in ihm halten muss.

    Man kann daher aussuchen, zu welcher Art von EWU- und Euro-Kündigungen es früher oder später kommen wird – zu privaten (über wachsende Kapitalflucht) oder staatlichen (über erste Austritte). Das absehbare Scheitern der EWU würde das Ende von Europas Integration einleiten – mit Konsequenzen, die noch nicht abzusehen sind.

15. Die deutsche Politik träfe an diesem Rückschlag schwere Mitschuld. Sie hat das Euro-Projekt und die damit verbundene Abschaffung der DM – des stabilsten und populärsten Geldes deutscher Geschichte – ohne zureichenden Grund, Abwägen der Folgen und demokratische Legitimation betrieben: gegen den erklärten Mehrheitswillen der deutschen Bevölkerung, gegen eindeutig formulierte Stabilitätsauflagen des höchsten deutschen Gerichtes und gegen die Warnungen und den begründeten Rat von führenden Wissenschaftlern und Fachleuten aus dem In- und Ausland. Jetzt verweigert sie sich dem Nachdenken über eine noch mögliche Schadens-

begrenzung, die darin bestehen könnte, das Euro-Projekt bis auf weiteres einzufrieren und es beim immer noch möglichen Nebeneinander von nationalen Währungen und Euro zu belassen.

Ein solcher «Parallelstandard» würde es erlauben, Europas Uhren für eine Zeit lang anzuhalten und noch einmal nachzudenken über die unerlässlichen Reformen und eine künftige Staatlichkeit, in welcher Form auch immer. Die Defizite der Währungsunion könnten beseitigt, ihre inneren Spannungen im «Atmen» der wieder beweglich gemachten Wechselkurse aufgefangen werden. Der Euro würde aus diesem System als allgemein akzeptierte Recheneinheit und Wechselkursbezugsbasis der «geretteten» europäischen Währungen hervorgehen und über Nacht stabil werden. Er wäre die unbestrittene (und unbewegliche) Währungs«sonne» von Europas monetärem Planetensystem. Der alte Kontinent hätte doch noch aus seinem Jugendstreich ein «Modell Europa» gemacht, das aller Welt(wirtschaft) als Vorbild dienen könnte.

I. Die EWU ist kein «optimaler Währungsraum» – Lehren aus dem Vorbild USA

Sind Währungsräume ohne Staat eine Antwort auf die Widersprüche zwischen Markt und Staat – eine Art Zwischenlösung, die das Problem zwar nicht löst, aber doch entschärft? Die Antwort der Währungsgeschichte ist eindeutig; sie lautet: Nein. Und das Beispiel der USA, auf das die Euro-Befürworter stets verweisen, bestätigt es *e contrario*.

1. Währungsunionen ohne Staat (über)leben niemals lange

Die Währungsgeschichte ist eine der monetären Havarien; sie zeigt uns eine Meereskarte, in der es von Positionsbezeichnungen der Wracks gescheiterter Währungsunionen nur so wimmelt. Zwar haben die davon betroffenen Völker diese Währungsuntergänge meist überlebt, aber sie mussten eine teure Zeche zahlen.[2] Die Zusammenbrüche der früheren Sowjetunion und anderer kommunistischer Kleinimperien auf dem Balkan (Jugoslawien), deren Währungsunionen ebenfalls den Tod ihrer Staatssysteme nicht überlebten, vervollständigen dieses Bild und bringen die Karte auf den neuesten Stand.

Die Lehre daraus liegt auf der Hand: Auf Währungen als Integrationsklammer oder -motor ist kein Verlass. Die Gründe dafür werden uns gleich noch beschäftigen.

Die Geschichte liefert aber auch genügend Beispiele, dass sich das Abstreifen monetärer Zwangsjacken lohnt. Es ist ein Märchen, dass ein kleiner, aber mit dem Staat identischer Währungsraum dem (Wieder-)Aufbau marktwirtschaftlicher Strukturen im Wege stünde oder gar ein «Wirtschaftswunder» verhindere. Dem steht nicht nur die Erfolgsstory der alten Bundesrepublik nach der Währungsreform von 1948 entgegen, sondern die vieler kleiner und peripherer Schwellenländer und Stadtstaaten bis in die jüngste Zeit. Denn entscheidend für den Integrationserfolg sind zum einen Härte und Vermögensqualität der Währung: Regt sie die Menschen zu realer Kapitalbildung (Sparen) und Anlage dieser Mittel im eigenen Währungsraum (Investieren) an oder nicht?

Zum anderen spielt eine Rolle, dass Währungsräume unbeschadet ihrer Größe, wenn sie sich mit den dazugehörenden Staatsräumen decken, mit staatlicher Nachhilfe leicht in «optimale» Währungs- und Kapitalanlagezonen verwandelt werden können. Letzteres werden wir am US-Beispiel gleich noch demonstrieren. Freilich: Der Ton liegt hier auf «können», denn zwangsläufig ist dieses politisch geschaffene monetäre Optimum nicht.

---

2 Vgl. hierzu Theurl, Th., Eine gemeinsame Währung für Europa. 12 Lehren aus der Geschichte, Innsbruck 1992.

2. Beispiel USA

In den USA stellte der Primat der politischen vor der wirtschaftlichen Integration die Weiche von Beginn an in die richtige Richtung: Aus einem multikulturellen Einwanderungsland entwickelte sich eine Nation mit einheitlicher Geschichte, Kultur und Sprache. Staats- und Wirtschaftsraum blieben identisch, auch als sich das Land (nach Westen) ausweitete. Nicht zuletzt deswegen konnte man sich mit der Schaffung einer für das ganze Land einheitlichen und zentralen monetären Infrastruktur Zeit lassen. Die USA «krönten» erst lange nach ihrem Start als Staat den Prozess ihrer inneren wirtschaftlichen und sozialen Integration mit einer für das ganze Land zuständigen Währungs- und Zentralbank: dem Federal Reserve System (Fed) von 1913.

Zwar gibt es den US-Dollar seit dem Jahre 1782, aber er war mehr die gemeinsame Namensbezeichnung für die im Wettbewerb der Bundesstaaten ausgegebenen Regional- und Parallelwährungen. Erst als sich diese Teilstaaten der Union wirtschaftlich genügend gekräftigt und dem Unionsdurchschnitt angenähert hatten und sie von einem für die ganze Union einheitlichen Dollar nichts mehr zu befürchten hatten – weder Inflationsbeschleunigung noch Anpassungskrisen –, verzichteten sie auf ihre teilstaatlichen und regionalen Geldmonopole.[3]

Der «verspätete» Einheits-Dollar hat weder den Aufstieg der USA als Staat verlangsamt noch ihren inneren wirtschaftlichen Integrationsprozess behindert. Politische und wirtschaftliche Integration gehören zwar eng zusammen, ergänzen und beflügeln sich. Doch die monetäre Integration spielt dabei nicht die Rolle

---

3 Heinsohn, G/Steiger, O. Die Konstruktionsfehler des Euro-Systems, in: Ehrich, D./Himmelreicher, R. K./Schaefer, H.(Hrsg), Finanzarchitektur, ökonomische Dynamik und regionale Strukturforschung (Festschrift für G. Leithäuser und Th. von der Vring), Bremen 2000, S. 83 ff. Dies., Das Märchen vom mächtigen Eurokaiser, Bremen, November 2000 (Universitätspapier). – Hankel, W., Der Dollar, NZZ Folio Nr. 8 1997.

der Lokomotive, sondern die eines Zug- oder Prozessbegleiters. Die Währungen einer Teilregion sind nämlich eine Art Schockabsorber oder monetärer Airbag, der die beim Zusammenwachsen der Regionen zu größeren Markteinheiten und größerer Marktdichte (Verflechtung) unvermeidlichen Reibungen und Erschütterungen abfängt. Ihre Umtauschrelationen (Wechselkurse) spielen dabei die Rolle eines Seismographen, der Stöße und Beben anzeigt und moderiert. Eine hinreichend lange Periode stabiler und von Ausschlägen freier Wechselkurse ist daher das sicherste und verlässlichste Indiz dafür, ob und wann eine Marktregion für eine gemeinsame Währung reif ist. Das Geflecht der marktstabilen Wechselkurse braucht dann nur legalisiert zu werden. Daran hätten die Väter der europäischen Integrationsbewegung denken sollen, als sie nach lange Zeit vergeblichen Anläufen das einheitliche Europa-Geld zum «Motor» des weiteren und sich noch kräftig beschleunigenden Integrationsprozesses erklärten – und installierten.

Noch ein ganz anderer Grund hätte die Betreiber des europäischen Integrationsprozesses nachdenklich stimmen müssen. Geld verfügt über eine – seine lange Geschichte belegt es – nicht unproblematische Doppelnatur. Einerseits setzt es in den Händen tüchtiger, kreativer und wagemutiger Neuerer ungeahnte wirtschaftliche Initiativen und Energien frei. Neue Männer mit neuen Ideen – Projekten, Produkten und Prozeduren – erzeugen mit ihrem durch Geld und Kredit«bezugsscheine» ermöglichten Zugriff auf verfügbare Ressourcen (von Menschen bis Materialien) ein Produktivitätswunder nach dem anderen. Der Sprung in die «New Economy» markiert nur die vorläufig letzte Etappe auf diesem langen Weg geldwirtschaftlich organisierter und dynamisierter Gesellschaften in den wirtschaftlichen Fortschritt. Keiner dieser Prozesse wäre je gelaufen und würde laufen ohne das den unternehmerischen Pionieren überlassene Geld-Kapital.[4]

4 Schumpeter, J., Theorie der wirtschaftlichen Entwicklung. Eine Untersuchung über Unternehmergewinn, Kapital, Kredit, Zins und den Konjunkturzyklus (1. Aufl. 1911) Berlin 1993, S. 200 ff. – Hankel, W., Geld –

Nur: Die Gesellschaft bezahlt diese Fortschrittssprünge zunächst einmal mit inneren Spannungen, Schieflagen und Ungleichgewichten.

3. Gefahren monetärer Zentralisation

Diese Erfahrung machte auch das alte Europa bei Einführung seiner nationalen Einheitswährungen vor hundert und teilweise noch mehr Jahren. In Ländern wie Spanien, Frankreich und Italien entstanden vom Geld- und Kreditanschluss zunächst vernachlässigte und daher wirtschaftlich zurückbleibende Zonen regionaler «Unterentwicklung» im agrarisch strukturierten Süden, in Preußen und später im Deutschen Kaiserreich dagegen im Osten des Landes.

Nach der politischen Wiedervereinigung Deutschlands – die monetäre ging ihr, wie erinnerlich, voraus – wiederholte sich der Prozess noch einmal und noch viel rasanter. Die produktivitäts- und wettbewerbsstarken Unternehmen der alten und marktwirtschaftlich fundierten Bundesrepublik spielten ihre hohen Kosten-, Preis- und Qualitätsvorteile gegenüber der zurückgebliebenen und maroden DDR-Wirtschaft voll aus. Dem Währungsanschluss folgte der «Anschlusskonkurs» einer ganzen Volkswirtschaft, die wegen ihrer monetären Verödung auch wirtschaftlich zurückgeblieben war.

Seitdem muss das durch den Anschlusskonkurs der DDR-Wirtschaft noch gewachsene Strukturgefälle zwischen alten und neuen Bundesländern durch einen massiven und öffentlich finanzierten Transferstrom von West nach Ost ausgeglichen werden – mit immer noch ausstehendem Erfolg. Denn den öffentlich finanzierten Transferleistungen steht ein privater Transferstrom von Ost nach West gegenüber. Er folgt der «Schwerkraft» jedes privatwirtschaft-

der Entwicklungsmotor. Thesen zu einer monetären Entwicklungstheorie, in: Stadermann, H.-J/Steiger, O. (Hrsg.), Der Stand und die nächste Zukunft der Geldforschung (Festschrift für Hajo Riese zum 60. Geburtstag), Berlin 1993, S. 439 ff.

lich und ausschließlich kommerziell orientierten Geld- und Kapitalmarktes, nämlich dem Renditengefälle. Weil es für ostdeutsche Sparer und Investoren noch immer zu wenig attraktive und privatwirtschaftlich hochrentable Objekte vor Ort gibt, legen sie ihr Geld vermehrt im Westen an.[5]

Das gilt auch für den im Zeichen des Euro neu geschaffenen gemeinsamen Kapitalmarkt der EWU. So beeindruckend seine neue regionale Breite und finanzielle Tiefe ist: Seine gewachsene Schwerkraft trägt wenig bis gar nichts zum regionalen wie sektoralen Strukturausgleich in der Gemeinschaft bei. Im Gegenteil: Es wiederholt – und verstärkt – sich die bereits aus der nationalen Zentralisation von Geldwirtschaft und Geldmärkten bekannte Tendenz von Ballung und Entballung.

Weil sich die am «staatenlosen» Euro-Geld- und Kapitalmarkt angelegten und umgeschichteten Mittel (Ersparnisse wie Neuinvestitionen) noch ausgeprägter an den Projekten mit den jeweils höchsten privatwirtschaftlichen Renditen (oft sogar nichts weiter als Phantasieprodukte einer übersteigerten Aktienhausse!) orientieren und nicht an denen mit hoher volkswirtschaftlicher Produktivität und Priorität, verschafft er Europa weder den erforderlichen Strukturausgleich zwischen seinen zentralen und peripheren Zonen noch die angestrebte Gleichheit seiner Lebensverhältnisse (gemäß Art. 2 und 158 EGV). Er übernimmt und verstärkt noch zusätzlich die von den nationalen privaten Finanzmärkten vorgegebene Tendenz, die bereits vorhandenen Zerklüftungen regional und sektoral zu vertiefen statt einzuebnen.

4. Der Strukturausgleich ist ein öffentlicher Auftrag ...

Die Anfangs«erfolge» der Peripherie (wir kommen darauf noch in Teil III zurück) können diesen Befund zwar eine Zeit lang verschleiern. Aber auf Dauer setzt er sich durch, und zwar aus denselben Gründen wie in den neuen Bundesländern der früheren DDR.

---

5 Hankel, W., Die sieben Todsünden der Vereinigung. Wege aus dem Wirtschaftsdesaster, Berlin 1993 b, S. 25 ff.

Auch dort folgte ja dem DM-Rausch der ersten Stunde der Katzenjammer einer Region, die weder in der Lage ist, das selbst gebildete Kapital im eigenen Raum zu halten noch das aus anderen Räumen (und sei es des eigenen Staatsgebietes) in ausreichendem Umfang anzulocken.

Deswegen gehören Struktur- und Finanzausgleich zwischen unterschiedlich strukturierten Landesteilen eines Nationalstaates oder Währungsraumes zum Ausweis moderner Sozialstaatlichkeit.

Wir sahen schon: Der EU-Vertrag schreibt diese Sozialstaatlichkeit vor, doch nur auf dem Papier. Zwar werden die «Förderung des wirtschaftlichen und sozialen Fortschritts», ein «hohes Beschäftigungsniveau» und «die Stärkung des wirtschaftlichen und sozialen Zusammenhaltes» gefordert (Art. 2 EGV). Und gemäß Art. 158 EGV hat die Gemeinschaft für ein dem wirtschaftlichen und sozialen Fortschritt in den Mitgliedsländern förderliches «inneres Entwicklungsklima» zu sorgen. Doch es bleibt offen: mit welchen Mitteln und welchen Instrumenten?

Die EU verfügt zwar über eine Zentralbank, die EZB, und einige Hausbanken: Europäische Investitionsbank (EIB) in Luxemburg und Europäische Bank für Wiederaufbau und Entwicklung (EBRD) in London sowie einige schwach dotierte «Kohäsionsfonds», auf die wir noch zurückkommen werden (in Teil V) – aber das ist auch alles.

Nirgendwo zeigt sich die fehlende EU-Staatlichkeit deutlicher (und fataler) als in ihrer struktur- und transferpolitischen Blöße. Die Politik weiß, dass sie diesen Ausgleich leisten muss und dass er umso dringlicher wird, je mehr die Lebensverhältnisse in der Gemeinschaft im Zuge der Erweiterung auseinander driften. Man legt ein inneres Pulverfass an und weiß doch, dass es sich fast zwangsläufig entzünden wird.

Der von den EU- und EWU-Staaten abgelöste (und insoweit «exterritoriale») Euro-Finanzmarkt erweist sich auch in anderer Hinsicht eher als Belastung denn Entlastung. Der Euro ist seiner Funktion nach eine «inländische Auslandswährung». Denn sie ist jeder nationalen Disposition eines Mitgliedstaates entzogen.

Das ist zwar von Anfang an gewollt gewesen und sollte für alle

EWU-Partner, die zum Zeitpunkt der Maastricht-Verhandlungen noch über keine «deutsche» Zentralbankverfassung mit scharfer Trennung des Staates von seiner Währungspolitik verfügten, das deutsche Modell zum europäischen machen. Die EWU-Staaten müssen sich einem externen Geld- und Zins«diktat» ihrer eigenen Zentralbank und ihrer eigenen in Euro nominierten Geld- und Finanzmärkte unterwerfen. Aus Staatschulden in eigener Währung werden so für alle EWU-Staaten «Devisenschulden», die sie nicht mehr wie bisher in nationaler, zur Not selbst gedruckter Währung bedienen (verzinsen und tilgen) können. Damit ist sichergestellt, dass Staatsschulden nur noch den Staatshaushalt belasten und nicht mehr den Geldhaushalt der Nation über inflatorische Praktiken.

So sehr sich der Inlandssparer über die neue monetäre Sicherheit freuen darf, es bleibt offen, wie hoch verschuldete Mitgliedsländer mit diesem Druck auf ihre Staatshaushalte und -finanzen umgehen werden. Sicher ist nur: Deflationieren sie ihre Volkswirtschaft zu stark, dann erzeugen sie Arbeitslosigkeit, Krise und irgendwann den finanziellen Staatsnotstand – wie zu Zeiten der unseligen dreißiger Jahre. Der stabilitätspolitische Vorteil, dass der staatlichen Defizit- und Neuverschuldungspolitik ein Riegel vorgeschoben wird, hat zum Preis, dass der Handlungsspielraum der Staaten zur Bekämpfung nationaler Konjunktureinbrüche und regionaler Strukturdefizite im eigenen Land drastisch verkürzt wird. Man kann nur noch die normal eingehenden – und in der Krise schrumpfenden – Steuer- und Haushaltseinnahmen umverteilen, was im Klartext heißt: Man muss auf eine «antizyklische Finanzpolitik» im Krisenfall verzichten.

Für Deutschland ist dies die kalte Suspendierung des Grundgesetz-Artikels 109. Er verlangt für Bund wie Bundesländer die Beachtung des «gesamtwirtschaftlichen Gleichgewichts» und eine dementsprechende «konjunkturgerechte Haushaltsführung» und «mehrjährige Finanzplanung». Als die frühere Bundesregierung den Maastricht- und Amsterdam-Artikel 104 EGV unterschrieb: «Die Mitgliedstaaten vermeiden übermäßige Defizite», hatte sie das deutsche Grundgesetz vermutlich gerade nicht zur Hand!

Jetzt und erst recht in Zukunft muss sich zeigen, was gilt: die Unterordnung der nationalstaatlichen Finanzpolitik unter den EG-Vertrag, das Diktat der EZB und des gemeinsamen Euro-Finanzmarktes – oder ob ein nicht auszuschließender innerer Staatsnotstand, in welchem Land auch immer, diesem erlaubt, aus dem «Stabilitätspakt» auszubrechen – wenn auch nur auf Zeit.

Der daraus resultierende Konflikt mit EWU und EZB ist nicht gelöst, sondern nur vertagt. Er ist in einer Welt der «nicht synchronisierten Konjunkturen», der stets möglichen «asymmetrischen Schocks» und der politisch gewollten und zudem noch kräftig anwachsenden «Inhomogenität» der Währungspartner nicht zu vermeiden. Es ist eine Frage des Datums, wann er wo und mit welcher Heftigkeit ausbricht.

5. Abgehackte öffentliche Kapitalmarkthände

Wir sahen schon: Die ihren Sozialstaatsaufgaben verpflichteten Mitgliedstaaten der EWU müssen sich zudem auf erheblichen Gegendruck seitens ihrer in die «Euro-Freiheit» entlassenen Finanzmärkte einstellen. Sie lassen sich weder in den nationalen Dienst stellen, noch orientieren sie sich an volkswirtschaftlichen Aufgaben und Prioritäten. Ihr Interesse gilt dem «shareholder value» – in welcher Form auch immer.

Finanzielle Hilfestellung für ihre zumeist «nur» volkswirtschaftlich rentablen Strukturinvestitionen haben die EWU-Staaten von diesem Markt nicht zu erwarten. Und: Wo bisher in der Tradition der Finanzierung lokaler und regionaler Infrastruktur-Investitionen stehende Banken (aus dem Sparkassen- und Genossenschaftssektor) als «Kapitalmarkthände der Staaten» fungierten und die öffentlichen Haushalte wirksam entlasteten, werden diese abgehackt.

Wie ernst es der Kommission damit ist, beweist ihr gnadenloser Feld- wenn nicht gar Kreuzzug gegen den in den regionalen Strukturausgleich sogar per Gesetz und Statut eingebundenen deutschen Sparkassensektor. Wird dieser Kernbereich eines öffentlich-rechtlich geordneten Bankwesens in Deutschland wie anderen EU- und EWU-Staaten zerschlagen oder privatisiert, fällt mehr weg als ein marktwirtschaftliches Instrument für die Finanzierung des Strukturausgleichs in den europäischen Regionen.

Der Euro-Geld- und Kapitalmarkt wird zu einem Finanzierungspool für kommerzielle Projekte noch dazu oft spekulativen Charakters. Er hört auf, ein Gegengewicht zur privaten, kommerziellen und nicht selten spekulativen Kapitalverwertung zu bilden. Seine Korrekturfunktion für eine volkswirtschaftlich nützlichere und sozial produktivere Verwendung der europäischen Ersparnisse verkümmert – und das, obwohl die Kommission zu «korrigierender» Strukturpolitik angehalten ist und diese mit jedem EU-Erweiterungs-Schritt immer vordringlicher wird!

Die Zerschlagung des öffentlich-rechtlichen Bankensektors im Namen der Wettbewerbsgleichheit mit dem privaten, auf nichtöffentliche Aufgaben und Prioritäten ausgerichteten Bankensektor stellt eine Verkennung der Funktionen der Staatshaftung für diese am Gemeinwohl orientierten Banken und ihres Beitrages für eine «soziale» Marktwirtschaft dar. Die Kommission handelt gegen ihren öffentlichen Auftrag, wenn sie die eigenstaatlichen Instrumente zur Ergänzung und Anreicherung ihrer viel zu knapp ausgelegten Strukturhilfefazilitäten (und so genannten Kohäsionsfonds) austrocknet oder verbietet. Oder glaubt sie wirklich, mit Gemeinschaftsgeld und einem privat organisierten Geld- und Kapitalmarkt ein finanzielles Kraftzentrum installiert zu haben, das Europas Integrationszug geraden Weges und ohne ihn aus den Gleisen springen zu lassen, in den Zielbahnhof einer immer «politischer» werdenden Union fahren lässt?

II. Äußere und innere Schwäche des Euro: welche erklärt welche?

Dass diese platte «Sachzwangtheorie» immer weniger überzeugt, lässt sich Tag für Tag an den Devisenkurstafeln des Euro ablesen. Denn dort wird nicht nur sein wirtschaftlicher Gehalt bewertet, sondern auch die mit ihm verfolgten politischen Intentionen. Sie werden gewogen und erkennbar als zu leicht (nämlich illusorisch) empfunden.

1. Wechselkurse reflektieren politische Risiken

Dass der Euro-Wechselkurs selbst für Insider unberechenbar schwankt – er verlor in seinen beiden ersten Jahren gegenüber der US$-Parität um zeitweise bis zu 30 Prozent, um dann bis zu einem guten Drittel davon wieder aufzuholen –, lässt sich nur mit der wachsenden Skepsis der Sparer, Investoren und Anleger in seine politische Zukunft erklären. Statt des erhofften «run» der Märkte und der Zentralbanken in den Euro als Alternative und Konkurrenz zum US-Dollar, blieben seine Umsätze und Marktanteile im globalen Finanzsektor schwach. Die Liquidation der DM als (namentlich in Osteuropa) beliebter Sparanlage führte statt zum erwarteten Übergang in den Euro zum forcierten Umtausch in den Dollar. Völlig unerwartet für die Fachleute der Bankwelt entwickelte sich aus innerer Breite und Tiefe des Euro-Finanzmarktes nur ein relativ flacher äußerer Währungsmarkt des Euro. Bereits kleinste Umsatzveränderungen bewirken große und unberechenbare Kursausschläge – wie in allen kleinen und engen Märkten.

Dieses Marktbild widerlegt die von zahlreichen Politikern vertretene These, das reale Wirtschaftspotential von EU und EWU, das sogar jenes der USA übertreffe, sichere dem Euro den Status einer Weltwährung. Je bewusster den Menschen und den Märkten wird, mit welch unkalkulierbaren, aus der Politik ableitbaren Risiken die neue und «staatenlose» Währung behaftet ist, desto deutlicher wird sich ihr Misstrauen verfestigen. Er mag für die eine oder andere Kurzfristanlage oder -spekulation gut sein. Als weltweit akzeptierte Sichere-Hafen-Währung hat er keine überzeugenden Karten.

Daran wird die Einführung des Euro als Bargeld und alleiniges gesetzliches Zahlungsmittel in den EWU-Staaten nichts ändern. Sie löst keines seiner realen Probleme. Und die Menschen und ihre Märkte wissen längst, dass ein gesetzliches Zahlungsmittel zwar ein Recht begründet, seine Schulden darin zu bezahlen, aber keine Verpflichtung, darin auch sein Vermögen zu halten! Der Trend zum schwachen Euro ist programmiert. Er kann (und wird) sich mit zunehmender Erweiterung der Staatengemeinschaft und der daraus resultierenden Risikoeskalation eher verstärken. Denn Währungsunionen sind weder Staatsersatz noch ein Mittel, wirtschaftlich Inhomogenes zu «homogenisieren».

Auch hierin ist das Beispiel USA lehrreich. Die Fed ist keinem Druck der US-Teil- und -Bundesstaaten ausgesetzt. Ihre Gesprächspartner auf der Bundesebene sind Zentralregierung und Kongress. Die Mitsprache der 50 US-Bundesstaaten beschränkt sich auf fünf (zudem rotierende) Stimmen von zwölf im alles entscheidenden Gouverneursrat: im Durchschnitt $1/10$ Stimme je Einzelstaat. Der Fed-Präsident und sein Direktorium müssen keine Rücksicht auf Teilstaats- und Regionalinteressen nehmen. Für sie gilt allein das Wohl des Gesamtstaates und seiner Währung.

In dieser Hinsicht ist die US-Geldverfassung sogar der deutschen überlegen. Die Chefs der regionalen Landeszentralbanken (LZB), obwohl Bundesbeamte, werden von Landesregierungen berufen und können den für die zentrale Geldpolitik verantwortlichen Bundesbankpräsidenten und sein Direktorium überstimmen. Bedenklich war dies nur so lange, wie es noch die DM und noch nicht den Euro gab. Inzwischen ist es unwesentlich.

2. Wie ein Währungsraum «optimal» wird:

In Bundesstaaten verschafft der regionale Finanzausgleich der zentralen Währungspolitik den erforderlichen Freiraum. In Deutschland hat er Verfassungsrang. Er dient der «Schaffung gleichwertiger Lebensverhältnisse» (Art. 72,2 GG) und verlangt die Zusammenarbeit der föderalen Staatsebenen (Art. 91 a GG) im gesamten Staatsgebiet. Er verleiht damit den benachteiligten Regionen einen Anspruch auf Zuweisungen aus der allgemeinen Staats- und Steuerkasse.

durch Finanzausgleich ...

In den föderalen USA liegen die Verhältnisse einfacher. Die Bundesstaaten, von alters her versehen mit eigenen und ergiebigen Steuerquellen, helfen sich wechselseitig. Der Zuschuss von oben über die Bundeskasse stellt eher die Ausnahme als die Regel dar. Von der Konjunktur begünstigte Bundesstaaten mit überdurchschnittlich hohen Steuereinnahmen führen ihren Überschuss an die weniger begünstigten und steuerschwachen Teil- und Regionalstaaten ab.

Während in Deutschland der vertikale Finanzausgleich dominiert, weil Bund und Länder einen Großteil des Steueraufkommens (gemäß Artikel 106 GG) gemeinsam vereinnahmen und der horizontale von Bundesland zu Bundesland ein permanenter Zankapfel ist, funktioniert es in den USA genau umgekehrt. Jede Ebene hat «ihre» Steuern und gleicht die Unterschiede horizontal aus.

Der fiskalische Einnahmeausgleich auf der regionalen Ebene trägt nicht nur zu Konjunkturvereinheitlichung und Angleichung der Lebensverhältnisse im ganzen Land bei. Die so entstehende «Transferunion» schützt beide Seiten: die regionale vor den Folgen der auf zentrale Ziele (wie Geldwert- und Beschäftigungsstabilisierung) gerichteten Geldpolitik und diese vor den Einsprüchen und Protesten standortbezogener Regionalpolitik.

Weil es den Finanzausgleich gibt und weil er funktioniert, begnügen sich die Bundesstaaten mit ihrem schwachen (und lediglich symbolischen) Stimmrecht im Fed-Direktorium. Die Entschädigung über den Transferausgleich ermöglicht – und garantiert – die Effizienz der zentralen Währungspolitik. An diese Absicherung der zentralen Geldpolitik der EZB hätte man bei Schaffung der EWU denken müssen, zumal die Stellung und Verantwortung der EWU-Mitgliedstaaten eine ungleich größere und gewichtigere ist und bleibt als die der US-Bundesstaaten.

Vergleicht man die USA mit EU und EWU, so fällt es schwer zu entscheiden, ob man die EU als «unvollkommenen Staat» oder die EWU als «unvollendete Währungsunion» zu sehen hat. Nur ergeben zwei halb fertige Bauten kein bezugsfertiges und seine Bewohner vor den Unbilden der Natur beschützendes Haus!

... und einen mobilen Arbeitsmarkt

Die USA wären jedoch nicht die USA, würden sie sich allein auf ihren staatlich geregelten Konjunktur- und Strukturausgleich verlassen. Ein weiteres, privates und daher höchst wirksames Ausgleichselement stellt die ungewöhnlich hohe Mobilität und Flexibilität des US-Arbeitsmarktes dar. Eine jährliche Fluktuationsrate der US-Arbeitnehmer zwischen einem Sechstel und einem Fünftel der registrierten Erwerbspersonen war im letzten Jahrzehnt die Regel. In Krisenzeiten, die es zwar lange nicht mehr gab, aber demnächst wiederkehren könnten, geht sie sogar darüber hinaus.

In Europa erklärt man diese hohe Beweglichkeit des Faktors Arbeit in den USA vielfach (aber zu einseitig) aus der geringen, zum Teil sogar fehlenden sozialen Absicherung der Betroffenen, die zum Teil bis in die oberen Ränge reicht.

Dabei wird vergessen (oder bagatellisiert), dass diese hohe Freizügigkeit nicht zuletzt die Spätfolge der seit Anbeginn der Vereinigten Staaten bestehenden Einheit von Staats- und Wirtschaftsraum ist. Man ist als Amerikaner in ganz Amerika Amerikaner und niemals Fremder – auch wenn man ein halbes Dutzend interner Bundesstaatsgrenzen überquert. US-Bürger müssen weder kulturelle Grenzen noch Sprachhürden überwinden und immer seltener rassistische Vorurteile – ein Zustand, von dem man im alten Europa noch lange wird träumen müssen.

Die US-Verfassung garantiert nicht nur die Freiheit und Freizügigkeit der US-Bürger im ganzen Land. Sie trägt mit dieser Garantie zum automatischen und geräuschlosen Funktionieren des US-Binnenmarktes bei – ohne sektorale Regulierungsbehörden oder eine die Politik der Teilstaaten überwachende Kommission. Denn am hochbeweglichen Arbeitsmarkt der USA werden nicht nur Arbeitsplätze vermittelt und Lohnkontrakte ausgehandelt. Er moderiert zugleich die im Land unterschiedlichen Produktivitäts- und Einkommensstrukturen sowie die von Region zu Region divergierenden Konjunkturverläufe. Wer eine Region mit niedriger Produktivität, geringem Einkommen und gedrückten Konjunkturaussichten verlässt, verbessert deren Durchschnittseinkommen und

-produktivität. In den Zuwanderungsregionen, deren hoher Standard Arbeitslose und geringer Verdienende anzieht, steigt das Gesamteinkommen bei tendenziell fallenden Durchschnittsraten von Einkommen und Produktivität. Die Lebensverhältnisse und -standards nähern sich einander an und driften nicht, wie in der sich erweiternden EU, auseinander.

Insofern ergänzt – und ersetzt bis zu einem gewissen Grad – der hochmobile US-Arbeitsmarkt als «eingebauter Stabilisator» den fiskalischen Finanzausgleich und trägt wesentlich zur Entlastung der zentralistischen Geldpolitik der Fed bei. Auch bei den Gewerkschaften weiß man, dass von daher keine akute Gefahr für Arbeitsmarkt und Vollbeschäftigung drohen. Deswegen wird die Politik der Fed akzeptiert, freilich nur solange keine das ganze Land erfassende Depression droht und es an der Peripherie keine ins Gewicht fallende Massenarbeitslosigkeit gibt.

Weil es in den USA gelungen ist, über Finanzausgleich und hoch mobile und flexible Arbeitsmärkte die regionalen Konjunkturverläufe zu glätten und weitgehend zu «symmetrisieren», konnte das einstmals gravierende Strukturgefälle von der Ost- zur Westküste, vom arktischen Alaska bis zum subtropischen Mississippi-Delta in Louisiana stark nivelliert werden. Es macht auf Basis der regionalen Pro-Kopf-Einkommen nur noch knapp die Hälfte desjenigen im Europa der fünfzehn (EU-15) aus. Nur: Während dieses Strukturgefälle im «geschlossenen» Währungsraum der USA laufend zurückgeht, nimmt es in dem nach Osten «offenen» von EU und EWU laufend zu, wenn aus der EU-15 (ab dem Jahre 2003) eine EU-25 oder gar EU-30 werden wird.

3. Europas fataler «Größenwahn»

Mit ihrem «Größenwahn» zerstört die EU die Grundlagen sowie die Voraussetzungen für einen in Zukunft auch nur annähernd stabilen Euro. Statt den EU-Wirtschafts- und EWU-Währungsraum klein, homogen und transparent zu halten, weitet sie ihn «grenzenlos» aus und reichert ihn mit immer neuen Problemkandidaten an. Statt die im Großverband unweigerlich aufbrechenden Konjunktur- und Strukturdiskrepanzen entweder marktwirtschaftlich – über bewegliche Wechselkurse – oder politisch – über Finanzausgleich und Transferunion – auszugleichen, blockiert sie diese Druckausgleichsmechanismen. Im System der Einheitswährung gibt es keine Wechselkursventile und in der reinen (und staatenlosen) Binnenmarkt-Union auch keinen ausreichenden Fiskalausgleich; denn die dafür vorgesehenen Kohäsionsfonds sind praktisch eingefroren.

Mit dieser Abschaffung bzw. Blockierung der Ventile leistet man dem Konjunktur- wie Strukturausgleich über den Arbeitsmarkt nach US-Vorbild Vorschub – freilich ohne zu sehen oder hinreichend zu berücksichtigen, welchen Sprengstoff man damit in die Gemeinschaft hereinträgt. Denn eigentlich müsste man die aus den Billiglohnländern der westlichen oder demnächst östlichen Peripherie drohende Zuwanderung entschärfen – des sozialen Friedens in den Hochlohnländern der Gemeinschaft wegen. Doch genau davor drückt man sich beharrlich: massive Transferhilfen für die Niedriglohnländer der Gemeinschaft an der Peripherie als quasi Bleibeprämien für das dortige Arbeitskräftepotential. Statt die diese Probleme aufhebende Deckungsgleichheit von Staats- und Währungsraum in einer politischen Union anzustreben, beharrt man nach Ablösung der DM durch den Euro auf dem «Jetzt-erst-recht»-Projekt einer europäischen Einheitswährung ohne Staat – so als ob es das eigentliche Ziel der europäischen Einheit gewesen wäre, die DM, den seit über 40 Jahren bewährten Stabilitätsanker des europäischen Binnenmarktes, abzuschaffen!

Europa, das sich durch zwei schreckliche Welt- und Bürgerkriege bis an den Rand des Ruins gebracht hat, schickt sich damit an, das kriegerisch Versäumte auf friedliche Weise nachzuholen: durch das Wahnsinnsprojekt einer gemeinsamen Währung – unter Hintanstellung aller dafür notwendigen Vorkehrungen. Auch eine professionell besser gemanagte EZB als die gegenwärtige wäre nicht imstande, in einer Währungszone, der die Politik die «Optimalität» genommen hat und weiter nimmt, eine auch nur annähernd optimale Währungspolitik zu betreiben!

4. Wechselkurse überzeugen mehr als Kaufkraftindizes

Was besagt ein Monat für Monat errechneter und mit statistischer Nachhilfe für das gesamte Währungsgebiet «harmonisierter» Verbraucherpreisindex, wie ihn die EZB zur Richtschnur ihres Handelns macht? Er gibt weder das im Währungsgebiet bestehende Inflationsgefälle wieder, sondern verschleiert es. Noch gibt er Aufschluss über die Vermögensqualitäten einer Währung und ihre Einschätzung an den Finanzmärkten: wie liquide (international veräußerbar) und wie risikobehaftet (abwertungsbedroht) sie ist. Der Wert einer am Markt in weltweitem Währungswettbewerb gehandelten Währung schlägt sich in ihrem Gegenwert in anderen Währungen oder Vermögensanlagen nieder – und da besagt ein Wechselkurs als Marktpreis mehr als ein statistisches Konstrukt (Index). Sparer, Anleger, Vermögenshalter orientieren sich bei der zukunftssicheren Anlage ihrer Vermögen nicht nur an den Gegenwartskosten ihrer Lebenshaltung. In einer Welt «global» zusammenwachsender Finanzmärkte ist es wichtig zu wissen, zu welchem Preis (oder Kurs) man sich mit seiner Währung in andere (fremde) Vermögensanlagen einkaufen kann und welche Verluste (oder Gewinne) in Währung plus Anlagen zu gewärtigen sind.

Im Risikokalkül von Sparern, Investoren, Anlegern gewinnt das politische Gefahrenpotential einer Währung – das wird durch keinen Kaufkraftindex angezeigt – ein zunehmend größeres Gewicht. Inlands- wie Auslandsanleger können sich gegen zwei oder drei Prozent Euro- oder US-Dollar-Inflation verhältnismäßig leicht absichern: durch einen entsprechend hohen (positiven) Realzins, den ihnen die Märkte bieten. Wie aber reagieren Anleger und Finanzmärkte auf zwar voraussehbare, aber unberechenbare Regelverstöße oder Krisen der Politik?

Wie können Beitrittskandidaten der osteuropäischen Peripherie die EU- und EZB-offiziellen Stabilitätskriterien vertragsgerecht und ohne Gefahr für sich und den Integrationsprozess erfüllen? Polen als Spitzenreiter der neuen Kandidaten wird auf höhere Exportquoten für seine Agrarprodukte wie auch seine billigen und durchaus qualifizierten Arbeitskräfte auf den Westmärkten drängen. Nur: Selbst wenn die EU-Organe beiden Forderungen nachgeben – und warum nicht: Denn Freizügigkeit des Güter- und des Personenverkehrs sind zwei der vier Essentials des europäischen Binnenmarktes –, es wird vermutlich nicht dazu kommen. Polens westliche EU-Nachbarländer – allen voran Deutschland – werden sich unter dem Druck von Agrarlobby und Tarifparteien gegen beide «Importe» so lange wie möglich sperren.

Der EU bleibt somit nur die Wahl zwischen äußerem oder innerem Unfrieden. Eine Abweisung der Forderungen Polens und anderer osteuropäischer Beitrittsländer beschwört außer bilateralen Spannungen eine schwere Vertrauens- und Verfassungskrise in der EU herauf. Ein Eingehen auf diese Forderungen – selbst unter den administrativ kontrollierten Bedingungen einer (vertragswidrigen!) Quotenregelung – bringt früher oder später außer dem Gemeinsamen Agrarmarkt (GAP) auch das Lohn- und Tarifgefüge an den westlichen Arbeitsmärkten zum Einsturz, vor allem am deutschen Arbeitsmarkt – zumal die ersten Beitrittsländer, die diese Forderungen durchsetzen, die anderen nach sich ziehen.

5. Der Euro schafft sozialen Unfrieden – und dieser macht dem Euro zu schaffen

Der Testfall Polen zeigt an, wie eine Währungsunion ohne die anderen Ausgleichsmechanismen (Wechselkurse, Transferleistungen) bei desintegrierten, sowohl durch nationale Tarifsysteme wie Kultur- und Sprachgrenzen abgeschotteten, Arbeitsmärkten funktioniert. Gerade die von der Masseneinwanderung billiger Arbeitskraft aus der östlichen Peripherie betroffenen Nachbarn wie Deutschland, genauer deren Gewerkschaften, können und werden sich mit dem daraus resultierenden Abbau ihrer Tarifhoheit und -verantwortung nicht abfinden.

Wie keine andere Arbeiterbewegung in der EU hat die deutsche allen Arbeitnehmern (Arbeitern wie Angestellten) ein Höchstmaß an Rechts- und Gleichstellung mit den Kräften des Marktes und Kapitalinteressen erstritten.

Diese «Sozialparität» wird durch die monetäre Gleichschaltung der Arbeitsmärkte und den daraus resultierenden Druck auf Beschäftigung sowie Lohnhöhe und -struktur in den Hochproduktivitätsländern ernsthaft gefährdet. Auch hierin ist die EU nicht Amerika und weit entfernt von den dortigen Verhältnissen.

In den USA unterstützt der mobile und flexible Arbeitsmarkt die Ziele der zentralen Währungspolitik. In EU und EWU bedroht er sie. Wenn der Billigexport von Arbeitskräften nach der Osterweiterung der EU auf die «teuren» und einen hohen Lebensstandard gewährenden Arbeitsmärkte dringt und dort sowohl den sozialen Frieden als auch die Existenz der staatlich etablierten Sozialsysteme gefährdet – der Druck auf Beschäftigung und Löhne stellt auch deren Zahlungsfähigkeit infrage –, dann hat das ebenfalls Auswirkungen auf die gemeinsame Währung. Auch deswegen wird der Euro schwächer tendieren, weil eine von Arbeitskämpfen und sozialem Unfrieden geschüttelte Gemeinschaft zunehmend das Vertrauen der Investoren, Anleger und Sparer verliert.

Polonisierung heißt, sich volkswirtschaftliche Entlastung durch Anschluss an die Märkte der großen und reicheren Nachbarn zu verschaffen und dadurch die internen Unwirtschaftlichkeiten abzubauen, nämlich Überproduktion auf dem Agrarsektor und Arbeitslosigkeit. Beide Ziele sind aus Sicht der jeweiligen Nachholländer legitim. Aus Sicht der Gemeinschaft aber verwandeln sie nationale Dynamik in europäisches Dynamit.

III. EU- und EWU-Erweiterung lassen sich nicht trennen – die monetären Konsequenzen

Dass sich im Zuge wirtschaftlicher Entwicklungsprozesse gebrochene Preisstrukturen herausbilden, wissen Entwicklungsökonomen seit langem. Wo immer in «dualistischen» Strukturen Inlands- und Welthandelsgüter nebeneinander produziert werden, steigen die Preise der Ersteren schneller, denn sie sind preisunelastischer als die unter den harten Konkurrenzbedingungen am Weltmarkt angebotenen Exportgüter. Letztere stehen unter dem höheren Kosten- und Rationalisierungsdruck. Deswegen gilt: In jungen und rasch expandierenden Volkswirtschaften der Dritten Welt wie auch der peripheren EU-Staaten ist der Inlandssektor schon aus strukturellen Gründen ungleich inflationsanfälliger als der Exportsektor.[6]

Diese Diagnose gilt auch für die schwach-strukturierten Volkswirtschaften der östlichen wie westlichen EU-Peripherie. Ihre inneren Inflationsraten liegen seit langem strukturbedingt über dem europäischen Durchschnitt – besonders denen der kapitalreichen und hochproduktiven Industrieländer des Zentrums. Dieses auch der EZB bekannte Phänomen muss langfristig dazu führen, dass sich das Inflationsgefälle zwischen Zentrum und Peripherie der EWU verstärkt. Jedes Prozent Geldmengenvermehrung durch die EZB treibt die Preise an der Peripherie stärker in die Höhe als im Zentrum. Und jede daraufhin von der EZB eingeleitete Geldverknappung und -verteuerung trifft die Länder und Volkswirtschaften des Zentrums härter als die der Peripherie. Die an der Durchschnittsrate der Inflation in der gesamten EWU orientierte Politik verschärft somit die Spannungen in der Union, statt sie zu mildern – ein Problem, das umso explosiver werden wird, je mehr Peripherie in der EWU entsteht!

Es ist aber nicht nur das innere Strukturgefälle der EWU, das den Euro zu einer gefährdeten Währung macht. Noch fataler ist, dass die EZB dazu beiträgt. Denn was motiviert die wirtschaftlich schwachen und für den Euro noch gar nicht reifen Länder der europäischen Randlagen, dass sie so intensiv um ihre Aufnahme in EU und EWU kämpfen?

Politisch mag es ihnen um Prestige und das nur zu verständliche Anliegen des Dazugehörens gehen. Schließlich handelt es sich um alte europäische Kulturnationen mit dem Anspruch auf Respekt und Gleichberechtigung. Ökonomisch aber stellt der Beitrittsantrag zur EU die Eintrittskarte in den Währungsclub der EWU dar. Für die armen EWU-Länder bietet die Aufnahme in den Währungs-

---

6 Balassa, B./Stoutesdijk, A., Economic Integration among Developing Countries, Journal of Common Market Studies Nr. 14/1, 1974 S. 176 ff.

club der reichen zunächst nur Vorteile – wenn auch nicht auf Dauer. Denn mit dem Aufgehen ihrer Währungen im europäischen Euro gehen ihre alten, nationalen Währungsprobleme und -risiken auf diesen über. Sie gehen zwar für das Aufnahmeland unter, aber nicht für den neuen Währungswirt, den Euro. Er muss sie übernehmen!

1. Europäisierung der Währungsrisiken («Irlandisierung»)

Mit dem Euro werden nämlich alle bisherigen länderspezifischen und insoweit politischen Währungsrisiken «europäisiert». Ob Irland, Finnland, Portugal, Spanien, Griechenland und früher Italien und demnächst Polen, Tschechische Republik, Ungarn oder gar Türkei: Für alle Länder dieses Typs und dieser Struktur stellte das ihre innere wirtschaftliche Schwäche (oder die ihrer Politik) reflektierende Abwertungsrisiko ein schwerwiegendes Wachstumshemmnis ihrer Volkswirtschaften dar. Es behinderte ihre reale Kapitalbildung, denn es lenkt ihre Ersparnisse in fremde Währungen («Dollarisierung»). Es belastete ihre Investitionen mit hohen (die Abwertungsrate «endogenisierenden») Kreditzinsen. Und es machte diese Länder international kreditunwürdig; denn die fortgesetzten Abwertungsbefürchtungen schrecken sowohl Direktinvestoren wie Portfolio-Anleger ab. Jetzt finanziert die EZB das Übel, das sie bekämpfen soll, nämlich das zunehmende Inflationsgefälle in der Gemeinschaft

Doch all diese teils strukturellen, teils politisch verschuldeten Wachstumshemmnisse wird man aus nationaler Sicht über Nacht los, wenn aus irischem Punt, portugiesischem Peso, spanischer Peseta, italienischer Lira, griechischer Drachme usw. nationale Namen (und Währungseinheiten) ein und desselben Euro werden. Dann nämlich «garantiert» die EZB diese Währungen und zusätzlich auch noch die Kredite ihrer Banken und Kapitalmärkte. Sie erhalten über ihre Zugehörigkeit zum Euro-System eine Kreditkarte mit offener Überziehungslinie.

2. Monetärer Lastenausgleich

Das Gütesiegel der EZB gewährleistet Sicherheit und verschafft Kreditwürdigkeit! Und das, obwohl in diesen Ländern und ihren Systemen nicht allzu viel passiert ist oder sein muss! Wie durch ein Wunder reduzieren sich die Zinsen dieser Länder auf beinahe «deutsches» Niveau, das Kredit- und Verschuldungspotential ihrer Volkswirtschaften erhöht sich weit über ihr bisheriges Limit. Und warum? Weil das Abwertungsrisiko der bislang national schwachen Währungen mit ihrer Anbindung an den Euro auf diesen übergeht und weil die Refinanzierungsgarantie der EZB das Kredit- und Schulden«rating» dieser Länder, ihrer Währungen und ihrer Banken dem der übrigen Euro-Länder angleicht.

Jedes dieser peripheren und eigentlich nur bedingt kreditwürdigen Euro-Länder erlebte nach Aufnahme in die EWU ein solches Zins- und Kreditwunder – und einen Wirtschaftsaufschwung. Und warum soll diese «Irlandisierung» stören? Nun: Es ist schon ein Unterschied, ob ein Land seine bislang harte und starke Währung in Euro einbringt oder ein schwaches Land seine schwache Währung. Im ersteren Fall übernimmt der Euro monetäre Stärke und monetäres Prestige, wie im Falle von DM, Gulden oder Österreich-Schilling, im letzteren das Gegenteil.

Die Sorge der Deutschen um die künftige Stabilität des Euro ist darum berechtigt. Ein Omelette – und der Euro ist eine Art Währungsomelette –, das mit Eiern mit unterschiedlichem Frischedatum gebacken wird, mundet nicht. Mit der automatischen Stützung immer neuer und schwächerer Währungskandidaten durch den EWU-Club wird die Umkehrung der alten Euro-Versprechen und der alten stabilitätspolitischen Euro-Rhetorik immer deutlicher sichtbar. Der Euro sollte Europas Rand- und Nachholstaaten zu Reformen anhalten und einer solide finanzierten Wirtschafts-, Finanz- und Beschäftigungspolitik. Gefördert wird mit der Erweiterung das Gegenteil. Warum sich einschneidenden (und unpopulären) Reformen unterziehen, wenn es auch ohne solche geht?

In den peripheren Euro-Ländern wird der Druck in Richtung einer solideren Politik nicht größer; im Gegenteil: Die alte kann fortgeführt werden. Der Euro wird umso mehr und umso nachhaltiger «schwächeln», je mehr sich sein Verbund aus solchen Mitgliedern zusammensetzt. Doch lösen sich mit dem Eintritt in den Euro-Club die alten politischen Risiken dieser Länder und ihrer Währungen nicht in Luft auf. Sie bestehen als Gemeinschaftslast fort. Der Euro schwächelt «anstelle» von Punt, Peso, Peseta, Lira, Finnmark oder Drachme. Demnächst werden es noch mehr Gewichte sein, die ihn in die Tiefe ziehen: Zloty, tschechische Krone, Forint usw. Auch die neuen EWU-Länder erhalten nach ihrer Aufnahme in den Euro-Verbund ihr offenes Kreditfenster bei der EZB und die damit erhoffte Zinssubvention! Sie steht im Widerspruch zur realen Kapitalknappheit dieser Länder und verleitet sie zu Kapitalverschwendung, zu privaten wie öffentlichen Fehlinvestitionen.

Die EZB verführt mit ihren monetären und finanziellen Garantien die Länder an der Peripherie zu einem zunehmend inflatorischer finanzierten Wirtschaftswachstum. Sie wird zur «guten Fee», die schwache Währungen hart machen und teure Kredite billig machen soll. Die beschenkten Länder und Regierungen danken der guten Fee, indem sie von diesen Gaben regen Gebrauch machen. Nur: Die Fee handelt gegen ihren Auftrag. Ihre Politik zielt nicht auf Härte der neuen Gemeinschaftswährung; sie macht sie – entgegen den Intentionen ihres Statuts – zum Instrument eines «monetären Lastenausgleichs» zwischen den ihr anvertrauten Mitgliedstaaten!

Die auf diese Weise monetär wie finanziell subventionierten Länder überziehen ihre realen Wachstumsspielräume. Auch ihre vor drei Jahren (im Frühjahr 1998) für «alle Ewigkeit» einzementierten Wechsel- und Umrechnungskurse werden durch das sich ausbreitende Inflationsgefälle immer «falscher» – denn sie beruhten auf der Unterstellung eines Inflationsgleichschritts in allen Euro-Ländern, der inzwischen längst verloren gegangen ist. Man blättere zurück zu Tabelle 1 in Kapitel 3 (S. 84).

Dass diese «reale» Aufwertung in den peripheren Ländern inzwischen ihr Exportwachstum – und insbesondere ihren Tourismus – zu behindern beginnt, wird noch nicht so recht wahrgenommen; denn noch überwiegen im Inland die Vorteile des so losgetretenen Booms. Und was geschieht, wenn die EZB diesen Fehler korrigiert und zinspolitisch gegenhält? Dann wird sie Europas Inflation in eine Depression verwandeln mit Folgen, die uns gleich noch beschäftigen werden (in Teil VI).

Was vollmundig als Sieg der deutschen Stabilitätsphilosophie über den laxen Inflationismus anderer Europäer und als Export des Bundesbank-Modells nach Europa gepriesen und voreilig gefeiert wurde, erweist sich zunehmend als Rohrkrepierer. In Euro-Ländern mit schwachen Strukturen, aber hohem Nachholbedarf wird reale Kapitalbildung (Sparen) durch billige Kreditaufnahme ersetzt, der Boom inflatorisch angeheizt – und womöglich noch zusätzlich durch eine expansiv wirkende Fiskalpolitik verstärkt. Statt auf Stabilität zu dringen, verabreicht die EZB diesen Ländern eine Inflationsdroge, die auf Dauer weder den Einnehmern gut tut noch denen, die sich im Währungsverbund an dieser anstecken.

«Blaue Briefe» der EU-Kommission sind das falsche Mittel, denn es handelt sich um den entscheidenden «Geburtsfehler» des Euro. Man kann ihn nur beseitigen – wegoperieren –, solange noch Zeit dazu ist. Oder er wuchert mit jedem neuen und noch schwächeren Beitrittskandidaten weiter, noch inflatorischer und noch explosiver.

IV. Kein Ende der Euro-Schwäche in Sicht

Deswegen ist auch kein Ende der Euro-Schwäche in Sicht. Je mehr Menschen den Unterschied zwischen einer staatlich geschützten Währung wie dem US-Dollar (oder früher der DM) und einer gegen immer mehr Staaten zu schützenden Währung wie dem Euro wahrnehmen und begreifen, desto zwangsläufiger verliert die Letztere mit ihrer privaten Vermögensqualität auch ihren internationalen Markt- und Handelswert. Sie wird zum Geld für rasches Ausgeben, aber nicht zum Geld für langfristiges Anlegen und Sparen.

1. Verhängnisvoller Kapitalabfluss

Genau dieser Prozess erklärt den schleichenden, mal stärkeren, mal schwächeren im Trend jedoch deutlichen Kursverfall des Euro an den Weltfinanzmärkten. Dahinter steht ein nachhaltiger, teilweise sogar stürmischer Kapitalabfluss aus dem Euro-Raum. Er war auch im zweiten Euro-Jahr ungebrochen, obwohl seine beiden offiziellen (nicht unbedingt stichhaltigen) Erklärungsgründe: der Superboom und der Zinsvorsprung der USA, inzwischen weggefallen sind.

Die EZB veranschlagt die Summen der aus dem Euro abgeflossenen Kapitalwerte für beide Jahre zusammen auf netto rund 300 Mrd. Euro, davon 1999: 162 Mrd. Euro, 2000: 143 Mrd. Euro. Diese Summen setzen sich aus vier Komponenten zusammen: Zu- und Abflüsse im Rahmen der Geldanlagen sowie Real- oder Direktinvestitionen und Wertpapieranlagen (Portfolioinvestitionen). Dabei zeigt sich bei beiden Formen des Kapitaltransfers dasselbe: Die Bruttoabflüsse überwiegen deutlich und nehmen zudem kontinuierlich zu; 1999 investierten Europäer für 270 Mrd. Euro im Ausland, 2000 sogar für über 300 Mrd. Euro, 1999 kauften sie für 310 Mrd. Euro ausländische Wertpapiere, 2000 sogar für über 400 Mrd. Euro.

Die Sprünge in der Kapitalbilanz des Euro-Raumes erklären sich also allein aus den Zuflüssen. Und hier verzerren Einzeltransaktionen (wie Großgeschäfte à la Mannesmann/Vodafone) den Trend. Euro-Land als Standort ist auch für Investoren aus der EU, geschweige denn von außerhalb Europas nur bedingt attraktiv.

Allein diese beständigen und zunehmenden Kapitalverlagerungen ins Ausland vermitteln das wahre Bild von der in Euro-Land um sich greifenden Furcht vor der eigenen Währung. Dem steht nicht entgegen, dass es an den inneren Euro-Finanzmärkten boomt. Der Löwenanteil der Neuemissionen entfällt auf den Markt für industrielle Schuldverschreibungen. Dies unterstreicht und bestätigt die in Teil III getroffenen Feststellungen. Die Potentiale des neuen Euro-Finanzmarktes kommen im Wesentlichen der Privatwirtschaft zugute: Unternehmen und Banken. Sie senken

Finanzierungskosten und verbreitern die unternehmerische Finanzierungsbasis.

Kontinuierlich steigende Emissionen und Umsätze dienen klar erkennbar der Neuverschuldung in Euro. Dies ist für eine von Inflation und Kursverfall bedrohte Währung an sich normal. Denn Emittenten und Kreditnehmer benutzen Schulden in dieser Währung zur Absicherung der von ihnen befürchteten Inflations- und Abwertungsrisiken. Sie spekulieren auf die reale Abwertung ihrer Euro-Schulden.

2. Fehlende Vermögensqualität des Euro

Auf Dauer verliert jedoch jede Währung mit Schuldenschlagseite ihre Vermögensqualität und mit dieser ihre weltweite Verbreitung und Liquidität. Auch im dritten Jahr der Euro-Einführung ist seine Stellung an den globalen Finanzmärkten schwach, seine Umsätze erreichen nur einen Bruchteil der in US-Dollar. Experten veranschlagen sie auf weniger als zehn Prozent der US-Dollar-Umsätze. Der Euro hat noch nicht einmal den alten Marktanteil der DM zurückerobern können – ein permanenter Beweis dafür, dass weder Größe oder Breite des Währungsraumes noch das in ihm vereinte reale Wirtschaftspotential Härte und Vertrauen in eine Währung garantieren. Entgegen allen Hoffnungen und Vorschusslorbeeren bietet der Euro, verglichen mit dem US-Dollar, das Bild einer Regional-, nicht aber einer Weltwährung. Geschäfte außerhalb des Euro-Raumes können nur mit vergleichsweise hohem Discount zum US-Dollar in Euro abgewickelt werden. Entsprechend schwach ist seine Stellung im internationalen Geldhandel.

Weil der Euro – weltweit gesehen – eine vergleichsweise illiquide Währung ist, lösen bereits kleine Kauf- oder Verkaufsorders überproportional große Kursschwankungen aus. Das erklärt auch, warum die im letzten Jahresquartal von 2000 gestarteten Zentralbankinterventionen mit wenig Masse verhältnismäßig deutliche Kursanhebungen brachten: zeitweilig bis zu 15 Prozent. Im US-Dollar-Handel hätten Interventionen in diesem geringen Umfang kaum etwas bewegt. So kommt das eine zu dem anderen. Die politischen Risiken belasten den Euro in seinem Außenwert (Wechselkurs) weitaus stärker als in seiner Binnenstabilität.

Da die erschreckten Kapitalbesitzer mit ihrem monetären Stimmzettel gegen den Euro und die mit ihm verfolgte Politik abstimmen, schwillt der Kapitalabstrom aus den Euro-Ländern permanent an. Dies wiederum stempelt den Euro zur «Provinz» währung mit geringer weltwirtschaftlicher Liquidität ab.

Diese wiederum macht den Euro und sein Hinterland unattraktiv für Kapitalzuflüsse und Kapitalanlagen aus aller Welt. Der Euro erweist sich somit weniger als Standortvorteil denn als -belastung. Euro-Land ist für ausländisches Finanzkapital nur bedingt attraktiv – weniger jedenfalls als Dollarland. Umgekehrt finanzieren die EWU-Länder mit ihrem Kapitalabfluss wirtschaftliches Wachstum, Investitionen, Arbeitsplätze (und Börsenhaussen!) draußen in der Welt, vorzugsweise in den USA. Und von dort kommt immer weniger zurück! Deswegen zwingt die Euro-Schwäche, je länger sie anhält, die EWU-Länder insgesamt dazu, auf real mögliches Wirtschaftswachstum zu verzichten. Und Euro-Land als Ganzes kann nicht darauf setzen, eine passive Leistungsbilanz über Kapitalimporte auszugleichen – wie die USA.

Kapitalexporte waren so lange leichter zu verkraften, wie die Euro-Leistungsbilanz noch nicht im Defizit war. EU und EWU starteten 1998/1999 mit einem beachtlichen Überschuss in laufender Rechnung. Doch bereits ab Frühjahr 2000 begann sich das Bild zu verändern. Trotz sich beschleunigender Euro-Abwertung rutschte die EU-Leistungsbilanz ins Defizit, nicht zuletzt wegen des steigenden Aufwandes für Mineralölimporte – diese verteuerten sich preis- wie abwertungsbedingt –, und ließen sich aus den laufenden Überschüssen nicht mehr bezahlen. Doch auch wenn sich Europas Mineralöl- und Primär-Energiebilanz wieder stabilisieren sollte: Der alte Kontinent kann sich keine auf Dauer passive Leistungs- und Kapitalbilanz leisten. Das Beispiel USA hat über ein Jahrzehnt verdeutlicht, was sich ein Land alles leisten kann, wenn es neben seinen eigenen Ersparnissen auf die der ganzen Welt zurückgreifen kann – dank der weltweiten Attraktivität seiner Währung.

3. Europa verspielt Wachstumschancen

Der alte Kontinent ist nicht nur dabei, die mit einer weltweit akzeptierten Währung verbundenen Wachstumschancen zu verspielen, sondern sie in eine Wachstumsbremse zu verwandeln. Und die EZB muss sich fragen lassen, ob sie klug gehandelt hat, die bereits wenige Wochen nach seiner Einführung erkennbare Euro-Schwäche sich ausweiten und verfestigen zu lassen. Ihre Publikum wie Märkte gleichermaßen beunruhigende Gleichgültigkeit dem Außenwert (Wechselkurs) des Euro gegenüber hat das bereits vorhandene – und begründete – Misstrauen in die neue Währung und die neue Zentralbank unheilvoll – wenn nicht gar irreparabel – verstärkt.

Wenn die EZB schon ohne erkennbare Not und gegen den eigenen Auftrag eine regierungsfromme Billig-Geld- und -Zinspolitik betreibt, sich an der Belebung der Binnenkonjunkturen der Mitgliedstaaten mehr interessiert zeigt als an der nachhaltigen Außen- und Binnenstabilisierung der ihr anvertrauten Währung – was ist dann erst von ihr zu erwarten, wenn dies ganz offen von ihr verlangt wird?

Die EZB hat wie ein Bankier gehandelt, dem die Einlagen seiner Kunden weniger wert und wichtig sind als die unterstellten Wünsche seiner Kreditnehmer (Schuldner). Er darf sich dann nicht wundern, wenn immer mehr Einleger zögern, ihm ihr Geld anzuvertrauen. Dieses Misstrauen hat sich inzwischen europaweit verselbständigt. Es wird sich mit der Einführung des Euro als Bargeld und alleiniges gesetzliches Zahlungsmittel in den EWU-Staaten auch nicht von selbst wie Nebel in der Sonne auflösen.

Die Menschen wissen längst: Gesetzliches Zahlungsmittel heißt nur, dass man in ihm seine Käufe tätigen und seine Schulden zurückzahlen kann – nicht zuletzt seine Steuerschulden. Es heißt nicht, dass man in diesem Geld auch sein Erspartes, sein Vermögen anlegen muss. Der Ton liegt hier auf «muss». Einem Volk mit zweifacher Inflationserfahrung in ein bis zwei Generationen muss man diesen Unterschied nicht noch einmal erläutern.

Das eigentlich Bedrohliche der Euro-Einführung als alleiniges

Bar- und Umlaufsgeld für über 350 Millionen Europäer liegt in ihrer Unumkehrbarkeit. Solange es in allen EWU-Ländern noch den «Parallelstandard» gibt: den Euro neben dem altvertrauten nationalen Geld (DM, Franc, Gulden, Lira usw.), ist, obwohl die Umrechnungskurse seit der Silvesternacht 1998/99 zementiert sind, noch jede Korrektur möglich. Denn kein Zement ist unauflöslich.

V. Vom EWS zur EWU: Die Abschaffung des Wechselkursventils. Der Tragödie erster Teil

Europa hätte sich nie in dieser Weise selbst gefährdet, wenn es den alten Integrationskonzepten und -regeln treu geblieben wäre. Die alte aus den Römischen Verträgen von 1957 hervorgegangene Europäische Wirtschaftsgemeinschaft (EWG) kam ohne Staat und gemeinsames Geld dem Charakter und dem Klima einer «optimalen» Währungszone so nahe wie nur irgend möglich. Zwar waren die Volkswirtschaften der sechs Gründungsstaaten (Deutschland, Frankreich, Italien und die drei Beneluxländer) weder strukturell ausgewogen noch durchweg «real konvergent». Namentlich Italien hatte mit regionalen Ungleichgewichten (im Süden) und inflatorischen Haushaltsdefiziten zu kämpfen. Auch zwischen Deutschland und Frankreich bestanden – vor allem in den 1960er und 1970er Jahren – deutliche Unterschiede im wirtschaftlichen Wachstumsprozess wie in den Inflationsraten. Der Franc musste wiederholt abwerten, die DM wertete entsprechend auf.

1. Währung als «Krönung» der Integration – und nicht als «Motor»

Obwohl es gerade diese Elastizität der Wechselkurse war, die es wirtschaftlich und monetär schwächeren EWG-Mitgliedsländern, wie Italien oder damals Frankreich, erlaubte, trotz innerer Krise im Verbund des gemeinsamen Binnenmarktes zu verbleiben und dessen Regeln vertragsgetreu zu erfüllen, rissen die Versuche nicht ab, aus der EWG eine eigene «Währungspersönlichkeit» zu machen.

Ein erster Versuch, die Europäische Wirtschafts- und Währungsunion (EWU) von 1970/71 (des Werner-Berichts), scheiterte bereits im Vorfeld des sich 1972 abzeichnenden Zusammenbruchs des Weltwährungssystems von Bretton Woods und der heraufziehenden OPEC-Krise: Frankreich kündigte und trat aus der «Europäischen Schlange» aus.

Sieben Jahre später folgte der zweite Versuch. Die EWG-Staaten einigten sich im Europäischen Währungssystem (EWS) von 1979 auf eine Wechselkursunion: ein System zwar fester, aber im Bedarfsfall «anpassbarer» Wechselkurse und auf eine gemeinsame Recheneinheit als Basis dieser Wechselkurse: den ECU (European Currency Unit).

Diesem System schlossen sich Spanien (1989), Italien, England, Irland (1990/1992), Portugal (1992) und Österreich (1995) an. Italien kehrte 1996 in das EWS zurück. Im Jahre 1991 hatten die europäischen Staats- und Regierungschefs in Maastricht beschlossen, das EWS bis Ende des Jahrzehntes (1999) in eine «echte» Währungsunion mit einer europäischen Gemeinschaftswährung (dem Euro) umzuwandeln und mit den europäischen Währungen auch deren Wechselkurse abzuschaffen. Sie wurden in der Einheitswährung nicht mehr gebraucht. Aus den lange verhandelten Verträgen von Maastricht (1992) und Amsterdam (1997) entstand die 1999 in Kraft getretene Europäische Währungsunion (EWU).

Die EWG der sechs hatte sich in dieser Zeit zur Europäischen Gemeinschaft (EG) der zwölf erweitert, bis sie in der Europäischen Union der fünfzehn (EU-15) im Rahmen der Verträge von Maastricht und Amsterdam aufging. EWG wie EG hielten trotz aller Anläufe in Richtung Währungsunion am Prinzip der geregelten Währungsvielfalt fest. Bis zum Fall der Mauer und der deutschen Wiedervereinigung (1990) war es die – von allen damaligen Regierungskoalitionen unbeirrt vertretene – deutsche Staatsdoktrin, den Sprung in die gemeinsame europäische Währung als «Krönung» des Integrationsprozesses anzusehen, weder als «Motor» noch als Staatsersatz.

Die deutsche Krönungstheorie entsprach nicht nur den leidvollen Erfahrungen eines inflationserfahrenen Volkes, weswegen sie in der Deutschen Bundesbank auch ihre Verfechter hatte. Sie erst erklärte und ermöglichte den spektakulären Erfolg des europäischen Binnenmarktes während seiner ersten 40 Jahre. Obwohl auch er in dieser Zeit mit der Aufnahme weiterer und zum Teil strukturschwächerer neuer Mitgliedstaaten an Homogenität verlor, hielt eer zusammen. Kein Austritt und keine Regelverletzung krisengeschüttelter Mitgliedsländer bedrohten ihn je ernstlich.

Über das Wechselkursventil – Ausfluss des in der Gemeinschaft herrschenden Währungswettbewerbs – gelang es der Gemeinschaft immer wieder, die zum Teil gravierenden Wachstums- und Inflationsdifferenzen der Mitgliedsländer ausgleichen und die daraus resultierenden Spannungen und Wettbewerbsverzerrungen unter den Mitgliedsländern zu neutralisieren. Der gemeinsame Markt hatte einen eingebauten «Stoßdämpfer» und automatischen «Schiedsrichter». Mitgliedsländer mit inflatorisch überhöhten Preis- und Kostenniveaus wurden angehalten, ihre Währungen (möglichst rechtzeitig) abzuwerten. Sie gewannen dadurch ihre verloren gegangene Wettbewerbsfähigkeit zurück und konnten die zuvor aufgerissenen Löcher in ihren Leistungsbilanzen wieder schließen, ohne zu protektionistischen Maßnahmen oder anderen Regelwidrigkeiten greifen zu müssen. Außerdem erleichterte die äußere Abwertung die innere Rückkehr zur Stabilität, was freilich voraussetzte, dass man die durch die Abwertung gewonnenen Wettbewerbsvorteile nicht durch neue oder die Fortführung der alten Inflationspraktiken wieder verspielte. Denn den Wechselkurs einer Währung wieder richtig einzustellen verursacht geringeren (innen)politischen Ärger als zu Hause offen die Löhne und Staatsausgaben einzufrieren oder zu senken.

Umgekehrt bekamen die starken und stabilen Partner, deren Währungen aufwerteten (wie *en permanence* die DM), einen Ausgleich in Form real höherer Kaufkraft: Die Deutschen bekamen nach jeder DM-Aufwertung mehr für ihr Geld und ihren Export. Davon profitierten alle DM-Verdiener, nicht nur Touristen. Preise und Zinsen blieben niedrig, und die Exportwirtschaft glich den Aufwertungsschaden ihrer im Ausland höheren Preise (wenn es denn einer war!) über billige Rohstoff- und andere Vorleistungsimporte wieder aus. Ein ökonomisches Motiv für die Umwandlung des europäischen Wechselkursverbundes in eine europäische Währungsunion bestand also nicht, die Fortentwicklung des EWS zur EWU war alles andere als zwingend!

2. Falsche Schlüsse aus der deutschen Vereinigung

Das politische Erdbeben, das Europas Landkarte veränderte und die alten und vernünftigen Integrations-Fahrpläne über den Haufen warf, war die Vereinigung der beiden Deutschlands. Sie machte die auf viel längere Fristen angelegten (und in einer Europäischen Akte von 1986 niedergelegten) Blaupausen für ein europäisches Einheitsgeld über Nacht brandaktuell. Für Europas Politiker stellte sich die deutsche Vereinigung als eine Verlagerung des Macht-Gleichgewichts dar. Aus der «nur» wirtschaftlichen Dominanz des westdeutschen Teilstaates drohte die politische des vereinigten Deutschlands zu werden: Das weckte böse Reminiszenzen.[7]

Hätte Europas politische Klasse jedoch die Folgen des Mauerfalls nüchtern analysiert, hätte sie das Gegenteil bemerkt: Deutschland wurde durch seine Vereinigung mit der armen und vor dem Staatsbankrott stehenden DDR nicht nur statistisch ärmer: Sein Prokopfeinkommen fiel vom ersten Platz in der EU auf den siebenten zurück. Es wurde durch die Wiederaufbauhilfe für die neuen Bundesländer in Ostdeutschland, die innerdeutsche Transfer-Union, auch wirtschaftlich schwächer. Was immer – und auf Jahrzehnte hinaus – aus Westdeutschland für Ostdeutschland aufzubringen und zu überweisen war: Es würde als potentielles Investitions- und Wachstumspotential in Gesamt-Deutschland fehlen. Deutschland würde sich – verstärkt durch seinen Alterungsprozess – eher in Richtung auf einen hoch verschuldeten und konsumorientierten Sozialstaat hin bewegen, statt eine aggressive und leistungsorientierte Wachstumsökonomie zu werden.

---

7 Dyson, K./Featherstone, K. The Road to Maastricht, Negotiating Economic and Monetary Union, Oxford University Press 1999, S. 256 ff.

Es waren Karl Schiller (1994) und der Verfasser (1993), die frühzeitig und unabhängig voneinander auf diese schon damals erkennbaren Spätfolgen der deutschen Einheit hinwiesen und vor ihnen warnten. Heute, nach zehn Jahren gelebter Einheit, sieht sie jeder.[8]

Was freilich noch immer der Aufarbeitung harrt, ist die Mitschuld der deutschen Politik und insbesondere der Deutschen Bundesbank an der Liquidation der DM und überstürzten Einführung des Euro.

Als sich nach der DM-Einführung in der früheren DDR – noch dazu zu einem zugunsten der Mark der DDR überbewertetem Umrechnungskurs – in Gesamtdeutschland erste inflationäre, in der früheren DDR dagegen schwere deflationäre Tendenzen einstellten, denn dort brachen im Zuge des «Anschlusskonkurses» Produktion und Arbeitsmarkt zusammen, gab die Deutsche Bundesbank mit dem Vorrang der Inflationsbekämpfung vor Eindämmung der Beschäftigungskrise in den neuen Bundesländern nicht nur das falsche Signal. Sie bekämpfte auch noch den (1991/1993) eskalierenden Preisanstieg mit dem falschen Mittel: über (super-)hohe Zinsen statt über die rechtzeitige Aufwertung der DM, wie sie für den Europäischen Binnenmarkt ja stets ungeschriebene Regel gewesen war.

Mit der Eskalation der DM-Zinsen (um über 10 Prozent und mehr) versetzte die Deutsche Bundesbank zwischen Herbst 1992 und Sommer 1993 dem EWS den Todesstoß. Es ist nicht bekannt, dass sie versucht hätte, die damalige Bundesregierung von der Notwendigkeit einer DM-Aufwertung zu überzeugen. So zwang sie die übrigen EWS-Mitglieder zur Übernahme der deutschen Zinseskalation. Keiner der größeren EWS-Mitgliedstaaten – England, Frankreich, Italien Spanien oder Portugal – konnte die von Deutschland ausgehende Zins-Rosskur verkraften, zumal sie das deutsche Leitzinsniveau noch hätten überbieten müssen.

Das «Zinsdiktat der Bundesbank», wie man es von London bis

---

8 Schiller, K. Der schwierige Weg in die Offene Gesellschaft. Kritische Anmerkungen zur deutschen Vereinigung, Berlin 1994 S. 33 ff. – W. Hankel, Die sieben Todsünden (FN 5), S. 25 ff.

Lissabon nannte, ließ den EWS-Mitgliedern nur die Wahl, entweder aus dem EWS auszutreten oder zähneknirschend abzuwerten. England und Italien gingen den ersten Weg, Spanien, Portugal den zweiten: Sie werteten ab, aber blieben im EWS. Frankreich drängte seit der Ausweitung der Bandbreiten auf 15 % (August 1993) immer stärker darauf, dass die DM als zinsbestimmende EWS-Ankerwährung durch ein von allen Europäern mitbestimmtes Geld – den Euro – ersetzt werden und die Deutsche Bundesbank in einer von allen europäischen Partnern mitbestimmten Europäischen Zentralbank – der EZB – aufgehen müsse. Eine Deutsche Bundesbank, die die DM, wie in allen Jahren davor, rechtzeitig aufgewertet hätte, hätte Europas große Koalition gegen die DM leicht verhindern und das Ende des EWS, der bislang besten Form europäischer Währungskooperation, vereiteln können. Der Euro könnte noch immer ein hochinteressantes europäisches Zukunftsprojekt sein, wenn die Bundesbank damals richtig gehandelt hätte. In der EWS-Krise von 1992/93 hat sie sich selbst entmachtet – sicherlich ohne das damals gesehen oder gewollt zu haben.

3. Verhängnisvolle Abkehr vom EWS

Mit dem EWS, einem System der Währungsvielfalt und des Währungswettbewerbes auf der Grundlage «atmender», gesamtwirtschaftliche Ungleichgewichte ausgleichender Wechselkurse, wurde dem europäischen Modell einer Wirtschaftsintegration ohne politische Überdachung und Absicherung die Geschäftsgrundlage entzogen. Die EU-15 steht jetzt vor der Wahl, entweder zurück zu dieser oder zu einer ihr nachgebildeten Währungsordnung und -zusammenarbeit zu finden oder doch noch den Sprung in eine politische Union zu wagen. Allerdings: Jedes «Dazwischen-Stehenbleiben» oder Verharren im politisch unverfassten Statusquo bedroht auf Dauer sogar diesen!

Mit dem Verlust des «Schockabsorbers» und «Schiedsrichters» ausgleichender Wechselkurse wird der bislang automatisch gewährleistete Zusammenhalt der EU-15 (ihre «Kohäsion») von beiden Seiten bedroht: «von innen» durch die Folgen der zentralistischen Geldpolitik für das Wirtschafts- und Sozialklima in den einzelnen Mitgliedstaaten und «von außen» durch die Mitgliedstaaten selber, wenn sie einer den Interessen ihrer Länder widersprechenden EZB-Politik die Gefolgschaft versagen.

VI. Von Maastricht nach Nizza: Die Erweiterung. Der Tragödie zweiter Teil

Mit der zweiten EU-Erweiterung um 13 der derzeit ärmsten und rückständigsten Länder an der ost- und südosteuropäischen Peripherie – Bulgarien, Estland, Lettland, Litauen, Malta, Polen, Slowakei, Slowenien, Tschechische Republik, Türkei, Ungarn und Zypern – vergrößert sich das EU-interne Struktur- und Produktivitätsgefälle in einem Umfang, wie er, gemessen an den bisherigen Schritten (von der EWG über die EG zur EU-15), noch nicht zu verkraften gewesen war. Allein der EU-Raum wird sich um 60 Prozent erweitern, die EU-Bevölkerung um 45 Prozent zunehmen, die gesamte EU-Wirtschaftsleistung unter Zugrundelegung des Bruttoinlandsproduktes (BIP) dagegen lediglich um sieben Prozent!

1. Strukturelle Abgründe – doch kein(e) Mittel, sie zu überbrücken

Keiner der Kandidaten erreicht, bezogen auf das BIP je Kopf der Bevölkerung, auch nur annähernd den EU(-alt)-Durchschnitt: Berechnet auf der Grundlage des vom Statistischen Amt der EU (Eurostat) ermittelten Kaufkraftstandards (KKS) bewegen sich die Abstände der Kandidaten zwischen 23 Prozent (Bulgarien) und 68 Prozent (Slowenien). Dazwischen liegen als relativ entwickelte Länder die Tschechische Republik mit 60 Prozent, Ungarn mit 49 Prozent und Polen mit 39 Prozent Abstand vom Gesamt-Durchschnitt der EU-15. Mit der ab dem Jahr 2003 anlaufenden Erweiterung auf eine EU-28 wird sich – aufgrund dieser Momentaufnahme (vom Jahre 1998) – das durchschnittliche Realeinkommen (BIP pro Kopf) in der so vergrößerten EU um rund 40 Prozent verringern. Und niemand kann voraussagen, ob es nach Abschluss des auf etwa zehn Jahre befristeten Erweiterungsprozesses nicht noch mehr sein wird. Denn die zur Finanzierung der Anpassungsprozesse aus EU-Mitteln bereitgestellten Gelder aus EU-Haushalt, Kohäsionsfonds, Sonderprogrammen und Ausleihungen der beiden EU-Hausbanken: Europäischer Investitionsbank (EIB) und Europäischer Bank für Entwicklung und Wiederaufbau (EBRD) sind mehr als dürftig. Sie belaufen sich bis zum Jahre 2006 fest eingeplant auf jährlich drei Mrd. Euro: $1/30$ des EU-Gesamthaushalts.[9]

Mit Beträgen in dieser Größenordnung ist den Beitrittskandidaten wenig geholfen. So geringe Mittel für alle Beitrittskandidaten insgesamt können nicht die strukturelle Kluft zwischen ihnen und dem Kern der EU einebnen. Bereits die bisherige Verlaufsgeschichte des Euro zeigt, dass die für die «Euro-Reife» eines Landes aufgestellten Konvergenzkriterien der Sache nicht gerecht werden. Die gewählten nominalen Kriterien sind politisch leichter zu erfüllen als die «realen», um die es in Wahrheit geht. Ein Land kann nämlich «auf Zeit» seine Inflation bekämpfen, seinen Staatshaushalt und seine Staatsschulden herunterfahren, aber es kann nicht von heute auf morgen (oder per Stichtag) seine Produktivität verbessern oder sein Beschäftigungsniveau dem seiner höher entwickelten Nachbarn anpassen. Insofern wären für die EU- wie EWU-Aufnahme der Länder der mittel-, ost- und südeuropäischen Peripherie ganz andere Aufnahmekriterien angezeigt als die alten, die längst gezeigt haben, wie unzulänglich und gemeinschaftsgefährdend sie sind. Doch welcher Erweiterungspolitiker hat den Mut, das offen auszusprechen und zu verlangen!

2. Ein monetäres Wartezimmer

Und noch ein Weiteres gilt es zu beachten. Das «monetäre Wartezimmer», in das die Neukandidaten vor ihrer definitiven Aufnahme in die EWU geführt werden, soll zwar als Vorbereitungs-

---

9 Eurostat, Euroindikatoren, Pressemitteilungen Nr. 29/2001, Tabelle A: Finanzielle Vorausschau EU-15.

training dienen – doch ebenfalls nur auf Zeit. Als Mitglieder des «Wechselkursmechanismus II» (WKM II) sind sie zwar auf einen festen Wechselkurs ihrer vorläufig weiter umlaufenden nationalen Währungen zum Euro als Leitwährung festgelegt, doch dieser darf innerhalb der alten Bandbreite des EWS von 15 Prozent schwanken. Dafür erhalten sie Sitz und Stimme in ihrem eigenen Kontrollgremium, dem «Erweiterten EZB-Rat» – siehe Kasten auf der nächsten Seite.

Doch das Recht auf «atmende» und ihrer inneren Situation gerecht werdende Wechselkurse entfällt, wenn die Beitrittskandidaten ernsthaft an ihren EWU-Beitritt denken: Denn dann müssen sie mindestens zwei Jahre vor ihrem definitiven Beitritt ihre Wechselkurse gegenüber dem Euro festlegen – in einer minimalen Bandbreite von 2,25 Prozent. Im Klartext heißt dies: Die neuen Beitrittskandidaten müssen sich erst einmal zwei Jahre lang als De-facto-Euro-Länder bewähren, ehe sie diesen Status legalisieren dürfen.

Niemand kann voraussagen, in welchem Klima und innenpolitischem Zustand die Beitrittskandidaten diese Bewährungszeit überstehen. Machen sie mit ihren Stabilitätsvorbereitungen Ernst, ist eine Zuspitzung ihrer inneren Krisenphänomene und -symptome nicht auszuschließen. Im Osten und Südosten Europas erfordert die Auflösung der alten, tief sitzenden und verfestigten Strukturen sehr viel mehr Zeit, Geduld und Geld, als von beiden Seiten aufgebracht wird. Die Anpassungsfristen sind zu kurz, die Erwartungen zu hoch und die bereitgestellten Hilfsgelder viel zu gering. Auch fehlt es auf Seiten der Alt-EU-Länder an der Bereitschaft, auf alte, längst nicht mehr gerechtfertigte Privilegien (Subventionen wie Marktvorteile) zugunsten der neuen zu verzichten. Nehmen bei diesen die ökonomischen und politischen Destabilisierungstendenzen zu, erweisen sich auch die westlicherseits erhofften Export- und Investitionschancen als pure Illusion.

Der Wechselkursmechanismus (WKM II)

Der WKM II ersetzt das Europäische Währungssystem. Über den WKM II können die Währungen der nicht an der EWU teilnehmenden EU-Staaten mit dem Ziel einer Stabilisierung des wirtschaftlichen Umfeldes, der Stabilitätsorientierung der Wirtschaftspolitik sowie der Konvergenz und der Vorbereitung auf die EWU an den Euro angebunden werden. Grundzüge des WKM II:

- Beitritt freiwillig, wird jedoch gemäß den Konvergenzkriterien als Vorbereitung auf die EWU vorausgesetzt.
- Einvernehmliche Festlegung eines Leitkurses zwischen dem Euro und der nationalen Währung des WKM-II-Teilnehmerstaates sowie von Schwankungsbandbreiten durch die Minister der EWU-Staaten, die EN und die Minister und den Zentralbankgouverneur des WKM-II-Teilnehmerstaates. Leitkursanpassungen möglich.
- Standardschwankungsbandbreite 15%, nach Absprache der Beteiligten auch geringer, engere wechselkurspolitische Zusammenarbeit möglich.
- Interventionen grundsätzlich automatisch und in unbegrenzter Höhe. Aussetzung der Interventionen, wenn diese der Gewährleistung der Preisstabilität zuwiderlaufen.
- Überwachung der Funktionsweise des WKM II durch den Erweiterten Rat der EZB.

Quelle: Europäischer Rat. Entschließung 97/C 236/03; EZB, Abkommen 98/C 345/05

3. Ein «schwarzer Euro»?

Eine Erweiterung des Euro-Raums ist, obwohl sie vom ersten Tage der EU-Verträge an feststeht, die dunkelste. Das liegt weniger an der Richtung, in die sie zielt, nämlich auf das ehemals französische Kolonialafrika, als an der noch immer unklaren Ausführung. Das 13. Protokoll EGV 1997 beläßt Frankreich auch nach Aufgehen seiner Währung im Euro die Währungshoheit in seinen ehemaligen, ihm monetär angeschlossenen westafrikanischen Kolonien einschließlich der Komoren, den Ländern der so genannten CFA(Communeauté Francaise Africaine)-Franc-Zone. Diese Währungen und ihre Wechselkurse zu Franc bzw. Euro bleiben auch künftig unter französischer Kontrolle.

Bislang hat Frankreich über Kreditlinien der für diese Länder zuständigen (und von der Banque de France überwachten) regionalen (Unter-)Zentralbanken – Banque Centrale des Etats de L'Afrique de l'Ouest bzw. Central – die nicht unbeträchtlichen Haushalts- und Leistungsbilanzdefizite dieser Länder finanziert. Für die Zukunft, die schon ab dem Jahr 2002 beginnt, stellt sich einmal die Frage, ob es nach dem Ende des Mutterland-Franc beim Sonderfranc der bisherigen Währungstöchter bleibt oder ob ein «schwarzer Euro» entsteht und wer diesen stützt – wie bisher Frankreich oder ab dann die EZB? So oder so entsteht eine eng mit dem Euro verbundene afrikanische Währungsexklave. Diese fest eingeplante «Afrikanisierung» der Euro-Zone wird die Euro-Stabilität nicht gerade verbessern, im Gegenteil, zumal über die Höhe der – sei es von Frankreich, sei es von der EZB – zu finanzierenden Defizite dieser Länder auch noch jede Menge Streit entstehen kann: intern zwischen Frankreich und der EZB und extern mit dem Internationalen Währungsfonds (IWF), dem diese Defizitfinanzierung über ausländische Sponsoren noch nie ins Konzept gepasst hat.

VII. Noch ist Europa nicht verloren: Ein «paralleler», aber «harter» Euro

Es ist ein kaum nachzuvollziehender Irrtum zu glauben, die Zusammenführung Europas, eines heterogenen Gebildes von Staaten und Volkswirtschaften unterschiedlicher Prägung, Geschichte und Sprache, sei keine historische Aufgabe der Politik, sondern von Märkten und Währungen. Wäre dem so, dann hätte bereits der Bund der Hanse vor einem halben Jahrtausend, am Vorabend von Renaissance und Aufklärung die Vereinigten Staaten von Ost- und Westeuropa geschaffen!

Europas politische Klasse macht sich Illusionen, wenn sie der Alten Welt ein anderes Integrationskonzept verschreibt als das erprobte der Neuen Welt. Die USA haben den Beweis erbracht, dass ein «optimaler» Wirtschafts- und Währungsraum des Staates und seiner Rahmengesetzgebung bedarf. Nur dann wenn sich Märkte geordnet und gleichgewichtig entwickeln und ausbreiten, werden sie für beide Seiten – die schon Integrierten und neu zu Integrierenden – eine Investition, die sich auf Dauer auch selbst finanziert.

1. Ohne «politische Union» keine dauerhafte EWU

Europas Vereinigung lässt sich ohne politische Weichenstellung weder denken noch vorantreiben. Und diese bedarf der Trias von zentraler Willensbildung, demokratischer Legitimation und wirtschaftlicher Absicherung. Deswegen ist ein staatlich organisierter (und finanzierter) Strukturausgleich für die wirtschaftlich schwächeren Mitgliedsländer der Gemeinschaft unverzichtbar. Er darf freilich die Zahler nicht überfordern. Die Vorstellung, die fehlende Transferunion durch die Währungsunion zu ersetzen und auf diese Weise den Lastenausgleich quasi unbemerkt zu erzwingen, ist ebenso abenteuerlich wie gemeingefährlich. Sie ist abenteuerlich, weil sie nicht zum Ziel führt – denn die Geldbenutzer und -anleger sind klüger und werden sich mit ihren Geldstimmrechten solchen Attentaten auf ihr sauer erspartes Vermögen entziehen. Der seit seiner Einführung «schwächelnde» Euro zeigt es ganz deutlich.

Ein solches Konzept ist gemeingefährlich, denn es wird diese Währungsunion genau so sprengen wie alle ihre konstruierten Vorgängerinnen – nur werden die Trümmer Europas schönste Hoffnungen begraben.

Der Euro erweist sich schon heute als das falsche Instrument, die inhomogenen Wirtschafts- und Sozialstrukturen des Alten Kontinents zu «homogenisieren» und den gemeinsamen Binnenmarkt in den gemeinsamen Staat zu verwandeln. So bleibt die «unpolitische» Wirtschaftsintegration der Europäer ihnen schuldig, was sie sein sollte und könnte: der gemeinsame Weg in einen gemeinsamen Wohlstand für alle europäischen Nationen.[10]

2. Deutschlands Mitschuld

Die deutsche Politik trifft an dieser Fehlentwicklung schwere Mitschuld. Sie hat das Euro-Projekt und die mit ihm verbundene Abschaffung der DM – des stabilsten und populärsten Geldes deutscher Geschichte – ohne zureichenden Grund, ohne Abwägen der Folgen und vor allem ohne jede demokratische Legitimation betrieben: gegen den erklärten Mehrheitswillen der deutschen Bevölkerung, gegen klar und eindeutig formulierte Stabilitätsauflagen des höchsten deutschen Gerichtes und gegen die immer wieder vorgebrachten Bedenken der Wissenschaft des In- und Auslandes. Der Rat der «Fünf Weisen» (SVR), die Mehrheit unabhängiger Wirtschaftsprofessoren an deutschen Hochschulen, Exponenten der Deutschen Bundesbank und führender ausländischer Zentralbanken (u. a. Fed-Chef Alan Greenspan) – sie alle haben mit überzeugenden Argumenten vor den absehbaren Folgen dieses ganz Europa und nicht nur Deutschland betreffenden Währungsabenteuers gewarnt, wieder und wieder.

Es gibt kein Beispiel aus der deutschen Nachkriegsgeschichte, in der eine so heterogene Allianz aus Politikern aller im Bundestag vertretenen Parteien (mit Ausnahme der PDS und einiger weniger

---

10 Hankel, W. Europas Größenwahn, Aus Politik und Zeitgeschichte, Beilage zur Wochenzeitung Das Parlament B 52–53/2000.

Aufrechter in den eigenen Reihen) den Mehrheitswillen der eigenen Wähler ebenso verbissen wie überheblich missachtet, um nicht zu sagen, mit Füßen getreten hat, wie es die frühere Bundesregierung Kohl/Genscher/Waigel mit der parlamentarischen Durchpeitschung der Maastricht-Verträge im Frühjahr 1998 getan hat.

3. Für eine EWU-Korrektur ist es noch nicht zu spät

Jetzt, nur wenige Monate vor der Tragödie zweitem Teil – der Euro-Einführung als Bargeld und alleinigem gesetzlichem Zahlungsmittel in den Staaten der EWU –, verweigert sich die jetzige Bundesregierung Schröder/Fischer dem Nachdenken über eine noch immer mögliche Schadensbegrenzung. Sie könnte darin bestehen, das Euro-Projekt auf seinem derzeitigen Stand – als Buch- und Börsengeld der EU-Staaten – zunächst einzufrieren und das alte, bewährte nationale Geld weiter zirkulieren zu lassen. Ein solcher – zeitlich unbefristeter – «Parallelstandard» hätte folgenden Vorzug: Man gewönne Zeit, um die zuletzt in Nizza (im Dezember 2000) verfehlten EU- und EWU-Reformen in Ruhe nachzuarbeiten, denn ohne sie geht es nicht vorwärts. Man könnte das Erzübel der gegenwärtigen EWU beseitigen – ihre «auf ewig» zementierten Umrechnungskurse zwischen den europäischen Währungen – und dieses für die Zukunft so wichtige Wechselkursscharnier zwischen ihren disparaten Volkswirtschaften wieder funktionsfähig machen.

4. Vorschläge für einen «parallelen» und «stabilen» Euro

So paradox es klingt: Der derzeit nur für die Außenseiter der EWU geltende WKM II würde das genau das herstellen, was Europa braucht: Währungswettbewerb, Wechselkursausgleich und einen stabilen Euro. Ein Wechselkursregime der alten Art würde der Politik in Europa die Zeit und die Atemluft verschaffen, das bislang Versäumte nachzuholen: die unerlässlichen Vorbereitungen für eine politische Union mit Parlamentsverantwortung und budgetärer Finanzierung des Strukturausgleiches, die laufenden Korrekturen an den inflatorisch längst verzerrten Währungsrelationen zwischen Zentrum und Peripherie. Wenn die EWU ihre wieder «atmenden» Wechselkurse wie bisher zwar auf Euro-Basis festlegte, aber schwanken ließe, wäre der Euro als europäische Recheneinheit automatisch fest und stabil – er würde zwar nicht umlaufen, aber gerade deswegen wäre er die Währungs«sonne», um die die in den Euro-Ländern umlaufenden Währungs«planeten» kreisen. Der Euro wäre oder würde ihr unverrückbares monetäres Zentrum.

Und die EZB? Sie brauchte keine schwachen Staaten und deren schwache Währungen mehr zu subventionieren, sondern müsste deren Politiken koordinieren, damit das System nach innen wie nach außen zusammenhält und überzeugt. Der Alte Kontinent brauchte sich seines Jugendstreiches nicht mehr zu schämen; er hätte ein «Modell Europa» daraus gemacht, das alle Welt(wirtschaft) überzeugt und zur Nachahmung ermuntert.

Wird auch diese Reform verweigert, ist das Schicksal der europäischen Einigung besiegelt. Der monetäre Fehlschlag zieht zwangsläufig den politischen nach sich. Er beendet das Zeitalter von Europas Aufbruch in eine friedliche Zukunft über seine vorwärts gerichtete Integration. Auch die Erwartung, dass Europas Integrationsfortschritt nicht mehr aufzulösen und zurückzunehmen ist, wird sich dann als verhängnisvolle Euro-Illusion erweisen.

Zwei Bundesregierungen – die frühere, die den Euro eingeführt und die DM abgeschafft hat, und die jetzige, die sich weigert, über beides neu zu verhandeln – werden sich dafür vor Volk und Geschichte zu verantworten haben.

6. Kapitel

Nizza: Es wird keine politische Union geben

Wilhelm Hankel und Joachim Starbatty

Zusammenfassung

Immer wieder hat die Währungsgeschichte gezeigt, dass Währungsunionen sowie Wechselkursunionen als entsprechende Vorstufen ohne genügende politische Fundamentierung scheitern. In den USA, die oft als Vorbild dienen, ist die politische Union und mit ihr die Währungsunion von unten gewachsen; die politischen Organe sind demokratischer Kontrolle unterworfen. Für die Europäische Währungsunion gilt dagegen, dass die Politik die soziale und wirtschaftliche Umwelt radikal ändert, sich aber weigert, selbst darauf zu reagieren. Die Währungsunion entspringt nicht, wie oft fälschlich angenommen wird, dem Wunsch, eine politische Union zu schaffen, sondern dem Interesse nationaler Regierungen, über die Ablösung der Deutschen Bundesbank und die nun gegebene Einwirkung auf die gemeinsame Währung geldpolitische Kompetenz zurückzugewinnen.

Der Maastricht-Vertrag (1992) hat die Grundlagen für eine politische Union nicht gelegt. Das sollte auf den nachfolgenden Regierungskonferenzen nachgeholt werden. Das Ergebnis: In Nizza haben die Mitgliedstaaten nicht am europäischen Haus gebaut, sondern «krämerhaft» um die Durchsetzung nationaler Interessen gefeilscht. Wenn schon nicht eine politische Union in Form zentraler Staatlichkeit das Ziel sein kann, dann muss doch zumindest sichergestellt sein, dass die Mitgliedstaaten über die Einhaltung von Spielregeln ihre nationalen Interessen so koordinieren, dass das ordnungsgemäße Funktionieren der Währungsunion sichergestellt ist.

Aus theoretischer Perspektive und praktischer Erfahrung ist nicht erkennbar, dass die Mitgliedstaaten ihre nationalen Interessen hinter europäische Notwendigkeiten zurückstellen, und dies wird umso weniger der Fall sein, wenn der Kreis der Mitglieder größer und notwendigerweise inhomogener, die zu lösenden Probleme dagegen komplexer werden. Die EU steht an einem Scheideweg: Geht sie den bequemen Weg des Laufenlassens, an dessen Ende Absturz oder Auflösung des europäischen Aufbauwerkes droht, oder den steinigen Weg, das europäische Haus so zu fundamentieren, dass die Währungsunion funktioniert? In Luftschlössern kann man nicht leben.

I. Die USA als Modell: Politische und wirtschaftliche Integration bilden eine Einheit

Bei der Schaffung einer Währungsunion geht es um Fragen von existentieller Bedeutung. Ob die zukünftige Währung mehr oder weniger stabil ist oder die Herausforderung des Dollars gelingt oder nicht, allein das sind schon entscheidende Fragen. Zugleich wird auch über die zukünftige Gestalt Europas entschieden: Es geht um die Entwicklung der nationalen Souveränität und damit auch um die Zuständigkeit der nationalen Parlamente sowie des Europäischen Parlaments. Da mag der eine für oder gegen die Währungsunion eingestellt sein, nicht weil ihm das gewählte Integrationskonzept – «monetaristisch» oder «ökonomistisch» – zusagt oder auch nicht, sondern weil er das Europa, das er sich wünscht, in Gefahr oder seiner Vorstellung näher gebracht sieht.

Am Anfang stand eine faszinierende Vision: Der Alte Kontinent müsse aufhören, sich in sinnlosen und selbstzerstörerischen Bürger- und Weltkriegen zu zerfleischen. Europa werde seine Selbstachtung und Weltgeltung nur dann zurückgewinnen, wenn es sich nach dem Vorbild der Vereinigten Staaten von Nordamerika (USA) neu definiere und organisiere. Diese «Endstation Sehnsucht» des europäischen Integrationsprozesses begeistert noch immer viele gute und junge Europäer. Doch die europäischen Realitäten sind andere als die der USA.

1. Die EU ist keine Demokratie «von unten»

Die USA begannen ihr Einigungswerk vor über 200 Jahren mit einer Demokratie «von unten». Die Bürger entschieden per Referendum. Sie wählten (und wählen noch immer) ihr Parlament, den Kongress sowie ihren Präsidenten. Dieser bildet die Regierung. Und diese wird, solange sie im Amt ist, von den beiden «Souveränen», den Wählern und den gewählten Parlamentariern, kontrolliert – unterstützt von einer wachsamen und kritischen öffentlichen Meinung.

Das sich integrierende Europa hält sich nicht an das Vorbild. Es gibt keine Referenden zu den für die Zukunft Europas entscheidenden Fragen wie der Osterweiterung und der gemeinsamen Agrarpolitik und ihrer seit langem überfälligen Reform. Volksabstimmungen finden nur auf der nationalen Ebene statt – und auch hier nur in Staaten mit alter demokratischer Tradition, wie England, den skandinavischen Ländern, Frankreich und der Schweiz, die freilich nicht «dazugehört». Zwar gibt es inzwischen ein direkt gewähltes Europa-Parlament – doch was hat es zu sagen? Es wählt weder die Regierung, noch beschließt es Gesetze. Es kann Initiativen vorschlagen und bestätigen. Es käme einer Sensation gleich, wenn es einmal das Selbstverständliche wagte und einer amtierenden Kommission und ihrem Präsidenten das Misstrauen ausspräche. Es bestätigt damit lediglich ein Urteil, das die öffentliche Meinung längst gefällt hat – «Schwatzbude» – und dem sich seine Abgeordneten nicht länger entziehen konnten.[1]

Wer regiert Europa, das sich anschickt, über die Lebenssituation

---

[1] K.-D. Frankenberger nennt es «das Parlament, das überall mitreden möchte und als Antwort auf das demokratische Defizit in Europa gebetsmühlenhaft sich selbst anpreist». (Wozu ist die EU eigentlich gut? in: Frankfurter Allgemeine Zeitung, Nr. 48 vom 26. Februar 2001, S. 1).

von demnächst fast 500 Millionen Bürgern in eigener Zuständigkeit zu entscheiden? Über die Qualität und Preise der Lebensmittel, über die Sicherheit der Arbeitsplätze, von denen sie leben, und die Stabilität und Zukunft des Geldes, in dem sie ihre Ersparnisse anlegen und mit dem sie ihren Lebensabend bestreiten? Das neue Europa wird weder von seinem Souverän, dem Volk, regiert und kontrolliert noch von seinem Parlament. Auf höchster Ebene entscheiden in allen wesentlichen Fragen die europäischen Staats- und Regierungschefs, die wiederum von ihnen abhängige Politiker (ihre Ressortminister) mit der Ausführung ihrer Gipfelbeschlüsse betrauen. Diese setzen dann wiederum andere – von ihnen abhängige – Politiker (in Europäischer Kommission und Europäischer Zentralbank) ein, um das ihnen Aufgetragene umzusetzen, soweit sie es sich nicht selber (in ihren Ministerräten) vorbehalten. Exekutivorgane, nämlich Ministerräte und Beamte der Europäischen Kommission in Brüssel, erarbeiten die für Europa geltenden Gesetze, Verordnungen und Richtlinien – sie gehen inzwischen in die Zehntausende! Ganz nebenbei kontrollieren und entlasten sich diese Gesetzgeber auch noch selber. Und das Europäische Parlament sieht zu.

Europa ist noch niemals seit den Tagen der Französischen Revolution so volksfern und parlamentsfrei regiert worden wie im Zeichen seiner friedlichen Einigung und Integration. Hart erkämpfte Bürgerrechte und Freiheiten (Volksherrschaft, Parlamentskontrolle, Gewaltenteilung) werden von einer un(an)greifbaren Bürokratie[2], nämlich den im Regierungsauftrag «nach Europa» ent-

---

2 K. Gretschmann spricht vom «Eindruck einer Brüsseler Trutzburg von hypertrophen und bürgerfernen Eurokraten» (Traum oder Albtraum? Politikgestaltung im Spannungsfeld von Nationalstaat und Europäischer Union, in: Aus Politik und Zeitgeschichte. Beilage zur Wochenzeitung «Das Parlament», 26. Januar 2001, S. 32). – Gretschmann war als Wirtschaftswissenschaftler zunächst ins Kanzleramt berufen worden und hat dort als «Sherpa» die Weltwirtschaftsgipfel für den Kanzler vorbereitet (1998–2000); er ist nun als Generaldirektor im Sekretariat des Ministerrats tätig.

sandten Staatsmandarinen, übergangen oder mit dem fragwürdigen Grundsatz: «Europarecht bricht Länderrecht» vom Tisch gewischt.[3]

Wann immer frühere Gewaltherrscher Menschenrecht und Verfassungsprinzipien, die Europa beispielhaft für alle Welt entwickelt hatte, verletzten oder außer Kurs setzten, wurden sie dafür – oft militärisch – zur Rechenschaft gezogen und bestraft. Im Europa von heute tut man so, als ob diese Prinzipien nichts mit dem Einigungsprozess zu tun hätten. Sie seien auf ihn nicht anwendbar – nicht weil die diesen Prozess vorantreibenden Politiker diktatoriale Anwandlungen oder imperiale Hintergedanken hätten. Sie denken, Europas wirtschaftliche Integration ließe sich von seiner politischen abtrennen oder sie könnten sich darüber hinwegmogeln. Sie glauben, die europäischen Völker wie Schachfiguren in ihrem strategischen Spiel hin und her bewegen zu können. Das ist jedoch eine fatale Illusion.

2. Staats- und Währungsraum zur Deckung bringen!

Wirtschaft entwickelt sich nicht im rechts- oder politikfreien Raum, und Wirtschaft kann Recht oder Politik nicht ersetzen. Zwar schafft sich jeder Markt seine eigenen Normen, Usancen und festen Regeln, die niemand bei Strafe des Ausschlusses aus der Marktgesellschaft (bis hin zur wirtschaftlichen Todesstrafe, dem Konkurs) verletzen darf. Nur: Dieses selbst geschaffene Recht der Kaufleute – so wichtig es ist – reicht allein nicht aus. Der Markt braucht übergeordnete (Grund-)Rechte, wie den Schutz von Leben, Freiheit und Eigentum für seine Bürger, Kaufleute und alle anderen Akteure. Und die Marktgesellschaft muss sicher sein, dass diese Rechte dauerhaft durch den Staat (seine Gesetze und Gerichte) geschützt sind. Diese Rechte und Rechtsschutzmittel

---

3 Zur unmittelbaren Anwendbarkeit und zum relativen Vorrang des Gemeinschaftsrechts vgl. K. A. Schachtschneider und A. Emmerich-Fritsche, Das Verhältnis des Europäischen Gemeinrechts zum nationalen Recht Deutschlands, DSWR 1999, S. 17 ff., 81 ff. und 116 ff.

(Sanktionen) müssen in einem für die Markt-Parteien einheitlichen Staats«monopol» zusammengefasst werden. Das Angebot an Gütern, Diensten, Investitionsgelegenheiten usw. am jeweiligen Markt darf (und muss!) konkurrieren, das für den Markt gültige Recht darf es nicht.

In Nationalstaaten stimmen Staats-, Rechts- und Wirtschaftsraum von alters her überein. Der Prozess der wirtschaftlichen Integration in diesen Räumen wird durch keinen fremden Staat und kein anderes Rechtssystem gestört. Überspringen die Märkte jedoch diese nationalen Rechts- und deren ebenfalls nationale Währungsgrenzen – wie in der sich globalisierenden Weltwirtschaft und wie (politisch gewollt) im gemeinsamen europäischen Binnenmarkt –, entsteht für beide Seiten Störpotential: Die Konkurrenz der unterschiedlichen Rechte belastet die Märkte; sie müssen mit zusätzlichen und zumeist auch schwer voraussehbaren Kosten der Rechtsunsicherheit rechnen. Die Staaten und ihre bislang rechtlich und monetär geschützten Räume bekommen die Konkurrenz der äußeren Märkte zu spüren: Bisher rentable Produkte, Arbeitsplätze und Standorte rechnen sich nicht mehr und müssen aus dem Markt genommen werden. Globaler Weltmarkt oder europäischer Binnenmarkt begründen eine neue Arbeitsteilung in der Weltwirtschaft bzw. in Europa, mit deren Folgen man «zu Hause», in den alten bislang national geschützten Volkswirtschaften, leben muss. Nur: Im Fall der Globalisierung geht der Anstoß von den Märkten und ihrer weitgehend durch neue Technologien ausgelösten Dynamik aus – die Staaten müssen reagieren. Im Fall der Europäischen Integration löst die Politik den Anstoß aus – und weigert sich zu reagieren! Denn ob Markterweiterung durch Technikfolgen oder Politik: In beiden Fällen bedarf es einer Ausweitung der staatlichen Rahmenordnung – entweder durch einen «größeren Staat» oder eine wirksame Koordinierung der einzelstaatlichen Rechtssysteme: ein wirtschaftliches und monetäres Völkerrecht. Niemand will mit guten Gründen einen «Weltstaat» oder ein «Weltgeld» – ein Weltsystem koordinierter Währungspolitik und strenger Bankaufsichtsregeln würde reichen. In Europa glaubt man offensichtlich, sich ein gemeinsames Geld ohne den «größeren Staat», den ohnehin – von einigen deutschen Politikern abgesehen – niemand will, und ohne ein System koordinierter Wirtschaftspolitik leisten zu können.[4]

II. Triebkräfte für die Währungsunion

Die Währungsunion wird eine «hinkende Konstruktion» genannt, weil die Vergemeinschaftung des Geldes nicht von einer entsprechenden politischen Vertiefung begleitet wurde.[5] Wie stark ist die politische Bereitschaft, dieses Versäumnis nachzuholen, oder erzwingt das währungspolitische Voranpreschen gewissermaßen selbsttätig die notwendige politische Vertiefung («Sachzwangstrategie»)?

Jack Lang, einer der politischen Vordenker Frankreichs und immer wieder Minister in sozialistischen Regierungen, machte als Vorsitzender des außenpolitischen Ausschusses der französischen Nationalversammlung geltend, dass die Bereitschaft zur Bildung einer Währungsunion als ein wesentlicher Schritt zu einer politischen Union aufgefasst werden könne, da die Mitgliedstaaten immerhin zur Aufgabe geldpolitischer Souveränität bereit gewesen seien.[6] Es ist daher zu prüfen, ob die Bildung der Währungsunion als Bereitschaft zu nationalem Souveränitätsverzicht angesehen werden kann und ob daher mit weiteren Souve-

---

4 Hankel, Wilhelm, Europa: Ausweg aus der Globalismusfalle? Wirtschaftspolitik im Globalismus, Jahrbuch für Arbeit und Technik, Bonn, 1997, S. 326 ff. – Ders., Währungspolitik im Zeitalter des Globalismus: «Monetäres Völkerrecht» – oder der institutionelle Rahmen einer Weltwährungsordnung für das 21. Jahrhundert, in: Jochimsen, R. (Hg.), Globaler Wettbewerb und weltwirtschaftliche Ordnungspolitik, Bd. 10 der Stiftung für Entwicklung und Frieden (SEF), Bonn 2000, S. 124 ff. (mit einem Vorwort von Bundespräsident Johannes Rau).
5 Vgl. hierzu R. Jochimsen, Perspektiven der europäischen Wirtschafts- und Währungsunion, 2. Auflage, Baden-Baden 1998, S. 167 ff.
6 J. Lang, Je ne voterai pas le traité d'Amsterdam, in: Le Monde, 19. 8. 1997.

ränitätsverzichten gerechnet werden kann, die schließlich in eine irgendwie geartete politische Union einmünden. Dabei ist klar, dass es von ihr kein fest umrissenes Bild geben kann. Wir können vielmehr zwei unterschiedliche Modelle skizzieren, die dafür stehen können:
- Die politische Union bildet eine gemeinschaftliche Exekutive heraus – etwa Weiterentwicklung der EU-Kommission in Richtung einer gemeinschaftlichen Regierung –; Kontrolle durch das Europäische Parlament, das nun die Rechte eines wirklichen Parlaments erhält; schließlich Mutierung des Ministerrats zu einer Art zweiter Kammer – Modell (1).[7]
- Die Mitglieder dieser anderen Form von politischer Union sind bereit, gemeinsame Probleme in einem europäischen Sinne zu lösen, also anzuerkennen, dass es ein europäisches Interesse gibt, hinter dem im Zweifel nationale Interessen zurückstehen müssen; sie sind daher auch bereit, Standards oder Spielregeln zu beachten, die nationale Politiken im Sinne eines gemeinschaftlichen Interesses steuern; schließlich finden sie sich – wenn auch nach komplizierten Abstimmungsprozessen – zu gemeinschaftlichen Aktionen etwa in der Außen- und Sicherheitspolitik zusammen – Modell (2).

Es ist evident, dass solche Konzeptionen nicht in einem raschen Tempo und immer folgerichtig konkretisiert werden können, aber es müssten doch Fortschritte in dieser Richtung erkennbar sein. In diesem Sinne wäre zu prüfen, ob die Währungsunion als eine wesentliche Etappe betrachtet werden kann, um einer politischen Union in Gestalt gemeinschaftlicher Exekutive oder Akzeptanz gemeinsamer Spielregeln und darauf aufbauender Kooperation näher zu kommen. Wir müssen uns weiter fragen, ob die Vergemeinschaftung der Geldgewalt allmählich zur Übertragung weiterer

---

[7] Diese Konzeption findet sich in Grundzügen im Schäuble-Lamers-Papier aus dem Jahre 1994 und in der darauf aufbauenden Sicht des deutschen Außenministers J. Fischer: Das Ziel ist die Europäische Föderation. Abgedruckt in: Frankfurter Allgemeine Zeitung, Nr. 112, 15. 5. 2000.

substantieller Befugnisse in der Wirtschafts-, Finanz- und Sozialpolitik nötige, d. h. den Beginn einer wirklichen politischen Union einläute, oder ob sich Gefahren für die EWU aus übermächtigen Schubkräften nationaler Gewohnheiten und Egoismen ergäben.[8] Bei künftigen Vertragsrevisionen ist entscheidend, «ob die EWU-Teilnehmerstaaten willens und fähig sind, im Interesse einer ‹Stabilitätskultur› weitere Bereiche ihrer wirtschaftlich-sozialen Binnenstrukturen zu staatsähnlicher Homogenität zu vereinigen»[9]. Haben die Intentionen und vorbereitenden Arbeiten zur Währungsunion eine solche Bereitschaft erkennen lassen?

In unserer «Euro-Klage» ist gezeigt worden, dass die Bundesbank über die Steuerung der «Ankerwährung», die ihr über das Vertrauen der Märkte zugewachsen ist, die Geldpolitik der Partnerstaaten im EWS dominierte.[10] Eine mehrfach bezeugte Anekdote wirft ein Schlaglicht auf die an die Ankerposition der D-Mark gekoppelte währungspolitische Asymmetrie: Während eines Abendessens, das die Niederländische Nationalbank gegeben habe, sei ein Zettel an deren damaligen Präsidenten, Wim Duisenberg, gereicht worden. Dieser habe kurz darauf geblickt und ihn an seinen Vizepräsidenten weitergereicht; dieser habe das ebenfalls getan; dann hätten sich beide nickend verständigt, und der Zettel sei mit einer kurzen Notiz versehen an den Überbringer zurückgegangen. Gefragt, was der Zettel zu bedeuten gehabt habe, habe die Antwort gelautet: Auf dem Zettel sei vermerkt gewesen, die Deutsche Bundesbank habe ihren Eckzinssatz um 0,5 Prozentpunkte heraufgesetzt, und das beiderseitige Nicken habe signalisiert, dass man mitgehe. Diesen Vorfall kommentierten Währungsexperten wie folgt: Die Autonomie der Niederländischen Nationalbank dauert genau 30 Sekunden. Dies ist eine prägnante Beschreibung der mit der Ankerwährung zusammenhängenden währungspolitischen Asymmetrie.

---

8 Siehe hierzu Th. Oppermann, Europarecht. 2., vollständig überarbeitete Auflage, München 1999, S. 388.
9 Th. Oppermann (FN 8), S. 388.
10 W. Hankel u. a., Die Euro-Klage. Warum die Währungsunion scheitern muss (rororo aktuell), Reinbek bei Hamburg 1998, S. 40–46.

Es ist verständlich, dass diese Asymmetrie politisch und wirtschaftlich für viele Mitgliedstaaten schwer erträglich war; sie bedeutete nämlich – abgesehen von den Gesichtspunkten des politischen Prestiges –, sich auch dann dem Kurs der Bundesbank unterzuordnen, wenn aus nationalen Interessen heraus – wie auch immer verstanden – eine andere Politik betrieben worden wäre. Politische und wirtschaftliche Spannungen waren seit der Gründung des EWS (1979) immer wieder erkennbar. Es gab daher verschiedene Initiativen zur europäischen Einbindung der Bundesbank; aber erst die Wiedervereinigung hat wie ein entsprechender Katalysator gewirkt. Der an den Verhandlungen des Maastricht-Vertrages beteiligte Staatssekretär im Bundeswirtschaftsministerium, Otto Schlecht, berichtet:

«Ich habe ja teilweise noch den Maastricht-Vertrag mitverhandelt, und ich war fasziniert über folgende Entwicklung: Wir waren 1988 im Finanzministerium, im Wirtschaftsministerium, sogar im Auswärtigen Amt und im Kanzleramt der Meinung, die europäische Währungsunion habe Zeit. Das Vorhaben wurde in Folge der deutschen Einheit dann ungewollt beschleunigt. Die Franzosen drängten. Sie wollten den Zwei-plus-vier-Vertrag nur akzeptieren, wenn für die europäische Währungsunion ein überschaubarer Zeitplan vereinbart und die Währungsunion zügig vorangetrieben werde. Die deutsche Einheit wäre wahrscheinlich auch so gekommen, dann aber möglicherweise gegen den erklärten Willen Frankreichs.»[11]

Die Gründung der Währungsunion war mithin nicht als der Beginn einer politischen Union gedacht. Nach Auffassung des Verfassungsrechtlers Klaus Stern war die Aufgabe der D-Mark

11 O. Schlecht, Diskussionsbeitrag, in: Ist die deutsche Wirtschaftspolitik richtig? Symposium 43. Herausgegeben von der Ludwig-Erhard-Stiftung, Krefeld 2000, S. 89 f. – Für Michael Stürmer gehört es «zur Ironie dieser Geschichte, dass nichts den Euro so gefördert hat wie ein Ereignis, das mit europäischer Währungspolitik nicht das Geringste zu tun hatte: der Sturz der DDR. Solche Ironie indes hat ihren Preis» (Bedingungen des Euro, in: Ist die deutsche Wirtschaftspolitik richtig? a.a.O., S. 52).

«... ein nicht zu unterschätzender Integrationsbeitrag des wiedervereinigten Deutschland, das mit der Zustimmung zur Vergemeinschaftung der Währungssouveränität insbesondere die Bedenken Frankreichs zu zerstreuen suchte, dass nach der Wiedervereinigung die stabilitätsverpflichtete Geldpolitik der Bundesbank die Währungspolitik der anderen Mitgliedstaaten noch stärker als zu Zeiten des EWS dominieren würde»[12].

Die Ablösung des durch die DM dominierten EWS durch die Währungsunion bedeutet zugleich den Übergang von der währungspolitischen Asymmetrie (Bundesbank entscheidet) zur währungspolitischen Symmetrie, wobei die Zentralbank jedes Mitgliedslandes in die gemeinsame Entscheidungsfindung über die Mitwirkung im EZB-Rat («ein Land – eine Stimme») und über die Bestellung des EZB-Direktoriums eingebunden ist – das gilt auch für Luxemburg, das bis dato keine eigene Zentralbank kannte. Für die Mitgliedstaaten, die bisher der Geldpolitik der Bundesbank folgten, ohne selbst darauf aktiv Einfluss nehmen zu können, ist der Übergang zu währungspolitischer Symmetrie mit der Erwartung auf Gewinn an geld- und währungspolitischer Kompetenz verbunden, faktisch also ein Stück Renationalisierung eines wesentlichen Politikparameters.

Daraus folgt: Die Gründung der Währungsunion ist eben nicht

---

12 K. Stern, Der Weg zur politischen Union Europas, «In einem vereinten Europa dem Frieden der Welt zu dienen...», Festschrift für Th. Oppermann, Berlin 2001, S. 159. – Ganz so auch M. Stürmer (S. 8, FN 11): «Mitterrand erkannte aber, dass Frankreich etwas geschuldet wurde, und er nannte seinen Preis: Rückgewinnung der 1983 an die Bundesbank verpfändeten Selbstbestimmung Frankreichs über sein Geld. Kohl hat – alles im Detail nachzulesen in den Dossiers des Kanzleramts, im Sommer 1998 auf 1500 Seiten im Oldenbourg-Verlag veröffentlicht – damals gewarnt: Es sei, das reale Zusammenlaufen der deutschen, französischen und italienischen Nationalwirtschaften – insbesondere Steuern, Schulden und Renten – betreffend, noch lange nicht so weit. Das Projekt sei theoretisch gut, praktisch jedoch brauche es Zeit, viel Zeit und viel mehr Zusammenwachsen im realen Leben.»

der politisch gewollte Schritt in die politische Union. So hat der frühere Präsident der Banque de France, Jacques de Larosière, auf die Frage, ob Frankreich mit der Zustimmung zum Maastricht-Vertrag nicht geldpolitische Souveränität abtrete, geantwortet, im Gegenteil – es gehe darum, sie zu teilen, um sie besser im Interesse Frankreichs und der Gemeinschaft auszuüben.[13]

III. Fehlender Wille zur politischen Union

Die Geschichte hält kein Beispiel bereit, dass ein derart weit greifendes Experiment – Schaffung einer Währungsunion ohne den entsprechenden politischen Unterbau – dauerhaft Bestand hätte. Auch die Überlegungen des Betreibers der Währungsunion auf deutscher Seite, Helmut Kohl, belegen das: «Man kann dies nicht oft genug sagen. Die politische Union ist das unerlässliche Gegenstück zur Wirtschafts- und Währungsunion. Die jüngere Geschichte, und zwar nicht nur die Deutschlands, lehrt uns, dass die Vorstellung, man könne eine Wirtschafts- und Währungsunion ohne politische Union auf Dauer erhalten, abwegig ist.»[14] Jacques Delors sprach von der politischen Klugheit Helmut Kohls, als er im Zuge der Verhandlungen zum Maastricht-Vertrag das Junktim «Währungsunion – politische Union» fallen ließ, weil er sich der Aussichtslosigkeit, beides zugleich auf den Weg zu bringen, bewusst geworden sei.[15]

Die Bundesbank hat beklagt, dass der Maastrichter Vertrag die künftige Struktur der angestrebten politischen Union und die erforderliche Parallelität noch nicht erkennen lasse.[16] Der frühere Bundeskanzler Helmut Schmidt hat kritisiert, dass alles außer den

---

13 *J. de Larosière*, Wir wollen unsere Souveränität behalten, abgedruckt in: Deutsche Bundesbank, Auszüge aus Presseartikeln, Nr. 7 vom 28. 11. 1992.
14 Deutscher Bundestag, Stenographische Berichte, 6. 11. 1991.
15 *J. Delors*, Spiegel-Gespräch, in: Spiegel 25/1997, S. 135.
16 Deutsche Bundesbank, Monatsbericht Februar 1992, S. 52.

Vorschriften zur Währungsunion wolkig und schwammig sei.[17] Die unbefriedigende Vertragskonzeption ist mit Zeitnot und Unsicherheit über die die Währungsunion absichernden Schritte erklärt worden. Da nicht alles in der gebotenen Sorgfalt habe diskutiert werden können und auch noch Überzeugungsarbeit habe geleistet werden müssen, werde in Amsterdam (Regierungskonferenz II) die fehlende Überwölbung der Währungsunion durch eine politische Union nachgeholt.

In Amsterdam hätten nicht bloß die Konturen einer politischen Union deutlicher heraustreten sollen, die EU hätte auch auf ihre große historische Aufgabe, das bisher in sowjetisch-sozialistischer Knechtschaft gehaltene Mittel- und Osteuropa heimzuholen, vorbereitet werden sollen. Stattdessen haben die Staats- und Regierungschefs in den Vertrag eine gemeinsame beschäftigungspolitische Verantwortung aufgenommen und dies auch im Zielkatalog (Art. 2 EG-V) zum Ausdruck gebracht. Stand im Maastricht-Vertrag das Ziel «ein beständiges, nicht inflatorisches und verträgliches Wachstum» noch an zweiter Stelle, so ist im Amsterdam-Vertrag das Ziel «ein hohes Beschäftigungsniveau und ein hohes Maß an sozialem Schutz» an diese Stelle gerückt und das Ziel «nicht inflationäres Wachstum» ist nach unten gerutscht. Die Behandlung der eigentlichen politischen Vorhaben wurde als die inzwischen berühmt gewordenen «left overs» (Überbleibsel) auf die Regierungskonferenz in Nizza verschoben. Das Urteil von Kurt Biedenkopf über die Amsterdamer Konferenz lautet daher:

«Der Vertrag von Amsterdam hat uns der politischen Union nicht näher gebracht. Eher sind Elemente einer Renationalisierung wichtiger Problemfelder sichtbar geworden. Wir werden deshalb mit der EWU eine gemeinsame Währung einführen, ohne über gemeinsame, demokratisch legitimierte Strukturen zu verfügen, die die wesentlichen Aufgaben einer politischen Union wahrnehmen können.»[18]

17 Spiegel-Gespräch (1/1996), S. 28.
18 K. Biedenkopf, Zur Europäischen Währungsunion, in: Währungsunion und Weltwirtschaft. Festschrift für Wilhelm Hankel. Hrsg. von W. Nölling, K. A. Schachtschneider und J. Starbatty, Stuttgart 1999, S. 23.

Auf die Konferenz von Nizza richteten sich hohe Erwartungen; aber schon im Vorfeld gab es starke Zweifel, ob sie diesen Ansprüchen würde gerecht werden können. Auch eine kaum verhüllte Zwietracht zwischen Frankreich und Deutschland, die bislang als Motor des europäischen Integrationsprozesses gegolten hatten, verhieß nichts Gutes. Über die Form dieser bilateralen Zusammenarbeit sind klare Erkenntnisse nie nach außen gedrungen. Die Öffentlichkeit wusste also nicht, wer den Kraftstoff lieferte und wer steuerte.[19] Offensichtlich haben sich aber nach dem Regierungswechsel die Auffassungen über die Arbeitsteilung im deutsch-französischen Bündnis geändert.

Der deutsche Außenminister Fischer hat in seiner groß angelegten Rede in der Humboldt-Universität, die europaweit starke Beachtung fand, die Schwächen des bisherigen Integrationsprozesses, der sich in institutionellem und prozeduralem Kleinkram zu verlieren drohe, herausgearbeitet und stattdessen empfohlen, in eine neue Integrationsqualität, die Schaffung handlungsfähiger zentraler Organe, zu springen. Inwiefern die Rede mit dem Kanzleramt abgestimmt war, muss offen bleiben. Womöglich war die Rede als Schärfung des persönlichen europapolitischen Profils gedacht.

Wie auch immer, die Vision des Außenministers entspricht unserer als Modell (1) skizzierten politischen Union. Er hatte dies umsichtig und absichernd vorgebracht – unter anderem die Notwendigkeit der Nationalstaaten betonend –, doch war völlig eindeutig, dass seine Sicht von der bisherigen Integrationsstrategie abwich und damit konträr zu den politischen Auffassungen war, die dieser zugrunde lagen. Die Reaktionen aus Frankreich ließen nicht auf sich warten; teilweise waren sie ziemlich rüde – Vorstellungen in der geistigen Nachfolge Hitlers und des Rattenfängers von Hameln – und wurden als Missverständnisse zurückgenommen[20],

---

19 Es gibt wohl ein Brüsseler Bonmot, das Aufschluss liefern könnte: Wer als deutscher Beamter in der EU Karriere machen wolle, müsse sich im Kabinett eines französischen Kommissars bewährt haben.
20 Auch wenn sie zurück genommen wurden, so wird doch die spontane Reaktion deutlich.

teilweise waren die ablehnenden Stellungnahmen diplomatisch verkleidet – «eine interessante Stellungnahme». Diese Kontroverse, wie auch immer sie im Einzelnen bewertet werden mag, deutete aber an, dass es in Nizza keinen Schulterschluss zwischen Frankreich und Deutschland geben würde, um den im Schlamm stecken gebliebenen Integrationskarren wieder in Bewegung zu setzen. Die Konferenz von Nizza hat diese Vermutung bestätigt. Der deutsch-französische Motor treibt die europäische Integration nicht mehr voran.[21]

Als positives Ergebnis von Nizza wurde festgehalten, dass nun der Weg für die Erweiterung frei gemacht werde. Angesichts der ungelösten Probleme der EU selbst – der institutionellen wie der materiellen insbesondere in der Agrar- und Kohäsionspolitik – ist dies mit einem Startschuss für Läufer oder Radfahrer gleichzusetzen, die im Dunkeln auf eine Piste geschickt werden, die übersät ist mit Stolpersteinen und Fallstricken. Dies entspricht im Übrigen der in Brüssel bevorzugten Integrationsmethode: Der Integrationsprozess dürfe nicht zum Stillstand kommen, ansonsten ergehe es ihm wie einem Fahrrad, das dann umfalle. Auch jetzt haben es die EU-Mitgliedstaaten nicht vermocht, das europäische Haus so einzurichten und frei zu räumen, dass neue Mitglieder einziehen können. Man hofft, dies im Zuge der Verhandlungen mit den Beitrittskandidaten nachholen zu können.

In Wahrheit ist dieses Verfahren also kein Schritt nach vorn; die Beitrittsverhandlungen, die für sich genommen schon schwierig

---

21 Der französische Europaminister Pierre Moscovici sagt über die Spannungen im deutsch-französischen Verhältnis bei der Nizza-Konferenz: «Aber es stimmt: Beide Seiten haben aus Gründen des nationalen Interesses Positionen bezogen, die nicht identisch waren. Ich denke an die frühere Auseinandersetzung um die Finanzierung der gemeinsamen Agrarpolitik während der deutschen EU-Präsidentschaft Anfang 1999 oder an die Diskussion um die Neugewichtung der Stimmen im Ministerrat während der französischen Präsidentschaft. Das hat zweifellos zur Schwächung der EU beigetragen, denn unsere Partner hatten sich daran gewöhnt, dass Frankreich und Deutschland an einem Strang zogen». («Schiefe Bahn zur Schwäche», Spiegel-Gespräch 5/2001, S. 128)

genug sind, werden nun auch noch mit den ungelösten Problemen der EU selbst befrachtet. Elmar Brok, der das Europäische Parlament bei den Regierungskonferenzen für die Vorbereitung der Verträge von Amsterdam vertreten hat, verspottet daher Präsident Chiracs Versuch, der Konferenz im Nachhinein historische Größe zu verleihen:

> «Der noch nicht unterzeichnete Vertrag von Nizza ist der erste wirkliche Integrationsrückschritt seit der Ablehnung der Europäischen Verteidigungsgemeinschaft (EVG) durch die französische Nationalversammlung 1954. Der Gipfel von Nizza ist sogar das erste europäische Treffen, das einen solchen Rücktritt vertraglich beschlossen hat. So gesehen, hatte Präsident Chirac Recht, als er von einem ‹historischen› Ergebnis sprach.»[22]

Das Ziel, die EU fit zu machen für die Erweiterung, sei in Nizza nicht nur nicht erfüllt, sondern in sein Gegenteil verkehrt worden:

> «Was die Handlungsfähigkeit angeht, wird die Entscheidungsstruktur im Rat mit Nizza nicht nur schlechter als das bisherige Verfahren, sondern auch noch sehr viel schlechter als das, was in Amsterdam als unzureichend für die Erweiterung abgelehnt wurde.»[23]

Seine Schlussfolgerung, der Kampf gegen den Vertrag von Nizza sei nicht nur wegen des schlechten Ergebnisses und der Erweiterung

22 E. Brok, Der Vertrag von Nizza: Wird die EU handlungsunfähig?, in: Frankfurter Allgemeine Zeitung, Nr. 11 vom 13. 1. 2001, S. 11.
23 Ebenda. – In diesem Sinne auch der Präsident der Europäischen Kommission vor dem Europäischen Parlament am 12. Dezember 2000. – Die Neue Zürcher Zeitung (Das EU-Parlament enttäuscht über Nizza [uth.], 13. 12. 2000, S. 1) schrieb dazu: «Der Kommissionspräsident Prodi, der im Gegensatz zu Chirac mit demonstrativem Beifall begrüsst wurde, bezeichnete die Ausdehnung der qualifizierten Mehrheit zwar als quantitativen Fortschritt. Doch wegen der Erhöhung der für eine Mehrheit nötigen Quoren und wegen der zusätzlichen Einführung der Bevölkerungszahl als Kriterium seien Blockaden künftig viel leichter möglich als früher. Qualitativ habe der Gipfel damit das Gegenteil von dem gebracht, was hätte erreicht werden sollen.»

geboten, sondern auch um die Chance für eine tief greifende Reform und Weiterentwicklung der EU zu eröffnen, wird von sachkundigen Beobachtern geteilt. Allein die Vertreter der am Verhandlungsprozess beteiligten Regierungen und der sie stützenden Parteien sehen das Ergebnis positiver – interessanterweise vor allem deshalb, weil sie ihre nationalen Positionen im Vertrag verankert sehen. Wenn man Stimmungsberichte über den Verlauf und Aufzeichnungen über den Verhandlungsstil analysiert, dann gewinnt man den Eindruck, dass die Mitglieder im Konferenzraum krämerhaft um nationale Vorteile gefeilscht haben: Nicht über das Schicksal der Europäischen Union wurde gesprochen oder wie sie auf die kommenden Herausforderungen vorbereitet werden kann; jeder Mitgliedstaat schaute bloß darauf, ob er gegenüber den anderen nicht zu kurz kam.[24] Das ist verständlich; aber die EU wäre nicht zustande gekommen, wenn bei früheren Verhandlungen nur an nationale Interessen und nicht an das europäische Wohl gedacht worden wäre.

Nizza ist das Ende der Hoffnungen auf die «Vereinigten Staaten von Europa». Die EU kann und darf sich selbst nicht an die Stelle der überkommenen Nationalstaaten setzen. Ist sie dann aber in der Lage, das in Europa Erreichte zu erhalten und das bislang national Erreichte auf der höheren, gesamteuropäischen Ebene zu gewährleisten?

---

24 Für Nicole Fontaine, Präsidentin des Europäischen Parlaments, war Nizza in einer Hinsicht besonders enttäuschend: «Nicht gemeinschaftlicher Geist, sondern krämerhaftes Feilschen prägten die Verhandlungen über die Neuregelung der Stimmenaufteilung im EU-Ministerrat sowie zur künftigen Anzahl der EU-Kommissare und der Mitglieder des Europäischen Parlaments» («Die Lehre von Nizza: Europa muss von Grund auf neu gestaltet werden», in: Frankfurter Allgemeine Zeitung, Nr. 44 vom 21. 3. 2001, S. 2).

IV. Wie das Kollektivgut «Währungsunion» sichern?

1. Die Währungsunion als Kollektivgut

Welche Initiativen können der EU den notwendigen Schwung verleihen, die Integration nun nach Modell (2) vorantreiben? Die Europäische Währungsunion ist eine Institution, von der sich die Regierungen der beteiligten Nationalstaaten besondere Vorteile versprechen: geringere Informations- und Transaktionskosten, die den grenzüberschreitenden Handel von Gütern und Dienstleistungen erleichtern und damit den beteiligten Staaten Wachstumspotential erschließen; Rückgewinnung geldpolitischer Kompetenz in Form von nationaler Einflussnahme auf die gemeinsame Währung; Einbindung des wiedervereinigten Deutschland in europäische Institutionen; niedrigere Zinsen, also die für Länder wie Italien eingetretene und erhoffte Euro-Dividende; geringere Wechselkursschwankungen gegenüber Drittwährungen; im Rahmen der Währungsunion Berücksichtigung nationaler Interessen gegenüber dem spürbarer werdenden Globalisierungsdruck in Form verschärfter Wettbewerbsintensität.

Sollte die Währungsunion diese erhofften Vorteile (Güter) tatsächlich produzieren, dann könnte kein Mitglied, wenn es erst einmal im Club ist, davon ausgeschlossen werden; ferner verbrauchen sich die Vorteile, in deren Genuss die Mitglieder kommen, nicht. Wegen der Nichtausschließbarkeit und Nichtrivalität können wir der Währungsunion «Kollektivgut-Charakter» zuschreiben. Allerdings fallen die Vorteile der Währungsunion nur dann an, wenn die Clubmitglieder die damit verbundenen Pflichten erfüllen.

Die Väter des Maastricht-Vertrages waren sich der mit dieser Konstruktion verbundenen Gefahren durchaus bewusst. Die Konvergenzkriterien des Art. 109j EG-V (Maastrichter Fassung) sollten sicherstellen, dass nur solche Staaten Mitglied würden, von denen, nach ihrer bisherigen Politik zu urteilen, die Erfüllung solcher Pflichten erwartet werden konnte. Inzwischen wissen wir, dass die Kriterien nicht – wie erforderlich – «eng und strikt», sondern großzügig, um nicht zu sagen leichtfertig ausgelegt werden. Der nachgeschobene Stabilitäts- und Wachstumspakt soll dauerhaft verhindern, dass die nationalen Regierungen wegen übermäßiger Defizite den geldpolitischen Kurs aufweichen wollen. Die ständigen Mahnungen der EZB zeigen, dass die Mitgliedstaaten ihre nationalen Haushalte nicht in Richtung eines zyklenübergreifenden Budgetausgleichs steuern.

Nachdem der Weg, den Modell (1) der politischen Union erfordern würde, nicht beschritten worden ist, geht es um die Ausfüllung des Modells (2) der politischen Union: Unterordnung nationaler Interessen unter ein europäisches Gemeinwohl und Beachtung von Spielregeln, die ein Funktionieren der Währungsunion im Sinne einer Stabilitätsgemeinschaft sichern. Klaus Stern macht zu Recht darauf aufmerksam, dass sich die EU auf dem Weg zu Modell (2) vor einer Weggabelung befindet:

- «Der eine Weg führt nicht mehr vorwärts, sondern knickt bestenfalls nur zur Seite ab, ist aber ausgebaut und breit. Entscheiden sich die Mitgliedstaaten dafür, werden sie im Status quo verharren.
- Der andere Weg ist vorwärts gewandt, aber steinig. Um ihn beschreiten zu können, müssen die Mitgliedstaaten der jetzigen Union mühsame, aber unvermeidbare Entscheidungen treffen.»[25]

Das von Stern gewählte Bild erinnert an die griechische Mythologie: Zwei Schicksalsgöttinnen haben Herakles, Sohn des Zeus und der schönen Alkmene, für sich gewinnen wollen; die eine zeigt ihm den bequemen breiten Weg des Müßiggangs und des Wohllebens, die andere den steinigen Weg, der Tugendhaftigkeit erfordere, an dessen Ende aber der Ruhm als Belohnung auf ihn warte. Herakles entschied sich für den Weg der Tugend; freilich – er war ein Halbgott; er hatte sich zum Ziel gesetzt, die Welt von Übeln und Ungeheuern zu befreien. Er war kein Politiker. Wie entscheiden sich die jetzigen und zukünftigen Regierungen der Mitgliedsländer?

---

25 K. Stern (FN 12), S. 162.

2. Theoretische und empirische Erkenntnisse über das Verhalten von Regierungen

Sogar Befürworter der Währungsunion fragen sich, ob der europäische Traum auch unter den neuen Bedingungen der Osterweiterung und der Globalisierung schrittweise verwirklicht werden könne.[26] Niemand vermöge dies vorherzusehen. Zu den wesentlichen Voraussetzungen gehört, dass die EU ihre Kräfte entweder zu einer umfassenden politischen und rechtlichen Einheit zusammenfasst oder aber über Koordination eine gemeinschaftliche Willensbildung sichert, die das ordnungsgemäße Funktionieren der Währungsunion gewährleistet.

Zur Bekräftigung der Hoffnung, dass die Mitglieder der EU sich schließlich doch zu gemeinschaftlichem Handeln zusammenfänden, wird häufig auf die Entwicklung der europäischen Integration verwiesen. Auch Optimisten hätten sich bei Beginn dieses Prozesses eine solche Erfolgsgeschichte nicht vorstellen können. Doch darf nicht außer Acht bleiben, dass bei der Konzeption und Ausformulierung auch die Gunst der historischen Stunde eine wichtige Rolle gespielt hat: die unmittelbaren Erfahrungen aus einem verheerenden Zweiten Weltkrieg, die freiheitsbedrohende Existenz des sowjetischen Sozialismus und Europäer der ersten Stunde, die – geschichtserfahren, konzeptionell orientiert und pragmatisch – die Weichen für ein friedliches Zusammenleben in Europa – im Kreise der sechs Gründungsstaaten – stellten. Weiter war der entscheidende EWG-Vertrag – mit Ausnahme der drei Optionen für die Agrarpolitik – regelorientiert: Etablierung des Freiverkehrs für Güter, Dienstleistungen, Kapital und Arbeit zur Schaffung des gemeinsamen Marktes.

Inzwischen sind die prägenden historischen Erfahrungen weit weg, die sowjetische Bedrohung ist implodiert, die Regelorientierung des EWG-Vertrages ist immer stärker mit Gemeinschaftspolitiken befrachtet worden, die im nationalen Interesse zu steuern

---

26 U. Everling, Von den Europäischen Gemeinschaften zur Europäischen Union, in: Festschrift für Th. Oppermann, Berlin 2001, S. 186.

finanziell lohnend geworden ist. In diesem Sinne hat der Kabinettchef von Peter Schmidhuber nach seinem Ausscheiden aus der Kommission seine Erfahrungen in dem Satz zusammengefasst, die EU kranke daran, dass alle Mitgliedstaaten immer nur «ich, ich» riefen, aber niemand «wir».[27]

Zur Erklärung solchen Verhaltens können wir uns eines Basissatzes der Ökonomie bedienen, dem wir selbst im praktischen Leben immer begegnen. Menschen wollen überleben und organisieren ihre Aktionen so – bei gegebenen Ressourcen –, dass sie die im Sinne des Über- bzw. Besserlebens überlegenen Alternativen realisieren. Die Forschungsrichtung der «Neuen politischen Ökonomie» baut auf dieser Erkenntnis auf. Der Kernsatz lautet: Politiker werden bei ihren Aktionen ihr eigenes politisches Überleben sichern wollen. Übertragen auf das internationale Terrain heißt das: Politiker, die internationale Verträge aushandeln, haben zunächst das nationale Interesse im Auge. Es mag sein, dass einzelne Akteure in den Mantel der Geschichte schlüpfen wollen; generell aber gilt, dass wir internationale Verhandlungen und Ergebnisse besser verstehen und erklären können, wenn wir vom jeweiligen nationalen Interesse – genauer: von dem, was die Politiker darunter verstehen – ausgehen.[28]

Die empirischen Erfahrungen im Rahmen von Wechselkurs-

---

27 Die verschiedenen nationalen Interessen hat Otto Schlecht schlaglichtartig zusammengefasst: «Frankreich will über die EU weiter Weltmachtsambitionen frönen, z. T. mit antiamerikanischem Akzent, schreckt aber andererseits vor einem besseren institutionellen Gefüge zurück; Großbritannien hofft ganz offen, dass mit der Erweiterung nur eine bessere Freihandelszone herauskommt; Spanien will die EU weiter als Melkkuh nutzen; die Kleinen wollen nicht unter die Räder der Großen geraten; und in Deutschland irrlichtern die politischen Akteure zwischen dem Traum von den Vereinigten Staaten von Europa und Verstärkung der intergouvernementalen Zusammenarbeit.» (Quo vadis Europa? Unveröffentlichter Vortrag, 25. Januar 2001, S. 1 f.)

28 So auch K. Gretschmann (FN 2, S. 26): «Offensichtlich verhalten sich Nationalstaaten – allen Schwächen einer (neo)rationalistischen Integrationsinterpretation zum Trotz – wie rational agierende ‹nutzenmaximierende Akteure› der ökonomischen Theorie.»

unionen bestätigen, dass Regierungen im Zweifel nationalen Interessen den Vorrang vor supranationalen Verpflichtungen geben. In der Nachkriegszeit sind drei Festkurssysteme, die als entscheidende Vorstufe zur Währungsunion zu betrachten sind, genau daran gescheitert, obwohl das Wechselkursventil wegen der Möglichkeit fallweiser Auf- und Abwertungen nicht gänzlich verstopft war. Das Bretton-Woods-System ist gescheitert, weil das Leitwährungsland, die USA, nicht mehr bereit war, vor und nach 1970 seine nationale Politik, beispielsweise eine stark expansive Geld- und Finanzpolitik zur Finanzierung des Vietnamkriegs, den Pflichten eines Leitwährungslandes unterzuordnen. Als die US-Regierung dann am 15. August 1971 noch die den beteiligten Zentralbanken vertraglich zugesicherte Konversion von Dollars gegen Geld aufhob, gingen die Mitgliedstaaten dazu über, ihre Währungen gegenüber dem Dollar «floaten» zu lassen. Die Wiederbelebungsversuche («Smithonian Agreement» vom Dezember 1971) scheiterten, weil die US-Regierung an ihrer Politik, nationalen Interessen den Vorrang einzuräumen, festhielt («benign neglect»).

Ähnliches gilt für die «Europäische Schlange» und das Europäische Währungssystem. Die «Schlange» sollte in einem Meer floatender Währungen die währungspolitische Zusammengehörigkeit über die Einhaltung enger Bandbreiten (±2,25 %) dokumentieren. Sie degenerierte zu einer «teutonischen Rumpfschlange», weil wesentliche Mitgliedstaaten die aus der Bandbreite resultierenden Zwänge für ihre Geld- und Finanzpolitiken nicht akzeptieren wollten; sie haben diese Politiken als Antwort auf die Erdölpreiserhöhungen und die daraus resultierenden Konjunktureinbrüche expansiv orientieren wollen.

Auch im EWS waren die Konjunkturverläufe unterschiedlich; in Deutschland war Anfang der 90er-Jahre die Bekämpfung der Inflation – als Folge des Vereinigungsbooms – vorrangig, die anderen Mitgliedstaaten mussten rezessiven Tendenzen entgegenwirken. Schließlich sind zunächst (Herbst 1992) einige Mitgliedstaaten (Großbritannien, Italien, Spanien und Portugal) aus dem EWS ausgeschieden; ein Jahr später wurden die Bandbreiten auf ±15 % ausgebreitet, um den Druck aus dem System zu nehmen. Eine Schwan-

kungsbreite von insgesamt 30 % ist aber kein Ausdruck mehr von
währungspolitischer Zusammengehörigkeit und Kooperation.[29]

Das EWS ist gescheitert, weil die Mitgliedstaaten zwar die wirtschaftliche Konvergenz als unverzichtbar erklärten, aber nicht bereit waren, für sich die daraus folgenden Konsequenzen zu ziehen. Auch im Maastricht-Vertrag fehlt es an entsprechender Absicherung.[30]

Werden die Mitgliedstaaten – aus Schaden klug geworden – den «steinigen» Weg in Richtung Modell (2) gehen? Die bisherigen Erfahrungen bestätigen das nicht:

– In der Konferenz von Nizza waren die Zeichen der Renationalisierung deutlicher als je zuvor.
– Der luxemburgische Ministerpräsident Jean-Claude Juncker kritisierte die nationalen Alleingänge im Zuge der starken Erdölpreiserhöhungen im Jahre 2000: Trotz klarer europäischer Beschlusslage für die Steuerpolitik «macht bei der Mineralölsteuer zurzeit jeder, was ihm von seiner nationalen Kulisse aufgezogen wird». Mit abgestimmter Wirtschaftspolitik habe dies nichts zu tun, und «das geschieht ausgerechnet unter Vorsitz der französischen Regierung, die sich immer zum Sprachrohr dieser notwendigen verstärkten Koordinierung gemacht hat»[31].
– Der Vorschlag des Währungskommissars Redro Solbes zu wirksamer wirtschaftspolitischer Koordinierung innerhalb der Euro-Gruppe stößt auf Ablehnung, da sich die Finanzminister der

---

29 Zur Erklärung des Paradoxons, dass enge Bandbreiten destabilisierend, weite dagegen stabilisierend gewirkt haben, vgl. J. Starbatty, Zur Entwicklung der Währungsunion. Gedanken zu Oppermanns Kapitel «Währungsunion». In: Festschrift für Thomas Oppermann, Berlin 2001, S. 630 ff.
30 Vgl. A. Szász, ehemaliges Mitglied der niederländischen Zentralbank, in: Fünfzehn souveräne Staaten – eine Geldpolitik?, in: Wirtschafts- und Währungsunion auf dem Prüfstand. Hrsg. von R. Hasse und J. Starbatty, Schriftenreihe der Aktionsgemeinschaft Soziale Marktwirtschaft N. F. Bd. 1, Stuttgart 1997, S. 7.
31 Juncker kritisiert den französischen Alleingang. In: FAZ, 22. 9. 2000, S. 14

zwölf Euro-Teilnehmer von der Kommission nicht in ihre Geschäfte hineinreden lassen wollen.[32]
- Das Gemeinschaftsinteresse, so wie es die Kommission versteht, deckt sich immer weniger mit den Vorstellungen der Mitgliedstaaten. Kommissionspräsident Prodi sieht das eigentliche Problem darin, «dass wir uns irgendwann einmal mit unseren Mitgliedstaaten nicht mehr über die Marschrichtung einig gewesen sind und es immer mühsamer geworden ist, unsere Uneinigkeit hinter subtilen Protokollen und immer komplizierteren Formeln zu verbergen»[33].

Die Mitglieder der EU wollen keine Debatte über die grundlegende Frage führen, welches Maß an wirtschaftspolitischer Koordinierung die Euro-Zone braucht.[34] Da die Währungsunion Kollektivgut-Charakter hat, kann deren ordnungsgemäßes Funktionieren aber auf Dauer nur gesichert werden, wenn die Teilnehmerstaaten die damit verbundenen Pflichten erfüllen. Alle theoretischen und empirischen Erfahrungen zeigen, dass freiwillige Kooperation eine unzureichende Basis ist. Da es aber eine Sicherheit darüber geben muss, dass die Mitgliedstaaten ihren Verpflichtungen nachkommen, müssten diese notwendigerweise erzwingbar sein: «Ohne Erzwingbarkeit keine Dauerhaftigkeit»[35].

3. Abnehmende Homogenität bei steigender Kompliziertheit

Dass die Mitgliedstaaten diesen Weg beschreiten, ist noch weniger wahrscheinlich geworden, nachdem inzwischen aus der Sechsergemeinschaft eine der fünfzehn geworden ist mit demnächst zwölfen

---

32 A. Oldag, Machtkämpfe in der Euro-Gruppe: Club der Eitelkeiten, in: Süddeutsche Zeitung, 9. 3. 2001.
33 R. Prodi, Die Lage der Union im Jahre 2001, Rede vor dem Europäischen Parlament, 13. Februar 2001, S. 8 (SPEECH/01/64).
34 A. Oldag (FN 32), ebenda.
35 A. Szász (FN 30), S. 4.

unter einem gemeinsamen Währungsdach; und die Kandidaten für eine EU der 28 stehen bereits fest. Doch damit nicht genug: Auch die nächsten acht nach den nächsten dreizehn sind bereits fest im Visier der Europaplaner: nämlich die vier neuen Balkanstaaten und zwecks Vermeidung drohender regionaler Konflikte noch Mazedonien, Montenegro, Moldawien sowie die Ukraine. K. Gretschmann hat als «Insider» beschrieben, wie mit steigender Mitgliederzahl der Abstimmungs- und Entscheidungsprozess komplizierter, noch weniger durchschaubar und damit naturgemäß auch undemokratischer wird:

> «Eine ‹tour de table› im Rat, bei Ausführungen von ca. fünf Minuten Länge pro Mitgliedsland, dauerte bei den sechs Gründungsmitgliedern in der Regel ca. 30 Minuten, bei den jetzigen 15 darf von knapp eineinhalb Stunden ausgegangen werden, und bei angenommenen 30 Mitgliedern sind mehrere Runden in der gegenwärtigen Form schon aus Zeitgründen gar nicht mehr vorstellbar. Die Konsequenz wird sein, dass mehr und mehr Diskussionen und Aushandel-Prozesse in den informellen Raum verlagert werden. Kaffeepausen, bilaterale Mittagessen, Empfänge etc. werden förmliche Treffen zunehmend ersetzen, und die Ratstreffen selbst werden dann nur noch zu Sanktionsritualen für bereits informell Entschiedenes fungieren. In einem solchen informellen Rahmen könnten nationale Verwaltungskulturen dominant werden, die immer schon stärker informell und weniger regel- als vielmehr ‹mauschelgerecht› operierten.»[36]

Im dritten Kapitel ist die Wahrscheinlichkeit von Koalitionen unter den Mitgliedern des Zentralbankrats angesprochen worden, falls die Geldpolitik einmal wehtun sollte. Bei steigender Zahl der Mitglieder wächst natürlich auch diese Wahrscheinlichkeit. Es wird sich womöglich nicht verhindern lassen, dass sich einzelne Länder vor den entscheidenden Sitzungen untereinander abstimmen. Dann gingen Risse durch die Gemeinschaft und die Zentralbank – Gift für eine berechenbare und glaubwürdige Geldpolitik.

Die Europäische Währungsunion (EWU) gerät durch die Auf-

---

36 K. Gretschmann (FN 2), S. 30.

blähung der EU als Erste in die Krise, deren Vorboten schon da sind. Die Gründe sind vorauszuberechnen: Fehlt es an der Kongruenz von Währungs- und Staatsraum (gerade sie ist das Wesen einer Währungsunion), müssen die beteiligten Staaten auf alle Alleingänge in der Konjunktur- und Strukturpolitik verzichten und ihre innere Finanz- und Haushaltspolitik, wie im Vertrag vorgesehen, zum Erfüllungsgehilfen der von der Europäischen Zentralbank (EZB) festgelegten Geldpolitik machen. Sie bleiben zwar souverän, aber diese Souveränität soll ihnen von der EZB und ihren Währungsbestimmungen wieder genommen werden.

Das europäische Einheitsgeld mit seinen verstopften Wechselkursventilen lässt daher den Innendruck steigen. Es verführt die europäischen Problemländer dazu, einen Teil dieser Probleme auf die Schultern der Partner abzuwälzen. Die Folgen sind bereits erkennbar. Statt der eigenen Währung wertet dann der Euro ab. Man «europäisiert» die nationalen Währungsrisiken. Dies ist der Grund dafür, dass der Euro schon heute nicht auf die Beine kommen will. Kluge Anleger legen ihre Lebensersparnisse deswegen nicht in Euro, sondern in fremden, für sicherer gehaltenen Währungen an: US-Dollar, Schweizer Franken, britisches Pfund.

Was geschieht, wenn sich die EWU-Staaten die Politik der EZB aus zwingenden inneren Gründen nicht leisten können? Dann muss die EZB hinnehmen, dass einzelne Mitgliedstaaten, wenn auch vertragswidrig, ihre internen Probleme – wie Strukturschwäche, Massenarbeitslosigkeit oder Funktionsschwäche ihrer Sozialsysteme – in eigener Regie lösen: sei es inflatorisch über neue Staatsschulden und Haushaltsdefizite oder dirigistisch über verbotene Eingriffe in den bislang freien Zahlungs- und Kapitalverkehr.

4. Die Kluft zwischen «Entscheidenkönnen und Verantwortenmüssen»

Die Auswirkungen des von uns beschriebenen Entscheidungsprozesses – demokratisch nicht legitimiert, stattdessen von technokratischen Mandarinen gelenkt – sind inzwischen bei den politischen Akteuren selbst angekommen. Kanzler Schröder hat das auf die

Formel von der «Differenz zwischen dem Entscheidenkönnen und dem Verantwortenmüssen» gebracht.[37] Obwohl keine Verordnung und keine Richtlinie ohne die Zustimmung des zuständigen Ministerrates verabschiedet wird, breitet sich sogar bei denen, die auf die Entscheidungen einwirken und deswegen dafür politische Verantwortung übertragen, Unbehagen aus. Sie haben immer mehr das Gefühl, den Kopf für eine Politik hinzuhalten, die sie so nicht oder ganz anders entschieden hätten.

Dies ist auch die Konsequenz einer Verhandlungsführung der Gemeinschaft, die in Entscheidungspakete disparate Sachverhalte zusammenbindet, um den Integrationsprozess in Gang zu halten: Wenn einem Land an bestimmten Regelungen besonders gelegen ist, muss es dafür eine Kröte, die für ein anderes Mitgliedsland einen besonderen Vorteil darstellt, schlucken. Nationale Politiker müssen vor dem Wähler immer öfter eine Politik verantworten, die sie immer weniger oder überhaupt nicht mehr verantworten wollen.

Die Währungsunion wird die Kluft zwischen dem «Entscheidenkönnen und dem Verantwortenmüssen» weiter aufreißen. Sie hat eine neue Qualität eingeleitet: Die politisch Verantwortlichen wollten das Kollektivgut Währungsunion, wenn auch aus unterschiedlichen Gründen; und nun wollen sie den politischen Preis dafür nicht zahlen: Unterordnung nationaler Interessen unter ein irgendwie definiertes europäisches Gemeinwohl. Dass sich die nationalen Regierungen dagegen wehren, ist aus nationaler Perspektive verständlich. Genau deswegen leiten sie nach allen Regeln ökonomischer Vernunft und politischer Erfahrung das Ende der Währungsunion ein. Aber niemand aus der politischen Klasse klärt die Bürger über diese Gefahr für Europa auf. Stattdessen stehen sie an den Fenstern ihres währungspolitischen Luftschlosses und zeigen die wunderbare Landschaft, die sich vor ihnen ausbreitet.

---

37 Vgl. K. Gretschmann (FN 2), S. 32.

V. Gesucht – ein politischer Herakles

Kein verantwortungsbewusstes und an seinem langfristigen Erfolg interessiertes Unternehmen lässt defekte oder als fehlerhaft erkannte Produkte im Markt. Es ruft sie zurück, ehe irreparable Schäden auftreten und den Bestand des Unternehmens gefährden. Auch die Europa-Politik steht jetzt wie Herakles am Scheidewege: Die Dinge, wie beschlossen, laufen zu lassen heißt, den Bestand des Unternehmens Europa aufs Spiel zu setzen. Jetzt den Mut zu haben und einzuräumen: Wir haben uns verrannt, Entscheidendes muss nachgebessert werden, wir legen so lange das Produkt europäische Erweiterung und Währungsintegration auf Eis – das wäre eines Herakles würdig. Aber gibt es den unter den Spitzenpolitikern Europas?

Was jetzt gebraucht wird, ist am Ende des vorigen Kapitels 5 skizziert worden: Europa muss noch einmal über seine Währungsunion und seinen Euro nachdenken. Weder der Euro selbst noch die EZB müssen abgeschafft werden – im Gegenteil: Beide Errungenschaften können erhalten bleiben, müssen aber mit neuen Funktionen bedacht werden.

Der Euro ist als europäische Recheneinheit die Umrechnungsgrundlage für die europäischen Währungen, die bis zur Vollendung einer politischen Union weiterhin «in Dienst» bleiben. Sie werden gebraucht, um Höhen und Tiefen in der europäischen Wirtschaftslandschaft zu überbrücken und drohende soziale Spannungen und Verspannungen zu mildern. Ein geeigneteres Instrument als Wettbewerb der Währungen und Ausgleich der Druckunterschiede über deren Wechselkursventile steht dafür nicht zur Verfügung. In sein Einheitsgeld muss das noch nicht vereinte Europa erst noch hineinwachsen.

Bis das der Fall ist, wird die europäische Währungsuhr nicht angehalten, sie tickt weiter. In der EZB treffen sich die Chefs der unabhängigen Zentralbanken der EU und koordinieren ihre Politik im europäischen Geist. Jeder haftet für seine Währung und Währungszone. Die Währungsumstellung auf den Euro als alleiniges gesetzliches Zahlungsmittel kann vertagt werden – aber sie bleibt auf der Agenda. Die Verträge von Maastricht (1992) und Amsterdam (1997) bleiben gültig – aber in der Schwebe.

Ein Europa der langfristigen Sicherheit und Stabilität ist wichtiger als eines der kurzzeitigen Strohfeuereffekte, von denen nichts bleibt als Asche. Europa ist in Gefahr. Ein politischer Herakles kann es retten.

7. Kapitel

Verweigerung des Rechtsschutzes in der Euro-Politik und Wiederherstellung des Rechts durch Austritt aus der Währungsunion

Karl Albrecht Schachtschneider

> Solche Gedanken konsequent zu Ende gedacht, sollten uns veranlassen, die Währungsstabilität in die Reihe der menschlichen Grundrechte aufzunehmen, auf deren Wahrung durch den Staat jeder Staatsbürger Anspruch hat.
> **Ludwig Erhard, Wohlstand für Alle**

Zusammenfassung

Das Bundesverfassungsgericht hat unsere Verfassungsbeschwerde vom 12. Januar 1998, mit der wir die dritte Stufe der Währungsunion unterbinden lassen wollten, um Schaden von Deutschland und Europa abzuwenden, mit Beschluss vom 31. März 1998 verworfen, weil das Gericht sie für «offensichtlich unbegründet» erachtet hat. Das Gericht hat die Euro-Politik mit keinem Wort ins Recht gesetzt, sondern die Verantwortung dafür, dass die «klaren rechtlichen Vorgaben» für den Eintritt in die dritte Stufe der Währungsunion erfüllt sind, in die «Zuständigkeit und Verantwortlichkeit von Bundesregierung und Parlament» gelegt. Damit hat das Gericht die Währungsintegration der rechtlichen Kontrolle entzogen.

Das Gericht hat aber auch die Bürgerrechte auf rechtmäßige Vertretung des Volkes durch das Parlament aus Art. 38 Abs. 1

S. 2 GG und vor allem auf eine stabile Währung, gestützt auf das Eigentumsgrundrecht des Art. 14 Abs. 1 GG und auf das Sozialprinzip in Verbindung mit dem allgemeinen Freiheitsgrundrecht des Art. 2 Abs. 1 GG, zurückgewiesen, obwohl es eine Pflicht des Staates zur Stabilitätspolitik wie schon im Maastricht-Urteil vom 12. Oktober 1993 anerkannt hat. Den Bürgern, den Hütern des Rechts, ihres Rechts nämlich, hat das Gericht das subjektive Recht auf Stabilität und damit den Gerichtsschutz abgesprochen. Die Verfassungsklage war das letzte Mittel, welches den Bürgern gegenüber dem Integrationswahn des obrigkeitlichen Parteienstaates geblieben ist. Dieser verfassungsgerichtliche Rechtsbruch verletzt die Grundrechte in ihrem Wesensgehalt, weil der Bürger sie nicht in ihrer ganzen Materie zur Geltung bringen kann. Das Gericht hat den Grundrechtsgehalt entgegen 40-jähriger Praxis minimiert, um die eigentlichen Streitfragen der Euro-Klage nicht entscheiden zu müssen.

Die europäische Währungsunion kann nicht zu einer stabilen Währung führen und verletzt das verfassungsrangige Stabilitätsprinzip, welches im höchstrangigen Sozialprinzip, aber auch in der Eigentumsgewährleistung verankert ist. Deutschland ist darum durch sein Grundgesetz verpflichtet, die Währungsunion zu verlassen. Die Integration kann in dreierlei Verfahren beendet oder beschränkt werden.

Deutschland kann und darf erstens das grundrechtliche Integrationsprinzip aufheben, weil die Mitgliedschaft in einem Staatenverbund als einer integrativen Form, die Ausübung der Staatsgewalt zu organisieren, der stetigen Organisationsgewalt des Volkes, von dem alle Staatsgewalt ausgeht, vorbehalten ist. Erst ein existentieller Bundesstaat bindet seine Gliedstaaten «unumkehrbar». Wegen des Prinzips der ständigen Freiwilligkeit ist der Austritt aus einem Staatenverbund keine Verletzung völkerrechtlicher Verträge, welche die gemeinschaftliche Ausübung der nationalen Staatlichkeit vereinbaren. Kein Volk kann seine Verfassungshoheit aufgeben, solange es in einem existentiellen Staat lebt, also überhaupt ein Staatsvolk ist. Die Aufhebung des Integrationsprinzips verlangt nach einer Änderung des Grundgesetzes. Diese bedarf der Zustimmung von zwei Dritteln der Mitglieder des Bundestages und zwei Dritteln der Stimmen des Bundesrates.

Weil zweitens das Stabilitätsprinzip nicht verwirklicht werden kann, lässt die integrationsrechtliche Struktursicherungsklausel des Art. 23 Abs. 1 S. 1 GG die Mitgliedschaft Deutschlands in der Europäischen Union nicht zu, jedenfalls nicht, wenn der Staatenverbund eine Währungsunion einschließt. Um die Verfassungsmäßigkeit der deutschen Staatlichkeit wiederherzustellen, ist Deutschland berechtigt und verpflichtet, die Europäische Union zu verlassen, wenn das erforderlich ist, um das Stabilitätsprinzip zu verwirklichen. Weil dadurch das Grundgesetz verwirklicht, nicht aber verändert oder erweitert wird, genügt für diesen Schritt ein Bundesgesetz mit einfachen Mehrheiten in Bundestag und Bundesrat.

Drittens kann, darf und sollte Deutschland auch, weil das der Schritt wäre, der die Integration am meisten schont, nur aus der Währungsunion ausscheiden; denn diese ist keine Stabilitätsgemeinschaft und kann keine werden. Das bedarf wiederum nur des einfachen Bundesgesetzes, weil durch diese Maßnahme das Grundgesetz verwirklicht wird.

Bundestag, Bundesrat und Bundesregierung sind verpflichtet, das Austrittsgesetz zu initiieren.

Auch das deutsche Volk hat nach dem Grundgesetz das Recht, mittels einer Volksabstimmung den Austritt aus der Währungsunion oder auch der Europäischen Union zu beschließen. Die Befugnis, die Staatsgewalt durch Abstimmungen auszuüben, wird dem deutschen Volk durch seine Staatsorgane entgegen Art. 20 Abs. 2 S. 2 GG seit Jahrzehnten vorenthalten. Das Verfassungspostulat, durch eine Ergänzung des Grundgesetzes die unmittelbare Demokratie im Bund zu ermöglichen, ist bisher nicht verwirklicht. Solange das nicht geschehen ist, ist Deutschland keine Demokratie, zumal die europäische Integration unter einem großen Demokratiedefizit leidet.

Jeder Bürger hat aus dem Stabilitätsprinzip in Verbindung mit der allgemeinen Freiheit und aus der Eigentumsgewährleistung den Anspruch auf ein Bundesgesetz, das die Mitgliedschaft in der Währungsunion beendet. Dieses Recht dürfte so lange nicht durchsetzbar sein, als das Bundesverfassungsgericht sich dem Integrationsdiktat der Führer Europas unterwirft. Das mag sich ändern, wenn das wirtschaftliche Desaster der Währungsunion offenkundig wird.

I. Die Rechtsverweigerung im Euro-Beschluss des Bundesverfassungsgerichts

1. Kurzer Prozess

Der Zweite Senat des Bundesverfassungsgerichts hat in der Euro-Sache kurzen Prozess gemacht. Er hat die Euro-Klage, die wir als Verfassungsbeschwerde am 12. Januar 1998 eingelegt hatten[1], aber auch die Verfassungsbeschwerde gegen die Euro-Politik von Professor Hans Heinrich Rupp durch Beschluss vom 31. März 1998[2] als offensichtlich unbegründet verworfen. Der Senat hat seine Entscheidung auf § 24 BVerfGG gestützt, der es zulässt, dass unzulässige oder offensichtlich unbegründete Anträge durch einstimmigen Beschluss des Gerichts verworfen werden. Das Bundesverfassungsgericht hält entgegen der Systematik des Bundesverfassungsgerichtsgesetzes diese Vorschrift auch im Verfassungsbeschwerdeverfahren für anwendbar (BVerfGE 97, 350 [368])[3], obwohl §§ 93 a ff. BVerfGG ein eigenständiges Annahmeverfahren

---

1 Weitgehend veröffentlicht in W. *Hankel/W. Nölling/K. A. Schachtschneider/J. Starbatty*, Die Euro-Klage. Warum die Währungsunion scheitern muss, rororo aktuell 22395, 1998; vgl. auch K. A. *Schachtschneider*, Die Euro-Klage, in: H.-U. Jörges (Hrsg.), Der Kampf um den Euro. Wie riskant ist die Währungsunion?, 1998, S. 312 ff.
2 BVerfGE 97, 350 ff.
3 Unter Verweis auf BVerfGE 53, 100 (106); 79, 223 (231); 96, 1 (5); die Subsidiarität des Verfahrens nach § 24 BVerfGG vertreten H. *Lechner/R. Zuck*, Bundesverfassungsgerichtsgesetz, 1996, § 24, Rdn. 1; vgl. W. *Grundmann*, Zum Verhältnis von § 91 a zu § 24 BVerfGG, DÖV 1958, 170 (172).

regeln, welches es ermöglicht, Verfassungsbeschwerden nicht anzunehmen, wenn sie die hohen Hürden für die Annahme zur Entscheidung, in der Euro-Sache «ihre grundsätzliche verfassungsrechtliche Bedeutung» (§ 93 a Abs. 2 lit. a BVerfGG)», nicht übersteigen. Der Annahme einer Verfassungsbeschwerde zur Entscheidung müssen, wenn sie nicht schon durch die Kammer durch einstimmigen Beschluss abgelehnt wurde, mindestens drei Richter des Senats zustimmen (§ 93 d Abs. 3 BVerfGG).

Die Nichtannahme zur Entscheidung ist ein durchaus anderer Rechtsakt als die Verwerfung der Verfassungsbeschwerde, weil sie offensichtlich unbegründet sei. Über die Annahme ist nach den annahmerechtlichen Tatbestandsmerkmalen zu befinden, welche es auch zulassen, die Annahme abzulehnen, wenn keine ausreichende Begründung für die Verfassungsbeschwerde vorgetragen wurde, nicht aber, wenn sie in der Sache nicht begründet ist, weil die Kammer oder der Senat die Rechtsfragen anders entscheiden, als dies von dem Verfassungsbeschwerdeführer vorgeschlagen wurde. Das Bundesverfassungsgericht kann somit in einer Nichtannahmeentscheidung keine Rechtssätze formulieren, welche die (politisch äußerst gewichtige) Bindungswirkung des § 31 Abs. 1 BVerfGG[4] entfalten.[5] Dessen ungeachtet schreiben die Kammern häufig Sätze in die Kurzbegründung der Nichtannahmeentscheidungen, welche den Charakter von Entscheidungsbegründungen haben. Die Sätze sind zur Befriedung sinnvoll, binden aber nicht. Auf die Bindungswirkung dürfte es aber dem Senat angekommen sein; denn er hat den Euro-Beschluss mit unerwarteten und grundsätzlichen Erwägungen begründet, welche es ausschließen sollen, dass um die Rechtlichkeit der Euro-Politik in anderen Gerichtsverfahren prozessiert wird.

Ein Nichtannahmebeschluss in der Euro-Sache wäre nicht nur ein augenscheinlicher Affront gegenüber dem deutschen Volk gewesen, das in seiner übergroßen Mehrheit eine Entscheidung des

---

4 BVerfGE 1, 14 (37); 36, 1 (36); 40, 88 (93); 79, 256 (264).
5 *K. Winter,* in: Maunz/Schmidt-Bleibtreu/Klein/Ulsamer, Bundesverfassungsgerichtsgesetz, Stand April 1997, § 93 b, Rdn. 11, 15.

Bundesverfassungsgerichts auf die Euro-Klage erwartet hat, sondern hätte auch in der Sache nichts entschieden, was zu binden vermocht hätte. Der Senat wollte aber (augenscheinlich) vor den Beratungen des Bundestages über den Beginn der dritten Stufe der Währungsunion und die Teilnahme daran in der Sache entscheiden. Er hat darum den Weg beschritten, der ein länger dauerndes Verfahren vermeidet, aber dennoch erlaubt, bindende Rechtssätze auszusprechen. Das ist das Verfahren des § 24 BVerfGG.[6] Ein ordentliches Verfassungsbeschwerdeverfahren hätte es wegen Art. 177 EGV (seit dem Vertrag von Amsterdam Art. 234) notwendig gemacht, die gemeinschaftsrechtlichen Vorfragen des Prozesses, insbesondere die Rechtsfragen der Verbindlichkeit und des Verständnisses der Konvergenzkriterien des Art. 109j Abs. 1 EGV (jetzt Art. 121), im Vorabentscheidungsverfahren durch den Europäischen Gerichtshof klären zu lassen. Das hätte lange dauern können. Aber ein höchstes Gericht ist verpflichtet, die Vorabentscheidung des Europäischen Gerichtshofs zu bemühen, wenn die Klärung gemeinschaftsrechtlicher Fragen für seine Entscheidungen von Bedeutung ist. Sonst verletzt es das Grundrecht des gesetzlichen Richters (Art. 101 Abs. 1 S. 2 GG)[7]. Von der gemeinschaftsgerichtlichen Vorklärung darf ein nationales (höchstes) Gericht nur absehen, wenn die Rechtsfragen geklärt sind (acte-clair-Doktrin).[8]

Von einer Offensichtlichkeit der Unbegründetheit der Euro-Klage konnte und kann keine Rede sein, wie sich schon daran zeigt, dass der Senat 39 Seiten benötigt hat, um seinen Beschluss zu begründen. Er hat dafür neuartige und umwälzende Argumente sowohl in der Dogmatik des Grundrechtsschutzes als auch in der Dogmatik der gewaltenteiligen Funktionenordnung bemüht. In

---

6 Vgl. *H. Lechner/R. Zuck*, Bundesverfassungsgerichtsgesetz, § 24, Rdn. 19.

7 BVerfGE 73, 339 (366 ff.); 75, 223 (231 f.); 82, 159 (192).

8 Dazu *A. Bleckmann*, Europarecht, 6. Aufl. 1997, Rdn. 926 ff.; *K. A. Schachtschneider/A. Emmerich-Fritsche*, Rechtsschutz durch den Europäischen Gerichtshof, in: K. A. Schachtschneider, Das Verfassungsrecht der Europäischen Union, 2000 (Lehrstuhl), § 11.

keiner früheren Entscheidung hat das Bundesverfassungsgericht derart tief gehende (wenn auch unhaltbare) Erwägungen zur Eigentumsgewährleistung entwickelt, die sich bis zu dem Satz vorwagen: «Geld ist geprägte Freiheit.»[9] In keiner anderen Entscheidung hat sich das Bundesverfassungsgericht so weit von dem mit dem Rechtsprinzip untrennbar verbundenen Rechtsschutzprinzip[10] entfernt. Offensichtlich unbegründet war die Euro-Klage nur, wenn Bürger nicht beanspruchen können, Bürger zu sein, und wenn das Recht in Deutschland nicht mehr mit Rechtsschutz verbunden ist.

Die Wende, die der Zweite Senat in der Verfassungsrechtsprechung gemacht hat, erschüttert die Rechtlichkeit des Gemeinwesens. Sie war keinesfalls zu erwarten. Offensichtlichkeit der Unbegründetheit heißt aber Evidenz derselben.[11] Jeder Bürger, der sich hinreichend sachkundig gemacht hat, hätte die Unbegründetheit der Klage erkennen müssen. Die Öffentlichkeit hat aber weitgehend das Unrecht der Währungsunion nicht anders als die Kläger gesehen. Anders wäre auch das Medieninteresse für die Euro-Klage unerklärlich gewesen. Freilich hat die Öffentlichkeit sich über den parteilichen Druck, der auf dem Senat lastete, nicht getäuscht und darum die Chancen der Klage nicht hoch eingeschätzt.

Der Senat hätte auch die acte-clair-Doktrin verkannt. Sie setzt nämlich voraus, dass die europarechtlichen Fragen gerichtlich geklärt sind.[12] Noch kein Gericht aber hatte den Konvergenzkriterien die Judiziabilität abgesprochen. Ganz im Gegenteil: Der Zweite Senat selbst hatte deren Verbindlichkeit im Maastricht-Urteil vom 12. Oktober 1993 (BVerfGE 89, 155 ff.) herausgestellt und wesentlich damit begründet, dass der Maastricht-Vertrag für den Deutschen Bundestag verantwortbar gewesen sei. Die Interpreta-

---

9 BVerfGE 97, 350 (371).
10 *K. A. Schachtschneider*, Prinzipien des Rechtsstaates, Manuskript 2001, Teil G.
11 I. d. S. *Maunz/Schmidt-Bleibtreu/Klein/Ulsamer*, Bundesverfassungsgerichtsgesetz, § 24, Rdn. 19.
12 Vgl. EuGH v. 6. 10. 1982 – Rs. 283/81 (CILFIT), Slg. 1982, 3415 (3416, Ls. 4).

tion der Konvergenzkriterien war und ist ungeklärt. Der Europäische Gerichtshof, auf dessen Erkenntnisse es für die acte-clair-Doktrin ankommt, hatte noch keine Gelegenheit, sich zu den Rechtsfragen des Euro-Projekts zu äußern.

Die Entscheidungsform des § 24 BVerfGG war eine Möglichkeit, die Verfassungsbeschwerdeführer mit obrigkeitlicher Attitüde ins Unrecht zu setzen, um die Euro-Politik der politischen Klasse zu stützen, weil nicht nur die ökonomischen Gefahren derselben, sondern auch der Vorwurf der Rechtlosigkeit den Widerspruch, ja Widerstand fundiert haben. Die Zweifel an der Legalität der Europolitik hatten durch die Euro-Klage große Aufmerksamkeit in der deutschen, europäischen und weltweiten Öffentlichkeit gefunden und die Legitimität der Währungsunion trotz der aufwendigen Propaganda für diese schädliche Politik deutlich geschwächt. Der Spruch des Zweiten Senats hat die Euro-Politik nicht ins Recht gesetzt.

Es macht den Eindruck abgesprochener Strategie, dass die beteiligten Verfassungsorgane den Eindruck zu erwecken versucht haben, dass die Euro-Klage keine Beachtung verdiene. Keines der sechzehn Länder Deutschlands hat Gelegenheit genommen, der Aufforderung des Bundesverfassungsgerichts gemäß § 94 BVerfGG nachzukommen und zur Euro-Klage Stellung zu nehmen. Aber auch der Bundestag und der Bundesrat haben von dieser Möglichkeit keinen Gebrauch gemacht. Die Deutsche Bundesbank hat auf ihren wenige Tage vor dem gerichtlichen Euro-Beschluss veröffentlichten Bericht[13] zur Konvergenzlage in der Gemeinschaft vom 26. März 1998 Bezug genommen. Lediglich das Bundesfinanzministerium hat sich in einem siebenseitigen Schriftsatz, von dem sich nur zwei knappe Absätze mit der Euro-Klage selbst befasst haben, namens der Bundesregierung geäußert und die Nichtannahmen der Verfassungsbeschwerden wegen offensichtlicher Unzulässigkeit oder offensichtlicher Unbegründetheit angeregt.

Wenn das Gericht auch nur sein Maastricht-Urteil beachtet

---

13 Deutsche Bundesbank, Auszüge aus Presseartikeln, 30. März 1998, S. 7 ff.

hätte, hätte es der Euro-Klage stattgeben müssen, weil die verbindlichen Konvergenzkriterien nicht erfüllt waren, und zwar alle nicht. Allenfalls die Frage, ob die Bürger durch die Einführung des Euro in Grundrechten verletzt sein können, welche mit einer bürgernahen Dogmatik fraglos zu bejahen ist, hätte einer Weiterentwicklung der bisherigen Grundrechtsdogmatik des Bundesverfassungsgerichts bedurft. Diese aber lag nach den Sätzen des Zweiten Senats im Maastricht-Urteil nahe, weil der Senat die Stabilität einer europäischen Währung in seine Obhut genommen hatte – damals 1993!

Die Verfassungsorgane, welche (jedenfalls äußerlich) so eilfertig die Einführung einer einheitlichen Währung in der Europäischen Union betrieben haben, hätten befürchten müssen, dass ihr Projekt in Karlsruhe scheitert. Das hätte entsprechende Bemühungen, das Projekt zu verteidigen, erwarten lassen. Es ist fast nichts geschehen, weil man sich entgegen der Rechtslage und ausweislich des Maastricht-Urteils entgegen dem Stand der Erkenntnisse des Bundesverfassungsgerichts dessen sicher wähnte, dass das Gericht die Euro-Politik nicht behindern werde.

Für dieses Verhalten in diesem so überaus wichtigen Prozess gibt es nur eine Erklärung: Die an dem Verfahren beteiligten Verfassungsorgane konnten davon ausgehen, dass der Senat der Euro-Klage keine Chance geben werde. Hinzu kommt, dass der Euro-Beschluss schon Ende März gefällt und bereits am 2. April 1998 in den Morgenstunden bekannt gemacht wurde, so terminiert, dass der Bundesminister der Finanzen am Anfang der Bundestagsdebatte über den Schritt in die dritte Stufe der Währungsunion den Euro-Beschluss des Bundesverfassungsgerichts bekannt geben konnte, nicht ohne zu versäumen, die Euro-Kläger zu diffamieren.[14]

Insgesamt reiht sich der Euro-Beschluss des Zweiten Senats in die vielfältigen Maßnahmen ein, Deutschland eine Euro-Politik zu verordnen, die das Ende der deutschen Staatlichkeit bewirken soll

---

14 Deutscher Bundestag, Stenographischer Bericht, 227. Sitzung, 2. April 1998, Plenarprotokoll 13/227, 20 789 f.

und bewirken wird, wenn sie nicht scheitert. Rechtsschutz hat das deutsche Volk, dessen große Mehrheit die Euro-Kläger repräsentiert haben, nicht gefunden, aber die Euro-Politik ist und bleibt Unrecht. Integrationspolitik verdrängt Verfassungsrecht. Der Euro-Prozess hat das der Welt vor Augen geführt. Die Euro-Klage ist nicht widerlegt.

2. Verweigerte Bürgerrechte

Die Euro-Klage war darauf gestützt, dass die Einführung des Euro die Bürger Deutschlands in ihren Grundrechten aus Art. 38 Abs. 1 GG (Prinzip der parlamentarischen Volksvertretung), aus Art. 14 Abs. 1 GG (Eigentumsgewährleistung) und Art. 2 Abs. 1 GG (Freiheitsprinzip) verletzen werde.

a) Bürgerrecht auf Rechtmäßigkeit der Volksvertretung

Nach Art. 38 Abs. 1 GG sind die Abgeordneten des Deutschen Bundestages «Vertreter des ganzen Volkes, an Aufträge und Weisungen nicht gebunden und nur ihrem Gewissen unterworfen». Dieses grundrechtsähnliche Bürgerrecht (Art. 93 Abs. 1 Ziff. 4a GG) gibt den Bürgern das mit der Verfassungsbeschwerde einklagbare Recht, dass jede Politik, die der Bund zu verantworten hat, auch die Europa-Politik, vom Deutschen Bundestag verantwortet sein muss (Euro-Verfassungsbeschwerde, S. 24 ff.)[15]; denn sonst würde die Staatsgewalt nicht gemäß Art. 20 Abs. 2 Abs. 1 GG vom Volke, welches auch und insbesondere von den Organen der Gesetzgebung vertreten wird, ausgehen. Das Volk gestaltet die Politik vor allem durch die gesetzgebenden Organe, insbesondere durch das Parlament, weil dieses nach Art. 38 Abs. 1 S. 1 GG unmittelbar vom Volk gewählt ist. Das Volk soll (gewissermaßen) durch sein Parlament sprechen. Dadurch soll das demokratische Prinzip verwirklicht werden. Dass im entwickelten Parteienstaat die Parlamente weitestgehend entmachtet sind, sodass die Parlamente nur noch sehr begrenzt demokratisch zu legitimieren vermögen, ändert

---

[15] I. d. S. auch das Maastricht-Urteil BVerfGE 89, 155 (186 ff.).

die Verfassungsrechtslage nicht, wenn auch der parteienstaatliche Verfall der Institutionen dogmatisch berücksichtigt werden muss, um im Interesse des Rechts bestmögliche Kompensation zu erreichen.[16]

Das Bundesverfassungsgericht hat im Maastricht-Urteil vom 12. Oktober 1993 (BVerfGE 89, 155 [171 f.]) anerkannt, dass jeder Bürger aus Art. 38 Abs. 1 GG ein Grundrecht darauf habe, dass dem Deutschen Bundestag auch bei der Entwicklung der Europäischen Union substantielle Gesetzgebungsbefugnisse verbleiben, sodass die Politik einschließlich der Entwicklung der Währungsunion von ihm verantwortet werden könne. Die Politik müsse vom Deutschen Bundestag verantwortet sein, wenn das demokratische Prinzip gewahrt sein solle. Das geschehe vor allem durch die (primärrechtlichen) Gemeinschaftsverträge, welche die exekutivistischen Organe der Gemeinschaft nur bestimmt und berechenbar zur Politik ermächtigen dürften. Man spricht vom Prinzip der begrenzten Ermächtigung, welches ein demokratierechtlicher Baustein des Staatenverbundes der Europäischen Union ist.[17] Er soll es gewährleisten, dass die Völker existentielle Staaten bleiben, welche ihr Schicksal als «Herren der Verträge» (Gemeinschaftsverträge) selbst bestimmen und dadurch «souverän» (BVerfGE 89, 155 [189 f.]) bleiben.

Diese demokratierechtliche Bürgerrechtsdogmatik überzeugt, ist aber aus der Logik von Verantwortlichkeit dahin zu ergänzen, dass das parlamentsrechtliche Bürgerrecht aus Art. 38 Abs. 1 GG das Recht jedes Bürgers einschließt, dass das Parlament bei seinen

---

16 *K. A. Schachtschneider*, Res publica res populi. Grundlegung einer Allgemeinen Republiklehre. Ein Beitrag zur Freiheits-, Rechts- und Staatslehre, 1994, S. 937 ff.
17 BVerfGE 89, 155 (181 ff., 192 f., 198, 209 f.); *K. A. Schachtschneider*, Die existentielle Staatlichkeit der Völker Europas und die staatliche Integration der Europäischen Union. Ein Beitrag zur Lehre vom Staat nach dem Urteil des Bundesverfassungsgerichts zum Vertrag über die Europäische Union von Maastricht, in: W. Blomeyer/K. A. Schachtschneider (Hrsg.), Die Europäische Union als Rechtsgemeinschaft, 1995, S. 96.

die Politik gestaltenden Beschlüssen nicht selbst das Recht missachtet (Euro-Verfassungsbeschwerde, S. 11 ff., 24 ff., 30 ff.; Euro-Klage, S. 289 f.). Verantwortlichkeit kann es in der Republik, also im Staat des Rechts, entgegen dem Recht nicht geben. Der Deutsche Bundestag ist nicht befugt, das deutsche Volk entgegen dem Recht zu vertreten. Diese Vollmacht hat ihm niemand gegeben und kann ihm das Volk nicht geben, weil die Vertretungsmacht durch das Verfassungsgesetz begründet und durch das Verfassungsgesetz bestimmt ist. Das Verfassungsgesetz, das Grundgesetz, verfasst eine Rechtsgemeinschaft, deren Primat das Recht ist[18]. Das Bundesverfassungsgericht aber hat den Rechtsschutz der Bürger aus Art. 38 Abs. 1 GG darauf beschränkt, dass der Deutsche Bundestag substantielle Kompetenzen habe, wie auch immer er diese ausüben mag (BVerfGE 97, 350 [368 ff.]). Einen Rechtsschutz gegen Rechtsverletzungen des Parlaments selbst hat der Zweite Senat aus diesem Bürgerrecht nicht herzuleiten vermocht. Sonst hätte es der Euro-Klage den Weg geebnet und sich in Widerspruch zur Integrationsideologie gesetzt. Die Rechtsdogmatik musste sich beugen.

Es ist unerfindlich, warum der Bürger zwar einen Anspruch auf Vertretung durch den Deutschen Bundestag haben soll, nicht aber auf eine Vertretung, die der Gewissensbindung der Abgeordneten[19] genügt. Die Substanz der Republik ist die Sittlichkeit der Abgeordneten. Dieses Prinzip bringt Art. 38 Abs. 1 S. 2 GG in klassischer Formulierung zum Ausdruck; denn das Gewissen ist der «Gerichtshof der Sittlichkeit» (Kant)[20]. Sittlichkeit heißt aber Rechtlichkeit, d. h. Achtung des Rechts und Achtung des Rechtsprinzips, welches im kategorischen Imperativ, dem Sittengesetz, zum Ausdruck kommt. Kants Sittengesetz lautet bekanntlich (in der deontischen Formel):

«Handle nur nach derjenigen Maxime, durch die du zugleich wollen kannst, dass sie ein allgemeines Gesetz werde».[21]

---

18 K. A. *Schachtschneider*, Prinzipien des Rechtsstaates, Teil A, E, F, I, II.
19 K. A. *Schachtschneider*, Res publica res populi, S. 637 ff., 707 ff., 810 ff.
20 Metaphysik der Sitten, ed. Weischedel, Bd. 7, S. 572 ff.
21 Grundlegung zur Metaphysik der Sitten, ed. Weischedel, Bd. 6, S. 51;

Es gibt keine Freiheit entgegen dem Sittengesetz.[22] Die Abgeordneten sind nicht die Herrscher des Volkes. Sie sind vielmehr die Vertreter des Volkes in dessen Sittlichkeit, die ohne jede Einschränkung dem Rechtsprinzip verpflichtet ist. Ohne Moralität lässt sich Sittlichkeit nicht erreichen. Ohne Sittlichkeit aber gibt es keine allgemeine Freiheit, wie der kategorische Imperativ beweist. Die allgemeine Freiheit verwirklicht sich im allgemeinen Gesetz. Dieses Gesetz zu erkennen ist Sache des Parlaments. Die Erkenntnisweise ist die des Diskurses. Sie erfordert Moralität der Abgeordneten. Moralität ist nicht erzwingbar, aber über die Moralität wacht das Gewissen. Die Substanz des republikanischen Parlamentarismus ist somit die Gewissenhaftigkeit der Abgeordneten oder die uneingeschränkte Achtung des Rechtsprinzips.[23]

Das Bundesverfassungsgericht hat freilich die Rechtlichkeit der Gesetze als deren Sittlichkeit um des Wesensgehalts der allgemeinen Freiheit willen zu gewährleisten; denn der Gesetzgeber ist ausweislich Art. 1 Abs. 3, Art. 20 Abs. 3 und Art. 100 Abs. 1 GG an das Recht gebunden, und kein Grundrecht darf in seinem Wesensgehalt angetastet werden (Art. 19 Abs. 2 GG). Dafür ist das Bundesverfassungsgericht dem Volk verantwortlich (Euro-Klage, S. 284 ff.; auch Euro-Verfassungsbeschwerde, S. 24 ff.).[24] Der Rechtsverstoß des Parlaments verletzt das Volk nicht weniger, wenn nicht mehr als die Entmachtung des Parlaments. Die Machtergreifung Hitlers im Reichstag 1933 sollte jedem Bürger Deutschlands die Gefahr eines Parlaments vor Augen geführt haben, welches das Rechtsprinzip missachtet.

    dazu *K. A. Schachtschneider*, Res publica res populi, S. 275 ff.; *ders.*, Freiheit in der Republik, Manuskript 2000, S. 33 ff., 51 ff.

22 *K. A. Schachtschneider*, Res publica res populi, S. 259 ff., 275 ff., 325 ff., 410 ff., 494 ff., passim; *ders.*, Freiheit in der Republik, S. 51 ff., 62 ff., 87 ff., 200 ff.

23 Zum Ganzen *K. A. Schachtschneider*, Res publica res populi, S. 560 ff., 584 ff., 637 ff., 707 ff., 772 ff., 810 ff.; *ders.*, Freiheit in der Republik, S. 21 ff., 51 ff., 87 ff.

24 *K. A. Schachtschneider*, Res publica res populi, S. 978 ff. 990 ff.; *ders.*, Freiheit in der Republik, S. 200 ff.

Das Bürgerrecht des Art. 38 Abs. 1 GG geht somit auf rechtmäßige Vertretung des deutschen Volkes durch den Deutschen Bundestag in allen wesentlichen Fragen der Politik. Wenn das Parlament bei seinen Beschlüssen das Recht missachtet, ist der Bürger verletzt. Er ist nämlich nicht rechtens vertreten worden. Diese republikanische Logik hat das Bundesverfassungsgericht in demokratistischer Verengung eines parteienstaatlichen Parlamentsprinzips verkannt oder nicht zugestehen wollen; denn in der Euro-Klage war dem Gericht dargelegt worden, dass jeder Bürger einen Anspruch auf verfassungsgerichtlichen Schutz der politischen Freiheit, d. h. auf Rechtmäßigkeit der parlamentarischen Beschlüsse, hat (Euro-Verfassungsbeschwerde, S. 24 ff., 36 ff., auch S. 11 ff.).

Als Bürger anerkennt der Zweite Senat des Bundesverfassungsgerichts die Deutschen nicht; denn nur durch die sittliche Vertretung wahren die Bürger ihre Bürgerlichkeit. Demokratistisch ist die Herrschaft gewählter obrigkeitlicher Staatsorgane über die Untertanen. Noch immer wird Demokratie entgegen ihrem griechischen Begriff als Volksherrschaft missverstanden. Demokratie ist aber ein Graecismus für Volksstaat. Demokratie in diesem Sinne ist wie die Republik die Wirklichkeit der allgemeinen Freiheit. Die allgemeine Freiheit wird vom Bundesverfassungsgericht nicht verteidigt. Es begnügt sich mit einem engen liberalistischen Schutz von Freiheiten, welche dem Bürger begrenzte Handlungsmöglichkeiten lässt, die er in seinem Interesse nutzen dürfe. Dass der Bürger in der Republik *citoyen* zu sein beanspruchen, dass er sich verantwortlich für das Gemeinwohl fühlen kann und soll, vermag das Bundesverfassungsgericht nicht in Dogmatik umzusetzen.

Das Ergebnis des republikanischen Defizits der Bürgerrechtsdogmatik ist rechtswidrige Politik des Parlaments, gegen die sich die Verfassungsorgane in Bund und Ländern nicht wehren, weil sie alle von der pluralen Parteienoligarchie beherrscht werden. Der Zweite Senat hat die Chance, die Bürgerlichkeit des Bürgers grundrechtlich zu stärken, nicht nur nicht wahrgenommen, sondern zurückgewiesen. Dem Bürger gibt der Senat keine Chance, auch nur das Recht in der Politik durchzusetzen. Der Senat hat dezidiert:

«Maßstab und Ablauf des Eintritts in die dritte Stufe der Währungsunion sind im Vertrag geregelt und gewinnen im Zustimmungsgesetz in der Verantwortung von Bundestag und Bundesrat für Deutschland Rechtsverbindlichkeit. Die Wahrnehmung dieser bereits durch den Maastricht-Vertrag übertragenen Hoheitsrechte nimmt dem Bundestag keine weiteren Kompetenzen und Befugnisse. Insoweit kommt eine Verletzung des Art. 38 Abs. 1 GG nicht in Betracht» – BVerfGE 97, 350 (370).

Die Euro-Klage hat die Gefahr, dass der Bundestag, wenn er «die Wahrnehmung der deutschen Mitgliedschaftsrechte in den europäischen Organen durch seine Beteiligungsrechte (...) parlamentarisch mitverantwortet», wie der Euro-Beschluss (BVerfGE 97, 350 [369]) formuliert, das Recht verletzen werde, aufgezeigt. Die Beschlüsse des Bundestages vom 2. und vom 23. April 1998 haben die Sorge drastisch bestätigt. Aber der Senat hat ein Bürgerrecht auf rechtmäßige Verantwortung der Währungspolitik im Euro-Beschluss gar nicht erst erwähnt, obwohl es in der Euro-Klage ausführlich begründet worden war (Euro-Verfassungsbeschwerde, S. 11 ff., 24 ff.).

b) Das Grundrecht auf Preisstabilität aus der Eigentumsgewährleistung

Die Eigentumsgewährleistung des Art. 14 Abs. 1 GG schützt auch das Eigentum am Geld oder eben das Geldeigentum, wie der Zweite Senat formuliert (BVerfGE 97, 350 [371]). Wegen der Funktion des Geldes ist der Wert dieses gesetzlichen Zahlungsmittels die Substanz des Eigentumsschutzes des Geldes. Deswegen ist die Rechtsordnung bemüht, den Wert des Geldes zu stabilisieren. Sowohl das nationale als auch das gemeinschaftliche Wirtschaftsverfassungsrecht geben der Preisstabilität einen hohen Rang, ja in der Währungspolitik den Vorrang vor anderen wirtschaftlichen Prinzipien (vgl. Art. 4 Abs. 2, Art. 105 Abs. 1 EGV, Art. 88 S. 2 GG). Das Prinzip der Preisstabilität genießt den Schutz des Sozialprinzips (Euro-Klage, S. 192 ff.), weil die Geldentwertung die

Ordnung der Lebensverhältnisse verzerrt und die Gerechtigkeit derselben verletzt. Eine Inflation kennt Inflationsgewinnler und Inflationsverlierer. Inflationsgewinnler ist wegen der Staatsschulden mehr als alle anderen der Staat, aber auch die Industrie, die in hohem Maße mit Krediten arbeitet. Die Inflationsverlierer sind die Sparer, die Rentner, die Pensionäre, aber auch die Arbeitnehmer, die Arbeitslosen und die Sozialhilfeempfänger, zusammengefasst: die kleinen Leute. Das Sozialprinzip verpflichtet den Staat dem Wohlfahrtsziel. Dazu gehört vor allem das gesamtwirtschaftliche Gleichgewicht; denn die Wirtschaft ist das Schicksal eines Volkes. Es gibt kein gesamtwirtschaftliches Gleichgewicht ohne Preisstabilität, aber auch keines ohne hohe Beschäftigungslage. Ihre Einheit finden die wirtschaftspolitischen Ziele des gesamtwirtschaftlichen magischen Vierecks im Sozialprinzip, welches somit höchstrangig den Staat zur Stabilitätspolitik verpflichtet (Euro-Klage, S. 200 ff.).

Darüber hinaus gibt es ein Bürgerrecht auf Preisstabilität aus der Eigentumsgewährleistung (Euro-Verfassungsbeschwerde, S. 42 ff.), weil mit dem Geld auch das Eigentum am Geld seine Substanz einbüßt, wenn der Wert des Geldes verfällt. Das Geld ist wesentlich Kaufkraft, die im Geldwert ihren Ausdruck findet. Darum schützt die Eigentumsgewährleistung mit dem Eigentum am Geld wesentlich dessen Kaufkraft. Das Eigene, welches der Eigentümer des Geldes hat, ist das Vermögen zu bezahlen, d. h., Kaufkraft zu übertragen. Dieses Vermögen macht die Selbständigkeit des Bürgers aus, welche die Eigentumsgewährleistung schützt; denn nur der selbständige Mensch ist frei und darin Bürger. So sagt das Bundesverfassungsgericht:

«Der Eigentumsgarantie kommt im Gesamtgefüge der Grundrechte ‹die Aufgabe zu, dem Träger des Grundrechts einen Freiraum im vermögensrechtlichen Bereich zu sichern und ihm dadurch eine eigenverantwortliche Gestaltung seines Lebens zu ermöglichen› (BVerfGE 50, 290 [339]; 53, 257 [290])» – BVerfGE 97, 350 (370 f.).

Wenn auch nicht zu bestreiten ist, dass der Geldwert mit den wirtschaftlichen Gegebenheiten eines Gemeinwesens insgesamt verbunden ist, so hat doch der Staat wesentlichen Einfluss auf den Geldwert. Darum ist ihm die Sicherung des Geldwertes auch überantwortet. Er hatte zu diesem Zweck eine eigenständige Institution, in Deutschland bislang die Deutsche Bundesbank, deren vornehmliche Aufgabe die Sicherung der Währung war (§ 3 BBankG). Aber auch die Finanz- und Haushaltspolitik des Staates hat bestimmenden Einfluss auf den Geldwert. Wenn auch der Staat den Geldwert wegen der binnenwirtschaftlichen und der außenwirtschaftlichen Einflüsse nicht garantieren kann (BVerfGE 97, 350 [371]), so hat er doch die Verpflichtung, eine Politik der Geldwertstabilität zu machen und dadurch das Eigentum am Geld durch die Stabilisierung des Geldwertes zu sichern; denn der Staat hat den größten Einfluss auf den Geldwert. Das gesteht auch der Zweite Senat im Euro-Beschluss zu:

> «Die Bundesregierung sowie der Bundesrat und der Bundestag tragen mit ihrem Auftrag, die Währungsunion als Stabilitätsgemeinschaft mitzugestalten und damit den Anforderungen des Art. 88 Satz 2 GG zu genügen, auch zur objektiv-rechtlichen Sicherung des Geldeigentums und insoweit zur Gewährleistung des Art. 14 Abs. 1 GG bei» – BVerfGE 97, 350 (376).

Zwar bewirkt der Auftrag noch nicht die Sicherung der Substanz des Geldeigentums, nämlich von dessen Wert, und gewährleistet der Auftrag noch nicht das Eigentum am Geld, aber dessen Erfüllung hat diese Wirkung. Darum wäre, jedenfalls objektiv-rechtlich, das Geldeigentum durch die Eigentumsgewährleistung gesichert, wenn die verantwortlichen Verfassungsorgane ihrer Stabilitätsverpflichtung genügen würden. Jedenfalls kommt der Zweite Senat nicht an der Erkenntnis vorbei, dass die Eigentumsgewährleistung des Art. 14 Abs. 1 GG die staatlichen Organe zu einer Stabilitätspolitik verpflichtet. Diese Verpflichtung hat die Euro-Klage geltend gemacht und damit ein Bürgerrecht auf Geldwertstabilität eingeklagt (Euro-Verfassungsbeschwerde, S. 42 ff.), welches der Zweite Senat jedoch nicht zugestanden hat. Wiederum, muss man annehmen, weil er sonst der Euro-Klage hätte stattgeben müssen. Der Senat erklärt:

«Die Beschwerdeführer verkennen aber die Reichweite des in Art. 14 Abs. 1 GG gewährleisteten grundrechtlichen Anspruchs, wenn sie unter Berufung auf Art. 14 GG die politisch verantwortlichen Organe verpflichten wollen, die Stabilität der Europäischen Währungsunion anders abzusichern und den Beginn dieser Union zu verschieben. Soweit Bundesregierung und Parlament anhand des Art. 109j Abs. 1 Satz 3 EGV ökonomische Daten zu prüfen und zu bewerten, nach Art. 109j Abs. 1 Satz 4 EGV Entwicklungen zu beobachten und in ihrem weiteren Verlauf einzuschätzen, sodann eine Einzelprognose für teilnahmewillige Mitgliedstaaten und eine Gesamtprognose für die Stabilität der geplanten Währungsunion zu treffen, schließlich auch auf die rechtliche Konvergenz in der Gemeinschaft und in den Rechtsordnungen der Mitgliedstaaten hinzuwirken haben, können die dabei zu treffenden Entscheidungen nicht nach dem individualisierenden Maßstab eines Grundrechts beurteilt werden. Sie sind von den politischen Organen zu verantworten, die für eine Gesamtbeurteilung allgemeiner Entwicklungen zuständig sind und ihre Entscheidungen entwicklungsbegleitend überprüfen und korrigieren können.» – BVerfGE 97, 350 (376).

Die objektiv-rechtliche Verpflichtung der staatlichen Organe aus Art. 14 Abs. 1 GG zur Stabilitätspolitik wird somit nicht durch ein korrespondierendes subjektives Recht der Eigentümer des Geldes, der Bürger also, die Pflichterfüllung einzufordern, einklagbar gemacht. Einerseits anerkennt der Senat die eigentumsrechtliche Stabilitätsverpflichtung, die er spezifisch mit dem Grundrecht verbindet, andererseits nimmt er dem Grundrecht die Grundrechtlichkeit und missachtet damit den Wesensgehalt von Grundrechten überhaupt.

Die Grundrechte sind ihrem Begriff nach Schutzrechte der Menschen und Bürger gegenüber den Organen des Staates. Sie binden nach Art. 1 Abs. 3 GG Gesetzgebung, vollziehende Gewalt und Rechtsprechung als unmittelbar geltendes Recht. Eine grundrechtliche Bindung, die niemand einzufordern berechtigt ist, verliert ihre Verbindlichkeit. Die Menschenrechte sind die Magna Charta der Menschen und Bürger. Folglich ist es fraglos, dass jeder Mensch und Bürger die Befugnis hat, die staatlichen Organe zu zwingen, die Grundrechte als die Positivierung der Menschenrechte einzuhalten.[25]

Die Gerichte, insbesondere das Bundesverfassungsgericht, sind zu dem Zweck eingerichtet, den grundrechtlichen Rechtsschutz zu geben. Das anerkennt Art. 93 Abs. 1 Nr. 4 a GG, wonach jedermann Verfassungsbeschwerde mit der Behauptung erheben kann, durch die öffentliche Gewalt in einem seiner Grundrechte verletzt zu sein. Zu den Rechten der Bürger im Sinne des Art. 19 Abs. 4 GG gehören auch und vor allem die Grundrechte. Mit der sibyllinischen Formulierung von dem «individualisierenden Maßstab eines Grundrechts» verkennt der Zweite Senat die Grundrechte im Kern, wenn dieser den Grundrechten in ihrem objektiven und ihrem subjektiven Gehalt eine unterschiedliche Verbindlichkeit beimisst, wenn nämlich die Grundrechte in ihrem materialen Gehalt zum einen von den Bürgern geltend gemacht werden können und zum anderen nicht. Die Grundrechte sind objektive Leitentscheidungen des Gemeinwesens, die zu achten jeder Bürger Anspruch hat[26], weil sein Staat, wenn er die Grundrechte verletzt, *ultra vires* handelt. Über die

---

25 *H.-J. Papier*, Rechtsschutzgarantie gegen die öffentliche Gewalt, HStR, Bd. VI, 1989, § 154, Rdn. 114 f.; *K. A. Schachtschneider*, Prinzipien des Rechtsstaates, Teil G I; vgl. zur subjektiven Durchsetzbarkeit der Grundfreiheiten *A. Emmerich-Fritsche*, Der Grundsatz der Verhältnismäßigkeit als Direktive und Schranke der EG-Rechtsetzung, 2000, S. 411 f.; etwa EuGH – Rs. 41/74 (van Duyn/Home Office), Slg. 1974, 1337 (1347, Rdn. 4); EuGH – Rs. 118/75 (Watson und Belmann), Slg. 1976, 1185 (1. LS); zur Niederlassungsfreiheit vgl. EuGH – Rs. 6/64 (Costa/ENEL), Slg. 1964, 1251 (1273 f.); EuGH – Rs. 2/74 (Reyners/Belgien), Slg. 1974, 631 (652, Rdn. 24/28); zur Dienstleistungsfreiheit EuGH – Rs. 33/74 (van Binsbergen/Bestuur van de Bedrijfsvereniging voor de Metaalnijverheid), Slg. 1974, 1299 (1310 ff., Rdn. 18 ff., 27); zur Warenverkehrsfreiheit vgl. EuGH – Rs. 13/68 (Salgoil/Außenhandelsministerium der Italienischen Republik), Slg. 1968, 679 (690 ff., 693 ff.).
26 *K. A. Schachtschneider*, Res publica res populi, S. 819 ff., insb. S. 828 (mit Hinw.), auch S. 448 f.; BVerfGE 7, 198 (206 f.); vgl. auch BVerfGE 77, 170 (214); 79, 174 (201 f.); 81, 242 (253, 256); 84, 212 (223); 97, 298 (313).

Grundrechte hinaus haben die Bürger ihre Staatsorgane nicht befugt, sie zu vertreten.

Wie jeder Rechtssatz hat jedes Grundrecht einen objektiv-rechtlichen Gehalt, die objektive Dimension. Diese macht den gesamten materialen Gehalt des jeweiligen Grundrechtes aus. Die subjektive Dimension der Grundrechte besteht darin, dass die Grundrechtsberechtigten, in der Regel alle Menschen, zum Teil nur die Deutschen, die Einhaltung der objektiven Dimension einklagen können. Das ist gewissermaßen der prozedurale Gehalt, der aus der Befugnis zu zwingen, die mit jedem Recht verbunden ist[27], erwächst.

Es gibt keinerlei grundrechtliche Materie, die nicht verfassungsbeschwerdefähiges Grundrecht wäre. Für eine andere, restriktive Dogmatik gibt der Text des Grundgesetzes keinen Anhaltspunkt. Es gibt auch keine besonderen subjektiv-rechtlichen Grundrechte, welche nicht die Struktur hätten, dass objektive Rechtssätze ihren Tatbeständen gemäß bestimmte Personen berechtigen und andere, insbesondere den Staat, verpflichten. Grundrechte können eine geringere oder höhere Bestimmtheit haben, aber auch die sehr offen formulierten Grundrechte haben eine Materie und geben subjektive Rechte darauf, die objektive Grundrechtsmaterie zu wahren. Sonst wären sie keine Grundrechte. Die Grundrechte können Abwehrrechte des Bürgers gegen den Staat sein, sie können Schutzrechte gegen den Staat begründen und anderes mehr.[28] Sie haben immer dieselbe normative Struktur.

Demgemäß hat das Bundesverfassungsgericht seit dem Lüth-Urteil 1958 (BVerfGE 7, 189 [206 f.]) den betroffenen Menschen ein subjektives Recht zuerkannt, den objektiv-rechtlichen Gehalt des jeweiligen Grundrechts, im Leitfall den der Meinungsäußerungsfreiheit in ihrer Privatrechtswirkung, einzufordern. Noch wenige

---

27 *Kant*, Metaphysik der Sitten, S. 338 f.; dazu *K. A. Schachtschneider*, Res publica res populi, S. 545 ff.; vgl. auch *A. Emmerich-Fritsche*, Der Grundsatz der Verhältnismäßigkeit, S. 316 ff., 342 ff.
28 Vgl. *J. Isensee*, Das Grundrecht als Abwehrrecht und als staatliche Schutzpflicht, HStR, Bd. V, 1992, § 111, Rdn. 77 ff.; zur Schutzpflichtdogmatik BVerfGE 39, 1 (42); 46, 60 (164); 49, 24 (53); st. Rspr., BVerfGE 88, 203 (251 ff.); 90, 145 (195).

Wochen vor dem Euro-Beschluss hatte der Erste Senat den subjektiven Grundrechtsschutz der objektiven Rechtsprinzipien der Rundfunkfreiheit eindringlich herausgestellt (BVerfGE 97, 298 [313 f.]).

Mit dieser Praxis, die 40 Jahre lang den Grundrechtsschutz bestimmt hat, bricht der Euro-Beschluss. Er führt eine Dogmatik ein, mit welcher der Grundrechtsschutz dem Belieben der Richter anheim gestellt wird, weil der Grundrechtsschutz von der Materie des Grundrechts gelöst wird. Wenn auch das Argument des Senats von dem «individualisierenden Maßstab» unverständlich ist, so scheint diese Formulierung doch Nähe zu dem verwaltungsrechtlichen Begriff des subjektiven Rechts zu suchen, der nach der (fragwürdigen) Schutzzwecklehre ein subjektives Recht nur zugesteht, wenn das Gesetz, dem man das regelmäßig nicht ablesen kann, den Schutz des Betroffenen bezwecke.[29] Damit ist der subjektive Grundrechtsschutz der Sache nach eine Rechtsschutzbefugnis des Bundesverfassungsgerichts, wie sie der Praetor im alten Rom hatte, nicht aber eine Rechtsschutzpflicht des Gerichts, wie sie ein Rechtsstaat gebietet.[30] Der Schutzzweck ist aber das Wesen der Grundrechte als positivierte Menschenrechte und umfasst den gesamten Grundrechtsgehalt. Der Zweite Senat hätte die folgenschwere dogmatische Divergenz zum Ersten Senat im Plenum des Bundesverfassungsgerichts gemäß § 16 Abs. 1 BVerfGG klären lassen müssen.

Wenn Art. 14 Abs. 1 GG eine Stabilitätsverpflichtung der staatlichen Organe begründet, dann kann diese auch gerichtlich geklärt werden. Es versteht sich, dass dabei die Grenzen der rechtlichen Verbindlichkeit zu wahren sind. Jedes Grundrecht gibt Maßstäbe für die Politik. Der individualisierende Charakter des Maßstabes kann nur der sein, dass der einzelne Bürger die Einhaltung des Grundrechts einklagen kann, wenn auch er betroffen ist.

---

29 BVerwGE 1, 83 (83 f.); 41, 58 (63); 75, 285 (286 ff.); 77, 70 (73); 78, 40 (41 ff.); i. d. S. auch BVerfGE 93, 350 (376 f.); dazu (kritisch) *K. A. Schachtschneider*, Res publica res populi, S. 381 mit Fn. 634; *ders.*, Grundprinzipien des Allgemeinen Verwaltungsrechts, Lehrstuhl 2000, S. 49 ff.
30 *K. A. Schachtschneider*, Prinzipien des Rechtsstaates, Teil G.

Wenn es um «allgemeine Entwicklungen» (BVerfGE 97, 350 [376]) geht, die folglich jeden Bürger betreffen, kann jeder gegen die Grundrechtsverletzung Schutz beanspruchen. So allgemein wie die Verletzung durch die Entwertung des Geldes ist, so allgemein ist auch der Kreis der Betroffenen und möglichen Kläger. Es sind alle Eigentümer von Geld. Die Eigentumsgewährleistung schützt nicht lediglich besonderes Eigentum; zumal jedes Eigentum ein besonderes ist. Das gilt auch für das Eigentum am Geld, nur dass dieses Eigentum allgemein entwertet wird, wenn der Staat seiner Verpflichtung, für die Stabilität des Geldwertes zu sorgen, nicht nachkommt. Es wird nämlich das Eigentum aller entwertet. Allgemeine Wirkung einer Politik führt zur Grundrechtsbetroffenheit aller und gegebenenfalls zur Grundrechtsverletzung aller. Das ist nicht anders als im Fall der Auferlegung von Geldleistungspflichten, die auch an der Eigentumsgewährleistung gemessen werden können[31], jedenfalls wenn sie die Eigentümer substanziell in ihrem Vermögen beeinträchtigen.[32] Auch solche Pflichten, etwa Steuern, treffen viele oder alle. Wenn der Senat sich mit seinem Argument gegen eine Popularklage wenden wollte, so hätte er das sagen können und sollen. Wenn im Übrigen ein Bürger klagt, weil er genauso betroffen ist wie alle anderen Bürger, erhebt er keine Popularklage. Er macht schließlich nicht Rechte anderer geltend und betätigt sich nicht als quasi staatliches Aufsichtsorgan, das die Rechtlichkeit allen Handelns im Gemeinwesen sicherstellen will, als Bürgerpolizist gewissermaßen, obwohl den Bürgern, republikanisch konzipiert, das Recht auf Rechtlichkeit des Gemeinwesens, also die Popularklage, zusteht; denn «die Rechtsverletzung an einem Platz der Erde

---

31 P. *Kirchhof*, Besteuerung und Eigentum, VVDStRL 39 (1981), S. 226 ff.; K. A. *Schachtschneider*, Das Recht am und das Recht auf Eigentum, FS W. Leisner, 1999, S. 753.

32 BVerfGE 14, 221 (241); 19, 119 (128 f.); 78, 232 (243); 82, 159 (190); 93, 121 (137); 96, 267 (300); st. Rspr.; vgl. *K. A. Schachtschneider*, Staatsunternehmen und Privatrecht. Kritik der Fiskustheorie, exemplifiziert an § 1 UWG, 1986, S. 347 ff., 353 ff.; *ders. (O. Gast)*, Sozialistische Schulden nach der Revolution, Kritik der Altschuldenpolitik, Ein Beitrag zur Lehre von Recht und Unrecht, 1996, S. 177 ff.

wird an allen gefühlt» (Kant)[33]. Die Reduzierung des Grundrechtsschutzes entgegen dem materiellen Gehalt des Grundrechts jedenfalls würde, verallgemeinert, den Grundrechtsschutz insgesamt minimieren und wesentlich zur Degradierung der Bürger zu Untertanen in dem zunehmend despotischen (herrschaftlichen) Parteienstaat beitragen. Es bleibt zu hoffen, dass das Bundesverfassungsgericht diesen dogmatischen Fehlgriff nicht wiederholt, den es aus der Not getan haben dürfte, der Euro-Klage eine Absage erteilen zu müssen.

Wenn im Übrigen «Geld geprägte Freiheit» (BVerfGE 97, 350 [371] sein soll, dann hat es der Staat in der Hand, die Freiheit durch eine Politik der Destabilisierung des Geldwertes zu mindern. Dagegen müsste sich der Bürger, der durch seine Freiheit definiert ist[34], zur Wehr setzen können. Aber der Satz vom Geld als geprägter Freiheit muss zum kirchhofschen Beiwerk[35] des Beschlusses gerechnet werden. Es gibt weder eine Geldtheorie noch gar eine Freiheitslehre, welche diesen Satz stützt, es sei denn, man versteht Freiheit als Kaufkraft. Freiheit ist die Idee vom Vermögen des Menschen zu handeln, Eigentum sind dessen rechtlich geschützte Handlungsmöglichkeiten.[36]

Die Freiheit ist, wenn man das Grundgesetz richtig liest, allgemein und gleich. Sie ist die Autonomie des Willens, also das Recht jedes Menschen, nach dem eigenen Gesetz zu leben, das freilich auch ein allgemeines Gesetz sein muss. Darum ist die innere Freiheit die Sittlichkeit, die äußere Freiheit die Unabhängigkeit von

---

33 Zum ewigen Frieden, ed. Weischedel, Bd. 9, S. 216; für die Popularklage *K. A. Schachtschneider*, Res publica res populi, S. 566, 931 f.; *ders.*, Grundprinzipien des Allgemeinen Verwaltungsrechts, S. 52 f.

34 *K. A. Schachtschneider*, Res publica res populi, S. 207 ff.; *ders.*, Freiheit in der Republik, S. 21 ff., 86 ff., 237 ff.

35 Vgl. *P. Kirchhof*, Der Staat als Organisationsform politischer Herrschaft und rechtlicher Bindung, DVBl. 1999, 645.

36 *K. A. Schachtschneider*, Res publica res populi, S. 275 ff., 303 ff., 427 ff.; *ders.*, Freiheit in der Republik, S. 16 ff., 309 ff.; *ders.*, Das Recht am und das Recht auf Eigentum, FS W. Leisner, S. 744 ff.

eines anderen nötigender Willkür (Kant).[37] Keinesfalls besteht die Freiheit in den Handlungsmöglichkeiten, welche unter den Menschen sehr unterschiedlich verteilt sind[38], schon gar nicht in der Kaufkraft, über die Menschen verfügen. Die Handlungsmöglichkeiten sind vielmehr das Eigene des Menschen, wenn sie rechtlich geschützt sind, sein Eigentum.[39] Freiheit ist das Recht jedes Menschen, mit allen anderen Menschen nach allgemeinen Gesetzen, also im Recht, zusammenzuleben, also das Recht auf Recht.[40] Aber Rechtlichkeit setzt den bestmöglichen Einfluss jedes Menschen (als Bürger) auf die Gesetze voraus, damit die Gesetze auch seine Gesetze sind. Die Gesetze müssen der Wirklichkeit gerecht werden (wahrheitlich sein), und sie müssen das Richtige verbindlich machen. Um das zu gewährleisten, muss der Bürger als der Hüter des Rechts bestmöglichen Einfluss auf die Politik haben.[41]

Das ist Zweck auch des Instituts der Verfassungsbeschwerde, weil der Parlamentarismus allein, wie insbesondere die Erfahrung in Deutschland zeigt, die Rechtlichkeit des Gemeinwesens nicht gewährleistet, schon gar nicht der parteienstaatliche Parlamentarismus, der prinzipiell mit Rechtsprinzipien unvereinbar ist.[42]

---

37 Metaphysik der Sitten, S. 345; dazu K. A. *Schachtschneider*, Res publica res populi, S. 275 ff., 303 ff., 325 ff.; *ders.*, Freiheit in der Republik, S. 39 ff., 51 ff.

38 K. A. *Schachtschneider*, Res publica res populi, S. 275 ff., 325 ff., 427 ff.; *ders.*, Republikanische Freiheit, in: Ziemske/Langheid/Wilms/Haverkate (Hrsg.), FS für Martin Kriele, 1997, S. 829 ff.; *ders.*, Freiheit in der Republik, S. 129 ff., 309 ff.

39 K. A. *Schachtschneider*, Das Recht am und das Recht auf Recht, FS W. Leisner, S. 744 ff.; *ders.* Freiheit in der Republik, S. 309 ff.

40 K. A. *Schachtschneider*, Res publica res populi, S. 290 ff., 325 ff.; *ders.*, Freiheit in der Republik, S. 21 ff., 95 ff.

41 K. A. *Schachtschneider*, Res publica res populi, S. 519 ff., 560 ff., 584 ff.; *ders. (O. Gast)*, Sozialistische Schulden nach der Revolution, S. 9 ff., 76 f.; *ders.*, Freiheit in der Republik, S. 86 ff., 114 ff.

42 K. A. *Schachtschneider*, Res publica res populi, S. 772 ff., 1147 ff.; *ders.*, Der republikwidrige Parteienstaat, in: D. Murswiek/U. Storost/H. A. Wolff (Hrsg.), Staat – Souveränität – Verfassung, FS für Helmut Quaritsch, 2000, S. 141 ff.

Wenn das parlamentarische Regierungssystem die Rechtlichkeit des Gemeinwesens sicherzustellen vermöchte, bedürfte es keiner Bürgergerichtsbarkeit, die das Bundesverfassungsgericht kraft der Institution der Verfassungsbeschwerde (Art. 93 Abs. 1 Nr. 4 a GG) auch leisten soll. Als Bürgergericht hat der Zweite Senat versagt, weil er zum einen den Bürgern in existentiellen Fragen keinen Schutz zu geben bereit ist und zum anderen die Verantwortung für die Rechtlichkeit der «allgemeinen Entwicklungen» (BVerfGE 97, 350 [376]), wenn man so will, der großen Politik, abgelehnt hat. Gerade in diesem Bereich leidet aber das Rechtsprinzip Not, weil auch die demokratische Fundierung, jedenfalls die der Integrationspolitik, zwar noch dogmatisiert, nicht aber mehr gelebt wird.[43]

c) Das Recht auf Rechtlichkeit aus der allgemeinen Freiheit

Auch anderen Grundrechten wollte der Zweite Senat keinen Schutz der Bürger gegen eine die Geldwertstabilität gefährdende Politik entnehmen, insbesondere nicht der allgemeinen Handlungsfreiheit des Art. 2 Abs. 1 GG. Richtigerweise schützt dieses Grundrecht die allgemeine Freiheit als die politische Freiheit und gibt jedem Bürger ein grundrechtliches Recht auf Rechtmäßigkeit der Politik, weil jede Missachtung des Rechts jeden Bürger in seiner Freiheit beeinträchtigt. Nur Rechtlichkeit verwirklicht die allgemeine Freiheit (Euro-Verfassungsbeschwerde, S. 11 ff., 24 ff., insb. S. 36 ff.).[44] Das bedeutet nicht, dass das Bundesverfassungsgericht wegen Art. 2 Abs. 1 GG gegen jede staatliche Rechtsverletzung oder gar gegen jede Rechtsverletzung im Gemeinwesen angerufen werden könnte. Es hat nur die Aufgabe, die Verfassung und das Verfassungsgesetz zu schützen. Diese sind aber Teil der Persönlich-

---

43 Dazu *K. A. Schachtschneider*, Demokratiedefizite in der Europäischen Union, in: W. Nölling/K. A. Schachtschneider/J. Starbatty (Hrsg.), Währungsunion und Weltwirtschaft, FS für Wilhelm Hankel, 1999, S. 119 ff.
44 *K. A. Schachtschneider*, Res publica res populi, S. 275 ff., 325 ff., 441 ff., 519 ff., 637 ff., 819 ff.; *ders.*, Freiheit in der Republik, S. 200 ff.; *ders.*, Prinzipien des Rechtsstaates, Teil A, F I, II.

keit der Bürger, die sie verteidigen können müssen. Deswegen haben die Bürger das Widerstandsrecht (Art. 20 Abs. 4 GG)[45] und die Widerstandspflicht, die ein Blick zurück in die Zeit tiefster Rechtlosigkeit beweist. Die Beachtung der allgemeinen Gesetze sicherzustellen ist Sache der Fachgerichte. Das Bundesverfassungsgericht ist vornehmlich Hüter der Rechtlichkeit der allgemeinen Gesetzgebung, also der praktischen Vernunft oder eben Sittlichkeit der Gesetze[46], aber auch der die Politik bestimmenden Beschlüsse der gesetzgebenden Häuser. Wenn diese in ihrer Politik das Recht missachten und darüber hinaus ihre verbindlichen Entschließungen ignorieren, ist die politische Freiheit des Bürgers und damit das Grundrecht des Art. 2 Abs. 1 GG verletzt. Aber mit der gleichen Argumentation, mit der der Senat den Grundrechtsschutz aus der Eigentumsgewährleistung versagt hat, weist es auch eine Verletzung der allgemeinen Handlungsfreiheit zurück:

«Ungeachtet der Frage, wie der Gewährleistungsinhalt des Art. 2 Abs. 1 GG im Einzelnen zu bestimmen und die Verletzung dieses Grundrechts von der bloßen Betroffenheit durch eine objektiv-rechtliche rechtswidrige Belastung abzugrenzen ist, bietet die allgemeine Handlungsfreiheit ebenso wie alle anderen Grundrechte keinen Schutz gegen die im Vollzug des EG-Vertrages zu treffende Entscheidung über die Gründung einer Europäischen Währungsunion mit bestimmten Mitgliedstaaten, die sich auf politisch zu verantwortende Feststellungen, Einschätzungen, Bewertungen und Prognosen stützt und im Geltungsbereich des Grundgesetzes von Bundesregierung, Bundestag und Bundesrat verantwortet wird. Langfristige ökonomische Entwicklungen und die daraus zu ziehenden Folgerungen für die Stabilität einer Währung können nicht in der Sicht eines individuellen und punktuel-

---

45 Dazu *K. A. Schachtschneider*, Verfassungsbeschwerde gegen das Zustimmungsgesetz zum Vertrag über die Europäische Union vom 7. Februar 1992, vom 18. Dezember 1992 (Maastricht-Verfassungsbeschwerde), in: I. Winkelmann (Hrsg.), Das Maastricht-Urteil des Bundesverfassungsgerichts vom 12. Oktober 1993. Dokumentation des Verfahrens mit Einführung, 1994, S. 58 ff.
46 *K. A. Schachtschneider*, Res publica res populi, S. 858 ff., insb. S. 978 ff., 990 ff.; *ders.*, Freiheit in der Republik, S. 200 ff.

len Eingriffs beurteilt, sondern müssen stetig mitgestaltet und kontinuierlich überprüft werden. Dieses ist nicht Sache der Gerichte, sondern der Regierung und des Parlaments.» – BVerfGE 97, 350 (377)

Diese Sätze des Beschlusses fassen die Entscheidungsgründe noch einmal zusammen. Wiederum spricht der Senat eine Unterscheidung «der bloßen Betroffenheit durch eine objektiv-rechtliche rechtswidrige Belastung» von der «Verletzung dieses Grundrechts» an, welche eine Reduzierung des subjektiven Grundrechtsschutzes des Bürgers gegenüber dem materialen Grundrechtsgehalt zu rechtfertigen versucht. Abgesehen von der weiteren Minimierung des Rechtsschutzes gegenüber politisch zu verantwortenden Feststellungen will der Euro-Beschluss «langfristige ökonomische Entwicklungen und die daraus zu ziehenden Folgerungen für die Stabilität einer Währung» nicht «in der Sicht eines individuellen und punktuellen Eingriffs» beurteilen, als wenn sich der Grundrechtsschutz darauf zu beschränken hätte. Dahinter scheint die Reduzierung des Grundrechtsschutzes auf die Abwehr unzumutbarer Eingriffe in die jeweils besonderen Lebensverhältnisse des Einzelnen zu stehen, welche für die Grundrechtspraxis beider Senate des Bundesverfassungsgerichts in letzter Zeit charakteristisch ist.[47] Die Zumutbarkeit staatlicher Maßnahmen ändert sich freilich mit der Lage. Die Bürger müssen das Recht auch verteidigen können, wenn ihr Staat durch große Politik die Lage verändert und die Gefahr besteht, dass den Bürgern langfristig Schaden entsteht. Wenn das Gemeinwesen erst geschädigt ist, ist Schutz des Einzelnen nicht mehr leistbar, ja weitgehend sinnlos.

d) Minimierung des subjektiven Grundrechtsschutzes in den großen Fragen der Politik

Die neue Grundrechtsdogmatik des Zweiten Senats ist, um die Kritik zusammenzufassen, um die Minimierung des Grundrechtsschutzes bemüht, jedenfalls wenn es um eine Politik geht, die das ganze Volk betrifft, um «allgemeine Entwicklungen». Das Gericht

---

47 Etwa BVerfGE 95, 267 (303 ff., insb. 310).

reduziert den Grundrechtsschutz auf individuelle Besonderheiten. Das ist kein Schutz des Wertgehalts der Grundrechte, der objektiven Dimension derselben, mehr, welche jeder einzelne Grundrechtsberechtigte (Mensch oder Bürger) einfordern können muss. Schon gar nicht schreitet der Senat zu der allgemeinen Freiheit, welche dem Bürger das Recht (und die Pflicht) gibt, die Rechtlichkeit der Politik zu hüten, voran. Er konzipiert eher einen Gleichheitsschutz, der einzelne Betroffene vor unzumutbarer Ungleichbehandlung zu schützen erlaubt.

Eine Politik, welche die gewählten Vertreter des Volkes allen zumuten, scheint allen zumutbar zu sein. Schließlich sind die Vertreter in den staatlichen Organen vom Volk gewählt und vertreten das Volk. Wenn einzelne Bürger die Grundrechte in ihrer objektiven Dimension, also als politische Leitentscheidungen[48], geltend machen wollen, verteidigen sie nicht ihre besonderen Interessen, sondern repräsentieren die Allgemeinheit. Das lässt der Zweite Senat nicht zu. Er scheint das als Anmaßung zu empfinden.

Der Zweite Senat will es Bürgern nicht zugestehen, allgemeine Interessen des Gemeinwesens gerichtlich zur Geltung zu bringen. Hinter der obigen Grundrechtsdogmatik verbirgt sich das parteienstaatliche Legitimationsmuster des Mehrheitsprinzips.[49] Wer die Mehrheit der Wähler hinter sich gebracht hat, darf bestimmen, was geschieht. Gründlicher können die Grundrechte, gründlicher kann die Bürgerlichkeit des Bürgers nicht verkannt werden. Der Bürger hat wegen seiner Freiheit ein Recht auf Recht (Euro-Klage, S. 284 ff.).[50] Vor allem dafür ist das Bundesverfassungsgericht eingerichtet, jeder Satz des Euro-Beschlusses lässt die Verfassungsbeschwerdeführer, die das Recht zu verteidigen und (jedenfalls in der Euro-Sache) ihre bürgerliche Pflicht als Hüter des Rechts zu erfüllen suchten, ihre Ohnmacht spüren.

Im Übrigen sind Feststellungen, Einschätzungen, Bewertungen

---

48 Dazu *K. A. Schachtschneider*, Res publica res populi, S. 819 ff.
49 Dazu (kritisch) *K. A. Schachtschneider*, Res publica res populi, S. 105 ff.
50 *K. A. Schachtschneider*, Res publica res populi, S. 290, 325 ff.; *ders.*, Freiheit in der Republik, S. 21 ff., 95 ff.

und Prognosen «nicht politisch zu verantworten», wenn sie nicht vertretbar, jedenfalls nicht, wenn sie erweislich falsch sind. Zudem dürfen sie dem Gesetz oder Vertrag nicht widersprechen, welche die Politik verantwortbar machen, nämlich auf den Willen des Volkes stellen. Es gibt keinen Gegensatz von Recht und Politik[51] und darum auch keine Grenzen der gerichtlich zu verantwortenden Rechtlichkeit der Politik. Politik hat nur einen Zweck, nämlich die Verwirklichung des Rechts zur Verwirklichung des guten Lebens aller in allgemeiner Freiheit. Die Gerichte haben (gemäß ihren Zuständigkeiten) die Wahrheitlichkeit und die Richtigkeit der Politik zu sichern.[52]

3. Währungsintegration ohne Rechtsschutz

Die Grundrechtsdogmatik des Euro-Beschlusses wirft den Rechtsschutz der Bürger weit zurück. Der Senat war nicht bereit, zu prüfen, ob der Schritt in die dritte Stufe der Währungsunion und die Teilnahme an dieser eine Gefährdung des Stabilitätsprinzips des Grundgesetzes mit sich bringen werde. Dieser Rückschritt an Grundrechtsschutz war nicht zu erwarten. Offensichtlich war diese (klägliche) Grundrechtslage der Bürger keinesfalls, aber nachdem der Senat diesen Schritt gegangen war, war eine weitere Begründung des Verwerfungsbeschlusses nicht mehr angezeigt. Dennoch wollte der Senat die weitere Begründung geben, um die ebenso engen wie neuen Grenzen des gerichtlichen Rechtsschutzes als Klärung und Weisung für alle weiteren Auseinandersetzungen um den Euro (und ähnliche Integrationsprojekte) zu verkünden.

---

51 K. A. *Schachtschneider*, Res publica res populi, S. 909 ff.
52 K. A. *Schachtschneider*, Res publica res populi, S. 819 ff., insb. S. 978 ff., 990 ff.; *ders.*, Freiheit in der Republik, S. 200 ff.

a) Staatliche Großentscheidungen ohne verfassungsgerichtliche Kontrolle

Der Euro-Beschluss verändert die gewaltenteilige Funktionenordnung des Staates[53] wesentlich, weil nach diesem Beschluss die Gerichte, und zwar alle Gerichte nicht mehr befugt sein sollen, das Recht zu klären und zu schützen, wenn es bei politischen Entwicklungen allgemeiner Art streitig wird, die ökonomische Erkenntnisse voraussetzen. Es ist augenscheinlich, dass alle wichtigen politischen Vorhaben in diese Kategorie fallen. Damit ist der Rechtsschutz gegenüber dem Gesetzgeber, jedenfalls im Rahmen der Integrationspolitik, weit zurückgenommen, ja geradezu ausgeschlossen, bestenfalls dem Belieben der Gerichtsbarkeit überlassen.

Es ist nur ein geringer Trost, dass rechtsschutzbegrenzende Ausführungen für die Begründung des Beschlusses überflüssig waren. Auch die Sätze eines *obiter dictum* haben ihr Gewicht, ja binden in praxi wegen ihrer Allgemeinheit die Verfassungsorgane des Bundes und der Länder sowie alle Gerichte und Behörden nach § 31 Abs. 1 BVerfGG.[54] Um die folgenden Sätze auszusprechen und damit alle anderen Gerichte und Behörden daran zu hindern, den Euro als gesetzliches Zahlungsmittel abzulehnen, weil dessen Einführung wegen der Vertragswidrigkeit die staatlichen Stellen in Deutschland nicht zu verpflichten vermag, wie es den Erkenntnissen des Maastricht-Urteils von 1993 entspricht (BVerfGE 89, 155 [156, 188]), dürfte der Zweite Senat das fragwürdige Verfahren nach § 24 BVerfGG gewählt haben.

Der Senat wollte und, wie man annehmen muss, sollte im Interesse der Integrationspolitik auch für die Vertragspartner endgültig

---

53 K. A. *Schachtschneider*, Prinzipien des Rechtsstaates, Teil I.
54 I. d. S. BVerfGE 36, 1 (36) mit weiter Interpretation der in st. Rspr. (vgl. BVerfGE 1, 14 [37]; 40, 88 [93]; 79, 256 [264]) als maßgeblich erachteten «tragenden Gründe» der Entscheidung, gerade wegen des «rechtlich außerordentlich bedeutsamen» Verfahrensgegenstandes; dazu S. *Detterbeck*, Streitgegenstand und Entscheidungswirkungen im Öffentlichen Recht, 1995, S. 354 ff.; K. A. *Schachtschneider*, Res publica res populi, S. 953 f.; ablehnend K. *Schlaich*, Das Bundesverfassungsgericht, 2. Aufl. 1991, Rdn. 452.

Klarheit schaffen, dass Rechtsschutz gegen die Euro-Politik, mag sie Deutschland auch schaden, ausgeschlossen ist. Das hat der Senat auch erreicht. Freilich hat damit der Verfall des Rechts in der Ära Kohl auch seinen Höhepunkt erreicht. Die erschreckenden Sätze des Beschlusses sind insbesondere:

«Der EG-Vertrag und das Grundgesetz regeln die Maßstäbe des Verfahrens zum Eintritt in die dritte Stufe der Währungsunion mit klaren rechtlichen Vorgaben und betonen dabei Zuständigkeit und Verantwortlichkeit von Bundesregierung und Parlament. Art. 109j i. V. m. Art. 104c EGV fordert für die nunmehr anstehende Entscheidung über den Beginn der Währungsunion mit bestimmten Teilnehmerstaaten im Wesentlichen eine Beurteilung der dauerhaften Stabilität der Währungsunion und der rechtlichen und wirtschaftlichen Konvergenz der Teilnehmerstaaten. Die Kriterien dieser Konvergenz hat der Vertrag in klaren Tatbeständen als rechtsverbindliche Entscheidungsgrundlage geregelt (...). Dieser Rechtsmaßstab eröffnet freilich Einschätzungs-, Bewertungs- und Prognoseräume (BVerfGE 89, 155 [203]). Die Prüfung und Bewertung der vom EWI und der Kommission vorgelegten Daten verlangen empirische Feststellungen, Einschätzungen und Bewertungen, die sich nur annähernd auf Erfahrungswissen stützen können. Die Beurteilung der Entwicklungen fordert Analysen und Voraussagen mittels praktischer Vernunft, die nur Wahrscheinlichkeitsurteile erlauben, nicht aber Gewissheit vermitteln. Die Gesamtwürdigung eines hohen Grades dauerhafter Konvergenz und die daran anknüpfende Prognose einer stetigen Stabilitätsgemeinschaft verlangen von den verantwortlichen Organen Entscheidungen, in denen sich Tatsachenfeststellungen, Erfahrungswerte und willentliches Gestalten in fließenden Übergängen mischen. Soweit der Vertrag für die Kriterien des Haushaltsdefizits und des Schuldenstandes nach Art. 104c Abs. 2 EGV auch eine bestimmte Annäherung an Referenzwerte zum Tatbestand macht, baut die Entscheidung auf eine Prognose, die nur eine Einschätzung nach Wahrscheinlichkeit sein kann und deshalb in begleitenden Prüfungen und Entscheidungen fortgeschrieben werden muss. In diesem Bereich rechtlich offener Tatbestände zwischen ökonomischer Erkenntnis und politischer Gestaltung weist das Grundgesetz die Entscheidungsverantwortlichkeiten Regierung und Parlament zu (Art. 23 Abs. 2 ff. GG)» – BVerfGE 97, 350 (373f.).

Die weiteren Sätze über die Verantwortung der politischen Organe für die Stabilitätsgemeinschaft sind schon oben zitiert.

Als Erstes drängt sich die Frage auf, welche Bereiche des politischen Lebens nicht durch «rechtlich offene Tatbestände» geregelt sind, nämlich durch die überaus offenen Tatbestände des Grundgesetzes, vor allem die der Grundrechte, aber auch durch den Tatbestand des gesamtwirtschaftlichen Gleichgewichts, den des Sozialen und andere mehr. Die Verwirklichung der so bestimmten Politik des Grundgesetzes erfordert durchgehend «ökonomische Erkenntnisse und politische Gestaltung». Wenn es richtig sein sollte, dass in diesen Bereichen wegen der fraglosen Entscheidungsverantwortlichkeiten der Regierung und des Parlaments Auseinandersetzungen um das Recht nicht mehr gerichtlich geklärt werden dürfen, hat der Rechtsschutz gegenüber dem Gesetzgeber weitestgehend sein Ende gefunden. Das aber widerspricht dem Grundgesetz, welches als Verfassungsstaat einen Verfassungsgerichtsstaat verfasst[55], diametral, wie der Blick auf Art. 1 Abs. 3 GG, wonach die Grundrechte, wie schon gesagt, auch die Gesetzgebung binden, auf Art. 20 Abs. 3 GG, wonach auch die Gesetzgebung an die verfassungsmäßige Ordnung gebunden ist, aber auch die Institute der konkreten Normenkontrolle des Art. 100 Abs. 1 GG und der abstrakten Normenkontrolle des Art. 93 Abs. 1 Nr. 2 GG zeigen.[56] Die Verfassungsgerichtsstaatlichkeit des Grundgesetzes ist durch Art. 23 GG, den Europaartikel, nicht aufgehoben, wie das Zitat des Senats am Schluss der zitierten Passage vermuten lassen könnte, und dürfte nicht aufgehoben werden, weil sonst Prinzipien des Art. 1 GG und des Art. 20 GG missachtet wären, die durch Art. 79 Abs. 3 GG, die so genannte Ewigkeitsklausel für den Verfassungskern des Verfassungsgesetzes[57], geschützt sind.

Dass das Recht nicht mehr zur Geltung gebracht werden dürfe

---

55 *K. A. Schachtschneider*, Res publica res populi, S. 932 ff.; *ders.*, Prinzipien des Rechtsstaates, Teil E.
56 Dazu *K. A. Schachtschneider*, Prinzipien des Rechtsstaates, Teil K I 1.
57 Dazu *P. Kirchhof*, Die Identität der Verfassung in ihren unabänderlichen Inhalten, HStR, Bd. I, 1987, § 19, Rdn. 21 ff., 47 ff., 66 ff.

(falls die jeweiligen Prozessvoraussetzungen es ermöglichen), ist ein ebenso unerwarteter wie unerhörter Bruch mit dem Prinzip Recht, zumal die Formulierungen des Senats außerordentlich weit und damit außerordentlich weit tragend sind. Wie durch die restriktive Grundrechtsdogmatik entmachten diese Sätze des Euro-Beschlusses das Bundesverfassungsgericht gegenüber dem Gesetzgeber fast völlig. Dabei hatte der Senat sicherlich im Auge, dass im Parteienstaat auch das Parlament weitestgehend entmachtet ist. Die Folge ist, dass der Regierung, die selbst von dem Bundeskanzler beherrscht wird, kaum noch Gegenkräfte entgegenstehen, es sei denn der Bundesrat, der gegebenenfalls (wie derzeit) von dem anderen parteipolitischen Lager dominiert wird.[58]

Geradezu provokativ hat das Gericht seine rechtsferne gewaltenteilungsrechtliche Dogmatik an die Erkenntnis angeschlossen, dass für den Eintritt in die dritte Stufe der Währungsunion «klare rechtliche Vorgaben» geregelt seien, dass der Vertrag die Kriterien der Konvergenz «in klaren Tatbeständen als rechtsverbindliche Entscheidungsgrundlage» geregelt habe und dass dies ein «Rechtsmaßstab» sei. Der Senat entwickelt dann aber eine Dogmatik, welche die rechtliche Verbindlichkeit von der gerichtlichen Verantwortlichkeit für das Recht trennt. Damit wird die Verbindlichkeit aufgehoben, weil es im Staat des Rechts keine Rechtlichkeit ohne Gerichtlichkeit gibt.[59] Wer die Verantwortung für die Rechtlichkeit einer Politik ausgerechnet den Organen überträgt, welche Interesse haben können, Politik außerhalb der rechtlichen Grenzen zu machen, macht schlicht den Bock zum Gärtner. Der Verfassungsgerichtsstaat geht von der Erfahrung aus, dass man sich auf die Rechtlichkeit der Verfassungsorgane nicht verlassen könne; denn das Vertrauen ist allzu oft enttäuscht worden. Darum ist die Kontrolle eingerichtet. Es gibt keine wirklichen, d. h. wirksamen,

---

58 Dazu *K. A. Schachtschneider*, Prinzipien des Rechtsstaates, Teil I II 1.
59 *K. A. Schachtschneider*, Res publica res populi, S. 536 ff., 909 ff., 963 ff., 1027 ff.; auch *ders. (O. Gast)*, Sozialistische Schulden nach der Revolution, S. 29 ff., insb. S. 38 ff.; *ders.*, Prinzipien des Rechtsstaates, Teil G; vgl. auch die Euro-Klage, S. 284 ff.

rechtlichen Verpflichtungen von Bundesregierung und Parlament, wenn es keine gerichtliche Klärung des Rechtsstreits gibt, deren Ergebnis nur sein kann, dass die Verfassungsorgane die gerichtlichen Erkenntnisse zu beachten haben. Der Euro-Beschluss verlässt ein Grundprinzip des Rechts, nämlich dessen Verbund mit der Befugnis zu zwingen (Kant)[60]. Die Zwangsbefugnis haben mittels des Rechtsschutzes andere Verfassungsorgane oder hat, wenn die Republikanität des Gemeinwesens respektiert wird, jeder Bürger.

b) Keine Rechtlichkeit ohne Gerichtlichkeit – auch nicht in der Außenpolitik

Freilich hat das Bundesverfassungsgericht auch anderen verbindlichen Verfassungsprinzipien die Judiziabilität abgesprochen, insbesondere dem höchstrangigen Sozialprinzip[61], aber auch, jedenfalls bislang, dem Subsidiaritätsprinzip des Art. 72 Abs. 2 GG[62], welches die Inanspruchnahme der konkurrierenden Gesetzgebungskompetenz durch den Bund begrenzen sollte. Das war folgenschwer. Im Euro-Beschluss aber hat der Zweite Senat die Justizverweigerung überaus verallgemeinert und dadurch wesentlich erweitert, weil seine Sätze fast jeden Fall einer Gesetzgebung betreffen. Die Sätze sind aber auch untragbar, wenn sie nur auf die europäische Integrationspolitik oder auch nur auf die Einführung des Euro begrenzt werden. Wenn es klare rechtliche Vorgaben für die Einführung des Euro gegeben hat, dann waren sie auch gerichtsschutzfähig. Es gibt keine Rechtsfrage, die nicht einer gerichtlichen Klärung zugänglich wäre. Rechtlichkeit und damit Rechtsschutzfähigkeit hängen durch nichts davon ab, von welchen

---

60 Metaphysik der Sitten, S. 338 f.; dazu *K. A. Schachtschneider*, Res publica res populi, S. 551 ff.
61 BVerfGE 1, 97 (105); 33, 303 (331 f.); 70, 278 (288); 84, 90 (121); 100, 271 (284); st. Rspr.; kritisch (m. Hinw.) *K. A. Schachtschneider*, Res publica res populi, S. 247 f.; vgl. auch *ders.*, Das Sozialprinzip. Zu seiner Stellung im Verfassungssystem des Grundgesetzes, 1974, S. 38 ff., 71 ff., 82 ff.; *ders.*, Prinzipien des Rechtsstaates, Teil F I 2, Teil C.
62 BVerfGE 1, 264 (272 f.); 2, 213 (224); 65, 1 (63); 65, 283 (289); 67, 299 (327).

Kriterien eine politische Entscheidung im Übrigen bestimmt ist. Rechtliche Determinanten können allerdings eine Politik verhindern, welche erwünscht erscheint. Das ist der Zweck des Rechts; denn das Recht schützt die allgemeine Freiheit. Jede rechtswidrige oder rechtlose Politik ist freiheitswidrig; denn sie hat keine Grundlage in dem Willen des Volkes.

Dass rechtsverbindliche Entscheidungsgrundlagen nicht gerichtlich klärbar seien, weil sie in offenen Tatbeständen formuliert und mit ökonomischen Erkenntnissen und politischer Gestaltung verbunden seien (BVerfGE 97, 350 [374]), ist mit Logik nicht begründbar und würde dem Rechtsschutz weitestgehend die Grundlage entziehen. Diese Position ist nichts als Verweigerung der Rechtsklärung und des Rechtsschutzes, bestenfalls eine Art Doktrin, dass sich die Verfassungsgerichtsbarkeit aus allgemeinen politischen Entwicklungen heraushalten sollte (political-question-Doktrin).[63]

Eine solche Doktrin findet aber keine Rechtfertigung im Grundgesetz[64] und schon gar nicht eine in der Verfassung der Freiheit, die auf ein Verfassungsgericht und Verfassungsrichter angewiesen ist, dessen und deren existentielles Amtsprinzip der Primat des Rechts ist. Jederzeit muss die «wahre Politik ... der Moral huldigen», sagt Kant.[65] Das bedeutet nichts anderes als den Primat des Rechts; denn Moralität sichert Sittlichkeit. Sittlichkeit aber ist Rechtlichkeit als Wirklichkeit der allgemeinen Freiheit.[66] Wer den Maßnahmen des Parlaments und der Regierung den Vorrang vor dem Recht gibt, verlässt den Verfassungsstaat. Dieser Bruch mit dem Prinzip Recht lässt sich auch nicht dadurch besänftigen, dass auf die rechtliche Verantwortlichkeit der Legislative und Exekutive hingewiesen ist. Mit deren Respekt vor dem Recht war und ist, jedenfalls im Falle außenpolitischen Drucks, nicht unbedingt zu rechnen. Das

---

63 Vgl. *K. Hailbronner*, Kontrolle der auswärtigen Gewalt, VVDStRL 56 (1997), S. 12 f.; *K. Doehring*, daselbst, Aussprache, S. 135 f.

64 So auch *J. Isensee*, Verfassungsrecht als «politisches Recht», HStR, Bd. VII, 1992, § 162, Rdn. 88.

65 Zum ewigen Frieden, ed. Weischedel, Bd. 9, S. 243.

66 *K. A. Schachtschneider*, Freiheit in der Republik, S. 26 ff., 200 ff. (211 ff.).

war vor den Beschlüssen der Bundesregierung, des Bundestages und des Bundesrates zur Einführung des Euro aufgrund der vielen Erklärungen zu dieser Politik klar und ist durch den Vollzug der Politik bewiesen. Die Verweigerung des Rechtsschutzes war der Schlussstein der diktatorischen Einführung des Euro.

Die Republik kann keinen Vorrang der Außenpolitik vor der Innenpolitik dulden, wenn und insoweit die Innenpolitik rechtlich gebunden ist, schon gar nicht, wenn innerstaatlich der Außenpolitik (oder Integrationspolitik) Grenzen gezogen sind. Sonst würde das Recht und damit der Wille des Volkes zur Disposition der Außenpolitik der außenpolitisch agierenden Staatsorgane stehen. Die Verfassung der Außenpolitik darf in der Republik nicht so konzipiert werden wie in der absoluten Monarchie, in der der Fürst keine Rücksicht auf den Willen seiner Untertanen nehmen musste. In der Republik gibt es trotz aller gebotenen Zurückhaltung der Gerichte in auswärtigen Angelegenheiten keinen Vorbehalt der auswärtigen Gewalt zulasten des Rechts.[67] Zweifelhaft ist bereits, ob die Integrationspolitik überhaupt noch Außenpolitik ist.[68] Sie ist jedenfalls auch Innenpolitik und bedarf der demokratischen Legitimation, die nur gemäß dem Recht die Politik legalisiert. Bundeskanzler Kohl aber hat wie ein Herrscher regiert, als habe er über eine rechtlich ungebundene Integrationsgewalt verfügt.[69] Er konnte das, weil ihm die Verfassungsorgane Deutschlands einschließlich des Bundesverfassungsgerichts nicht in die republikanischen Grenzen gewiesen haben. Die höchste Wirksamkeit (nicht Verbindlichkeit, die rechtlich wäre) haben in der Europäischen Union die Vereinbarungen der Staats- und Regierungschefs, der Führer Europas, ge-

---

67 Dazu *K. Hailbronner*, Kontrolle der auswärtigen Gewalt, VVDStRL 56 (1997), S. 11 ff.; auch *K. A. Schachtschneider*, daselbst, Aussprache, S. 100 f.; *I. Pernice*, daselbst, Aussprache, S. 117 ff.; bemerkenswert *P. Kirchhof*, daselbst, Aussprache, S. 111 ff. (wie der Text).
68 Vgl. *P. Häberle*, ebd., Aussprache, S. 105 ff.; auch *I. Pernice*, ebd., Aussprache, S. 117 ff.
69 *J. H. Kaiser*, ebd., Aussprache, S. 144 f.

wonnen[70], auch weil sie nicht leicht geändert werden können. Der Wille der Völker hat seine Relevanz (wieder) weitgehend eingebüßt und mit ihm das demokratische Prinzip.[71]

c) Judiziabilität der stabilitätsrechtlichen Konvergenz

Der Senat hat auf die (fraglosen) Einschätzungs-, Bewertungs- und Prognoseräume, welche die Konvergenzmaßstäbe eröffnen, hingewiesen. Das ist richtig und war in der Euro-Klage, im Übrigen gemäß dem Maastricht-Urteil, zugestanden (Euro-Klage, S. 217 ff.). Allein die Methoden der volkswirtschaftlichen Gesamtrechnung bringen erhebliche Berechnungsunsicherheiten mit sich. Nur bewirken diese in der Natur der Sache liegenden und mit den offenen Tatbeständen verbundenen Unsicherheiten nicht, dass die rechtlichen Vorgaben nicht judiziabel wären. Jeder noch so offene Tatbestand gibt eine rechtliche, verbindliche Grenze oder Orientierung; denn sonst ist er kein rechtlicher Tatbestand. Im Maße seiner Rechtlichkeit kann jeder Begriff judiziert werden.

Die Konvergenzkriterien, die der Senat gemäß dem Maastricht-Urteil und zu Recht als rechtlich verbindliche Voraussetzung für die Einführung des Euro behandelt, enthalten durchaus klare rechtliche Bestimmungen der Währungspolitik, wie der Senat selbst sagt (BVerfGE 97, 350 [373]) und wie insbesondere das Maastricht-Urteil herausgestellt hat (BVerfGE 89, 155 [199 ff.]). Mit der Bestimmbarkeit und der Berechenbarkeit der Konvergenzkriterien hat derselbe Senat im Maastricht-Urteil begründet, dass die im Maastricht-Vertrag vereinbarte Währungsunion von dem Deutschen Bundestag verantwortbar sei. Darum hat er 1993 die demokratierechtlichen Bedenken zurückgewiesen (BVerfGE 89, 155 [181, 199 ff.]). Einschätzungs-, Bewertungs- und Prognoseräume können nicht so weit gehen, dass ein «Rechtsmaßstab» seine rechtliche und damit gerichtliche Maßstäblichkeit verliert.

---

70 Dazu K. A. *Schachtschneider*, Eine Charta der Grundrechte für die Europäische Union, Recht und Politik, 2001, S. 193 ff.
71 K. A. *Schachtschneider*, Demokratiedefizite in der Europäischen Union, FS W. Hankel, S. 119 ff.

Der Zweite Senat entwertet die rechtliche und wirtschaftliche Konvergenz so weitgehend, dass die materialen Regelungen bloße Befugniszuweisungen werden, welche den verantwortlichen Organen ökonomische Erkenntnisse im Verbund mit politischer Gestaltung aufgeben. Eine derartige Umdeutung des materialen Konvergenzprinzips lässt sich nicht damit begründen, dass ökonomische Erkenntnisse auf unsicherem Erfahrungswissen beruhen. Mit den Worten «praktische Vernunft» und «Wahrscheinlichkeitsurteile» ist nichts begründet. Praktische Vernunft ist ein formaler Begriff, der als Sittlichkeit Wissenschaftlichkeit der Erkenntnisse der Wirklichkeit und des Rechts postuliert.[72]

Wahrscheinlichkeitsurteile haben einen rechtlichen Standort, welche nach Prinzipien des Rechts in die rechtlichen Erkenntnisse einzubeziehen sind. Empirische Erkenntnisse vermitteln (als Theorien) nie «Gewissheit»; denn sie sind nicht allgemein gültig.[73] Das schließt ihre Relevanz nicht aus und kann nicht zur Folge haben, dass Rechtsfragen ihre gerichtliche Klärbarkeit verlieren. Es müssen wiederum Rechtsprinzipien entwickelt werden, die bestimmen, wie mit Ungewissheit umgegangen werden kann. Im Umwelt- und Atomrecht drängt sich etwa der Rechtssatz auf, dass Ungewissheit über die Sicherheit gefährlicher Anlagen nach dem Satz *in dubio pro securitate* zum Verbot derartiger Anlagen führt.[74] Entsprechend darf eine Währungsunion, die dem Stabilitätsprinzip verpflichtet

---

72 *K. A. Schachtschneider*, Der Rechtsbegriff «Stand von Wissenschaft und Technik» im Atom- und Immissionsschutzrecht, in: W. Thieme (Hrsg.), Umweltschutz im Recht, 1988, S. 101 ff., 105; *ders.*, Res publica res populi, S. 519 ff., 567 ff., 598 ff., zur Formalität S. 313 ff., 325 ff.; *ders. (O. Gast)*, Sozialistische Schulden nach der Revolution, S. 10, 76 f., 126; *ders.*, Freiheit in der Republik, S. 242.
73 *K. R. Popper*, Objektive Erkenntnis, 4. Aufl. 1984, S. 1 ff., 13 ff., 17 ff., 298 ff.; vgl. auch *Kant*, Kritik der reinen Vernunft, ed. Weischedel, Bd. 3, S. 46 ff.; *ders.*, Logik, ed. Weischedel, Bd. 5, X, S. 512 ff.; *K. A. Schachtschneider*, Der Rechtsbegriff «Stand von Wissenschaft und Technik», S. 100 ff., 113.
74 *K. A. Schachtschneider*, Der Rechtsbegriff «Stand von Wissenschaft und Technik», S. 120 f.

ist, nicht versucht werden, wenn die Stabilitätserwartung nicht begründet ist (Euro-Klage, S. 192 ff., 214 ff.). Dass wegen der Unsicherheit der empirischen Erkenntnisse das Recht zurückzustehen habe, offenbart bestenfalls dogmatische Hilflosigkeit, vermutlich aber ein Defizit an Willen zum Recht. Im Kalkar-Beschluss 1978 wusste der Zweite Senat des Bundesverfassungsgerichts bestens mit der tatsächlichen Ungewissheit, also mit Theorien, rechtlich umzugehen.[75] Die besonders kritischen Politiken, deren Spezifikum geradezu die Ungewissheit ist, würden ohne eine rechtliche Dogmatik der praktischen Relevanz von Theorien (der Wirklichkeit) rechtsschutzlos und könnten damit rechtlos durchgeführt werden. Es gibt durchaus einen Verbund von «Tatsachenfeststellungen, Erfahrungswerten und willentlichem Gestalten», aber keine derart fließenden Übergänge derselben, dass nicht bestimmt werden könnte, welche rechtlichen Prinzipien und Regelungen einzuhalten wären.

So müssen Tatsachen dem Recht gemäß festgestellt werden. Sie dürfen etwa nicht manipuliert sein, wie die Haushaltsdefizite bei der Vorbereitung der Euro-Einführung (Euro-Klage, S. 70 ff., 292). Erfahrungswerte müssen sachverständig ermittelt werden und auf nachweisbaren Tatsachen beruhen. Die empirische Erkenntnismethode ist gerade nicht die «praktische Vernunft», wie der Senat meint (BVerfGE 97, 350 [373]), sondern die theoretische. Praktische Vernunft ist das Prinzip des sittlichen, also freien Handelns, nicht die Methode der Anschauung. Vor allem das willentliche Gestalten muss dem allgemeinen Willen des Volkes entsprechen, also dem Recht. Dass die Mischung in fließenden Übergängen Rechtsschutzlosigkeit bewirke, ist ein wenig überzeugender Versuch, die Verweigerung der Rechtsklärung zu rechtfertigen.

Vor allem beruft sich der Zweite Senat zu Unrecht auf die Passagen des Maastricht-Urteils, welche ebenfalls auf die offenen Tatbestände der Konvergenzkriterien hingewiesen haben. Im Maastricht-Urteil ist bei den Ausführungen zur rechtlichen Verbindlichkeit der Konvergenz gesagt:

---

75 BVerfGE 49, 89 (143); dazu K. A. *Schachtschneider*, Der Rechtsbegriff «Stand von Wissenschaft und Technik», S. 81 ff.

«Vielmehr kann das Mehrheitserfordernis nur bedeuten, dass im Rahmen der verbleibenden Einschätzungs-, Bewertungs- und Prognosespielräume Meinungsverschiedenheiten mehrheitlich ausgeräumt werden können. ... Unbeschadet ihm zustehender Einschätzungs-, Bewertungs- und Prognosespielräume erlaubt es der Vertragstext dem Rat nicht, sich von seiner Entscheidungsgrundlage in den Empfehlungen nach Art. 109j Abs. 2 EGV und damit von den vertraglich in Art. 109j Abs. 1 EGV festgelegten und im Protokoll über die Konvergenzkriterien näher definierten Konvergenzkriterien zu lösen. Damit ist hinreichend sichergestellt, dass ohne deutsche Zustimmung – und damit ohne maßgebliche Mitwirkung des Deutschen Bundestages – die Konvergenzkriterien nicht ‹aufgeweicht› werden können.» (BVerfGE 89, 155 [202f.]).

Das Maastricht-Urteil hatte die Verbindlichkeit der Konvergenzkriterien als notwendige Voraussetzung der dritten Stufe der Währungsunion und der Beteiligung daran herausgearbeitet und mit dieser Verbindlichkeit die hinreichende Bestimmbarkeit und damit die parlamentarische Verantwortbarkeit der Politik der Währungsunion begründet (BVerfGE 89, 155 [199ff.]). Diese Interpretation ist durch den Euro-Beschluss mit dem Bemerken, dass der Eintritt in die dritte Stufe der Währungsunion «mit klaren rechtlichen Vorgaben» geregelt sei, an sich bestätigt (BVerfGE 97, 350 [373]). Mit den Argumenten von den Einschätzungs-, Bewertungs- und Prognosespielräumen und von den «offenen Tatbeständen zwischen ökonomischer Erkenntnis und politischer Gestaltung» (BVerfGE 97, 350 [374]) aber nimmt der Senat der Rechtsverbindlichkeit der Konvergenzkriterien die Substanz und wendet die Erkenntnisse des Maastricht-Urteils in das Gegenteil. Diese Begründung hat alle, die auf das Maastricht-Urteil vertraut haben, wie insbesondere die Euro-Kläger, enttäuscht.

Die Zuständigkeit und Verantwortlichkeit der Bundesregierung und des Parlaments sind ohnehin fraglos. Diese Verfassungsorgane sind auch dem Recht verpflichtet. Das schließt jedoch nicht aus, dass die rechtsverbindliche Entscheidungsgrundlage für die Einführung des Euro gerichtlich überprüft wird. Bereits im Leitsatz 5 hat das Bundesverfassungsgericht im Maastricht-Urteil ausgesprochen, dass es prüfe, «ob Rechtsakte der europäischen Einrichtungen und Organe sich in den Grenzen der ihnen eingeräumten Hoheitsrechte halten oder aus ihnen ausbrechen» (BVerfGE 89, 155 [156, auch 188]). Wenn die rechtlich verpflichtende Voraussetzung der Konvergenz für die Einführung des Euro nicht besteht, ist die Stabilitätskonzeption des Maastricht-Vertrages verlassen, die nach dem Maastricht-Urteil «Grundlage und Gegenstand des deutschen Zustimmungsgesetzes» ist (vgl. BVerfGE 89, 155 [205]).

Das Maastricht-Urteil enthält keinerlei Ansatzpunkt für eine Dogmatik, dass die Verantwortung von Regierung und Parlament für die Stabilitätserwartung und damit für die Erfüllung der Konvergenzkriterien die Judiziabilität der Konvergenzlage einschränke, etwa weil sich der Bundestag und der Bundesrat auch und insbesondere in den Entschließungen vom 2. bzw. 18. Dezember 1992 diese Verantwortung vorbehalten hatten. Ein Gericht hat die Einschätzungs-, Bewertungs- und Prognosespielräume, welche durch offene Tatbestände, wie insbesondere den der Annäherung an Referenzwerte des Haushaltsdefizits und ähnlich auch des Schuldenstandes (Art. 104 Abs. 2 EGV), begründet werden, zu respektieren. Die zitierten Sätze im Maastricht-Urteil bringen das, sprachlich eindeutig, mit den Worten «im Rahmen» und «unbeschadet» zum Ausdruck. Die Judiziabilität der Konvergenzkriterien ist dadurch aber nicht aufgehoben, sondern lediglich auf deren rechtliche Verbindlichkeit beschränkt.

Im Verwaltungsrecht gelten die offenen (meist unbestimmt genannten) Rechtsbegriffe grundsätzlich als judiziabel.[76] Es muss schon besondere Gründe dafür geben, dass sie nicht oder nur begrenzt gerichtlich klärbar sind. Jedenfalls haben sie Grenzen, an

---

76 BVerfGE 84, 34 (49 f.); BVerwGE 72, 73 (77); *H. J. Wolff/O. Bachof/R. Stober*, Verwaltungsrecht I, 10. Aufl. 1994, § 31, Rdn. 8 ff.; *F. Ossenbühl*, in: H.-U. Erichsen (Hrsg.), Allgemeines Verwaltungsrecht, 11. Aufl. 1998, § 10, Rdn. 23 ff., S. 210 ff.; *H. Maurer*, Allgemeines Verwaltungsrecht, 11. Aufl. 1997, § 7, Rdn. 35 ff.; *K. A. Schachtschneider*, Grundprinzipien des Allgemeinen Verwaltungsrechts, S. 59 ff.

denen die rechtliche Verbindlichkeit beginnt. Insbesondere müssen sie ihrem Zweck gemäß genutzt werden. Sie sind keine Spielräume der Manipulation oder gar der Verhandlung. Vielmehr übertragen sie die Verantwortung für die Sachlichkeit auf die verantwortlichen Stellen. Allemal ist gerichtlich zu verantworten, ob die Spielräume missbraucht wurden. Dass keines der Konvergenzkriterien erfüllt war, ist im 2. Kapitel dargelegt worden. Es kann wenig Zweifel geben, dass auch der Zweite Senat wusste, wie die Bundesregierung, der Bundestag und der Bundesrat mit dem Konvergenzerfordernis umgehen würden. Die Manipulationen (kreative Buchführung) waren bekannt und sind in der Euro-Klage (S. 74 ff.) und insbesondere in der Verfassungsbeschwerde von Klaus Peter Heim vorgetragen worden. Jedes mit der Euro-Frage befasste Verfassungsorgan (oder auch Gemeinschaftsorgan) war verpflichtet, die Manipulationen zu überprüfen. Keines dieser Organe hat das getan. Integrationistische oder außenpolitische Rücksichtnahmen rechtfertigen die Missachtung des Rechts nicht. Internationalität stellt Politik, wie schon gesagt, nicht über das Recht.

Man kann darüber streiten, ob zu den rechtlich verbindlichen notwendigen Voraussetzungen (Art. 109 j [jetzt Art. 121] Abs. 2 bis 4 EGV) für die Einführung des Euro die Konvergenz im Sinne des Art. 121 Abs. 1 EGV gehört.[77] Das Maastricht-Urteil hat das durchaus überzeugend begründet. Die besseren Argumente sprechen für die Verbindlichkeit der Konvergenzkriterien, weil nach dem Maastricht-Vertrag deren Erfüllung die durch das Sozialprinzip und die Eigentumsgewährleistung gebotene Stabilität hätte erwarten lassen (Euro-Klage, S. 214 ff.). Jedenfalls ist das deutsche Zustimmungsgesetz vom Bundesverfassungsgericht dahin interpretiert worden, dass die Konvergenz als notwendige Voraussetzung des Beginns der dritten Stufe der Währungsunion und der Beteiligung daran verwirklicht sein müsse. Danach waren, wie auch der Euro-Beschluss betont (BVerfGE 97, 350 [373]), die Konver-

---

77 Kritisch *A. Emmerich-Fritsche*, Wie verbindlich sind die Konvergenzkriterien?, EWS 1996, 77 (81 ff.); auch *K. A. Schachtschneider*, Maastricht-Verfassungsbeschwerde, Schriftsatz vom 22. 6. 93, S. 452 ff.

genzkriterien verbindlich, wie sinnvoll sie auch gewesen sein mögen.

Der Zweifel an der Sinnhaftigkeit der Konvergenzkriterien ist zwar immer geäußert worden, wurde aber erst wirklich gestärkt, als klar wurde, dass sie nicht erfüllt werden würden. Der Zweite Senat hat jedoch die Verbindlichkeit der Konvergenzkriterien durch Verweigerung des Rechtsschutzes schicksalhaft geschwächt. Die dritte Stufe der Währungsunion wurde begonnen, obwohl die Konvergenz nicht verwirklicht war und auch inzwischen nicht ist. Das verletzt allemal das Zustimmungsgesetz Deutschlands zum Maastricht-Vertrag und damit diesen Vertrag in der Interpretation des Bundesverfassungsgerichts im Maastricht-Urteil.

Die Rechtlosigkeit der Euro-Politik wird ihre verheerenden Konsequenzen für die politische Stabilität bewirken, wenn die Währungsunion sich so entwickelt haben wird, wie es zu erwarten ist, wenn sie nämlich scheitert, ihre «vierte Stufe», die schon deswegen unabwendbar ist, weil der Währungsunion alle wesentlichen Voraussetzungen fehlen, nämlich die politische Union und der hinreichende Währungsraum, aber auch die hinreichende Stabilitätserwartung, welche durch die Erfüllung der Konvergenzkriterien gesichert werden sollte. Noch besteht die Chance, den ganz großen Schaden abzuwenden, indem zunächst der Umtausch der Geldzeichen aufgeschoben und dann die Währungsunion beendet wird.

Die Währungsunion wird immer eine Politik im Unrecht sein. Nur ihr Erfolg vermöchte dieser Politik Akzeptanz zu verschaffen und die Illegitimität, welche aus der Illegalität erwächst, zu kompensieren. Aber bisher war der Euro ein Fehlschlag, vor allem ist der Außenwert dramatisch gefallen.

II. Das Recht und die Pflicht zum Ausstieg aus der Währungsunion

1. Wirtschaftliche Stabilität als Rechtsprinzip

a) Das Stabilitätsgebot des Sozialprinzips

Das Prinzip der Stabilitätsgemeinschaft ist im Sozialprinzip des Grundgesetzes, meist Sozialstaatsprinzip genannt[78], aber auch im Sozialprinzip der Europäischen Gemeinschaft, vor allem in Art. 2 EGV, verankert.[79] Das Sozialprinzip verpflichtet den Staat zur bestmöglichen Förderung der allgemeinen Wohlfahrt, welche er nach Maßgabe der Grundrechte, insbesondere des Menschenrechtsgehalts derselben, und unter Berücksichtigung der ökonomischen Erkenntnisse zu verantworten hat. Ohne wirtschaftliche Prosperität hat das Wohlfahrtsziel des Staates[80] keine Realisierungschance. Demgemäß überträgt das Sozialprinzip dem Staat die Verantwortung für die gesamtwirtschaftliche Entwicklung. Die Wirtschaft soll nach dem Privatheitsprinzip[81] der Verfassung der Freiheit bestmöglich privat sein. Das schließt jedoch die Sorge des Staates für den Erfolg der Wirtschaft nicht aus. Die Wirtschaft hat eine dienende Funktion für das Gemeinwesen.[82] Der Staat ist nicht

---

78 K. A. *Schachtschneider*, Das Sozialprinzip, S. 31 f.
79 J. C. K. *Ringler*, Die europäische Sozialunion, 1997, S. 21 ff., 30 ff., 39 ff.
80 Vgl. Art. 2 EGV; zum Wohlfahrtszweck des Staates *Ch. Link*, Staatszwecke im Verfassungsstaat – nach 40 Jahren Grundgesetz, VVDStRL 48 (1990), S. 34 ff.; *G. Ress*, daselbst zum nämlichen Thema, S. 101 ff.
81 K. A. *Schachtschneider*, Res publica res populi, S. 370 ff., 386 ff., 449 ff., 466 ff., 499 f., 509 ff., 859 f., 1004, 1023 ff.; *ders.*, Freiheit in der Republik, S. 237 ff., 250 ff.; *ders.*, Der Anspruch auf materiale Privatisierung des staatlichen und kommunalen Vermessungswesens in Bayern, 2000, S. 51 ff.; vgl. auch *ders.*, Staatsunternehmen und Privatrecht, passim, insb. S. 97 ff., 261 ff., 281 ff., 363 ff., jeweils mit Nachw.
82 K. A. *Schachtschneider*, Eigentümer globaler Unternehmen, in: B. N. Kumar/M. Osterloh/G. Schreyögg (Hrsg.), Unternehmensethik und die Transformation des Wettbewerbs, FS für Horst Steinmann, 1999,

berechtigt, seinen Einfluss auf die wirtschaftliche Entwicklung aufzugeben, etwa weil er diese nicht mehr zu regulieren vermag. Die grundgesetzliche Wirtschaftsverfassung ist darum wegen des freiheitlichen Sozialprinzips, welches nicht zur Disposition der Politik steht[83], wenn die Würde des Menschen als dessen Freiheit und damit die Gleichheit aller in der Freiheit geachtet werden, das der marktlichen Sozialwirtschaft.[84] Dieser Begriff bringt die Verantwortung der res publica für die (schicksalhafte) Wirtschaft des Gemeinwesens zur Sprache und berücksichtigt zugleich, dass der Erfolg der Wirtschaft durch Marktlichkeit als nach bisheriger Erfahrung effizienteste Wirtschaftsweise gesucht wird. Nicht anders stellt die Wirtschaftsverfassung der Europäischen Gemeinschaft den «Grundsatz einer offenen Marktwirtschaft mit freiem Wettbewerb» unter den Vorbehalt des «effizienten Einsatzes der Ressourcen» (Art. 102a und Art. 105 EGV)[85] und macht die soziale Zielsetzung durch Art. 2 EGV wirtschaftsverfassungsrechtlich verbindlich.

Ohne wirtschaftliche Stabilität gibt es keine Chance für die Sozialität der Gemeinschaft. Die Stabilität, insbesondere die Preisstabilität, hat überragende Bedeutung für jedes Gemeinwesen.[86] Peter Häberle hat formuliert: «Nur stabiles Geld ist ‹soziales› Geld».[87] Das Prinzip der Stabilitätsgemeinschaft ist als

---

S. 414 ff., 426 ff., 430 ff.; *ders.*, Freiheit in der Republik, S. 362 ff.; *ders.*, Das Recht am und das Recht auf Eigentum, FS für W. Leisner S. 786 ff.

83 BVerfGE 84, 90 (120 f.); *K. A. Schachtschneider*, Res publica res populi, S. 440, 575; *ders.*, Das Sozialprinzip, S. 35 ff., 48 ff., 71 ff.

84 *K. A. Schachtschneider/A. Emmerich-Fritsche/Th. C. W. Beyer*, Der Vertrag über die Europäische Union und das Grundgesetz, JZ 1993, 756; *K. A. Schachtschneider*, Grenzen der Kapitalverkehrsfreiheit, S. 42 ff.

85 *K. A. Schachtschneider*, Die existentielle Staatlichkeit der Völker Europas, S. 132.

86 BVerfGE 89, 155 (200 ff.); *M. Schmidt-Preuß*, Verfassungsrechtliche Zentralfragen staatlicher Lohn- und Preisdirigismen, 1977, S. 105 ff.; *A. Woll*, Das Ende der Stabilitätspolitik, 1983, S. 5 ff.

87 Grundrechte im Leistungsstaat, VVDStRL 30 (1972). S. 43 ff., 62.

Prinzip des gesamtwirtschaftlichen Gleichgewichts[88] Bestandteil des Sozialprinzips. Das Bundesverfassungsgericht hat das bereits in seinem Preisurteil 1958 zur Geltung gebracht.[89] Die Literatur hat diese Lehre gestärkt und den Rang des Stabilitätsprinzips mit der Verankerung im Sozialprinzip begründet.[90] Das haushalts- und finanzverfassungsrechtliche Prinzip des gesamtwirtschaftlichen Gleichgewichts (Art. 104a Abs. 4, 109 Abs. 2 und 4, Art. 115 Abs. 1 GG), 1967 auf Betreiben Karl Schillers eingeführt[91], materialisiert fiskalistisch das Sozialprinzip, reduziert aber die Verantwortung für das gesamtwirtschaftliche Gleichgewicht nicht auf die Finanz- und Haushaltspolitik des Staates. Der Staat hat insgesamt die Verantwortung für das gesamtwirtschaftliche Gleichgewicht im Gemeinwesen.[92] Diesem Prinzip folgt insbesondere das Gesetz über die Förderung der Stabilität und des Wachstums der Wirtschaft. Das Sozialprinzip wird wesentlich durch wirtschaftliche Stabilität verwirklicht, was aus dem Begriff des gesamtwirtschaftlichen Gleichgewichtes evident ist; denn dieser umfasst nicht nur die Preisstabilität, sondern auch die hohe Beschäftigung, das außenwirtschaftliche Gleichgewicht und das stetige und angemessene Wachstum (§ 1 StabWG). Bei aller Of-

---

88 *R. Scholz*, in: Maunz/Dürig, GG, 1996, Art. 23, Rdn. 21.
89 BVerfGE 8, 274 (328f.); vgl. auch (zurückhaltend) BVerfGE 50, 57 (107f.).
90 *M. Schmidt-Preuß*, Verfassungsrechtliche Zentralfragen staatlicher Lohn- und Preisdirigismen, S. 108ff.; i. d. S. auch *H.-F. Zacher*, Das soziale Staatsziel, HStR, Bd. I, 1987, § 25, Rdn. 50, S. 1078f.; *U. Häde*, Gesamtwirtschaftliches Gleichgewicht und europäische Haushaltsdisziplin, JZ 1997, 269 (274).
91 Vgl. etwa *K. Schiller*, Preisstabilität durch globale Steuerung der Marktwirtschaft, 1966; vgl. auch *K. Stern/P. Münch/K.-H. Hansmeyer*, Gesetz zur Förderung der Stabilität und des Wachstums der Wirtschaft, Kommentar, 2. Aufl. 1972, S. 78; *D. Cassel/H. J. Thieme*, Stabilitätspolitik, in: D. Bender et al. (Hrsg.), Vahlens Kompendium der Wirtschaftstheorie und Wirtschaftspolitik, Band 2, 6. Aufl. 1995, S. 316.
92 I. d. S. BVerfGE 29, 402 (410); vgl. auch BVerfGE 36, 66 (71f.); 37, 38 (49); 84, 239 (282); *K. A. Schachtschneider*, Imperative Lohnleitlinien unter dem Grundgesetz, Der Staat 16 (1977), S. 493ff. (507, 514f.).

fenheit des Sozialprinzips und aller Abhängigkeit der Verwirklichung desselben von der Lage[93] gibt es doch eine Materialisierung des Prinzips, die verbindlich ist. Das ist vor allem das wirtschaftliche Stabilitätsprinzip, von dem auch das Bundesverfassungsgericht ausgeht[94] und das nach der Erfahrung Deutschlands im 20. Jahrhundert für das gemeinsame Leben in Deutschland herausragende Bedeutung hat.

Das Stabilitätsprinzip verbietet eine Integrationspolitik, die eine europäische Staatlichkeit anstrebt, welche nur zulasten der wirtschaftlichen Stabilität in Deutschland erreichbar ist. Der im Grundgesetz erklärte politische Wille Deutschlands zur Integration Europas[95] hat nicht den Rang, den die Pflicht Deutschlands zur Wiedervereinigung hatte[96], hinter welche das Bundesverfassungsgericht andere Verfassungsprinzipien, insbesondere solche wirtschaftlicher Art, zurückzustellen gerechtfertigt hat.[97] Die europäische Rechtsgemeinschaft ist Pflicht, der europäische Staat ohne wirtschaftliche Stabilität jedoch ist Unrecht. Deutschland hat als existentieller Staat die Verantwortung für seine Sozialität und damit für die Stabilität der Wirtschaft. Es darf seine Stabilitätspolitik erst europäisch integrieren, wenn die Integration ein tragfähiges, also hohes Maß an Stabilität sicherstellt. Das ist auch im Vertrag von Maastricht so vereinbart und entspricht dem Zustimmungs-

---

93 BVerfGE 1, 97 (105); 33, 303 (331 ff.); st. Rspr.; *K. A. Schachtschneider*, Res publica res populi, S. 247 m. w. N.
94 BVerfGE 89, 155 (200 ff.).
95 BVerfGE 89, 155 (179, 182 f.).
96 Vgl. BVerfGE 5, 85 (125 ff.); 12, 45 (51 f.); 36, 1 (16 ff.); 77, 137 (149 ff.); 82, 316 (320); 84, 90 (118); *K. A. Schachtschneider (O. Gast)*, Sozialistische Schulden nach der Revolution, S. 78 ff., insb. S. 86 ff. m. w. N.
97 Vgl. das Bodenreformurteil BVerfGE 84, 90 (117 ff.), welches das Menschenrecht auf Eigentum hinter das Wiedervereinigungsprinzip zurückgestellt hat, und das Altschuldenurteil BVerfGE 95, 267 (303 ff.), welches den freiheitlichen Begriff des Rechts relativiert hat, um die Wiedervereinigungsmaßnahmen des Einigungsvertrages zu rechtfertigen, beide zu weit gehend.

gesetz Deutschlands (vom 30. Dezember 1992, BGBl. II, S. 1251 ff.).[98]

Aber diese Stabilität kann die Wirtschafts- und Währungsunion gegenwärtig nicht erreichen, weil nicht einmal das Minimum erwartbarer Stabilität, nämlich die volkswirtschaftliche Stabilitätskonvergenz nach den Konvergenzkriterien, verwirklicht und schon gar nicht nachhaltig gesichert ist (dazu Euro-Klage, S. 214 ff.). Der begrenzte Zweck der französischen Politik, die Deutsche Bundesbank als den «Diktator der Geldpolitik» zu beseitigen[99], rechtfertigt es nicht, die wirtschaftliche Stabilität in Deutschland zu gefährden, erst recht nicht der Zweck, einen existentiellen Staat Europa zu ertrotzen (Euro-Klage, S. 247 ff., 252 ff.)[100], weil eine solche Politik eines dahin gehenden Willens aller beteiligten Völker bedürfte.[101]

b) Der Stabilitätsanspruch aus der Eigentumsgewährleistung

Das Stabilitätsprinzip aus dem Sozialprinzip verbindet sich mit dem Stabilitätsprinzip der Eigentumsgewährleistung (Euro-Verfassungsbeschwerde, S. 42 ff.)[102], wie überhaupt die Eigentumsge-

98 So BVerfGE 89, 155 (200 ff.).
99 Vgl. *Richard von Weizsäcker*, Interview «Der Euro ist der Preis der Einheit», Die Woche vom 19. September 1997, S. 8; vgl. auch *H. Tietmeyer*, Probleme einer europäischen Währungsunion und Notenbank, in: J. Isensee (Hrsg.), Europa als politische Idee und als rechtliche Form, 2. Aufl. 1994, S. 35 (41 f.); *J. Starbatty*, Die politische Dimension des EURO – Zehn Thesen, in: R. Hasse/ders. (Hrsg.), Wirtschafts- und Währungsunion auf dem Prüfstand, 1997, S. 42; *R. Vaubel*, Die Geschichte der europäischen Währungsintegration aus politisch-ökonomischer Sicht, Volkswirtschaftliche Korrespondenz der Adolf-Weber-Stiftung Nr. 10/1997.
100 *K. A. Schachtschneider*, Die existentielle Staatlichkeit der Völker Europas, S. 129 ff.; *ders.*, Die Republik der Völker Europas, ARSP-Beiheft 71 (1997), S. 173 f.
101 *K. A. Schachtschneider*, Die existentielle Staatlichkeit der Völker Europas, S. 111 ff., 114 ff.; *ders.*, Die Republik der Völker Europas, S. 170 ff., (172).
102 *H.-J. Papier*, Eigentumsgarantie und Geldentwertung, AöR 98 (1973),

währleistung wesentlicher Teil des Sozialprinzips ist. Eigentum schafft Privatheit.[103] Das Eigentumsgrundrecht stärkt trotz der Sozialisierungsklausel des Art. 15 GG das Privatheitsprinzip in allen wirtschaftlichen Bereichen.[104] Inflationäre Entwicklungen höhlen das Eigentum aus (Euro-Klage, S. 163 ff.) und gefährden damit die wirtschaftliche Selbständigkeit der Menschen und mit dieser die Freiheit als Autonomie des Willens.[105] Eine verarmte Bevölkerung büßt die Chance zur politischen Freiheit ein. Die Bürger verlieren erheblich an Bürgerlichkeit, wenn sie verarmt sind. Das gilt auch, wenn nur ein Teil der Bevölkerung verarmt, eine Entwicklung, die in der deregulierenden, den Kapitalismus fördernden Wirtschaftspolitik angelegt ist, weil diese die Verwirklichung der sozialen Zielsetzung vernachlässigt.[106]

Auch die Währungsunion, die ohne Wirtschafts- und Sozialunion zum Scheitern verurteilt sein wird (dazu Euro-Klage, S. 274 ff.), nötigt wegen des Prinzips der einheitlichen oder gleichwer-

---

S. 528 ff., 541 f.; *ders.*, in: Maunz/Dürig, GG, 1994, Art. 14, Rdn. 184 ff.; M. *Schmidt-Preuß*, Verfassungsrechtliche Zentralfragen der Lohn- und Preisdirigismen, S. 114 ff.; W. *Leisner*, Eigentum, HStR, Bd. VI, 1989, § 149, Rdn. 131, S. 1074 f.
103 W. *Leisner*, Eigentum, HStR, Bd. VI, § 149, Rdn. 11, 55; K. A. *Schachtschneider (O. Gast)*, Sozialistische Schulden nach der Revolution, S. 109 ff., 175 ff.; *ders.*, Das Recht am und das Recht auf Eigentum, FS W. Leisner, S. 744 ff., 780 ff., 791 ff.; *ders.*, Freiheit in der Republik, S. 309 ff., 353 ff.; 367 ff., i. d. S. BVerfGE 61, 82 (108 f.), wonach Art. 14 Abs. 1 GG das Eigentum Privater schützt.
104 K. A. *Schachtschneider*, Res publica res populi, S. 378 ff., 386 ff., 1004, 1023 ff.; vgl. *ders.*, Staatsunternehmen und Privatrecht, S. 272 f., 277 ff.; *ders. (O. Gast)*, Sozialistische Schulden nach der Revolution, S. 109 ff., 175 ff.; *ders.*, Das Recht am und das Recht auf Eigentum, FS W. Leisner, S. 744 ff., 755 ff., 780 ff.; *ders.*, Freiheit in der Republik, S. 309 ff., 322 ff., 355 ff.
105 Dazu K. A. *Schachtschneider*, Res publica res populi, S. 234 ff. und S. 275 ff., 325 ff., 410 ff.; *ders.*, Freiheit in der Republik, S. 336 ff.; *ders.*, Das Recht am und das Recht auf Eigentum, FS W. Leisner S. 767 ff.
106 K. A. *Schachtschneider*, Grenzen der Kapitalverkehrsfreiheit, S. 1 ff., 51 ff., 60 ff.

tigen (Art. 72 Abs. 2 GG) Lebensverhältnisse in einem gemeinsamen Staat, der mittels der Wirtschafts-, Währungs- und Sozialunion geschaffen wird und geschaffen werden soll, zur Nivellierung der sozialen Realisation. Eine hinreichende Förderung ökonomischer Besitzstände, welche der gesamten europäischen Bevölkerung einen gleichmäßig hohen oder auch nur durchschnittlichen sozialen Status verschafft, ist nämlich nicht leistbar. Die Währungsunion erweist sich damit als ein Verarmungsprogramm für große Teile der Bevölkerung und ist schon deswegen sozialwidrig.

2. Ausstiegsrecht, Ausstiegspflicht und Ausstiegsverfahren

a) Wirtschaftliche Stabilität als Integrationsgrenze

Wenn und weil eine dem Sozialprinzip gemäße Stabilitätsgemeinschaft der Euro-Länder nicht besteht und eine solche nicht erwartet werden kann, muss Deutschland sich aus der Währungsunion lösen; denn eine Politik, welche wirtschaftliche Instabilität hinnimmt, ist verfassungswidrig, nämlich sozial- und eigentumswidrig. Sie verstößt auch gegen die Währungsverfassung des Art. 88 GG, welche die Geld- und Währungspolitik «dem vorrangigen Ziel der Sicherung der Preisstabilität verpflichtet». Die Währungsunion ist keine unumkehrbare währungspolitische Schicksalsgemeinschaft, sondern ausschließlich eine Stabilitätsgemeinschaft. Wenn die Stabilität der Währungsunion nicht besteht und nicht erwartet werden kann, jedenfalls wenn die Instabilität ihren Grund in der Währungsunion hat, muss Deutschland die Währungsunion verlassen. Die hinreichende Wahrscheinlichkeit des Währungsschadens ist eine Gefahr für das hochrangige Verfassungsprinzip der Stabilität, welche die Verfassungspflicht auslöst, die Gefahr aus der Währungsunion abzuwehren.

Die Europäische Union oder die Europäische Gemeinschaft ist kein «existentieller» Staat, der es ausschlösse, dass ein Teil desselben, etwa eine Region, also ein zu einer Art Region nivellierter Mitgliedstaat, wegen einer Störung des gesamtwirtschaftlichen Gleichgewichts den Staat verlässt, also separiert. Im Bundesstaat ist die Separation eines Landes bundeswidrig[107] (argumentum Art. 21 Abs. 2 GG: «Bestand der Bundesrepublik Deutschland», § 92 Abs. 1 StGB) und kann mit Bundeszwang unterbunden werden. Die unumkehrbare Einbindung der Mitgliedstaaten des europäischen Staatenverbundes in einen existentiellen europäischen Staat streben zwar die Integrationisten an, die sogar die gegenwärtige Union als einen unauflöslichen Staat hinzustellen versuchen, aber das Bundesverfassungsgericht hat stets klargestellt, dass die Europäischen Gemeinschaften «kein Staat, kein Bundesstaat» seien[108], und musste wegen der existentiellen Staatlichkeit Deutschlands die Souveränität Deutschlands, und wegen des Selbstbestimmungsrechts des deutschen Volkes (Art. 1 Nr. 2 UNO-Charta) so judizieren. Ohne ein europäisches Volk gibt es keine europäische Staatsgewalt[109], sondern nur nationale Staatsgewalten, die gemeinschaftlich ausgeübt werden. Alle Gemeinschaftsrechtsakte sind gemeinschaftliche internationale Rechtsakte, weil sie ihre Verbindlichkeit von dem nationalen Willen der Völker herleiten.[110]

Diese Logik des Maastricht-Urteils, das jedoch von Supranationalität spricht[111], ist freilich den meisten Kommentatoren des Urteils verborgen geblieben.[112] Der Staatenverbund bleibt ein bloßer

---

107 W. *Henke*, GG, Bonner Kommentar, Drittbearbeitung 1991, Art. 29, Rdn. 354.
108 BVerfGE 22, 293 (296); 75, 223 (242); 89, 155 (188); K. *Stern*, Staatsrecht der Bundesrepublik Deutschland (Staatsrecht), Bd. I, 2. Aufl. 1984, S. 540.
109 Ganz so BVerfGE 89, 155 (188).
110 K. A. *Schachtschneider*, Maastricht-Verfassungsbeschwerde, S. 131; grundlegend *ders.*, Die Staatlichkeit der Europäischen Gemeinschaft, in: M. Vollkommer (Hrsg.), Auf dem Weg in ein vereintes Europa, Atzelsberger Gespräche, 1992, S. 81 (88 ff.); *ders.*, Die existenzielle Staatlichkeit der Völker Europas, S. 79 ff.; *ders.*, Die Republik der Völker Europas, S. 161 ff.
111 Etwa BverfGE 89, 155 (176, 196).
112 Vgl. etwa *Abr. Frowein*, Das Maastricht-Urteil und die Grenzen der Verfassungsgerichtsbarkeit ZaöRV 1994, 1 (5 ff.); *D. König*, Das Urteil des Bundesverfassungsgerichts zum Vertrag von Maastricht – ein

«Zweckverband funktioneller Integration» (Hans-Peter Ipsen)[113], die auch beendet werden kann und darf. Die Völker bleiben «Herren der Verträge»[114].

Weder der Gemeinschaftsvertrag noch gar das Grundgesetz begründen eine Pflicht Deutschlands, auf Gedeih und Verderb an einer währungspolitischen Schicksalsgemeinschaft, sondern lediglich das Recht und die Pflicht, an einer währungspolitischen Stabilitätsgemeinschaft mitzuwirken. Wäre die Europäische Union ein Staat (im existentiellen Sinne), wäre die einheitliche Währung und wäre die europäische Schicksalsgemeinschaft die Logik der staatlichen Gemeinschaft. Die Europäische Union ist aber nur ein Staatenverbund[115], in dem die staatliche Gewalt der Völker gemeinschaftlich ausgeübt wird.[116]

Das Recht (und die Pflicht), an dem Staatenverbund mitzuwirken, unterliegt rechtlichen Grenzen, nämlich den Strukturprinzipien des Grundgesetzes, auch dem Stabilitätsprinzip. Nur wenn die Stabilität nicht gefährdet ist, darf Deutschland an der Gemeinschaft teilnehmen. Nur wenn die Stabilität gesichert ist, darf Deutschland seine währungspolitischen Hoheitsrechte zur gemeinschaftlichen Ausübung auf die Gemeinschaftsorgane übertragen. Wenn sich erweist, dass das Stabilitätsprinzip gemeinschaftlich nicht verwirklicht werden kann, ist Deutschland durch sein Verfas-

---

Stolperstein auf dem Weg in die europäische Integration?, ZaöRV 1994, 17 (32 f.); *Ch. Tomu*schat, Die Europäische Union unter der Aufsicht des Bundesverfassungsgerichts, EuGRZ 1993, 489 (493 f.); s.a. *M. Zuleeg*, Demokratie in der Europäischen Gemeinschaft, JZ 1993, 1069 (1071 f.).

113 Europäisches Gemeinschaftsrecht, 1972, S. 196 ff.; folgend *K. Stern*, Staatsrecht I, S. 540 f.; dazu *K. A. Schachtschneider*, Die existentielle Staatlichkeit der Völker Europas, S. 97.
114 BVerfGE 73, 339 (374); 75, 223 (242); 89, 155 (184, 190); *K. A. Schachtschneider*, Die existentielle Staatlichkeit der Völker Europas, S. 103 f.
115 BVerfGE 89, 155 (181 ff. (184) 186 ff., 188 ff.); dazu *R. Scholz*, in: Maunz/Dürig, GG, Art. 23, Rdn. 32.
116 *K. A. Schachtschneider*, Die existentielle Staatlichkeit der Völker Europas, S. 87 ff.; *ders.*, Die Republik der Völker Europas, S. 163 f.

sungsgesetz verpflichtet, die übertragenen währungspolitischen Hoheitsrechte zurücknehmen und die Währungshoheit wieder allein auszuüben. «Die künftige europäische Währung muss so stabil sein und bleiben wie die Deutsche Mark», diese Erklärung von Bundestag und Bundesrat vom 2. bzw. 18. Dezember 1992 ist nicht nur ein Versprechen, sondern ein Rechtsprinzip.

b) Drei Wege des Ausstiegs
Die Verfassungspflicht zur Stabilitätspolitik kann durch dreierlei Politiken gesichert werden, wenn der Versuch, sie in Gemeinschaft mit den anderen Vertragsstaaten, im Staatenverbund also, zu erfüllen, sich als Irrweg erwiesen hat und gescheitert ist.

aa) Ausstieg aus der Europäischen Union nach Aufhebung des grundgesetzlichen Integrationsprinzips

Deutschland kann erstens das Integrationsprinzip als solches aufheben; denn dieses ist nicht unabänderlich, wie die so genannte Ewigkeitsklausel des Art. 79 Abs. 3 GG erweist. Das Integrationsprinzip steht in der Präambel und in Artikel 23 des Grundgesetzes und auch in Art. 45, Art. 52 Abs. 3a und Art. 88 S. 2 GG[117], nicht aber in dessen Artikel 1 oder Artikel 20. Art. 20 GG zieht vielmehr wegen seiner freiheitlichen Fundamentalität, deklariert in Art. 79 Abs. 3 GG, der Integration Grenzen, welche Art. 23 Abs. 1 S. 1 GG, der Integrationsartikel, aber auch die Struktursicherungsklausel, im Wesentlichen wiederholt.[118]

Das Recht, die Europäische Union oder eine ihrer Gemeinschaften zu verlassen, hat das Bundesverfassungsgericht allgemein in seiner Dogmatik des Staatenverbundes ausgesprochen und damit den integrationsrechtlichen Grundsatz der ständigen Freiwil-

---

117 Dazu *R. Scholz*, in: Maunz/Dürig, Art. 23, Rdn. 36 ff.; *R. Streinz*, in: M. Sachs, GG, 1996, Art. 23, Rdn. 8 ff.; *K. A. Schachtschneider*, Die Republik der Völker Europas, S. 161 ff.
118 Vgl. BVerfGE 89, 155 (171 f., 182 ff., 185 ff., 200 ff.); *K. A. Schachtschneider*, Die existentielle Staatlichkeit der Völker Europas, S. 111 ff.; *ders.*, Die Republik der Völker Europas, S. 161 ff., 170 ff.

ligkeit der Mitgliedschaft in der Gemeinschaft[119] aufgegriffen, welcher aus der existentiellen Staatlichkeit der Völker[120] oder, wenn man so will, ihrer Souveränität, folgt. Das Gericht hat formuliert:

> «Die Bundesrepublik Deutschland ist somit auch nach dem In-Kraft-Treten des Unions-Vertrags Mitglied in einem Staatenverbund, dessen Gemeinschaftsgewalt sich von den Mitgliedstaaten ableitet und im deutschen Hoheitsbereich nur kraft des deutschen Rechtsanwendungsbefehls verbindlich wirken kann. Deutschland ist einer der ‹Herren der Verträge›, die ihre Gebundenheit an den ‹auf unbegrenzte Zeit› geschlossenen Unions-Vertrag (Art. Q EUV) mit dem Willen zur langfristigen Mitgliedschaft begründet haben, diese Zugehörigkeit aber letztlich durch einen gegenläufigen Akt auch wieder aufheben könnten. Geltung und Anwendung von Europarecht in Deutschland hängen von dem Rechtsanwendungsbefehl des Zustimmungsgesetzes ab. Deutschland wahrt damit die Qualität eines souveränen Staates aus eigenem Recht und den Status der souveränen Gleichheit mit anderen Staaten i. S. des Art. 2 Nr. 1 der Satzung der Vereinten Nationen vom 26. Juni 1945 (BGBl. 1973 II S. 430).»[121]

Die Mitgliedschaft Deutschlands in der Europäischen Union oder in einer ihrer Gemeinschaften, wie insbesondere der Europäischen Gemeinschaft, steht damit zur Disposition des Willens Deutschlands. Die Union und die Gemeinschaft sind nicht unumkehrbar begründet. Ein Austritt Deutschlands bemisst sich nicht nach den Vorschriften der Wiener Vertragsrechtskonvention, etwa deren Art.

---

119 K. A. *Schachtschneider*/A. *Emmerich-Fritsche*/Th. C. W. *Beyer*, Der Vertrag über die Europäische Union und das Grundgesetz, JZ 1993, S. 751 (759); K. A. *Schachtschneider*, Die existentielle Staatlichkeit der Völker Europas, S. 101 f.; *ders.*, Die Republik der Völker Europas, S. 153 (167 f.); schon *ders.*, VVDStRL 50 (1991), S. 178 (Aussprache); vgl. *ders.*, Maastricht-Verfassungsbeschwerde, S. 445 f.; i. d. S. auch R. *Scholz*, in: Maunz/Dürig, GG, Art. 23, Rdn. 27.
120 K. A. *Schachtschneider*, Die existentielle Staatlichkeit der Völker Europas, S. 75 ff.; *ders.*, Die Republik der Völker Europas, S. 167 f.
121 BVerfGE 89, 155 (190).

62 [122], der die Wirksamkeit einer Kündigung von einer wesentlichen Veränderung der Verhältnisse, welche die Erfüllung der völkervertraglichen Verpflichtung nicht mehr zuzumuten erlaubt, abhängig macht. Das Bundesverfassungsgericht hat diese Konvention nicht erwähnt.[123] Auch der Europäische Gerichtshof hält die Konvention für das Gemeinschaftsverfassungsrecht für irrelevant.[124]

Die Konvention passt nicht für die gemeinschaftsrechtliche Integrationsproblematik, nicht etwa wegen einer Supranationalität der Europäischen Gemeinschaft, deretwegen das Gemeinschaftsrecht eine eigenständige, gar «autonome» Rechtsordnung, weder Völkerrecht noch Staatsrecht, sei.[125] Das ist eine wenig fruchtbare Dogmatik, welche die existentielle Staatlichkeit der Völker, von denen aus demokratischen Gründen alle Staatsgewalt ausgeht, verkennt. Die Konvention ist für eine Staatsgründung genauso wenig wie das Völkergewohnheitsrecht nicht einschlägig, weil es keinen verbindlichen Willen zu einer unumkehrbaren Integration eines Volkes in einen Staatenverbund gibt und geben kann. Die Gründung eines existentiellen Staates, der ein anderes Staatsvolk hätte, wäre ein Schritt, welcher das Völkerrecht transzendiert, weil dadurch das Verhältnis von Völkern in ein Verhältnis von Bürgern gewandelt wird.

122 *K. A. Schachtschneider/A. Emmerich-Fritsche/Th. C. W. Beyer*, Der Vertrag über die Europäische Union und das Grundgesetz, JZ 1993, S. 758 f.; ders., Die existentielle Staatlichkeit der Völker Europas, S. 102; *M. Schweitzer*, in: Grabitz/Hilf, EGV, Art. 240, Rdn. 5; a. A. etwa *H. Mosler*, Die Übertragung von Hoheitsgewalt, HStR, Bd. VII, 1992, § 175, Rdn. 48 ff. (49 f.).
123 Vgl. BVerfGE 89, 155 (188 ff.); i. d. S. auch *R. Scholz*, in: Maunz/Dürig, GG, Art. 23, Rdn. 27.
124 Vgl. dazu *J. Schwarze*, Das allgemeine Völkerrecht in den innergemeinschaftlichen Rechtsbeziehungen, EuR 1983, 1 (10 ff.).
125 EuGH – Rs. 6/64 (Costa/ENEL), Slg. 1964, 1141 ff., Rdn. 8; vgl. auch EuGH – Rs. 26/62 (Van Gend & Loos), Slg. 1963, 1 ff., Rdn. 10; i. d. S. auch noch BVerfGE 22, 293 (296); 37, 339 (367); anders BVerfGE 89, 155 (188 ff.); dazu kritisch *R. Streinz*, Europarecht, 4. Aufl. 1999, Rdn. 107 ff.; *K. A. Schachtschneider*, Die existentielle Staatlichkeit der Völker Europas, S. 92 ff.

Auch der Begriff «Unionsbürger» im Gemeinschaftsrecht ändert nichts daran, dass die Rechtsverhältnisse der Europäischen Union einerseits staats- und andererseits völkerrechtlich sind. Der deutsche Integrationswille ist freilich im Grundgesetz, schon in der Präambel, aber auch in dem Art. 24 GG von 1949 und jetzt in Art. 23 GG, dem Europaartikel vom 21. Dezember 1992, verankert.[126] Das Bundesverfassungsgericht spricht von der Integrationsoffenheit des Grundgesetzes.[127] Wenn Deutschland die Union oder eine der Gemeinschaften verlassen will, um die europäische Integration zu beenden, bedarf das einer Änderung seines Verfassungsgesetzes, weil die Mitwirkung «bei der Entwicklung der Europäischen Union» «zur Verwirklichung eines vereinten Europas» durch Art. 23 Abs. 1 S. 1 GG zur verfassungsgesetzlichen Pflicht gemacht ist.

Es wäre zu bedenken, ob ein solcher Schritt mit der Verfassung der Freiheit vereinbar wäre. Weil und insoweit die Menschen in Europa (und darüber hinaus in der Welt) zusammenleben, bedarf es des gemeinschaftlichen Rechts.[128] Die europäische Rechtsgemeinschaft ist Gebot der allgemeinen Freiheit der Europäer. Es muss allerdings eine Rechtsgemeinschaft sein, wie sie Art. 23 Abs. 1 S. 1 GG in der Struktursicherungsformel anerkennt. Gut wäre die Rechtsgemeinschaft als Republik der Republiken gestaltet, welche nach dem Prinzip der kleinen Einheit die politische Freiheit bestmöglich zu fördern geeignet ist.[129]

Die Aufhebung des deutschen Integrationsprinzips setzt, weil das Grundgesetz geändert würde, die Mehrheiten in Bundestag und Bundesrat voraus, welche für die Änderung des Verfassungsgesetzes vorgeschrieben sind, also die Zustimmung von zwei Dritteln der Mitglieder des Bundestages und zwei Dritteln der Stimmen des Bundesrates (Art. 79 Abs. 2 GG). Dieser Schritt hätte eine

---

126 *R. Scholz*, in: Maunz/Dürig, GG, 1996, Art. 23, Rdn. 1 ff. (4), 36 ff.; *K. A. Schachtschneider*, Die Republik der Völker Europas, S. 161 ff., 170 ff.
127 BVerfGE 89, 155 (179, 182 f.).
128 *K. A. Schachtschneider*, Die Republik der Völker Europas, S. 154 ff.
129 *K. A. Schachtschneider*, Die Republik der Völker Europas, S. 170 ff.

Rechtsgrundlage im Prinzip der ständigen Freiwilligkeit der Mitgliedschaft in einem Staatenverbund, welches das Bundesverfassungsgericht der Sache nach anerkannt hat.[130] Freilich wäre diese Maßnahme nicht nötig, um die Währungshoheit zurückzugewinnen, aber sie unterliegt keinen verfassungsrechtlichen Vorgaben.

Die völkerrechtlichen Verpflichtungen aus den Verträgen, welche den Staatenverbund begründet haben, stehen der Aufhebung des Integrationsprinzips und dem folgenden Austritt aus dem Staatenverbund nicht entgegen.[131] Sie finden ihre Grenze in den Verfassungsprinzipien und den verfassungsgesetzlichen Prinzipien des existentiellen Staates. Der Wille des Volkes ist, weil alle Staatsgewalt vom Volke ausgeht (Art. 20 Abs. 2 S. 1 GG), im Rahmen der Verfassung der Freiheit und damit der Bürgerlichkeit der Bürger[132], das höchste Rechtsprinzip. Auch die Verpflichtungen aus einem Vertrag mit einem anderen Staat oder mehreren anderen Staaten haben ihren Rechtsgrund im Willen des Volkes, der freilich das Rechtsprinzip der Menschheit des Menschen und darum das zwingende Völkerrecht achten muss.[133] Das lehrt der (umgekehrte) Mo-

---

130 BVerfGE 89, 155 (190); vgl. die Hinweise in Fn. 131.
131 BVerfGE 89, 155 (190, auch 187f.); *K. A. Schachtschneider*, Die existentielle Staatlichkeit der Völker Europas, S. 101 f.; *ders.*, Die Republik der Völker Europas, S. 167f., mit Hinw. in Fn. 105; *H. Krüger*, Allgemeine Staatslehre, 2. Aufl. 1966, S. 767; i. d. S. schon *Kant*, Metaphysik der Sitten, S. 467; a. A. *H.-P. Ipsen*, Europäisches Gemeinschaftsrecht, S. 58, 88, 239; *M. Zuleeg*, Die Rolle der Recht sprechenden Gewalt in der europäischen Integration, JZ 1994, 7; *M. Hilf*, in: Groeben/Thiesing/Ehlermann (Hrsg.), EWG-Vertrag, Kommentar, 4. Aufl. 1991, Art. 240, Rdn. 4 ff.
132 *K. A. Schachtschneider*, Res publica res populi, S. 14ff., 211ff., 370ff., 650ff.; *ders. (O. Gast)*, Sozialistische Schulden nach der Revolution, S. 29ff., 50ff.; *ders.*, Grenzen der Kapitalverkehrsfreiheit, S. 63ff.
133 I. d. S. *A. Bleckmann* (monistisch orientiert), Allgemeine Staats- und Völkerrechtslehre. Vom Kompetenz- zum Kooperationsvölkerrecht, 1995, S. 110, 501, 844ff.; dazu allgemein *F. Kadelbach*, Zwingendes Völkerrecht, 1992.

nismus¹³⁴, der der Einheit der Rechtsordnung verpflichtet ist und darum Widersprüche zwischen den staatlichen Prinzipien und Regeln und den völkerrechtlichen Verpflichtungen nicht hinnimmt, im Gegensatz zum Dualismus, der diese Widersprüche kennt, aber für die innerstaatliche Erzwingbarkeit des Völkerrechts einen Transformationsakt oder im Sinne der Vollzugslehre einen Rechtsanwendungsbefehl voraussetzt.¹³⁵

Völkerrechtliche Verträge sind zwar einzuhalten, aber nur nach Maßgabe ihrer Verbindlichkeit. Entgegen seiner existentiellen Staatlichkeit kann ein Staat keine Verbindlichkeiten gegenüber anderen Völkern eingehen, auch nicht entgegen seinen Strukturprinzipien, entgegen seiner menschheitlichen Verfassung. Eine Verbindlichkeit, unwiderrufbar in einen Staatenverbund integriert zu sein, widerspricht der existentiellen Staatlichkeit eines Volkes. Eine solche Verbindlichkeit vermochten die deutschen Organe als Vertreter des deutschen Volkes nicht einzugehen. Sie würde den existentiellen Staat Europa ausmachen, wenn auch nur mit begrenzten Aufgaben und Befugnissen, der insbesondere das Prinzip aufgegeben hätte, dass alle Staatsgewalt vom Volke ausgeht, das demokratische Prinzip also.

Wenn ein Staat sich aus dem Staatenverbund nicht wieder lösen könnte, hätte er sich der Sache nach mit den anderen Staaten zu

---

134 *K. A. Schachtschneider*, Die existentielle Staatlichkeit der Völker Europas, S. 88, 110; *A. Emmerich-Fritsche*, Recht und Zwang im Völkerrecht, in: K. A. Schachtschneider (Hrsg.), Rechtsfragen der Weltwirtschaft, i. E., A IV 5; *D. I. Siebold*, Die Welthandelsorganisation und die Europäische Gemeinschaft. Ein Beitrag zur globalen wirtschaftlichen Integration, Manuskript, 4. Teil, 3. Kap., 7. Teil, 2. Kap.

135 Vgl. im Sinne der Transformationslehre BVerfGE 1, 396 (410 ff.); 22, 293 (296); 29, 198 (210); 30, 272 (284 ff.); 37, 271 (277 f.); für den Rechtsanwendungsbefehl im Sinne der Vollzugslehre BVerfGE 45, 142 (169); 52, 187 (199); 73, 339 (367); 89, 155 (190); dazu *A. Verdross/B. Simma*, Universelles Völkerrecht. Theorie und Praxis, 3. Aufl. 1984, S. 539 ff., 550 ff.; *K. Doehring*, Völkerrecht, 1999, S. 294 ff.; *Ph. Kunig*, Völkerrecht und staatliches Recht, in: W. Graf Vitzthum, Völkerrecht, 1997, Rdn. 28 ff., S. 118 ff.

einem Staat verbunden. Das bedarf einer Staatsgründung, die ohne entsprechende Willensakte der Völker nicht möglich ist. Jeder Staat behält, solange er ein Staat (im existentiellen Sinne) ist, die Hoheit, seine Politik selbst zu bestimmen (Selbstbestimmungsrecht der Völker, Art. 1 Nr. 2 UNO-Charta). Die Hoheit ist die Freiheit des Volkes als die Willensautonomie seiner Bürger.[136] Ihre Organisation ist ausschließlich Sache des als Staat verfassten Volkes.[137]

Das Volk kann sich (durch Übertragung der Hoheitsrechte) in eine gemeinschaftliche Organisation der Ausübung der Staatsgewalt mit anderen Völkern einbinden, wie im Staatenverbund der Europäischen Union. Es kann diese Organisation der Ausübung seiner Staatsgewalt auch wieder aufgeben. Wegen seiner existentiellen Staatlichkeit behält es immer die Organisationshoheit; denn alle Staatsgewalt geht vom Volke aus (Art. 20 Abs. 2 S. 1 GG). Die Organisationshoheit des Volkes geht erst auf einen anderen (neuen) Staat über, wenn dieser gebildet ist und zugleich eine andere Menge von Menschen, ein anderes Volk, sich zu einem (existentiellen) Staat verfasst hat, der die Organisationshoheit innehat.

Dieser Logik folgt auch das Prinzip der begrenzten Ermächtigung.[138] Die Gemeinschaftsorgane werden von den Mitgliedstaaten, d. h. von den verbundenen Völkern, ermächtigt, die Staatsgewalt der Völker gemeinschaftlich auszuüben. Die Ermächtigung kann auch wieder entzogen werden, eben weil die Völker die Staatsgewalt, die Hoheit, behalten. Die Europäische Union oder ihre Gemeinschaften haben keine originäre Hoheitsgewalt.[139]

---

136 *K. A. Schachtschneider*, Der Anspruch auf materielle Privatisierung, S. 271 ff., 274 ff.
137 *K. A. Schachtschneider*, Die existentielle Staatlichkeit der Völker Europas, S. 87 ff.; *ders.*, Die Republik der Völker Europas, S. 163 ff., 167 f.
138 BVerfGE 89, 155 (181, 191 ff.); 92, 203 (239); *K. A. Schachtschneider*, Die existentielle Staatlichkeit der Völker Europas, S. 96.
139 *K. A. Schachtschneider*, Die existentielle Staatlichkeit der Völker Europas, S. 103; ebenso *R. Scholz*, in: Maunz/Dürig, GG, Art. 23, Rdn. 26; i. d. S. BVerfGE 89, 155 (190); a. A. *Ch. Tomuschat*, GG, Bonner Kommentar, Zweitbearbeitung, 1981/85, Art. 24, Rdn. 15; *H.-P. Ipsen*, Europäisches Gemeinschaftsrecht, S. 60 ff., 70, 255;

Demgemäß hängt die Hoheitlichkeit des Staatsverbundes nicht von den völkerrechtlichen Verpflichtungen der verbundenen Staaten und damit nicht von der Wiener Vertragsrechtskonvention ab, sondern von dem Bestand des Rechtsaktes, der die Hoheitsrechte des Mitgliedstaates zur gemeinschaftlichen Ausübung überträgt.[140]

Über das elementare Währungsinteresse hat Deutschland somit einen verbindlichen Vertrag geschlossen, von dem es sich lösen könnte und, weil dessen Vollzug Schaden für Deutschland und Europa bewirken würde, lösen sollte, aber noch nicht gelöst hat. Der Vertrag ist, solange das Zustimmungsgesetz nicht aufgehoben oder die Übertragung der währungspolitischen Aufgaben und Befugnisse nicht rückgängig gemacht ist, zu respektieren, als sei er verbindlich.

bb) Ausstieg aus der Europäischen Union zur Wiederherstellung der Stabilität

Deutschland darf zweitens die Europäische Union verlassen, wenn diese nicht die Union ist, der Deutschland nach Art. 23 Abs. 2 S. 1 GG angehören darf. Ganz unabhängig von seiner grundsätzlichen Integrationspflicht und seinem generellen, pflichtgemäßen Integrationswillen, darf Deutschland nur an einer europäischen Integration mitwirken, welche den Strukturprinzipien des Grundgesetzes, die Art. 23 Abs. 1 S. 1 wiederholt, genügt.[141] Zu den Strukturprinzipien gehört vor allem das Sozialprinzip[142], welches das wirtschaftliche Stabilitätsprinzip trägt, das im Übrigen durch die

---

I. Pernice, Grundrechtsgehalte im Europäischen Gemeinschaftsrecht, 1979, S. 31 ff.; *U. A. Dauses*, Der Schutz der Grundrechte in der Europäischen Gemeinschaft, JöR NF, Bd. 31 (1982), S. 1 ff.; *E. Grabitz*, Gemeinschaftsrecht bricht nationales Recht, 1966, S. 56; EuGH – Rs. 6/64 (Costa/ENEL), Slg. 1964, 1251 (1269 ff.).

140 Vgl. die Hinweise in Fn. 119 und 131.

141 *K. A. Schachtschneider*, Die existentielle Staatlichkeit der Völker Europas, S. 75 ff.; *ders.*, Die Republik der Völker Europas, S. 154 ff.

142 Ganz so BVerfGE 84, 90 (121); zum Sozialprinzip *K. A. Schachtschneider*, Das Sozialprinzip, 1974; *ders.*, Res publica res populi, S. 234 ff.; *ders.*, Grenzen der Kapitalverkehrsfreiheit, S. 42 ff.

Eigentumsgewährleistung gestützt ist (dazu Euro-Klage, S. 205 f.). Art. 23 Abs. 1 S. 1 GG verbietet Deutschland somit, an der Entwicklung der Europäischen Union mitzuwirken, wenn sich die Pflicht zu wirtschaftlicher Stabilität als wesentlicher Materialisierung des Sozialprinzips in dem Staatenverbund nicht verwirklichen lässt. Daraus folgt das vom Bundesverfassungsgericht im Maastricht-Urteil ausgesprochene Rechtsprinzip, dass Deutschland, wie es der Bundestag und der Bundesrat in ihren Erkenntnissen vom 2. bzw. 18. Dezember 1992 versprochen hatten, nur an einer Stabilitätsgemeinschaft mitwirken dürfe.[143]

Das ist die «vertragliche Konzeption» der Währungsunion, aber auch ihre verfassungsgesetzliche Grenze. Zwar besteht die vertragliche Verpflichtung aus dem Prinzip der Gemeinschaftstreue, die Art. 10 EGV zum Ausdruck bringt, und auch die Verpflichtung aus dem nationalen Integrationsprinzip, alle Mühe walten zu lassen, um eine stabile Währungsunion zu verwirklichen[144], aber die Währungsunion vermag die Stabilitätspflicht trotz aller Bemühungen nicht zu erfüllen, wenn die volkswirtschaftlichen Voraussetzungen nicht bestehen. Der Konstruktionsfehler des Vertrages, ohne entwickelte Wirtschafts- und Sozialunion eine Währungsunion zu wagen (dazu Euro-Klage, S. 247 ff.), konterkariert die Pflicht, in einer Währungsunion mitzuwirken, weil diese das Stabilitätsziel zu verfehlen gezwungen ist. Rechtspflichten können nur verbindlich sein, wenn sie verwirklicht werden können. *Ultra posse nemo obligatur.* Mittels der Währungsunion die Konvergenz der Volkswirtschaften, die ohne politische Union unerreichbar ist, erzwingen zu wollen verletzt schon deshalb das Recht, weil eine solche Politik nicht Vertragsgegenstand ist, dem die Völker zugestimmt hätten. Vielmehr ist die zumindest währungswirtschaftliche Konvergenz, also der hinreichende Währungsraum, Voraussetzung der Entwicklung der Währungsunion zur einheitlichen Währung in der Union.

Die Mitwirkung an der Entwicklung einer Europäischen Union, welche den Strukturprinzipien des Grundgesetzes nicht genügt, ist

---

143 BVerfGE 89, 155 (200 ff.).
144 I. d. S. BVerfGE 89, 155 (201).

wegen Verstoßes gegen die Struktursicherungsklausel des Art. 23 Abs. 1 S. 1 GG, aber auch wegen Verstoßes gegen die Strukturprinzipien der Art. 1 und Art. 20 GG selbst verfassungswidrig. Der völkerrechtliche Vertrag, der diese Mitwirkung vereinbart, vermag in Deutschland keine Wirkung zu entfalten, weil das Zustimmungsgesetz, das den so genannten Rechtsanwendungsbefehl enthält, den Vertrag in Deutschland anzuwenden[145], nichtig ist.[146]

Eine Währungsunion, welche dem sozialen Strukturprinzip der wirtschaftlichen Stabilität, zumal dem der Preisstabilität, genügen werde, war zwar, wie das Bundesverfassungsgericht herausgestellt hat[147], vereinbart und jedenfalls von Deutschland ausweislich der Erklärungen von Bundestag und Bundesrat vom 2. bzw. 18. Dezember 1992 und vieler anderer Erklärungen, aber auch nach dem Vertragstext, insbesondere Art. 105 EGV, gewollt, aber schlechterdings nicht erreichbar. Ein Vertrag, der auf eine unmögliche Leistung gerichtet ist, ist nichtig, lehrt § 306 BGB. Jedenfalls vermag er keine Verbindlichkeit zu begründen. Das Zustimmungsgesetz zum Vertrag von Maastricht vom 28. Dezember 1992 war somit zumindest insoweit, als darin die Währungsunion vereinbart ist, von vorneherein nichtig. Die Währungsunion war der Kern des Maastricht-Vertrages, sodass deren Undurchführbarkeit zur Verfassungswidrigkeit und Nichtigkeit des Zustimmungsgesetzes geführt hat. Das ist in der Verfassungsbeschwerde gegen dieses Zustimmungsgesetz zum Vertrag über die Europäische Union vorgetragen worden.[148]

Das Bundesverfassungsgericht hat trotz aller Skepsis die Bedenken gegen die Erfolgschance der Währungsunion nicht geteilt, das

---

145 BVerfGE 45, 152 (169); 52, 187 (199); 73, 339 (367); 89, 155 (190); dazu (kritisch) *K. A. Schachtschneider*, Die existentielle Staatlichkeit der Völker Europas, S. 99 f.
146 *K. A. Schachtschneider*, Maastricht-Verfassungsbeschwerde, S. 102 ff.; *R. Streinz*, in: Sachs, GG, Art. 23, Rdn. 86; vgl. auch *R. Scholz*, in: Maunz/Dürig, GG, Art. 23, Rdn. 55; vgl. i. d. S. BVerfGE 89, 155 (165, 171, 182 ff.).
147 BVerfGE 89, 155 (200 ff.).
148 *K. A. Schachtschneider*, Maastricht-Verfassungsbeschwerde, S. 102 ff., 367 ff., 437 ff.

Stabilitätsprinzip hervorgehoben und der Währungsunion den Weg geebnet.[149] Damit war für Deutschland verbindlich entschieden, dass die Mitwirkung Deutschlands an der Währungsunion im Rahmen der Entwicklung der Europäischen Union nicht gegen die Strukturprinzipien des Grundgesetzes, zumal das soziale Stabilitätsprinzip, verstößt, aber doch nur, weil die Stabilitätserwartung für den Bundestag und den Bundesrat verantwortbar war, d. h. der Misserfolg der Währungsunion und deren Gefahr für die wirtschaftliche Stabilität nicht derart offenkundig war, dass die Erfolgserwartungen der Verfassungsorgane Deutschlands grundlos und damit rechtswidrig waren. Die Entscheidung des Bundesverfassungsgerichts beruhte auf Fehleinschätzungen oder auf einem Defizit an Einschätzung der wirtschaftlichen Verhältnisse und war deswegen rechtswidrig. Ein Gericht muss die Tatsachen, die es seiner Rechtserkenntnis zugrunde legt, bestmöglich ermitteln. Praktische Vernunft gründet auf theoretischer Vernunft, d. h. auf der Wahrheit als den Theorien von der Wirklichkeit.[150]

Das Gericht hätte, wenn es sich durch Wirtschaftswissenschaftler sachkundig gemacht hätte, die Gefahr für die Stabilität erkennen müssen und demgemäß den Weg zur Währungsunion wegen der Gefahr für das Strukturprinzip des Sozialen jedenfalls in Deutschland, aber auch wegen der Gefahr für das Eigentum der Bürger Deutschlands aus Verfassungsgründen sperren müssen. Es hat das nicht getan, vor allem weil es der Regierung und dem Parlament bei Einschätzung der wirtschaftlichen Entwicklung einen rechtswidrig großen Spielraum eingeräumt hat und weiterhin einräumt, extrem im oben kritisierten Euro-Beschluss[151], in dem es keinerlei rechtliche Einschätzungsgrenzen mehr gezogen hat.

Die Entscheidungen des Bundesverfassungsgerichts binden alle

---

149 BVerfGE 89, 155 (200 ff.).
150 *K. A. Schachtschneider*, Der Rechtsbegriff «Stand von Wissenschaft und Technik» im Atom- und Immissionsschutzrecht, in: W. Thieme (Hrsg.), Umweltschutz im Recht, 1988, S. 100 ff. (107); *A. Emmerich-Fritsche*, Der Grundsatz der Verhältnismäßigkeit als Direktive und Schranke der EG-Rechtsetzung, 2000, S. 60 ff.
151 BVerfGE 97, 350 (372 ff.); vgl. 2. Kapitel dieses Buches.

Verfassungsorgane des Bundes und der Länder sowie alle Gerichte und Behörden (§ 31 Abs. 1 BVerfGG), auch die tragenden Gründe der Entscheidungen.[152] Wegen dieser Entscheidungslage hat Deutschland den Weg in die Währungsunion zwar rechtswidrig, aber gerichtsfest beschritten. Auch der Euro-Beschluss des Bundesverfassungsgerichts vom 31. März 1998 hat dem Recht auf Stabilität nicht zum Siege verholfen[153], weil das Gericht die Einschätzung der währungsrechtlichen Stabilitätslage ganz in die Verantwortung von Parlament und Regierung gelegt hat. Aber das Rechtsprinzip wirtschaftlicher Stabilität und die Stabilitätsverantwortung bleiben unangefochten. Das Bundesverfassungsgericht hat das im Euro-Beschluss klar herausgestellt[154]:

> «Art. 109 j i. V. m. Art. 104 c EGV fordert für die nunmehr anstehende Entscheidung über den Beginn der Währungsunion mit bestimmten Teilnehmerstaaten im Wesentlichen eine Beurteilung der dauerhaften Stabilität der Währungsunion aufgrund der rechtlichen und wirtschaftlichen Konvergenz der Teilnehmerstaaten. Die Kriterien dieser Konvergenz hat der Vertrag in klaren Tatbeständen als rechtsverbindliche Entscheidungsgrundlage geregelt.» ... «Die Gesamtwürdigung eines hohen Grades dauerhafter Konvergenz und die daran anknüpfende Prognose einer stetigen Stabilitätsgemeinschaft verlangen von den verantwortlichen Organen Entscheidungen, in denen sich Tatsachenfeststellungen, Erfahrungswerte und willentliches Gestalten in fließenden Übergängen mischen.» ... «Die Bundesregierung sowie Bundesrat und Bundestag tragen mit ihrem Auftrag, die Währungsunion als Stabilitätsgemeinschaft mitzugestalten und damit den Anforderungen des Art. 88 Satz 2 GG zu genügen, auch zur objektivrechtlichen Sicherung des Geldeigentums und so weit zur Gewährleistung des Art. 14 Abs. 1 GG bei.»

Das Problem für die geschädigten Bürger ist das Rechtsschutzdefizit. Jetzt und in Zukunft (falls nicht ein Wunder geschieht und

---

152 BVerfGE 1, 14 (37); 4, 31 (38); st. Rspr., BVerfGE 77, 84 (103 f.); 79, 256 (264); K. A. *Schachtschneider*, Res publica res populi, S. 953 f.
153 Dazu 2. Kapitel dieses Buches.
154 BVerfGE 97, 350 (373, 374, 376).

eine Währung, der alle Voraussetzungen für die Stabilität fehlen, dennoch Stabilität erreicht) besteht somit die Pflicht, die Währungsunion zu verlassen, um dem sozialen Stabilitätsprinzip zu genügen. Die Vereinbarung der Währungsunion wird nicht, wenn man im Sinne des Bundesverfassungsgerichts von der Rechtmäßigkeit des Maastricht-Vertrages ausgeht, etwa verfassungswidrig, weil die Stabilitätserwartung enttäuscht wird. Ein Rechtsakt, der gültig war, gleitet durch die tatsächliche Entwicklung nicht in die Nichtigkeit hinein. Vielmehr entsteht durch die andere Lage eine Pflicht zu handeln, d. h. die Pflicht, entweder den Rechtsakt aufzuheben, oder die Pflicht, die Rechtslage neu zu gestalten (Nachbesserungspflicht).[155]

Handlungspflichten des Gesetzgebers sind aus den Schutzpflichten, welche gebieten, dass der Gesetzgeber die Verfassungsgüter Leben, Gesundheit, Eigentum schützt, geläufig.[156] Deutschland muss somit entweder das Zustimmungsgesetz zum Vertrag von Maastricht, in dem die Währungsunion vereinbart ist, aufheben oder die Mitwirkung an der Währungsunion aufkündigen. Das gebietet wegen der Stabilitätslage jederzeit das Strukturprinzip der wirtschaftlichen Stabilität.

Das Bundesverfassungsgericht hat im Maastricht-Urteil, dessen Prüfungsmaßstab allein das demokratische Bürgerrecht des Art. 38 Abs. 1 GG war[157], den Versuch der Währungsunion als hinreichend bestimmt und berechenbar und darum vom Parlament verantwortbar angesehen[158], aber doch das Stabilitätsprinzip zum

---

155 BVerfGE 25, 1 (13); 50, 290 (334 f., 352); 56, 54 (78 f.); 73, 40 (94); 88, 203 (269, 309 f.); i. d. S. auch BVerfGE 97, 350 (372 ff.), Euro-Beschluss.
156 BVerfGE 39, 1 (42); 46, 60 (164); 49, 24 (53); st. Rspr., BVerfGE 88, 203 (251 ff.); 90, 145 (195); *J. Isensee*, Das Grundrecht als Abwehrrecht und als staatliche Schutzpflicht, HStR, Bd. V, 1992, § 111, Rdn. 77 ff.; *K. A. Schachtschneider*, Fallstudie zum Umweltrecht, Lehrstuhl 2000, S. 3 ff.
157 BVerfGE 89, 155 (171 ff.)
158 Dazu *K. A. Schachtschneider/A. Emmerich-Fritsche*, Grundgesetzliche Rechtsprobleme der Europäischen Währungsunion, DSWR 7/1997, 172 ff.

dauernden Maßstab der Rechtfertigung dieses Versuchs gemacht.[159] 1992/1993, als der Maastricht-Prozess vor dem Bundesverfassungsgericht schwebte, erschienen dem Gericht die Gefahren einer einheitlichen europäischen Währung noch nicht derart abschätzbar, als dass es dessen Rechtswidrigkeit hätte feststellen können. Das Gericht hat erklärt, dass «die Befürchtung eines Fehlschlages der Stabilitätsbemühungen, der sodann weitere finanzielle Zugeständnisse der Mitgliedstaaten zur Folge haben könnte» noch «zu wenig greifbar» sei, «als dass sich daraus die rechtliche Unbestimmtheit des Vertrages ergebe».[160] Der Schritt in die dritte Stufe der Währungsunion schien somit dem Gericht verantwortbar. Wenn eine Chance für eine Stabilitätsgemeinschaft nicht besteht, muss die Entwicklung der Währungsunion unterbrochen werden, weil eine solche Währungsunion nicht nur vertrags-, sondern auch verfassungswidrig ist. Sie entspricht nicht dem deutschen Zustimmungsgesetz.

Das Bundesverfassungsgericht hat somit nicht jede Entwicklung der Währungsunion für rechtens erklärt, sondern dieser eine rechtliche Chance eingeräumt, falls sie geeignet ist, das Prinzip der wirtschaftlichen Stabilität zu verwirklichen. Das entspricht auch der Vertragskonzeption und dem Zustimmungsgesetz in seiner Substanz, welche die Entschließungen von Bundestag und Bundesrat vom 2. bzw. 18. Dezember 1992 zum Ausdruck bringen.[161] Wenn somit die Währungsunion keine Stabilitätsgemeinschaft gewährleistet, besteht die Pflicht, den Versuch aufzugeben und als erste Maßnahme den Umtausch der Geldzeichen zu verschieben.

Der Austritt aus der Europäischen Union erfolgt durch ein Bundesgesetz, das der Zustimmung des Bundesrates bedarf. Weil die Hoheitsrechte durch ein solches Bundesgesetz übertragen werden können (Art. 23 Abs. 1 S. 2 GG), können sie auch nur durch ein solches Gesetz zurückgenommen werden (argumentum aus Art. 93

---

159 BVerfGE 89, 155 (200 ff.); ganz so auch BVerfGE 97, 350 (373 ff.), Euro-Beschluss.
160 BVerfGE 89, 155 (204).
161 Wortlautauszüge im 2. Kapitel IV, 1 dieses Buches.

Abs. 1 Ziff. 2 GG).¹⁶² Eine bloße Maßnahme der Exekutive wäre eine Missachtung des Gesetzgebungsaktes. Die Mehrheiten von zwei Dritteln im Bundestag und Bundesrat (Art. 79 Abs. 2 GG), die Art. 23 Abs. 1 S. 3 GG vorschreibt, wenn die «vertraglichen Grundlagen der Europäischen Union geändert werden und vergleichbare Regelungen getroffen werden, durch die dieses Grundgesetz seinem Inhalt nach geändert oder ergänzt wird oder solche Änderungen oder Ergänzungen ermöglichen werden», müssen aber nicht gefunden werden. Das Grundgesetz wird durch den Austritt aus der Union, weil die Stabilitätspflicht als Strukturprinzip nicht erfüllt werden kann, nicht «seinem Inhalt nach geändert» (eine mehr als fragwürdige Formulierung), wenn man unter dieser Formel versteht, dass das Grundgesetz nicht seinem Wortlaut (vgl. Art. 79 Abs. 1 GG), sondern seiner Materie nach, also in seinen Regelungen geändert wird, dass also das Grundgesetz nicht mehr so gilt, wie es ohne den gemeinschaftsrechtlichen Vertrag (wegen dessen Vorrangs) gelten würde.¹⁶³

Es genügt nicht, dass die reale Verfassungsordnung geändert wird, weil Deutschland ein Hoheitsrecht, nämlich die Währungshoheit, wieder selbst ausübt. Vielmehr muss die vom Gesetzgeber getroffene Ordnung betroffen sein. Wenn Deutschland die Währungshoheit wieder an sich zieht, weil die Europäische Union diese nicht dem Grundgesetz gemäß, nämlich in wirtschaftlicher Stabilität, auszuüben vermag, ist das keine Änderung der grundgesetzlichen Verfassungsordnung, sondern eine Verwirklichung derselben. Deutschland zieht das währungspolitische Hoheitsrecht, das der Gemeinschaft übertragen war, wieder zurück, um der Verfassung und dem Verfassungsgesetz zu genügen. Die Politik des Grundgesetzes wird verwirklicht. Folglich wird das Grundgesetz

---

162 Vgl. auch zu der allgemeinen Widerrufbarkeit ursprünglich rechtmäßiger Rechtsakte, deren tatsächliche Grundlage wegfällt, § 49 Abs. 2 Ziff. 3 VwVfG; zur Form im Sinne des Textes *F. O. Kopp,* VwVfG, Verwaltungsverfahrensgesetz, 6. Aufl. 1996, § 49, Rdn. 9.
163 Vgl. *R. Scholz*, in: Maunz/Dürig, GG, Art. 23, Rdn. 83 ff.; dazu *R. Streinz*, in: M. Sachs, GG, Art. 23, Rdn. 64 ff.

nicht «seinem Inhalt nach» geändert oder ergänzt. Die einfachen Mehrheiten im Bundestag und Bundesrat genügen für diese verfassungsgebotene Maßnahme.

Allerdings ist der Bundesgesetzgeber zu diesem Rechtsakt nur verpflichtet, wenn es keine Maßnahme gibt, welche das Integrationsprinzip stärker schont. Das gebietet das allgemeine Prinzip, den schonendsten Ausgleich zu suchen[164], wenn es um die Verwirklichung widerstreitender Prinzipien der Verfassung oder des Verfassungsgesetzes geht, hier das Stabilitäts- und das Integrationsprinzip, wobei freilich das Stabilitätsprinzip den Vorrang hat, weil es im Sozialprinzip des Art. 20 Abs. 1 GG verankert ist. Wegen des Integrationsprinzips muss Deutschland bestmöglich, d. h., soweit es die Strukturprinzipien zulassen, an der Entwicklung der Europäischen Union mitwirken und auf eine Gemeinschaft der Stabilität hinwirken. Die Voraussetzung dieser Pflicht aber ist die Möglichkeit einer solchen Stabilitätsgemeinschaft, welche mangels volkswirtschaftlicher Konvergenz der Mitgliedstaaten nicht erkennbar ist. Deutschland darf, solange das Integrationsprinzip im Grundgesetz steht, die Europäische Union oder die Europäische Gemeinschaft nicht verlassen, wenn das nicht zur Verwirklichung eines Strukturprinzips unumgänglich ist. Wenn es genügt, aus der Währungsunion auszuscheiden, darf wegen des Stabilitätsdefizits nicht die gesamte Integration infrage gestellt werden.

cc) Ausstieg aus der Währungsunion zur Wiederherstellung der Stabilität

Deutschland kann (und muss) drittens die Teilnahme an der Währungsunion beenden, wenn diese dem Stabilitätsprinzip nicht genügt. Das Bundesverfassungsgericht hat, (u. a.) gestützt auf die

---

164 Vgl. *P. Lerche*, Übermaß und Verfassungsrecht. Zur Bindung des Gesetzgebers an die Grundsätze der Verhältnismäßigkeit und Erforderlichkeit, 1961, S. 19; *L. Hirschberg*, Der Grundsatz der Verhältnismäßigkeit, 1981, S. 57; *A. Emmerich-Fritsche*, Der Grundsatz der Verhältnismäßigkeit, S. 62.

im 2. Kapitel zu IV wiedergegebene Entschließung des Bundestages[165], festgestellt:

> «Diese Konzeption der Währungsunion als Stabilitätsgemeinschaft ist Grundlage und Gegenstand des deutschen Zustimmungsgesetzes. Sollte die Währungsunion die bei Eintritt in die dritte Stufe vorhandene Stabilität nicht kontinuierlich im Sinne des vereinbarten Stabilitätsauftrags fortentwickeln können, so würde sie die vertragliche Konzeption verlassen.»[166]

Dementsprechend hat das Gericht ausgesprochen:

> «Der Unions-Vertrag regelt die Währungsunion als eine auf Dauer der Stabilität verpflichtete und insbesondere Geldwertstabilität gewährleistende Gemeinschaft. Zwar lässt sich nicht voraussehen, ob die Stabilität einer ECU-Währung auf der Grundlage der im Vertrag getroffenen Vorkehrungen tatsächlich dauerhaft gesichert werden kann. Die Befürchtung eines Fehlschlages der Stabilitätsbemühungen, der sodann weitere finanzpolitische Zugeständnisse der Mitgliedstaaten zur Folge haben könnte, ist jedoch zu wenig greifbar, als dass sich daraus die rechtliche Unbestimmtheit des Vertrages ergäbe. Der Vertrag setzt langfristige Vorgaben, die das Stabilitätsziel zum Maßstab der Währungsunion machen, die durch institutionelle Vorkehrungen die Verwirklichung dieses Ziels sicherzustellen suchen und letztlich – als Ultima Ratio – beim Scheitern der Stabilitätsgemeinschaft auch einer Lösung aus der Gemeinschaft nicht entgegenstehen.»[167]

Dieser Schritt erfordert wiederum ein Bundesgesetz mit Zustimmung des Bundesrates, weil die Übertragung eines Hoheitsrechts zurückgenommen wird. Die dritte Maßnahme ist verfassungsrechtlich geboten, wenn sie der Wiederherstellung der Stabilität dient.

Alle Bundesorgane, welche das Gesetzesinitiativrecht haben,

---

165 BVerfGE 89, 155 (202 f.).
166 BVerfGE 89, 155 (205); ganz so auch BVerfGE 97, 350 (373 ff.), Euro-Beschluss.
167 BVerfGE 89, 155 (204).

also der Bundestag, der Bundesrat (einschließlich der Länder) und die Bundesregierung, sind verpflichtet, die Initiative zu einem Bundesgesetz zu entfalten, welches beschließt, aus der Währungsunion auszuscheiden.

c) Abstimmung des deutschen Volkes über den Ausstieg aus der Währungsunion

Freilich könnte der Ausstieg aus der Währungsunion auch unmittelbar durch das Volk entschieden werden, wenn «Abstimmungen» des Volkes auf Bundesebene ermöglicht wären. Das bedürfte einer verfahrensrechtlichen Regelung der Volksabstimmungen im Grundgesetz, welche seit langem unerfüllte Verfassungspflicht ist. Wenn das Volk selbst entscheiden kann und will, muss es nicht durch Legislativorgane vertreten werden.[168] Seine Vertretungsorgane einschließlich des Verfassungsgerichts verweigern dem deutschen Volk seit Jahrzehnten auf Bundesebene die unmittelbare Gesetzgeberschaft, obwohl das demokratische Fundamentalprinzip des Art. 20 Abs. 2 S. 2 GG «Abstimmungen» des Volkes vorsieht. Das deutsche Volk hatte seit dem Zweiten Weltkrieg noch keine Gelegenheit, sich ein Verfassungsgesetz zu geben. Das Grundgesetz ist kein Willensakt des deutschen Volkes[169], wenn es auch in dem halben Jahrhundert, seit dem es gilt und wirkt, vom Volk trotz manchen Widerspruchs anerkannt ist.[170] Diese Aner-

---

168 *J.-J. Rousseau*, Vom Gesellschaftsvertrag, Drittes Buch, 14. Kapitel, gegen die Vertretung des Volkes 15. Kapitel.
169 Vgl. *R. Mußgnug*, Zustandekommen des Grundgesetzes und Entstehen der Bundesrepublik Deutschland, HStR, Bd. I, 1987, § 6, Rdn. 96 ff.; *H.-P. Schneider*, Die verfassungsgebende Gewalt, HStR, Bd. VII, 1992, § 158, Rdn. 37; gegen die «Geburtsmakeltheorie» *J. Isensee*, Schlussbestimmung des Grundgesetzes: Artikel 146, HStR, Bd. VII, 1992, § 166, Rdn. 32 ff.; *ders.*, Das Volk als Grund der Verfassung. Mythos und Relevanz der Lehre von der verfassungsgebenden Gewalt, 1995, S. 38, 76.
170 *J. Isensee*, Schlussbestimmung des Grundgesetzes: Artikel 146, HStR, Bd. VII, § 166, Rdn. 36 ff.; *ders.*, Das Volk als Grund der Verfassung, S. 74 ff., 81 ff., 93, 99, 103 f.; *R. Mußgnug*, Zustandekommen des

kennung aber hat Grenzen. Kein Volk kann rechtens die politische Freiheit aufgeben.[171] Ein Volk, welches die Befugnis zur Gesetzgebung aus der Hand gibt, gibt seine Freiheit auf; denn die Freiheit ist die Autonomie des Willens, also das Recht jedes Menschen, nach dem eigenen Gesetz, welches zugleich das Gesetz aller anderen ist, zu leben, also die Gesetzgeberschaft.[172]

Auch in der Gesetzgebung kann das Volk, wie Art. 20 Abs. 2 S. 2 GG erweist, sich vertreten lassen, aber doch nur, wenn es vertreten werden will. Das ist die Logik der Vertretung. Die Organwalter in den staatlichen Organen sind nicht die Herren des Volkes[173], die dem Volk die Mitwirkung an der Gesetzgebung gewähren oder auch nicht gewähren dürften. Sie sind Diener des Volkes, von dem alle Staatsgewalt ausgeht (Art. 20 Abs. 2 S. 1 GG). Schon lange will das deutsche Volk seine Politik selbst in die Hand nehmen, aber die politische Klasse hindert es daran. Das Abstimmungsprinzip findet sich nicht etwa wegen der Fälle des Art. 29 und Art. 118 GG, die das Verfahren der Gebietsreform regeln, im Grundgesetz (welch klägliche Argumentation[174]), sondern als Verfassungspostulat, welches der verfassungsändernde Gesetzgeber verwirklichen sollte, sobald die Lage in Deutschland stabilisiert sein würde.

Freilich gab es im Parlamentarischen Rat Bedenken gegenüber der unmittelbaren Gesetzgebung, insbesondere von Theodor

---

Grundgesetzes und Entstehen der Bundesrepublik Deutschland, HStR, Bd. I, § 6, Rdn. 100 ff.; *K. A. Schachtschneider (O. Gast)*, Sozialistische Schulden nach der Revolution, S. 85 f.

171 *J.-J. Rousseau*, Vom Gesellschaftsvertrag, Erstes Buch, 4. Kapitel, Drittes Buch, 15. Kapitel; *K. A. Schachtschneider*, Res publica res populi, S. 20, 434 ff., 556.

172 *K. A. Schachtschneider*, Res publica res populi, S. 35 ff., 153 ff., 279 ff., 303 ff., 494 ff., 526 ff.; *ders.*, Freiheit in der Republik, S. 95 ff., 114 ff.

173 *K. A. Schachtschneider*, Res publica res populi, S. 71 ff., 637 ff., 707 ff.

174 So aber *K. Hesse*, Grundzüge des Verfassungsrechts der Bundesrepublik Deutschland, 20. Aufl. 1995, Rdn. 148; *P. Badura*, Die parlamentarische Demokratie, HStR, Bd. I, 1987, § 23, Rdn. 44; *K. Stern*, Staatsrecht I, S. 608; *P. Krause*, Verfassungsrechtliche Möglichkeiten unmittelbarer Demokratie, HStR, Bd. II, 1987, § 39, Rdn. 14, 15.

Heuss. Das wohlfeile Argument, die Erfahrungen mit Plebisziten in der Weimarer Zeit und im Hitlerismus sprächen auch in der Bonner und jetzt Berliner Republik gegen deren Einrichtung, ist längst und häufig widerlegt.[175] Die plebiszitäre Entwicklung des Grundgesetzes ist schon lange überfällig. Das Recht, die Politik durch Abstimmungen zu entscheiden, muss sich das Volk, wenn es seine Freiheit wahren will, insbesondere für seine Schicksalsfragen vorbehalten. Die Stabilität der Währung ist eine solche Frage. Das erweist die Verfassungspraxis freier Völker, wie die der Dänen oder auch die der Briten, der Franzosen und anderer.

d) Notwendigkeit des verfassungsgerichtlichen Grundrechtsschutzes

Solange das Volk nicht selbst über die großen politischen Fragen entscheiden kann und darf (?), ist es erst recht geboten, dass die Vertretungsorgane daraufhin überprüft werden, dass sie sich bei ihren Entscheidungen im Rahmen des Rechts bewegen. Die Verweigerung des Rechtsschutzes in stabilitätspolitischen Fragen verletzt den Rechtsstaat im Kern. Damit ist nicht gesagt, dass jede stabilitätspolitische Maßnahme rechtlich determiniert wäre, aber jede hat rechtliche Grenzen zu beachten, etwa die Vertragsregelungen der Währungsunion, aber auch die allgemeinen Prinzipien der Sachlichkeit, wie das Willkür- und das Missbrauchsverbot.[176] Insbesondere ist judiziabel, ob «Parlament und Regierung», denen

---

175 *O. Jung*, Volksgesetzgebung, Die «Weimarer Erfahrungen» aus dem Fall der Vermögensauseinandersetzungen zwischen Freistaaten und ehemaligen Fürsten, 1990; *H. Maurer*, Plebiszitäre Elemente in der repräsentativen Demokratie, 1997, S. 10 ff.; vgl. auch *P. Krause*, Verfassungsrechtliche Möglichkeiten unmittelbarer Demokratie, HStR, Bd. II, 1987, § 39, Rdn. 11 ff.; vgl. auch die Erörterungen des Gemeinsamen Verfassungsausschusses BT-Drucks 12/6000, S. 84 ff.
176 Dazu *K. A. Schachtschneider*, Res publica res populi, S. 374 ff., 410 ff., 768 ff., 986 ff., 990 ff. (Willkürverbot), S. 947 ff. (Missbrauchsverbot); *F. Bydlinski*, Juristische Methodenlehre und Rechtsbegriff, 2. Aufl. 1991, S. 375; *A. Emmerich-Fritsche*, Der Grundsatz der Verhältnismäßigkeit, S. 263 ff.

das Bundesverfassungsgericht die alleinige Verantwortung, auch die rechtliche Verantwortung, für die Stabilitätspolitik zumisst[177], von den richtigen Tatsachen ausgegangen sind, u. a. m.[178] Die Verweigerung des Rechtsschutzes im Bereich der Stabilitätspolitik ist nicht begründbar, wie schon dargelegt ist. Erst der Rechtsschutz macht die Grundrechte wirksam. Rechtsschutzverweigerung hebt die Grundrechtlichkeit der Grundrechte im Wesensgehalt auf. Das Bundesverfassungsgericht hat mit dem Euro-Beschluss die Stabilitätspolitik jedenfalls im Bereich der Währungsunion dem subjektiven Rechtsschutz entzogen.

Der Anspruch jedes Bürgers auf den Legislativakt, mit dem Deutschland aus der Währungsunion ausscheidet, erst recht auf den Akt, den Umtausch der Geldzeichen zu verschieben, folgt aus der Gewährleistung des Eigentums in Art. 14 Abs. 1 GG, weil das Eigentumsgrundrecht die Stabilität der Währung sichert (Euro-Verfassungsbeschwerde, S. 42 ff., Euro-Klage, S. 205 f.)[179], und aus dem Stabilitätsprinzip des Sozialprinzips, das aus der allgemeinen (Handlungs-)Freiheit des Art. 2 Abs. 1 GG ein Grundrecht auf Verwirklichung des Sozialprinzips gibt (Euro-Klage, S. 287 ff.).[180] Das Bundesverfassungsgericht hat im Euro-Beschluss subjektiven Rechtsschutz, also Bürgerschutz, des Stabilitätsprinzips aus beiden Grundrechten zurückgewiesen, weil die «dabei zu treffenden Entscheidungen nicht nach dem individualisierenden Maßstab eines Grundrechts beurteilt werden» könnten.[181] Diese Verletzung des Wesensgehalts der Grundrechte ist oben kritisiert. Das Bundesverfassungsgericht ist aufgefordert, seine Aufgabe als stellvertretender Hüter des Rechts (Euro-Klage,

---

177 BVerfGE 97, 350 (373 f.), Euro-Beschluss.
178 Für Judiziabilität offener Gesetzestatbestände vgl. *F. Ossenbühl*, in: H.-U. Erichsen (Hrsg.), Allgemeines Verwaltungsrecht, 11. Aufl. 1998, § 10, Rdn. 23 ff., S. 210 ff.; *K. A. Schachtschneider*, Grundprinzipien des Allgemeinen Verwaltungsrechts, S. 59 ff.
179 So auch BVerfGE 97, 350 (376), Euro-Beschluss.
180 Dazu *K. A. Schachtschneider*, Res publica res populi, S. 247 ff., 978 ff.; *ders.*, Prinzipien des Rechtsstaates, Teil F I 5.
181 BVerfGE 97, 350 (376, 377).

S. 284 ff.) wieder wahrzunehmen und den schweren Rechtsbruch zu korrigieren.

Das Bundesverfassungsgericht ist verpflichtet, durch eine einstweilige Anordnung gemäß § 32 Abs. 1 BVerfGG den weiteren Schaden für die Stabilität in Deutschland und damit für das Eigentum der Bürger und für die soziale Wirklichkeit abzuwehren. Dies setzt einen Antrag voraus, der ein Verfassungsgerichtsverfahren einleitet. Statthaft, zulässig und (wenn es nach dem Recht geht) begründet wäre die Verfassungsbeschwerde. Freilich ist nach dem Desaster des Euro-Prozesses nicht zu erwarten, dass das Bundesverfassungsgericht sich in der Euro-Sache auf das Recht besinnt. Der Schaden für Deutschland und Europa muss wohl erst noch größer werden.

Zu den Autoren

Wilhelm Hankel, geb. 1929 in Danzig, Professor für Entwicklungs- und Währungspolitik an der Universität Frankfurt; Leiter der Abteilung «Geld und Kredite» im Bundeswirtschaftsministerium unter Karl Schiller Ex-Präsident der Hessischen Landesbank. Zahlreiche wirtschaftspolitische Berateraufgaben, u. a. in der VR China, Jordanien, dem Jemen und in der Russischen Föderation. Veröffentlichungen u. a.: *Währungspolitik*, Stuttgart 1971/72, *Weltwirtschaft*, Düsseldorf, Wien 1977, *Caesar: Weltwirtschaft des Alten Rom*, 1978, 1987, 1992, Ullstein TB, *J. M. Keynes*, München 1986; *Dollar und ECU. Leitwährungen im Wettstreit*, Frankfurt/M. 1992; *Die sieben Todsünden der Vereinigung. Wege aus dem Wirtschaftsdesaster*, Berlin 1993; *Das große Geld-Theater. Über DM, Dollar, Rubel und Ecu*, Stuttgart 1995.

Wilhelm Nölling, geb. 1933 im Kreis Wittgenstein. Nach Berufsausbildung Studium in Köln, Hamburg und Berkeley (Master of Arts in Economics, 1964). Hochschullehrer von 1966 bis 1969; Mitglied des Deutschen *Bundestages* von 1969 bis 1974 (Obmann im Ausschuss für Arbeit und Sozialordnung). Als Hamburger Senator Mitglied des *Bundesrates* (Senator für Gesundheit von 1974 bis 1976, Senator für Wirtschaft, Verkehr und Landwirtschaft von 1976 bis 1978, Senator für Finanzen von 1978 bis 1982). Präsident der Landeszentralbank Hamburg und Mitglied des *Zentralbankrates* der Deutschen Bundesbank von 1982 bis 1992. Seit 1992 Lehrtätigkeit und seit 1995 Professor für Wirtschaftswissenschaften an der Universität Hamburg. Veröffentlichungen u. a.: seit 1987 Herausgeber der Reihe *Hamburger Beiträge zur Wirtschafts- und Währungspolitik in Europa; Unser Geld – Der Kampf um die Stabilität der Währungen in Europa*, Frankfurt/M. 1993; *Monetary Policy in Europe after Maastricht*, London, New York 1993; *Währungsunion und Weltwirtschaft. Festschrift für Wilhelm Hankel* (hrsg. zusammen mit Karl Albrecht Schachtschneider und Joachim Starbatty), Stuttgart 1999.

Karl Albrecht Schachtschneider, geb. 1940 in Pommern; Professor für Öffentliches Recht an der Universität Erlangen-Nürnberg; in den siebziger Jahren Rechtsanwalt in Berlin; Autor der Verfassungsbeschwerde gegen den Maastricht-Vertrag, die zum Urteil von 1993 geführt hat. Veröffentlichungen u. a.: *Das Sozialprinzip,* Bielefeld 1974; *Staatsunternehmen und Privatrecht,* Berlin 1986; *Res publica res populi. Grundlegung einer Allgemeinen Republiklehre,* Berlin 1994; *Die Europäische Union als Rechtsgemeinschaft* (zus. herausgegeben mit W. Blomeyer), Berlin 1995; *Sozialistische Schulden nach der Revolution,* Berlin 1996, *Die Republik der Völker Europas,* ARSP-Beiheft 71, 1997.

Joachim Starbatty, geb. 1940 in Düsseldorf; Professor für Volkswirtschaftslehre, insbesondere Wirtschaftspolitik, an der Universität Tübingen; 1969–1972 wissenschaftlicher Referent für wirtschaftspolitische und internationale Währungsfragen bei der CDU/CSU-Bundestagsfraktion; Vorsitzender der Aktionsgemeinschaft Soziale Marktwirtschaft. Veröffentlichungen u. a.: *Stabilität in Europa. Strategien und Institutionen für eine europäische Stabilitätsgemeinschaft* (zusammen mit A. Müller-Armack, R. Hasse und V. Merx), 1971; *Klassiker des ökonomischen Denkens,* Bd. I: *Von Platon bis John Stuart Mill,* Bd. II: *Von Karl Marx bis John Maynard Keynes,* (Hrsg.) 1989; *Die Wirtschafts- und Währungsunion auf dem Prüfstand. Schritte zur weiteren Integration Europas* (Hrsg. zusammen mit R. Hasse), Stuttgart 1997; *Soll und Haben – 50 Jahre soziale Marktwirtschaft* (hrsg. zusammen mit K. W. Nörr), Stuttgart 1999; *Schlesien auf dem Weg in die Europäische Union* (hrsg. zusammen mit L. Gerken), Stuttgart 2001.

Zeitgeschehen

Shyam Bhatia /
Daniel McGrory
Saddams Bombe *Kein Ende der Bedrohung: Das irakische Atomprogramm*
(rororo aktuell 22665)

Jörg Fischer
Ganz rechts *Mein Leben in der DVU*
(rororo aktuell 22597)
Jörg Fischer machte eine steile Karriere in NPD und DVU. Er leistete Aufbauarbeit für die NPD, gehörte zu den handverlesenen Gründern der DVU als Partei und half, eine neue rechtsextreme Sammlungsbewegung zu organisieren. Dann stieg er aus. Jetzt erzählt er seine Geschichte: ein persönlicher Insider-Bericht über die Entwicklung der rechtsextremen Parteiszene.

Wilhelm Hankel / Wilhelm Nölling / Karl Albrecht Schachtschneider / Joachim Starbatty
Die Euro-Klage *Warum die Währungsunion scheitern muß*
(rororo aktuell 22395)

Rudolf Hickel
Standort-Wahn und Euro-Angst *Die sieben Irrtümer der deutschen Wirtschaftspolitik*
(rororo aktuell 22237)

Fraucke Hunfeld
«Und plötzlich bist du arm» *Geschichten aus dem neuen Deutschland*
(rororo aktuell 22209)

Johann-Günther König
Alle Macht den Konzernen *Das neue Europa im Griff der Lobbyisten*
(rororo aktuell 22486)
Johann-Günther König auf den Spuren der heimlichen Herrscher Europas, deren Markt- und Gestaltungsmacht im Zeichen des Euro noch zunehmen wird.

Mario Krebs
Ulrike Meinhof *Ein Leben im Widerspruch*
(rororo aktuell 15642)

David Rohde
Die letzten Tage von Srebrenica *Was geschah und wie es möglich wurde*
(rororo aktuell 22122)

Thomas Schmid (Hg.)
Krieg im Kosovo
(rororo aktuell 22712)

rororo aktuell

Weitere Informationen in der **Rowohlt Revue**, kostenlos im Buchhandel, und im **Internet:** www.rororo.de

Soziale Konflikte

Uwe Britten (Hg.)
2020 *Kinder und Jugendliche über unsere Zukunft*
(rororo sachbuch 60685)
Die jungen Autorinnen und Autoren entführen uns in eine Zukunft der Abenteuer und der Apokalypse, der Natur-idyllen und der Technik-Märchen, erzählen von Hoffnungen und Träumen, Befürchtungen und Ängsten. Ein Feuerwerk der Phantasie.

Daniela Dahn
Wir bleiben hier oder Wem gehört der Osten *Vom Kampf um Häuser und Wohnungen in den neuen Bundesländern*
(rororo aktuell 13423)

Götz Eisenberg
Amok – Kinder der Kälte *Über die Wurzeln von Wut und Haß*
(rororo aktuell 22738)

Die Gesellschaft der Behinderer *Das Buch zur Aktion Grundgesetz*
Hg. von Aktion Grundgesetz
(rororo aktuell 22339)

Hans-Günter Heiden (Hg.)
«Niemand darf wegen seiner Behinderung benachteiligt werden» *Grundrecht und Alltag – eine Bestandsaufnahme*
(rororo aktuell 13937)
Im neuen Grundgesetz des vereinigten Deutschland sind die Rechte Behinderter ausdrücklich berücksichtigt. Wie aber sieht die Wirklichkeit aus – und wie könnte sie aussehen? Die Autorinnen und Autoren dieses Bandes geben Antworten.

Frauke Hunfeld
"Und plötzlich bist du arm" *Geschichten aus dem neuen Deutschland*
(rororo aktuell 22209)
Stern-Redakteurin Frauke Hunfeld läßt in eindringlichen Porträts Menschen zu Wort kommen, die mit plötzlicher Armut oder dem aufreibenden Kampf dagegen fertig werden müssen.

Wolf-Dieter Just (Hg.)
Asyl von unten *Kirchenasyl und ziviler Ungehorsam. Ein Ratgeber*
(rororo aktuell 13356)

Burkhard Schröder
Im Griff der Rechten Szene *Ostdeutsche Städte in Angst*
(rororo aktuell 22125)

Weitere Informationen in der **Rowohlt Revue**, kostenlos im Buchhandel, und im **Internet: www.rowohlt.de**

rororo aktuell

aktuell Essay

Daniela Dahn
Vertreibung ins Paradies
(aktuell Essay 22379)
Ob sie spielerisch über die Unterschiede zwischen Frauen in Ost und West nachdenkt, eine Begegnung mit dem entmachteten Erich Mielke schildert oder in die neue Kulturszene der Oranienburger Straße eintaucht, ob sie «unzeitgemäße Gedanken über ostdeutsche Identität» äußert oder erklärt, warum der Osten nicht dankbar sein muß – Daniela Dahn verweigert unverdrossen die Anpassung an den Zeitgeist und setzt deshalb Leuchtmarken der Orientierung.
Dieser Band präsentiert eine Auswahl von politischen Texten, Reportagen und Feuilletons der letzten Jahre, viele davon bislang unveröffentlicht.

Daniela Dahn
In guter Verfassung *Wieviel Kritik braucht die Demokratie? Mit einem dokumentarischen Lehrstück von Detlev Lücke*
(aktuell Essay 22709)

Peter Nádas / Richard Swartz
Zwiegespräche *Vier Tage im Jahr 1989*
(aktuell Essay 13277)

Bahman Nirumand
Leben mit den Deutschen *Briefe an Leila*
(aktuell Essay 12404)

Václav Havel
Am Anfang war das Wort *Texte von 1969 bis 1990*
(aktuell Essay 12838)
Briefe an Olga *Betrachtungen aus dem Gefängnis*
(aktuell Essay 12732)
Angst vor der Freiheit *Essay*
(rororo aktuell essay 13018)
Versuch, in der Wahrheit zu leben *Essay*
(aktuell Essay 12622)
Moral in Zeiten der Globalisierung
(aktuell Essay 22382)

Weitere Informationen in der **Rowohlt Revue**, kostenlos im Buchhandel, und im **Internet:** www.rororo.de

rororo aktuell